Kennzeichenrechtliche Sachverhalte
mit Auslandsberührung

# Europäische Hochschulschriften

Publications Universitaires Européennes
European University Studies

**Reihe II**
**Rechtswissenschaft**

Série II Series II
Droit
Law

**Bd./Vol. 4478**

PETER LANG
Frankfurt am Main · Berlin · Bern · Bruxelles · New York · Oxford · Wien

Björn Goslar

# Kennzeichenrechtliche Sachverhalte mit Auslandsberührung

PETER LANG
Europäischer Verlag der Wissenschaften

**Bibliografische Information der Deutschen Nationalbibliothek**
Die Deutsche Nationalbibliothek verzeichnet diese Publikation in der Deutschen Nationalbibliografie; detaillierte bibliografische Daten sind im Internet über <http://www.d-nb.de> abrufbar.

Zugl.: Hamburg, Univ., Diss., 2006

D 18
ISSN 0531-7312
ISBN 3-631-55941-0



www.peterlang.de

***Meinen Eltern***

## Inhaltsübersicht

**Inhaltsverzeichnis**

**Abkürzungsverzeichnis**

| | |
|---|---|
| a. A. | anderer Ansicht |
| aao. | am angegebenen Ort |
| Abl. EG | Amtsblatt der EG |
| Abs. | Absatz |
| abw. | Abweichend |
| AcP. | Archiv für die civilistische Praxis |
| a. E. | am Ende |
| a. F. | alte Fassung |
| a. M. | anderer Meinung |
| Anmerk. | Anmerkung |
| Aufl. | Auflage |
| BB | Betriebsberater |
| Bd | Band |
| BGB | Bürgerliches Gesetzbuch |
| BGBl. | Bundesgesetzblatt |
| BGE | Entscheidungen des schweizerischen Bundesgerichts |
| BGH | Bundesgerichtshof |
| BGHSt | Entscheidungen des Bundesgerichtshofes in Strafsachen |
| BGHZ | Entscheidungen des Bundesgerichtshofes in Zivilsachen |
| BlPMZ | Blatt für Patent-, Muster- und Zeichenwesen |
| BRats.-Drucks. | Bundesratsdrucksache |
| BT-Drucks. | Bundestags Drucksache |
| BVerfG | Bundesverfassungsgericht |
| BVerfGE | Entscheidungen des Bundesverfassungsgerichts |
| ccTLD | country code Top-Level-Domain |
| CR | Computer und Recht |
| DDR | Deutsche Demokratische Republik |
| DENIC | Deutsches Network Information Center |
| Diss. | Dissertation |
| EG | Europäische Gemeinschaft |
| EGBGB | Einführungsgesetz zum BGB |

| | |
|---|---|
| EGV | Vertrag zur Gründung der Europäischen Gemeinschaft |
| EuGH | Europäischer Gerichtshof |
| EuZW | Europäische Zeitschrift für Wirtschaftsrecht |
| EWiR | Entscheidungen zum Wirtschaftsrecht |
| FamRZ | Zeitschrift für das gesamte Familienrecht |
| Fn. | Fußnote |
| FS | Festschrift |
| GATT | General Agreement on Tariffs and Trade |
| GG | Grundgesetz für die Bundesrepublik Deutschland |
| gTLD | generic Top-Level-Domain |
| GmbH | Gesellschaft mit beschränkter Haftung |
| GRUR | Gewerblicher Rechtsschutz und Urheberrecht |
| GRUR Int. | Gewerblicher Rechtsschutz und Urheberrecht, Internationaler Teil |
| h. M. | herrschende Meinung |
| HGB | Handelsgesetzbuch |
| HRefG | Handelsreformgesetz |
| Hrsg. | Herausgeber |
| ICANN | Internet Corporation for the Assigned Numbers and Names |
| IGH | Internationaler Gerichtshof |
| IIC | International review of Intellectual property and competition law |
| IntGesR | Internationales Gesellschaftsrecht |
| IPR | Internationales Privatrecht |
| IPRax | Praxis des internationalen Privat- und Verfahrensrechts |
| IPRspr | Die deutsche Rechtsprechung auf dem Gebiet des internationalen Privatrechts |
| JW | Juristische Wochenschrift |
| JZ | Juristenzeitung |
| KOM | Kommissionsdokument (EG ) |

| | |
|---|---|
| LUA | Lissaboner Ursprungsabkommen |
| | |
| MarkenG | Markengesetz |
| MHA | Madrider Herkunftsabkommen |
| MMA | Madrider Abkommen über die internationale Registrierung von Marken |
| MMR | MultiMedia und Recht |
| MüKo | Münchener Kommentar |
| | |
| NJW | Neue juristische Wochenschrift |
| NJW-RR | NJW- Rechtsprechungsreport |
| | |
| OLG | Oberlandesgericht |
| | |
| PVÜ | Pariser Verbandsübereinkunft |
| | |
| QuartJEcon | Quarterly Journal of Economics |
| | |
| RabelZ | Zeitschrift für ausländisches und internationales Privatrecht |
| | |
| RBÜ | Revidierte Berner Übereinkunft |
| RG | Reichsgericht |
| RGZ | Entscheidungen des Reichsgerichts in Zivilsachen |
| RIW | Recht der internationalen Wirtschaft |
| Rn. | Randnummer |
| | |
| S. | Satz |
| sec. | Section |
| StAZ | Das Standesamt |
| StGB | Strafgesetzbuch |
| str. | strittig |
| | |
| TRIPS | Agreement on trade-related aspects of intellectual property rights |
| | |
| UFITA | Archiv für Urheber-, Film-, Funk- und Theaterrecht, seit 2000 Archiv für Urheber- und Medienrecht |
| Übk. | Übereinkommen |
| u. U. | unter Umständen |

| | |
|---|---|
| UWG | Gesetz gegen den unlauteren Wettbewerb |
| vgl. | vergleiche |
| Vorbem. | Vorbemerkung |
| WIPO | World Intellectual Property Organization |
| WRP | Wettbewerb in Recht und Praxis |
| WuW | Wirtschaft und Wettbewerb |
| WZG | Warenzeichengesetz |
| ZeuP | Zeitschrift für europäisches Privatrecht |
| ZHR | Zeitschrift für das gesamte Handels- und Wirtschaftsrecht |
| ZIP | Zeitschrift für Wirtschaftsrecht |
| ZPO | Zivilprozessordnung |
| ZVglRW | Zeitschrift für vergleichende Rechtswissenschaften |
| ZZP Int. | Zeitschrift für Zivilprozessrecht International |

## § 1 Einleitung

Thema der vorliegenden Arbeit ist das Internationale Privatrecht für Firma, Unternehmenskennzeichen und geographische Herkunftsangaben. Schwerpunktmäßig werden Unternehmens-kennzeichenrechte und Firma behandelt. Eine vertiefte Darstellung erfährt das Recht der geographischen Herkunftsangaben. Das Recht der Marken wird hingegen nur kursorisch gestreift.

Unternehmenskennzeichen und Firma stellen zentrale Parameter im Wettbewerb dar. Als Kristallisationspunkte für den Goodwill eines Unternehmens haben sie maßgeblichen Anteil an dessen wirtschaftlichen Erfolg. Das Firmen- und Unternehmenskennzeichenrecht wird durch Entwicklungen jüngerer Zeit jedoch vor neue Herausforderungen gestellt. Das Zusammenwachsen der Märkte führt vermehrt zu Kollisionen von bisher in unterschiedlichen Staaten unbehelligt voneinander koexistierender Zeichen. Diese Tendenz wird durch den gemeinsamen europäischen Markt forciert. Kennzeichenkollisionen mehren sich insbesondere in den neuen Medien, namentlich dem Internet. Dies gilt sowohl im nationalen als auch im internationalen Kontext. In den letzten Jahren wurden solche Konflikte häufiger vor die Gerichte gebracht, was zu einer Fülle von Einzelfallentscheidungen geführt hat, die zum Teil allerdings noch einer höchstrichterlichen Bestätigung harren. Insgesamt ist erkennbar, dass hier mit beachtenswertem Tempo für neue soziale Konflikte richterrechtliche Maßgaben für die Rechtsanwendung aufgestellt werden und bei den hierzu auftauchenden Fragen eine Sättigung durch rechtliche Antworten noch nicht in Sicht ist.

Das Spektrum der Kennzeichenkollisionen im Internet ist vielfältig. So stoßen etwa im nationalen Binnenbereich bisher nur regional bedeutsame Unternehmungen auf im gesamten Bundesgebiet Tätige, bekannte auf unbekannte Kennzeichen und Firmen, die dem Recht der Gleichnamigen unterliegen streiten um das Recht ihren Namen als Domain führen zu dürfen. Durch den globalen Charakter des Internets potenziert sich dieses Konfliktfeld noch einmal um eine internationale Dimension. Durch das Zusammenwachsen der Märkte in Europa erfahren solche internationale Firmennamenskonfrontationen im Internet in ihrer Tragweite für die Unternehmen eine signifikante Verschärfung.

Diese Entwicklungen rütteln an den Grundfesten des Kennzeichenrechts, dessen Grundzüge man lange in trockenen Tüchern zu wissen glaubte. Das Kennzeichenrecht ist, wie das gesamte Immaterialgüterrecht, durch das Territorialitätsprinzip geprägt. In den letzten Jahren mehren sich in der Literatur Stimmen, die diesen Grundsatz in einen Gegensatz zur globalen Ausrichtung des Internets stellen und man kann im Schrifttum vermehrt Diskussionen über das Für und Wider einer exterritorialen Anwendung des Kennzeichenrechts ausmachen.

Will man Antworten auf die Herausforderungen des Kennzeichenrechts in diesem Jahrhundert geben, muss man sich mit den Grundlagen dieses Rechtsgebietes und deren Herleitung befassen. Der Rahmen der vorliegenden Arbeit ist dementsprechend weit gesteckt. Die Besonderheiten des Internationalen Unternehmenskennzeichen- und Firmenrechts lassen sich kaum ohne ein gewisses Verständnis für das Sachrecht verstehen. Zunächst wird deshalb eine Einführung in das Kennzeichensachrecht gegeben. Hierbei werden die dogmatischen Fragen der Rechtsnatur der Kennzeichenrechte ins Blickfeld gerückt und es erfolgt eine Auseinandersetzung mit Stimmen aus der Literatur, welche die herrschende Auffassung, die die Kennzeichenrechte den Immaterialgüterrechten zuordnet, nicht oder nur eingeschränkt teilen.

Da das Kennzeichenrecht als Wirtschaftsrecht eine spezifische Funktion im Wettbewerb erfüllt und diese auch das Recht prägt, ist in die vorliegende Abhandlung eine ökonomische Analyse dieses Rechtsgebietes eingefügt, um eine möglichst umfassende Betrachtung zu gewährleisten. Hierbei wird zur Erklärung der Funktion der Kennzeichenrechte auf die Problematik von Informationsasymmetrien innerhalb eines Marktes, das Goodwill- bzw. Repräsentationsprinzip und auf die Frage, inwieweit man ein Kennzeichen als wirtschaftliches Gut als solches begreifen muss, eingegangen.

Aufbauend auf die insgesamt umfangreiche Darstellung der Grundlegungen des Kennzeichenrechts wird auf international-privatrechtliche Fragestellungen Bezug genommen. Hierbei sind zunächst die völkerrechtlichen Übereinkommen auf diesem Gebiet zu beachten, insbesondere die Pariser Verbandsübereinkunft von 1883 mit dem dort in Art. 2 normierten Assimilierungsprinzip.

Die aktuellen Themen des Kennzeichenrechts, die Möglichkeit der Berücksichtigung von Auslandssachverhalten und der exterritorialen Anwendung des Kennzeichenrechts, sind eng mit dem Territorialitätsprinzip verknüpft. Die dogmatische Herleitung dieses Konzepts stellt die Weichen dafür, ob man eine exterritoriale Anwendung des Kennzeichenrechts für möglich erachtet, in welchem Ausmaß man dies tut und gegebenenfalls welcher Begründungsaufwand hierfür als notwendig erachtet wird. Aus diesem Grund wird dem Territorialitätsprinzip eine ausführliche Darstellung gewidmet. Hierbei wird ein Schwerpunkt auf die dogmatische Herleitung des Territorialitätsprinzips gelegt. Auf der Basis der hieraus und insbesondere aus der ökonomischen Analyse gewonnenen Erkenntnisse wird dann auf die Möglichkeit einer Durchbrechung des Territorialitätsprinzips eingegangen.
Um der Komplexität der zu untersuchenden Materie auch in seiner internationalprivatrechtlichen Dimension gerecht zu werden, wird eine breite Basis zugrunde gelegt und die Grundzüge des Internationalen Privatrechts für das

Immaterialgüterrecht und für das Wettbewerbsrecht erläutert. Berücksichtigt wird diesbezüglich der Entwurf der europäischen Kommission und des Parlaments zur geplanten Rom II-Verordnung, die für beide Rechtsgebiete Kollisionsregeln normiert.

Schließlich wird auf das autonome Internationale Privatrecht und die zahlreichen multi- und bilateralen völkerrechtlichen Abkommen für geographische Herkunftsangaben eingegangen. Erwähnung finden ebenfalls die europäischen Verordnungen auf diesem Gebiet. Das Recht der geographischen Herkunftsangaben stellt ein Sondergebiet des gewerblichen Rechtsschutzes dar, dessen Standortfestlegung - sei es wettbewerbsrechtlich, sei es immaterialgüterrechtlich – noch nicht abschließend geklärt ist. Durch die wettbewerbsrechtliche Provenienz des Rechts der geographischen Herkunftsangaben drängen sich Parallelen zum Unternehmenskennzeichenrecht auf. Da überwiegend für geographische Herkunftsangaben Strukturelemente des Internationalen Privatrechts für Immaterialgüterrechte, insbesondere das Schutzlandprinzip, herangezogen werden, lassen sich hieraus Rückschlüsse für die Behandlung von Unternehmenskennzeichen gewinnen.

Im Anschluss erfolgt eine Auseinandersetzung mit dem Internationalen Privatrecht für die Firma und Unternehmenskennzeichen. Behandelt werden einerseits die Frage der Firmenbildung und andererseits das Ausschließlichkeitsrecht an Firma und Unternehmenskennzeichen.

Zunehmend an Relevanz gewinnt die Frage des Schutzbeginns von Handelsnamen ausländischer Provenienz in Deutschland. Dies ist zum einen bedingt durch den Prozess der europäischen Integration, zum anderen aber auch durch die relativ einfache Ausweitung geschäftlicher Aktivitäten mittels des Internets. Aus diesem Grund wird ein besonderer Fokus auf den Schutzbeginn von Unternehmenskennzeichen gelegt und dieser Fragenkreis in dem Kontext des Zusammenwachsens des europäischen Marktes und der neuen Medien beleuchtet. Nicht verzichtet wird diesbezüglich auf eine breite Darstellung der Rechtsprechung für den Schutzbeginn von Handelsnamen.

Auf umfangreiche rechtsvergleichende Studien in diesem Zusammenhang, wie insgesamt in der Arbeit, wird hierbei verzichtet.

Eingegangen wird auf den Vorschlag der World Intellectual Property Organization (WIPO), wirtschaftliche Auswirkungen („commercial effects") als notwendiges einschränkendes Kriterium bei der Subsumtion von kennzeichenrechtlichen Sachverhalten im Internet unter nationale Verletzungstatbestände und Tatbestände für die Schutzbegründung einzuführen. Untersucht wird, inwieweit durch punktuelle Berücksichtigung von Auslandssachverhalten in Hinblick auf den Schutzbeginn im Inland das Schutzsystem für Handelsnamen verbessert werden kann.

Das letzte Kapitel dieser Arbeit widmet sich der Problematik der Kollision verwechslungsfähiger oder gar identischer Kennzeichenrechte oder Firmen unterschiedlicher nationaler Herkunft im Internet. Von den bisher in Literatur und Rechtsprechung offerierten Lösungsmöglichkeiten, deren Darstellung nicht unterbleibt, werden vor allem die sachrechtsbezogenen - in Abgrenzung zu internationalprivatrechtlichen und -zivilverfahrensrechtlichen - Ansätze über eine Interessenabwägung und Lauterkeitsvorbehalt als tragfähig erachtet und dementsprechend hierauf ein besonderer Fokus gelegt. Hieran anknüpfend wird abschließend der Versuch unternommen die bisherigen Konzepte zur Problembewältigung durch einen eigenen Ansatz zu optimieren.

## § 2 Die sachrechtlichen Grundzüge des Kennzeichenrechts im Allgemeinen

### A. Einführung in das Kennzeichensachrecht

Beginnend soll eine Einführung in das Kennzeichenrecht gegeben werden. Im Anschluss daran werden ausgewählte Aspekte einer vertieften Darstellung zugeführt.

#### I. Das Kennzeichenrecht als Kategorie und seine Stellung in der Rechtsordnung

Der Gegenstand des Kennzeichenrechts ist leicht zu bestimmen. Es geht um geschäftliche Bezeichnungen, Marken und geographische Herkunftsangaben[1], mithin um einen Teilbereich des gewerblichen Rechtsschutzes[2]. Das Kennzeichnungsrecht musste lange einer einheitlichen Regelung harren. Vor dem Markenrechtsreformgesetz von 1994 war das Kennzeichnungsrecht mosaikartig an verschiedenen Stellen unterschiedlicher Sachbereiche geregelt worden, welches eine zu missbilligende Zersplitterung der - sich durch Sachnähe und fließende Übergänge auszeichnenden - Teilgebiete des Kennzeichnungsrechtes aus der Taufe hob[3]. So war das Zeichenrecht in dem Warenzeichengesetz und das Unternehmenskennzeichenrecht in § 16 UWG geregelt. Der Schutz geographischer Herkunftsangaben wurde vornehmlich über die §§ 1, 3, 4 und 5 UWG a. F. erreicht. Weiterhin waren § 12 BGB und die §§ 17 ff. HGB für das formelle Firmenrecht zu berücksichtigen.
Im Zuge der Markenrechtsreform von 1995 wurde § 16 UWG a. F. in Gestalt der § 5, 15 MarkenG in das Markengesetz inkorporiert. Gleiches gilt für das Recht der geographischen Herkunftsangaben, welche nunmehr in den §§ 126 ff. MarkenG eine Regelung erfahren haben. Wie auch § 1 MarkenG explizit feststellt, schützt das MarkenG also Marken, geschäftliche Bezeichnungen und geographische Herkunftsangaben.

Das Markenrechtsreformgesetz basiert größtenteils auf der ersten Richtlinie des Rates zur Angleichung der Rechtsvorschriften der Mitgliedsstaaten über Marken vom 21. Dezember 1988 (89/104/ EWG)[4]. Die Markenrichtlinie hat allerdings nur „Marken" zum Gegenstand. Gleiches gilt ferner für die Gemeinschaftsmarkenverordnung. Die Einbeziehung von geschäftlichen Bezeichnungen und geographischen Herkunftsangaben beruht somit ausschließlich auf

[1] Von Gamm, Wettbewerbsrecht, Kap. 52, Rn. 1; Eisenmann, Grundriss Gewerblicher Rechtsschutz, Rn. 228, 229; Ströbele/Hacker, MarkenG, § 126 Rn. 6.
[2] Ingerl/Rohnke, Markengesetz, Einl., Rn. 5.
[3] Zur Kritik dazu, Großkommentar UWG/ Teplitzky, vor § 16, Rn. 29.
[4] Abl. EG Nr. L 40 vom 11. Februar 1989, S. 1.

Harmonisierungsbestrebungen des nationalen Gesetzgebers. Ausgehend von der Differenzierung des § 1 MarkenG können weder Unternehmenskennzeichen noch geographische Herkunftsangaben als Markenrechte im engeren Sinne angesehen werden. Eine begriffshierarchische Ordnung anpeilend, soll deshalb vom dem Kennzeichenrecht als der den drei Erscheinungen übergeordnete Terminus gesprochen werden.

Die vorliegende Arbeit soll sich unter weitestgehender Ausklammerung des Markenrechts mit den Schutzrechten des § 5 MarkenG, den geschäftlichen Bezeichnungen und den in § 126 ff. MarkenG geregelten geographischen Herkunftsangaben befassen. Die sachliche Rechtfertigung für diese thematische Wahl findet sich in dem Faktum, dass sich die drei Teilgebiete der einheitlichen Markenrechtskodifikation durch unterschiedliche rechtstatsächliche Zielsetzungen unterscheiden. Geschäftliche Bezeichnungen dienen der Individualisierung des Unternehmens während Marken im Wesentlichen die Produkte eines Unternehmens von denen anderer Unternehmen zu unterscheiden suchen. Geographische Herkunftsangaben sind wie Marken produktbezogen. Allerdings zielen sie nicht in erster Linie auf einen Schutz des „Goodwills" eines bestimmten Unternehmens und sind stärker wettbewerbsrechtlich geprägt.

## II. Wesen des Kennzeichenrechts und das Verhältnis zum Namensrecht

Im Folgenden soll aufgezeigt werden, welchen Rechtsgebieten das Kennzeichnungsrecht thematisch zuzuordnen ist. Wie zu zeigen sein wird, gründet sich der Schutz der Kennzeichenrechte jedoch auf verschiedene Rechtsgebiete. Dieser Umstand wirkt sich erschwerend auf die Bemühungen aus, die Essenz des Kennzeichenrechts genau zu beschreiben und seine Rechtsnatur zu bestimmen.

### 1. Schutz geschäftlicher Kennzeichen nach § 12 BGB

Eine enge Verbindung besteht zwischen dem Namensrecht und dem Kennzeichenrecht. Gemäß § 5 Abs. 2 S. 1 MarkenG wird der im geschäftlichen Verkehr benutzte Name auch als Kennzeichen geschützt. Unter einem Namen versteht man eine sprachliche Kennzeichnung einer Person zur Unterscheidung von anderen[5]. Die Bedeutung des Namens kann weitgehend in die Begriffe der Individualität und Identifikation aufgelöst werden[6]. Von der Person des Namensträgers aus betrachtet dient der Name zum Ausdruck der Individualität, von anderen Personen aus betrachtet, zur Identifikation. Schon das Reichsgericht hat je-

[5] RGZ 91, 352; BGHZ 59, 525.

[6] Palandt/Heinrichs, § 12, Rn. 1; Staudinger/Weick/Habermann, § 12, Rn. 2; MüKo/Schwerdtner, § 12, Rn. 2; Hefermehl, FS A. Hueck, S. 520 f..

doch dem ursprünglich nur auf den bürgerlichen Namen bezogenen § 12 BGB einen weit darüber hinaus gehenden Anwendungsbereich zugebilligt. Namensschutz nach § 12 BGB kann den Bezeichnungen von Personenvereinigungen[7] ,unabhängig von ihrer Rechtsfähigkeit, und juristischen Personen zukommen[8]. Nach ständiger Rechtsprechung des BGH findet § 12 BGB auf alle Unternehmensbezeichnungen sowie Abkürzungen und Schlagworte Anwendung[9]. Auch Firmenbestandteile[10], Etablissementbezeichnungen[11], Embleme[12] und Wappen[13] (z. B. Berliner Bär) unterfallen dem Namensschutz des § 12 BGB. Unabdingbare Voraussetzungen für eine analoge Anwendung des § 12 BGB ist, dass die Kennzeichnung von Natur aus unterscheidungskräftig ist und eine Namensfunktion ausübt oder sie diese Eigenschaft im Rahmen der Verkehrsanschauung erworben hat[14]. Eine Namensfunktion kann bejaht werden, wenn die Kennzeichnung eine Person oder ein Unternehmen mit sprachlichen Mitteln so bezeichnet, dass sie von anderen unterschieden werden kann[15]. Buchstabenkombinationen, die nicht aussprechbar sind, können in den Status der Namensfunktionalität durch die Anschauung der betroffenen Verkehrskreise gelangen. Dem entsprechend sind sogar Zahlenzusammenstellungen - unter der Prämisse der Verkehrsgeltung - namensfähig[16]. Der Höhepunkt der Extension des Anwendungsterrains des § 12 BGB wurde wohl mit der Anerkennung des namensrechtlichen Schutzes von Bildzeichen erreicht. Vorausgesetzt ist allerdings - selbstredend neben der Verkehrsgeltung - die Aussprechbarkeit des optischen Zeichens (Salamander)[17] sowie ferner, dass die bildliche Darstellung gerade den Firmennamen oder die Bezeichnung symbolisieren soll.

Folglich stellt sich die Frage nach der Abgrenzung der Anwendungsbereiche des § 12 BGB und § 5 MarkenG. Zum Teil wird in der Literatur eine Anspruchskonkurrenz angenommen[18]. Ähnlich formuliert der BGH, allerdings noch in Bezug auf § 16 UWG und § 12 BGB, dass deren „Tatbestände in allen

---

[7] BGH GRUR 1953, 446 - Verein der Steuerberater; BGHZ 11, 214 - KfA; BGHZ 14, 155 - Farina II.
[8] Palandt/Heinrichs, § 12, Rn. 9.
[9] BGHZ 11, 215; 24, 240; 43, 252.
[10] BGH NJW-RR 88, 554.
[11] RGZ 171, 33; BGH NJW 70, 1365.
[12] BGH GRUR 1976, 644, 646 – Kyffhäuser.
[13] BGHZ 119, 237.
[14] Palandt/Heinrichs, § 12, Rn. 10, 11.
[15] Palandt/Heinrichs, § 12, Rn. 11.
[16] Z.B. 4711 – vgl. Palandt/Heinrichs, § 12, Rn. 11; Staudinger/Weick/Habermann, § 12, Rn. 216; BGH NJW-RR 1990, 1127.
[17] RG 171, 155; BGH GRUR 79, 564 - Ankerzeichen.
[18] Fezer, Markenrecht, § 2, Rn. 7, 10; Soergel/Heinrich, § 12, Rn. 114.

Fällen des Namensgebrauchs im Geschäftsverkehr zusammenfallen"[19]. Mittlerweile geht der BGH indessen davon aus, dass die §§ 14, 15 MarkenG dem § 12 BGB vorgehen[20]. Der Schutz geschäftlicher Bezeichnungen durch § 12 BGB (der „Grundlage des gesamten Bezeichnungsrechts"[21]) ist dementsprechend weitgehend verblasst. Der Schutz des Namens nach § 12 BGB kann zuvörderst noch im Bereich der Kennzeichenverletzung im Internet von Bedeutung sein, etwa wenn der Kennzeichenverletzer nicht im geschäftlichen Verkehr tätig ist.

## 2. Rechtsnatur des Namens

Die Erfassung des Namens durch allgemeine Rechtskategorien bereitet Schwierigkeiten. Auch als Konsequenz der extensiven Auslegung des § 12 BGB auf Unternehmensbezeichnungen schwankt die Einordnung des Namensrechts zwischen Immaterialgüterrecht einerseits und Persönlichkeitsrecht andererseits.

Bei Einführung des BGB war das Recht am Namen gem. § 12 BGB klar dem Persönlichkeitsrecht zuzuordnen. Dies wird etwa deutlich, wenn man sich gewahr wird, dass im ersten Entwurf des BGB eine § 12 BGB entsprechende Norm fehlte[22]. Begründet wurde diese Unterlassung nun damit, dass sich die Rechtswissenschaft hierzu noch zu keinem Konsens durchgerungen habe[23] und der Gesetzgeber sich nicht als Geburtshelfer eines allgemeinen Persönlichkeitsrechts betätigen wolle[24]. Schon vor Inkrafttreten des BGB stellte sich weitgehend eine Einigkeit dahingehend ein, dass das Namensrecht seiner Rechtnatur nach Persönlichkeitsrecht sei[25].

Das Einschwenken der damaligen herrschenden Meinung hin zur Annahme eines Persönlichkeitsrechts stellt einen Wendepunkt in der Entwicklung der Rechtsnatur des Namens dar. Im 18. und 19. Jahrhundert wurde dem Namen vor allem auch ein „polizeilicher Charakter" zugesprochen. Die Funktion des Namens mit dem Interesse des Staates an einem „geordneten Zustand" gleichsetzend, wurde das Namensrecht gar dem öffentlichen Recht zugeordnet[26]. Die Zwangsvorschriften der Namensführung haben ihren historischen Ursprung auch in einem ganz und gar öffentlichen Interesse, nämlich der besseren Erfas-

---

[19] BGHZ 11, 214, 215 - KfA.

[20] BGH NJW 2002, 2031 – shell.de.

[21] Staudinger/Weick/Habermann, § 12, Rn. 235; Krüger-Nieland, in: FS R. Fischer 341.

[22] Motive zum Entwurf des BGB für das Deutsche Reich, Bd. IV, S. 1005.

[23] Motive zum Entwurf des BGB für das Deutsche Reich, Bd. IV, S. 1006.

[24] Nachweis bei Götting, Persönlichkeitsrechte als Vermögensrechte, S. 79.

[25] RGZ 42, 147, 150; Gierke, Deutsches Privatrecht, Bd. 1, S. 720; Kohler, Das Recht des Markenschutzes, S. 14 ff.; Opet, AcP 87 (1897), 313, 408 f..

[26] Nachw. bei Götting, Persönlichkeitsrechte als Vermögensrechte, S. 75.

sung von jungen Männern für die allgemeine Wehrpflicht[27]. Die Bedeutung des Namens liegt jedoch, wie schon gezeigt, auch darin, der Person seines Trägers Ausdruck zu verleihen. Die Ordnungsfunktion – welche dem Namen zukommt[28] - steht einer Einordnung des Namensrechts in das Persönlichkeitsrecht nicht entgegen[29].

Als Folge der Erfassung geschäftlicher Bezeichnungen durch § 12 BGB muss die Frage aufgeworfen werden, ob bei dieser Ausdehnung weiterhin uneingeschränkt von der Rechtsnatur des Persönlichkeitsrechts ausgegangen werden kann. Hätte dies doch zur Konsequenz, dass dann auch Unternehmenskennzeichen a priori als unveräußerlich und insolvenzfest angesehen werden müssten. Eine derartige Betrachtungsweise würde indessen insbesondere dem vermögensrechtlichen Wert der namensmäßigen geschäftlichen Kennzeichnungen zuwiderlaufen. Freilich kann allerdings nicht davon ausgegangen werden, dass der persönliche Name, etwa der Künstlername, keinen wirtschaftlichen Wert hat. Auch dem privaten Namen Prominenter kann natürlich ein ganz erheblicher wirtschaftlicher Wert zukommen, weshalb inzwischen auch die Rechtsprechung einen vermögensrechtlichen Aspekt des Namens anerkannt hat[30]. Der Unterschied zwischen privat und geschäftlich gebrauchtem Namen kann daher nicht in der wirtschaftlichen Wertigkeit des einen und der ökonomischen Irrelevanz des anderen gesehen werden. Eine Bruchlinie tut sich vielmehr deshalb auf, weil jeder geschäftlich verwendete Name final eine Stärkung des Goodwills des Unternehmens, also die Schaffung eines wirtschaftlichen Wertes bezweckt. Und ferner auch deshalb, weil der im wirtschaftlichen Verkehr gebrauchte Name auch einen handfesten ökonomischen Zweck verfolgt, nämlich die Senkung von Transaktionskosten. Einem bürgerlichen Namen kommt demgegenüber keine wirtschaftliche Intention zu; er ist auch nicht per se darauf gerichtet einen Vermögenswert zu schaffen.

Nach heute herrschender Ansicht ist das Namensrecht ein besonderes Persönlichkeitsrecht, soweit es um den privaten Gebrauch - also entsprechend der ursprünglichen Konzeption des § 12 BGB - den bürgerlichen Namen und Immaterialgüterrecht, soweit es um den Schutz geschäftlicher Bezeichnungen geht[31].

---

[27] Schwenzer, FamRZ, 1991, S. 390, 391.

[28] Schwenzer, FamRZ, 1991, S. 390, 394; vgl. auch § 3 II NamÄndG; MüKo/Schwerdtner, § 12, Rn. 39, geht sogar davon aus, dass sich die Funktion des Namens in seiner Ordnungs- und Unterscheidungsfunktion erschöpft; a. A. den Namen als ein „soziales Phänomen" betrachtend, Coester, StAZ 1984, 298.

[29] Vgl. etwa Larenz/Wolf, Allg. Teil, § 8 Rn. 49 a. E., welche von einem „Prototyp der Persönlichkeitsrechte" sprechen.

[30] Zuletzt explizit BGH NJW 2000, 2195 – Marlene Dietrich.

[31] RGZ 100, 185; BGHZ 17, 214; 32, 111; MüKo/Schwerdtner, § 12, Rn. 40; im Ergebnis ähnlich Staudinger/Weick/ Habermann, § 12, Rn. 35.

Dem entsprechend wollen Weick und Habermann das Namensrecht als Persönlichkeitsrecht verstanden wissen, wenn es die Privatsphäre- und das Identitätsinteresse schützt[32]. Hingegen sei der Name, welcher ein Unternehmen bezeichnet und dessen Identität Schutz erfahren soll, Immaterialgut[33].
Zum Teil wird aber auch der immaterialgüterrechtliche Aspekt des Namens stärker betont[34]. Andere hingegen gehen davon aus, dass das Namensrecht weiterhin ein Persönlichkeitsrecht sei[35] oder nehmen eine Doppelnatur des Namens an[36].

Verschärft werden diese Unklarheiten vor allem durch die relative Konturlosigkeit der Begriffe des Immaterialgüter- und des Persönlichkeitsrechts, welches eine exakte Abgrenzung erschwert[37].

So bereitet etwa die Sondierung der Rechtsnatur des Pseudonyms Schwierigkeiten. Zum Teil wird es als immaterialgüterrechtlich[38], zum Teil als persönlichkeitsrechtlich angesehen[39]. Zur Illustration der sich ergebenden Grautöne sei weiter darauf verwiesen, dass Weick und Habermann glauben das Namensrecht einer unternehmerisch tätigen juristischen Person, etwa einer Stadt oder Universität, weder dem Immaterialgüterrecht noch dem Persönlichkeitsrecht zuordnen zu können und von einem dem Persönlichkeitsrecht verwandten subjektiven Recht eigener Art ausgehen[40].

Die h. M. geht zu Recht davon aus, dass der Name, soweit er im Geschäftsleben als Kennzeichen gebraucht wird, Immaterialgüterrecht ist[41]. Begreift man das Namensrecht im geschäftlichen Verkehr als immaterialgüterrechtlich wird der wirtschaftlichen Bedeutung zunächst einmal hinreichend Rechnung getragen. Dies ermöglicht des Weiteren in letzter Konsequenz eine affirmative Beantwortung der Frage nach der Übertragbarkeit und Insolvenzfähigkeit, wenngleich sich hierbei auch gewisse Einschränkungen ergeben können. Probleme entstehen allerdings, wenn der geschäftlich gebrauchte Name mit dem Privaten über-

---

32 Staudinger/Weick/Habermann, § 12, Rn. 38.
33 Staudinger/Weick/Habermann, § 12, Rn. 41.
34 Götting, Persönlichkeitsrechte als Vermögensrechte, S. 78 ff., u. S. 131 f.; Klippel, Der zivilrechtliche Schutz des Namens, S. 497 ff., 521.
35 Soergel/Heinrich, § 12, Rn. 22.
36 Hubmann, Das Persönlichkeitsrecht, § 36, S. 216, 218.
37 Vgl. Staudinger/Weick/Habermann, § 12, Rn. 37.
38 Klippel, Der zivilrechtliche Schutz des Namens, S. 504.
39 Götting, Persönlichkeitsrechte als Vermögensrechte, S. 131 – welcher sich ausdrücklich gegen die von Klippel vorgenommene Einordnung wendet; Staudinger/Weick/Habermann, § 12, Rn. 41.
40 Staudinger/Weick/Habermann, § 12, Rn. 41.
41 MüKo/Schwerdtner, § 12, Rn. 40.

einstimmt oder von diesem abgeleitet wurde. Diese Konflikte waren im Übrigen durch § 18 Abs. 1 HGB a. F. vorprogrammiert, da hiernach ein Kaufmann für seine Firma seinen privaten Namen zu gebrauchen hatte. Bemühungen in diesen Fällen eine Einordnung ausschließlich entweder in das Persönlichkeitsrecht oder das Immaterialgüterrecht vorzunehmen, käme einer Quadratur des Kreises gleich. Vielmehr muss wohl entsprechend der h. M. von einem Immaterialgüterrecht mit personenrechtlichem Einschlag ausgegangen werden[42].

## B. Das Kennzeichenrecht zwischen Persönlichkeits- und Immaterialgüterrecht

Die sich gegenüberstehenden Kategorien von Persönlichkeitsrecht einerseits und Immaterialgüterrecht andererseits wurden vor allem von Kohler herausgearbeitet. Letzteres sei ein wirtschaftliches Gut immaterieller Natur, dessen mögliche wirtschaftliche Nutzung die Rechtsordnung dem Schöpfer des Gutes gewährleiste. In diese Kategorie ordnete Kohler die Werke der Kunst und Literatur sowie Erfindungen, Muster und Modelle ein[43].

Auf dieser terminologischen Trennung beruht auch das heutige Verständnis des Immaterialgüter- und des Persönlichkeitsrechts. Gleichwohl ist die Einordnung von Marken in den Bereich des Immaterialgüterrechts auch nach Überwindung der kohlerschen Auffassung vom Markenrecht als Persönlichkeitsrecht nicht unangefochten geblieben.

Im Folgenden soll anhand der Bestimmung der Rechtsnatur der Marke das Wesen der Kennzeichenrechte näher ergründet werden. Im Anschluss daran soll die Stellung von Unternehmenskennzeichen besonders gewürdigt werden.

### I. Ansatz von Vanzetti

Vanzetti unterstützt den Grundgedanken Kohlers, Firma und Marke nicht der Gruppe der Immaterialgüterrechte zuzuordnen[44]. Vanzetti widerspricht der Einordnung der Marke in das Immaterialgüterrecht, da die einzig rechtlich geschützte Funktion der Marke die der Unterscheidung sei, die Marke jedoch keine „geistige Schöpfung“ ist[45].

---

42 Palandt/Heinrichs, § 12, Rn. 2.
43 Nachweis bei Vanzetti, GRUR Int. 1965, S. 188.
44 Vanzetti, GRUR Int. 1965, S. 189.
45 Vanzetti, GRUR Int. 1965, S. 191.

Drastisch spricht er bei der Einordnung der Kennzeichenrechte in das Immaterialgüterrecht von „Zusammentreffen historischer Zufälligkeiten und als Bodensatz fortbestehender Irrtümer"[46]. Dies offenbart ein Dilemma des Immaterialgüterrechts im Allgemeinen und des Kennzeichenrechts im Besonderen. Die dogmatische Fundierung dieses Rechtsgebietes weist bis heute noch Unschärfen auf. Dies erklärt, warum bisweilen in Bezug auf das Kennzeichenrecht und die Bestimmung seiner Rechtsnatur von einer Gemengelage gesprochen wird.
Der Ausgangspunkt von Vanzetti, die immaterialgüterrechtliche Natur der Kennzeichenrechte verneinen zu wollen, geht sicherlich zu weit. Denn freilich kann einer Marke als Ergebnis unternehmerischen Bemühens ein größerer Verkehrswert als den sonstigen Unternehmenswerten zukommen, weshalb eine Analogie zum Eigentum – die Marke verstanden als Produkt einer Arbeit und Kristallisationspunkt des Goodwill - sicherlich allemal gerechtfertigt ist. Dennoch kommt man kaum umhin, den Kennzeichenrechten innerhalb der Immaterialgüterrechte eine Sonderstellung zuzubilligen. Als entscheidender Wesenszug der Immaterialgüterrechte wird gemeinhin der vermögensrechtliche Aspekt hervorgehoben.
Der Grenzverlauf nun zwischen Persönlichkeitsrecht und Kennzeichenrecht – verstanden als Vermögensrecht - ist freilich nicht einfach zu bestimmen. Dies wird deutlich, wenn man sich das Marlene-Dietrich Urteil des BGH vor Augen führt. So kann dem allgemeinen Persönlichkeitsrecht einer Person durchaus ein vermögenswertes Moment zukommen, das gesondert zu behandeln ist[47]. Vermögensrecht und Persönlichkeitsrecht schließen einander somit nicht aus[48].

Wie wir en passant schon festgestellt haben, besteht schon über das Namensrecht eine Beziehung des Kennzeichenrechts zum Persönlichkeitsrecht. Eine weitere Relation ergibt sich aus der Historie. Nach der anfänglichen Rechtsprechung des Reichsgerichts waren Firmen- und sogar Warenzeichenrechte als Persönlichkeitsrechte einzustufen[49]. Kennzeichenrechte können jedoch nicht als Persönlichkeitsrechte aufgefasst werden. Vielmehr sind sie dem Immaterialgüterrecht[50] zuzuordnen. Zweifel treten allerdings, wie schon ausgeführt, beim geschäftlich geführten Namen im Allgemeinen und bei der Firma im Besonderen auf.

---

[46] Vanzetti, GRUR Int. 1965, S. 191. Scharfsinnig konstatiert er, dass durch die Einordnung der Kennzeichenrechte in das Gebiet der Immaterialgüterrechte die Bestrebung ins Leben gerufen wurde in der Marke eine Schöpfung des Geistes zu sehen (ebenda S. 190). In der Tat findet man auch heute mitunter noch die Formulierung „geistige Schöpfung" im Zusammenhang mit einer Marke, wo sie selten gerechtfertigt ist.

[47] BGH NJW 2000, 2195 – Marlene Dietrich.

[48] Götting, NJW 2001, S. 585; Staudinger/Weick/Habermann, § 12, Rn. 37.

[49] RGZ 64, 398; 69, 403; 93, 292; 97, 26; 103, 359; 108, 37.

[50] V. Gamm, Wettbewerbsrecht, Kap. 52, Rn. 3.

## II. Ansatz Schlueps

Kritik an der Einordnung der Marke als Immaterialgüterrecht nimmt auch Schluep vor. Er will zwischen „Marken ohne Eigenwert“ und „eigenwertigen Zeichen“ unterscheiden[51]. Die Marke ohne Eigenwert sei ein Zeichen, dass bei der mit ihm versehenen Ware keine größere Nachfrage auslöst; es sei gleichwohl ein vorrechtliches Gut, dass in unbegrenzter Zahl existiert[52]. Er geht davon aus, dass Objekt dieses Gutes, ein immaterieller Gegenstand, nämlich das Wort, das Bild oder die Buchstabenkombination sei[53]. Diesem Objekt haftet die Kennzeichnungskraft als Wert an, so dass die Marke als vorrechtliches Gut in unbegrenzter Zahl existiert[54]. Die Rechtsordnung betreibe keine Zuordnung dieses Gutes, sondern anerkenne lediglich die allgemeine Kennzeichnungsfreiheit und ordne diese Freiheit unter polizeilichen Gesichtspunkten[55]. Schluep meint, dass sich hierdurch und durch die „Abqualifikation“ der Marke ohne Eigenwert auch kein Widerspruch zum geltenden (jedenfalls schweizerischen und deutschen) Recht ergebe, wonach freilich auch Zeichen ohne Eigenwert Schutz vor dem Gebrauch durch andere, unter der Voraussetzung der Warengleichheit, gewährt werde. Da auch die Marke ohne Eigenwert die Leistungsbeziehung zwischen Wirtschaftssubjekt und Ware betreffe, folge das Verbot der Verwendung identischer Kennzeichen aus dem Ordnungsprinzip der Markenwahrheit[56].

Die Marken mit Eigenwert zeichnen sich demgegenüber dadurch aus, dass durch sie eine Nachfragesteigerung der mir ihr versehenen Waren bewirkt wird[57]. Schluep bezeichnet die Eignung, die Nachfrage der mit dem Zeichen beworbenen Produkte zu steigern als Attraktionskraft der Marke[58]. Die eigenwertige Marke sei eine Zusammensetzung aus den Erscheinungsformen Zeichengut (welches, wie geschildert nach seiner Auffassung unbegrenzt existiert) und Attraktionsgut[59]. Der Eigenwert der Marke könne zum einen ein ursprünglicher sein, wenn das Zeichen vom Wortklang her die suggestive Empfänglich-

[51] Schluep, Das Markenrecht als subjektives Recht, S. 338.
[52] Ebenda.
[53] Ebenda.
[54] Ebenda.
[55] Schluep, Das Markenrecht als subjektives Recht, S. 339.
[56] Ders., S. 340.
[57] Schluep, Das Markenrecht als subjektives Recht, S. 345.
[58] Ebenda.
[59] Schluep, Das Markenrecht als subjektives Recht, S. 346.

keit des Verbrauchers berühre[60]. Zum anderen könne sich die Attraktionskraft der Marke aber auch allmählich entwickeln[61].

### III. Bewertung der Ansätze von Vanzetti und Schluep

Gegen die Auffassung von Vanzetti kann angeführt werden, dass berühmten Marken auch unabhängig von dem Produkt ein Vermögenswert zukommen kann und dem auch juristisch Rechnung zu tragen ist. Zudem zeigt die Möglichkeit der isolierten Übertragung einer Marke (was auf der dogmatischen Basis, dass sich die schützenswerten Funktionen der Marke in der Unterscheidungsfunktion erschöpfen, nicht zu konstruieren gewesen wäre) auch, dass sich der Gesetzgeber gegen den Ansatz von Vanzetti entschieden hat.
Gegen den Ansatz von Schluep wird eingewandt, dass das Zeichen unabhängig von einem Eigenwert ein selbständiges, vorrechtlich gegebenes und zuteilungswürdiges Vermögensgut sei[62]. Die immaterialgüterrechtliche Einordnung der Marke speist sich nach herrschender Meinung aus der unternehmerischen Leistung, auf die durch das Zeichen verwiesen wird[63]. Dies erklärt auch, dass das Gesetz dem Markeninhaber keine umfassende Verwertungsbefugnis einräumt (der Schutzbereich ist auf bestimmte Warengruppen beschränkt, Voraussetzung für einen Verletzungstatbestand ist der geschäftliche Gebrauch des Zeichens). Die immaterialgüterrechtliche Stellung der Marke bezieht sich auf ihre Mittlerstellung am Markt[64].
Gleichwohl ist zu konstatieren, dass eine Differenzierung zwischen verschiedenen Markenkategorien durchaus in Betracht kommt[65]. Die Unterscheidung zwischen Zeichen mit und ohne Eigenwert mag man im MarkenG an dem besonderen Schutz für bekannte Marken (§ 14 Abs. 3 MarkenG) und der Abwesenheit dieses besonderen Schutzes für weniger bekannte Marken wieder erkennen. Entscheidend ist indes, dass dies den immaterialgüterrechtlichen Charakter der Kennzeichen nicht berührt.

---

[60] Schluep, Das Markenrecht als subjektives Recht, S. 347.
[61] Schluep, Das Markenrecht als subjektives Recht, S. 347 – er greift hier auch wieder die „Premiumtheorie" auf, wonach Produktpreis als ein Geben des Verbrauchers und Qualität der Ware als eine Geben des Verkäufers durch die Marke verklammert sind, s. dazu unten § 3 C.
[62] Henning-Bodewig/Kur, Marke und Verbraucher, S. 225.
[63] Hubmann, Gewerblicher Rechtsschutz, 6. Aufl., S. 70, 71; BVerfG NJW 1988, 2594, 2596 – Esslinger Neckarhalde II.
[64] BVerfG GRUR 1979, 773 – Weinbergsrolle.
[65] Henning-Bodewig/Kur, Marke und Verbraucher, S. 226.

## IV. Verhältnis von Persönlichkeitsrecht und Immaterialgüterrecht im Allgemeinen

Bei dem Versuch einer dogmatischen Verortung der Rechtserscheinungen Name und Firma ergeben sich schnell Unschärfen. Es lässt sich feststellen, dass die Entwicklung weg von der Einordnung als Persönlichkeitsrecht hin zur Verortung als Immaterialgüterrecht tendiert. Dies gilt vor allem für die Firma, aber auch für den im geschäftlichen Verkehr gebrauchten Namen.
Die Rechtsentwicklung und –diskussion erschöpft sich indessen nicht in dem Bemühen um eine Kategorisierung, sondern hat vielmehr auch grundsätzlich das Verhältnis von Persönlichkeitsrecht und Vermögensrecht ergriffen. Die zumindest latent noch vorhandene Vorstellung eines disjunktiven Verhältnisses von Persönlichkeitsrecht und Vermögensrechten ist von zwei Stoßrichtungen aus ins Wanken geraten.
Zum einen wird die notwendige Berücksichtigung personaler Belange im Rahmen von Vermögensrechten nicht mehr als atypisch betrachtet, sondern von einer Literaturmeinung gar als ein „Wesenszug" des Immaterialgüterrechts gepriesen[66]. Zum anderen wird zunehmend anerkannt, dass auch den klassischen Persönlichkeitsrechten ein Vermögenswert zukommt, der sich von den persönlichkeitsrechtlichen Belangen kaum abstrahieren lässt[67].
Es wird an späterer Stelle zu untersuchen sein, ob und wenn inwieweit die besondere Rechtsnatur des Handelsnamens auch auf die kollisionsrechtliche Ebene durchschlägt.

## V. Die Firma als Kennzeichen und Terminologisches

Die Firma dient der Kennzeichnung des Kaufmanns[68]. Sie ist der Name unter dem dieser im Handel sein Geschäft betreibt und die Unterschrift abgibt, § 17 HGB. Von dem hier zuvörderst interessierenden kennzeichenrechtlichen Aspekt des Firmenrechts, des so genannten materiellen Rechts, ist das formelle Firmenrecht zu unterscheiden. Letzteres ist vor allem im HGB angesiedelt. Hinzu kommen aufgrund der Relevanz des Firmenrechts auch für das Gesellschaftsrecht die §§ 10 Abs. I GmbHG; §§ 4, 39 Abs. 1, 279 AktG, § 3 GenG. Gegenstand des formellen Firmenrechts sind insbesondere registerrechtliche Vorschrif-

[66] So explizit Götting, Persönlichkeitsrechte als Immaterialgüterrechte, S. 126; Klippel, Der zivilrechtliche Schutz des Namens, S. 537; Krüger-Nieland, FS für Fischer, 339, 347; für das schweizerische Recht, Hilti, in: von Büren/David, Schweizerisches Immaterialgüter- und Wettbewerbsrecht Bd. 3, S. 235; vgl. auch Windisch, GRUR 1993, S. 352 ff..
[67] BGH NJW 2000, 2195 – Marlene Dietrich; Götting in Bezug auf das Recht am eigenen Bild, Persönlichkeitsrechte als Vermögensrechte, S. 41 ff.; S. 108 ff..
[68] Bokelmann, Das Recht der Firmen- u. Geschäftsbezeichnungen, Rn. 1.

ten (vgl. § 29 HGB), insoweit wird auch von Firmenpolizeirecht gesprochen[69]. Ferner befasst sich das formelle Firmenrecht mit der Frage der Firmenbildung (§§ 18, 19 HGB), der Führung und Fortführung der Firmierung (§§ 21, 22 HGB).

Das materielle Firmenrecht regelt dem gegenüber den namens-, wettbewerbs-, und kennzeichenrechtlichen Schutz der Firma. Materielles und formelles Firmenrecht sind weitgehend voneinander unabhängig[70]. Insbesondere ist die Entstehung eines materiellen Rechtsschutzes nicht durch einen Handelsregistereintrag bedingt[71]. Stattdessen beginnt der Schutz mit Ingebrauchnahme der Firma im geschäftlichen Verkehr[72]. Demnach kann der Schutz der Kennzeichnung auch schon vor dem Registereintrag (vor allem relevant bei Vorgesellschaften) in Kraft gesetzt werden[73].

Der Gebrauch einer Firma kann, obwohl er registerrechtlich zulässig ist, aufgrund von kennzeichnungs- oder wettbewerbsrechtlichen Gründen untersagt werden[74]. Allerdings setzt der kennzeichnenrechtliche Schutz stets die formell firmenrechtliche Zulässigkeit der Firma voraus[75]. Ansonsten bemessen sich die Voraussetzungen des materiellen Rechtsschutzes ausschließlich nach dem materiellen Firmenrecht, so dass eine Handelsregistereintragung nicht erforderlich ist[76].

Hinsichtlich der Wirkung als Ausschließlichkeitsrecht im Sinne des § 15 Abs. 1 MarkenG sind die Firma und die sonstigen geschäftlichen Kennzeichen einander gleichgestellt.

## VI. Rechtsnatur der Firma

Fraglich und strittig ist die Rechtsnatur der Firma. Unstrittig ist, dass es sich bei der Firma um ein absolutes Recht handelt[77]. Zum Teil wurde sie dem Persönlichkeitsrecht zugeordnet[78]. Durch die Verbindung mit einem Objekt – einem

---

[69] Nachweis bei Canaris, Handelsrecht, § 11; vgl. auch Schwenzer, FamRZ, 1991, S. 390, 391.

[70] V. Gamm, Wettbewerbsrecht, Kap. 55, Rn. 8.

[71] V. Gamm, Wettbewerbsrecht, Kap. 55, Rn. 8; BGHZ 10, 196, 202, 204 - DUN-Europa; BGH GRUR 1960, 93 – Martinsberg; 1983, 182, 183 - Concordia-Uhren.

[72] Fezer, Markenrecht, § 15 Rn. 114; BGHZ 10, 196, 204.

[73] V. Gamm, Wettbewerbsrecht, Kap. 55, Rn. 8; BGH GRUR 1993, 404 - Columbus.

[74] Baumbach/Hefermehl, Wettbewerbsrecht, 22. Aufl., Allg. Teil, Rn. 259.

[75] Baumbach/Hefermehl, Wettbewerbsrecht, 22. Aufl., Allg. Teil, Rn. 260.

[76] V. Gamm, Wettbewerbsrecht, Kap. 55, Rn. 9.

[77] MüKo/Bokelmann, § 17 Rn. 11; Hüffer, in: Staub, HGB, § 17 Rn. 5.

[78] RG, 58, 169; 158, 226, 230.

Unternehmen oder einer Personenverbindung – „löst“ sich die Firma von dem Namen einer Person. Stattdessen überwiegen nun vermögensrechtliche Interessen[79]. Dem wird auch durch rechtliche Regelungen Rechnung getragen. Durch das HRefG entfiel der Zwang zur Personenfirma gem. § 18 Abs. 1 HGB a. F.; stattdessen wurde die Firmengestaltungsfreiheit betont[80]. Aus dem Gesetz ergibt sich in § 23 HGB die Möglichkeit der - wenn auch unter Einschränkungen - Veräußerbarkeit der Firma, ferner in den §§ 255 Abs. 4, 266 Abs. 2 HGB ihre Bilanzierbarkeit. Weiterhin ist die Firma – soweit ersichtlich unstreitig – auch vererblich[81]. Die Firma weist demnach auch einen vermögensrechtlichen und im Hinblick auf §§ 18 Abs. 2, 30, 37 HGB einen wettbewerbsrechtlichen Charakter auf[82]. So spricht der BGH von „beachtlichen vermögensrechtlichen Interessen“, die „ideelle Interessen am Namen überwiegen und diesen völlig verdrängen können“, so dass die Firma beispielsweise Teil der Insolvenzmasse ist[83]. Diese Aspekte sind schwerlich mit der Klassifikation als Persönlichkeitsrecht zu vereinbaren. Demnach wird heute die Firma oftmals als Mischrecht, d. h. eine Verbindung von Persönlichkeits- und Vermögensrecht, angesehen[84]. Andere sprechen von einer Doppelnatur, bestehend aus Persönlichkeits-(Namens-)recht und Kennzeichnungs-(Immaterialgüter-)recht, bzw. Vermögensrecht[85]. Hierfür spricht insbesondere, dass die Firma zur Insolvenzmasse gehört[86]. Gerade hier kann auch die Rechtsnatur der Firma als Mischrecht in seiner Erscheinung in der Rechtspraxis exemplifiziert werden. Zwar fällt die Firma in die Insolvenzmasse, jedoch folgt hieraus aufgrund des persönlichkeitsrechtlichen Aspektes der Firma nicht die uneingeschränkte Verwertungsmöglichkeit des Insolvenzverwalters[87]. Eine im Vordringen befindliche Meinung geht sogar grundsätzlich vom immaterialgüterrechtlichen Charakter der Firma aus[88]. Allerdings kann hinsichtlich des Firmenrechts nichts anderes als beim Namensrecht gelten, wonach, soweit es um den geschäftlichen Verkehr geht, der immaterialgüterrecht-

---

[79] Vgl. BGHZ 85, 221, 223.
[80] Koller/Roth/Morck, HGB, § 17, Rn. 1, § 18, Rn 1.
[81] Kuchinke, ZIP 1987, S. 681 ff..
[82] Fezer, ZHR 1997, 52, 59; Baumbach/Hefermehl, Wettbewerbsrecht, 17. Aufl., § 16, Rn. 88.
[83] BGH NJW 83, 755, 756.
[84] Canaris, Handelsrecht, § 10, Rn. 7, S. 218 ff.; Ulmer, UrhR, § 19, S. 103; Baumbach/Hefermehl, Wettbewerbsrecht, 22. Aufl., Allg, Rn. 250; vgl. auch MüKo/Bokelmann, HGB, § 17 Rn. 11.
[85] Koller/Roth/Morck, HGB, § 17 Rn. 3; Heymann, HGB, § 17, Rn. 6.
[86] BGHZ 85, 221, 223.
[87] Vgl. MüKo/Bokelmann, § 17 Rn. 11.
[88] Fezer, ZHR 161 (1997), S. 55; Palandt/Heinrichs, § 12, Rn. 15; Krüger-Nieland, FS für Fischer, 1979, 339, 345 ff.; Kuchinke, ZIP 1987, S. 681; Götting, Persönlichkeitsrechte als Vermögensrechte, S. 119 ff..

liche Aspekt in den Vordergrund tritt [89]. Deshalb ist es nicht zu beanstanden, wenn von einem Immaterialgüterrecht mit personalem Einschlag[90] oder einem Immaterialgüterrecht eigener Art, welches persönlichkeitsrechtliche und vermögensrechtliche Elemente in sich vereint[91], ausgegangen wird. Schließt man sich dem Gedanken an, dass Immaterialgüter- und Persönlichkeitsrechte nicht in einem sich gegenseitig ausschließenden Verhältnis zueinander stehen[92], so erscheint es allerdings fraglich, ob man tatsächlich von einem Immaterialgüterrecht eigener Art ausgehen sollte.

## VII. Bedeutung der Ansätze von Vanzetti und Schluep für das Firmenrecht

Die Ansätze von Vanzetti und Schluep werfen Fragestellungen auf, welche analog auch für das Firmenrecht gestellt werden können. So könnte man mit Vanzetti fragen, ob die Firma ein bloßes Unterscheidungszeichen ist. Für das Firmenrecht ist dieser Ansatz freilich noch weniger zu halten als für das Markenrecht. Zum einen kann eine Reduktion auf die Unterscheidungsfunktion den ökonomischen Wert, respektive die ökonomische Funktion der Firma nicht zutreffend abbilden. Zudem besteht gerade im Firmenrecht die Verbindung zum Persönlichkeitsrecht.
Eine nähere Betrachtung verdient aber vor allem der Ansatz von Schluep, der in seiner Akzentuiertheit über das Ziel hinausschießt, gleichwohl aber auf einer grundsätzlich richtigen Wahrnehmung der tatsächlichen Erscheinungen des Kennzeichenrechts beruht. In der Tat kann eine unterschiedliche rechtliche Handhabung artgleicher Kennzeichen durchaus angezeigt sein[93]. Dass der Gesetzgeber in der Novellierung des MarkenG auch einen gesondert ausgestalteten Bekanntheitsschutz für Unternehmenskennzeichen (vgl. § 15 Abs. 3 MarkenG) eingeführt hat, ist insoweit ein deutliches Beispiel. Im Gegensatz zu Schluep, der zwischen Zeichen ohne Eigenwert und eigenwertigen Zeichen unterscheidet, wird man sagen müssen, dass die Werbefunktion eine jedem Kennzeichen innewohnende Eigenschaft ist, welche allerdings verschieden stark ausgeprägt sein kann.

Darüber hinaus ist auch der Zwillingscharakter einer eigenwertigen Marke, also die Zusammensetzung aus Zeichengut und Attraktionsgut, m. E. eine sinnvolle

[89] Ingerl/Rohnke, Markengesetz, § 15 Rn. 6; BGH GRUR 1995, 825, 828 – Torres; Starck FS Markenamt 1994, 297; BGH GRUR 1990, 218, 220 – Verschenktexte zu § 16 UWG a. F..
[90] V. Gamm, Wettbewerbsrecht, Kap. 55, Rn. 1; ähnlich Ingerl/Rohnke, Markengesetz, § 15 Rn. 6; auch die Rechtsprechung geht inzwischen von einem „Vermögensrecht mit personalem Bezug" aus (BGHZ 85, 221, 223) – grundlegend anders noch BGH GRUR 1960, 490, 493 – Vogeler.
[91] So Nickel, in: Gemeinschaftskommentar zum Handelsgesetzbuch, § 17 Rn. 1.
[92] Siehe oben § 2 B. IV.
[93] Siehe dazu schon Henning-Bodewig/Kur, Marke und Verbraucher, S. 226.

Beschreibung kennzeichenrechtlicher Phänomene. Es gibt m. E. tatsächlich eine derartige im Kennzeichenrecht angelegte Dichotomie zwischen Ordnungsrecht einerseits und eigenständiger Wertigkeit (Werbekraft) andererseits. Nur verläuft diese nicht trennend (vertikal) zwischen den Kennzeichen dergestalt, dass als Schlussfolgerung einige aufgrund ihrer Attraktionskraft immaterialgüterrechtlich sind und andere nicht (dies ist der entscheidende Irrtum von Schluep). Vielmehr verhält es sich so, dass diese Trennung ein bestimmtes Niveau des Kennzeichens beschreibt. Jedem Kennzeichen kommt eine Ordnungsfunktion zu und hat mehr oder weniger schon aufgrund seiner auf ein Unternehmen hinweisenden Funktion als „Plattform" für unternehmerische Wertschöpfung einen gewissen praktischen Wert, weshalb es als immaterialgüterrechtlich klassifiziert werden kann. Entscheidend ist hingegen, dass einem Zeichen (sei es Marke, Firma oder geographische Herkunftsangabe) darüber hinaus durch seine Werbekraft ein „Eigenwert" zukommen kann. Verneinen wir also die Werbekraft eines Kennzeichens als Kategorisierungsmaßstab für eine grobe Einteilung Immaterialgüterrecht versus Nichtimmaterialgüterrecht, so kommt man doch nicht umhin zu konstatieren, dass eine erhöhte tatsächlich feststellbare Attraktionskraft durchaus eine andere rechtliche Behandlung zu rechtfertigen vermag.
Die Wirkung eines Kennzeichens als „Signalcode"[94] kann soweit gehen, dass dem Zeichen eine kulturelle Funktion anwachsen kann[95]. Dies hat dann freilich mit Unterscheidung und Ordnungsfunktion wenig zu tun. Vielmehr ist in solchen Fällen das Kennzeichen selber zu einem wirtschaftlichen Gut geworden. Die nächste Frage ist nun, wann diese Schwelle übertreten ist. Dies wird man regelmäßig dann annehmen können, wenn das Kennzeichen einen bestimmten Bekanntheitsgrad erreicht hat. Dem hat die Rechtsprechung durch den Schutz bekannter Zeichen durch das UWG und nunmehr der Gesetzgeber durch den speziellen Schutz bekannter Marken, Unternehmenskennzeichen und geographischer Herkunftsangaben mit besonderem Ruf durch eigenständige Regelungen in dem MarkenG auch Rechnung getragen.

## VIII. Zwischenergebnis

Ausgehend von den obigen Ausführungen kann an dieser Stelle festgehalten werden, dass die Kennzeichenrechte als gewerbliche Schutzrechte grundsätzlich dem Immaterialgüterrecht zuzuordnen sind.

---

[94] Begriff nach Henning-Bodewig/Kur, Marke und Verbraucher, S. 7.

[95] So führt Schluep selber aus: „Soweit die Attraktionskraft der Marke auf der Vermittlung eines Prestigeerlebnisses beruht („snob-value"), verändert sie sogar das Produkt im Hinblick auf die Eignung zur Bedürfnisbefriedigung. Denn ein Automobil, das zugleich die soziale Stellung des Eigentümers manifestiert, ist ein anderes Gut als das gleiche Automobil, dem diese informative Wirkung fehlt", Das Markenrecht als subjektives Recht, S. 346.

Im Anklang an die Rechtsprechung des Reichsgerichts wonach Name und Firma ausschließlich als Persönlichkeitsrechte angesehen wurden, wurde auch das Kennzeichenrecht (insbesondere Warenzeichen) in diese Kategorie verfrachtet. Erst durch den BGH vollzog sich in diesem Punkt eine kopernikanische Wende. Es wurde anerkannt, dass Firmen und auch Namen sowohl persönlichkeitsrechtlichen als auch immaterialgüterrechtlichen Charakter besitzen können. Entsprechend wurde das Kennzeichenrecht dem Immaterialgüterrecht zugeschlagen. Die Einordnung ist allerdings insofern nicht ganz eindeutig als sich durch den Gebrauch des Namens im geschäftlichen Verkehr und der Firma Bezüge zum Persönlichkeitsrecht ergeben. Diese treten regelmäßig hinter dem vermögensrechtlichen (d.h. immaterialgüterrechtlichen) Charakter der Kennzeichenrechte zurück und kommen nur in gesondert gelagerten Fällen wieder zum Vorschein. Exemplarisch sei hierzu die Problematik erwähnt, unter welchen Voraussetzungen der Insolvenzverwalter die Firma, wenn in ihr der bürgerliche Name des Inhabers erhalten ist, weiterveräußern kann[96], sowie die Problematik des Rechts der Gleichnamigen.

## D. Subjektiver Charakter der Kennzeichnungsrechte und Verhältnis zum Wettbewerbsrecht

Ein weiteres Spannungsverhältnis ergibt sich zum Wettbewerbsrecht, welches ebenfalls (s. § 2 MarkenG) zum Schutz von Kennzeichnungen herangezogen werden kann. Historisch sind Kennzeichnungsrecht und Wettbewerbsrecht eng miteinander verwoben. Im 19. Jahrhundert, in dem sowohl die Kennzeichenrechte als auch das Wettbewerbsrecht ihre Entstehung im modernen Sinne fanden, wurde zuerst ein Gesetz zum Schutz von Waren- und Firmenbezeichnungen aus der Taufe gehoben, aus dem sich dann erst das Recht der unlauteren Wettbewerbshandlungen entwickelte[97]. Legendär und die Verzahnung von Wettbewerbs- und Kennzeichenrecht eindrucksvoll illustrierend, ist die Fehlentscheidung des Reichsgerichts aus dem Jahre 1880[98]. Das Gericht führte aus, da der Gesetzgeber nur ein Gesetz zum Schutz von Marken erlassen habe (Markenschutzgesetz von 1874) sei alles erlaubt, was nicht verboten sei, womit zunächst einmal der Existenz eines Rechts gegen unlautere Wettbewerbshandlungen eine Absage erteilt wurde[99]. Hieraus wird deutlich, dass das Verhältnis von Kennzeichen- und Wettbewerbsrecht Fragen aufwerfen muss. Überwiegend wird das Kennzeichenrecht als dem Wettbewerbsrecht zugehörig angesehen[100];

---

[96] S. hierzu, BGH NJW 1983, 755.
[97] V. Gamm, Wettbewerbsrecht, Kap. 3, Rn. 2.
[98] RGZ 3, 67, 68.
[99] RGZ 3, 67, 68.
[100] Baumbach/Hefermehl, Wettbewerbsrecht, 22. Aufl., Allg. Grundl., Rn. 95, 101; Wirner, WettbewerbsR, S. 22; BGHZ 14, 15, 18 - Römer; RG 120, 325, 328; Glöckner, in: Baudenba-

so formulierte insbesondere schon das Reichsgericht das Zeichenrecht sei nur ein Ausschnitt aus dem allgemeinen Wettbewerbsrecht[101]. Teilweise wird nicht nur das Kennzeichenrecht sondern auch das Wettbewerbsrecht unter den Begriff des gewerblichen Rechtsschutzes gefasst[102]. Interessieren soll an dieser Stelle aber vor allem die grundlegenden Unterschiede von UWG und Kennzeichenrecht und das Zusammenspiel des kennzeichen- und wettbewerbsrechtlichen Schutzes von im Geschäftsleben verwendeten Kennzeichnungen, wie sie von der Rechtsprechung entwickelt worden sind.

Beginnend soll der Frage nachgegangen werden, inwieweit Kennzeichen- und Wettbewerbsrecht Individualschutz gewähren. Das Kennzeichenrecht verleiht dem einzelnen Inhaber einer Kennzeichnung, zumindest wenn es sich um geschäftliche Bezeichnungen wie Firma, Firmenbestandteile, besondere Geschäftsbezeichnungen etc. oder Marken handelt, ein subjektives Ausschließlichkeitsrecht[103]. Die Einordnung der Zeichenrechte als subjektive Ausschließlichkeitsrechte in das Gebiet der Immaterialgüterrechte hat durch die Überführung des Schutzes geschäftlicher Bezeichnungen in das Markenrecht eine legislative Absegnung erfahren[104]. Der Charakter der Unternehmenskennzeichen und auch der Marken als subjektive Ausschließlichkeitsrechte ist nunmehr dem Gesetz auch selbst zu entnehmen (vgl. amtliche Überschriften zu §§ 14, 15 MarkenG).

Während für das Zeichenrecht in dieser Frage von Anfang an eine einheitliche Linie bestand, musste sich die Erkenntnis, dass das Wettbewerbsrecht im Gegensatz zum Kennzeichenrecht nicht auf einen Individualschutz abzielt erst mühsam Bahn brechen. Die Entwicklung zum heutigen Stand der Rechtsprechung kann im Rahmen dieser mit dem Kennzeichenrecht befassten Arbeit allerdings nicht vollumfänglich dargelegt werden.
Ursprünglich wurde das Wettbewerbsrecht als individualschutzrechtlich aufgefasst[105]. Nach und nach setzte sich dann die Auffassung durch, dass das Wettbewerbsrecht nicht nur ausschließlich subjektiven Rechtsschutz gewähren kön-

---

cher, Neueste Entwicklungen, S. 240; für das amerikanische Recht: U.S. District Court für New Jersey in Nabisco Brands, Inc. v. The Quaker Oats Co., 547 F. Supp. 692, 697 (1982) – „Trademark infringement is really a subspecies of the broadly defined business tort of unfair competition.".

101 RGZ 97, 90, 93 - Pecho/ Pecose; 111, 192 - Goldina; 120, 330 - Sonnengold.

102 Bussmann/Pietzcker/Kleine, Gewerbl. Rechtsschutz, S. 1; Emmerich, Gewerblicher Rechtsschutz; so auch Troller, Die mehrseitigen völkerrechtlichen Verträge, S. 3; vgl. auch Art. 1 Abs. II PVÜ.

103 So schon RGZ 3, 167, 169, 170.

104 BT- Drucks. 12/ 6581, S. 75.

105 Lobe, Die Bekämpfung des unlauteren Wettbewerbs Bd. I, S. 145 ff; Baumbach, WbR, 1929, S. 128.

ne. So konstatierte das Reichsgericht im Jahre 1930, dass die Unterlassungsklage „nicht nur den Wettbewerber schütze, sondern, wie das ganze Wettbewerbsgesetz, auch im öffentlichen Interesse den Auswüchsen des Wettbewerbs überhaupt (...) entgegentrete“[106]. Im Übrigen lässt sich in diesem Zusammenhang auch die Sonderrolle ablesen, die der Schutz geschäftlicher Bezeichnungen im UWG eingenommen hat, wo das Reichsgericht schon in einer Entscheidung aus dem Jahre 1924 festgestellt hat, dass § 16 UWG a. F. auch dem Schutz der Allgemeinheit diene[107]. Der somit eingeleitete Prozess der Entwicklung vom Individualschutz hin zum sozialen Recht[108] fand dann seinen Höhepunkt und im Wesentlichen ebenfalls seinen Abschluss in der Entscheidung des BGH von 1961, in der ausgeführt wurde: „Die Vorschriften gegen unlauteren Wettbewerb gewähren kein Ausschließlichkeitsrecht an einem bestimmten Schutzobjekt. Sie dienen der Verhinderung von Missbräuchen im Konkurrenzkampf, indem sie den Wettbewerbern verbieten, sich in diesem Kampf unlauterer Mittel zu bedienen“[109]. Die Entwicklung hin zum sozialen Recht wird wohl zu Recht von Schricker als eine „der größten Leistungen privatrechtlicher Rechtsfortbildung im 20. Jahrhundert“ bezeichnet[110].

Als Ergebnis kann somit festgehalten werden, dass das Kennzeichenrecht als Schutzobjekt Individualrechte konstituiert, wohingegen das Wettbewerbsrecht die Mitbewerber und die Verbraucher schützen will, mithin Schutzobjekt des Wettbewerbsrechts der lautere Wettbewerb ist[111]. Freilich ist die Diskussion um das Schutzgut des Wettbewerbsrechts auch in heutiger Zeit nicht zur Ruhe gekommen[112]. Mit der Neufassung des UWG von 2004 wurde in § 1 UWG ausdrücklich die Schutzzwecktrias des Lauterkeitsrechts (Verbraucher, Mitbewerber und Belange der Allgemeinheit) normiert[113]. Dies knüpft an eine bisherige Rechtsprechung an[114], allerdings wird nunmehr der Schutz des Verbrauchers besonders hervorgehoben[115].

---

106 RGZ 128, 330, 343.

107 RGZ 108, 272, 274.

108 Baumbach/Hefermehl, Wettbewerbsrecht, 22. Aufl., Einl. UWG, Rn. 43.; Baumbach/Hefermehl, Wettbewerbsrecht, 23. Aufl., § 1 Rn. 1 u. 2.

109 BGHZ 35, 329, 333 - Kindersaugflaschen.

110 Schricker, GRUR 1996, S. 473.

111 Baumbach/Hefermehl, Wettbewerbsrecht, 23. Aufl., Einl. UWG, § 1 Rn. 2 ff.

112 Vgl. Baumbach/Hefermehl, Wettbewerbsrecht, 22. Aufl., Einl. UWG, Rn. 40 ff., insbes. Rn. 55 – 57; Gutachten des Bundesministerium der Justiz, Modernisierung des deutschen Rechts gegen den unlauteren Wettbewerb auf der Grundlage einer Europäisierung des Wettbewerbsrechts, von Karl Heinz Fezer, Konstanz, 15. Juni 2001, B. III. 2., S. 19 ff.; Baumbach/Hefermehl, Wettbewerbsrecht, 23. Aufl., § 1 Rn. 40 ff.

113 BT- Drucks. 15/1487 S. 13.

114 BGHZ 140, 134 ff., 138; BGH NJW 2000, 864.

115 Vgl. BT- Drucks. 15/1487 S. 13.

Bislang galt der Satz von Tilmann, dass es keinen Schutz geographischer Herkunftsangaben, sondern nur einen Schutz vor irreführenden geographischen Herkunftsangaben gibt[116]. Ein Blick ins Gesetz offenbart hingegen schnell, dass die allgemeine Entwicklung jene Grundannahme bereits überwunden hat. So wird etwa gem. § 127 Abs. 4 Nr. 2 MarkenG der geographischen Herkunftsangabe auch ein Schutz vor Rufausbeutung gewährt. Die These von Tilmann beinhaltet, dass geographische Herkunftsangaben keine subjektiven Rechte sind. Es muss sich die Frage stellen, ob der Satz von Tilmann nach wie vor Gültigkeit besitzt.
Zum Teil wird mittlerweile den geographischen Herkunftsangaben der Status von subjektiven Rechten zuerkannt[117]. Gegen die Klassifikation der geographischen Herkunftsangaben als subjektive Ausschließlichkeitsrechte sprechen beachtliche Argumente. Unstreitig zeichnet sich diese Materie auch nach der Überführung ins Markenrecht durch einen starken wettbewerbsrechtlichen Einschlag aus. So verweist § 128 MarkenG für die Frage, wer bei Verletzungen des §127 MarkenG auf Unterlassung klagen kann auf den § 8 Abs. 3 UWG mit der Konsequenz, dass beispielsweise gem. § 8 Abs. 3 Nr. 2 UWG rechtsfähige Verbände und gem. § 8 Abs. 3 Nr. 4 UWG die Industrie-, Handels- und Handwerkskammer aktivlegitimiert sind. Diese Regelung offenbart, dass der Gesetzgeber von der wettbewerbsrechtlichen Natur des Schutzes geographischer Herkunftsangaben ausgegangen ist. Ferner spricht der Gesetzeswortlaut insofern gegen die Annahme subjektiver Rechtspositionen, da im Gegensatz zu den §§ 14, 15 MarkenG eine explizite Festlegung der Rechtsnatur der geographischen Kennzeichen als subjektiv-rechtlich fehlt. Auch der Gesetzgeber ging ferner in den Gesetzesmaterialien ersichtlich davon aus, dass geographische Herkunftsangaben keine subjektiven Ausschließlichkeitsrechte seien[118].

Die Verfechter der subjektiv-rechtlichen Struktur der geographischen Herkunftsangaben stützen sich vornehmlich auf das Urteil Turrón de Alicante des EuGH[119]. In dieser Entscheidung entschied der EuGH, dass geographische Kennzeichen dem gewerblichen und kommerziellen Eigentum unterfallen [120].
Die Bewertung dieses Urteils fällt indessen geteilt aus. Die h. M., welche geographische Herkunftsangaben nicht als Individualrechte ansieht[121], bemerkt demgegenüber auch, dass auf europäischer Ebene unter gewerbliches und

[116] Tilmann, Die geographische Herkunftsangabe, S. 75 f., 82.
[117] Schon bemerkenswert früh, Beier, GRUR Int. 1968, S. 69, 71; Fezer, Markenrecht, § 126 Rn. 1; Knaack, GRUR 1995, 103, 105; a. A. Ströbele/Hacker, MarkenG, § 126 Rn. 6.
[118] BT-Drucks. 12/ 6581, S. 116.
[119] Fezer, Markenrecht, § 126 Rn. 1; Knaack, GRUR 1995, 103, 105.
[120] EuGH, Rs. C-3/91, Exportur ./. LOR und Confiserie du Tech (Turrón de Alicante), Slg. 1992, I-5529, I-5553.
[121] Ingerl/Rohnke, Markengesetz, Vor. §§ 126-139, Rn. 1; ebenso BGH GRUR 1999, 252 - Warsteiner II; BVerfG GRUR 1979, 773, 777 – Weinbergsrolle.

kommerzielles Eigentum auch das nationale Wettbewerbsrecht fällt[122]. Aus der Entscheidung des EuGH ließen sich demnach keine Rückschlüsse auf die Rechtsnatur der geographischen Kennzeichen ziehen. Der Rechtsnatur der geographischen Herkunftsangaben wurden bereits ausführliche Darstellungen gewidmet[123], weshalb im Rahmen dieser Arbeit keine vollumfängliche Untersuchung stattfinden soll. Vielmehr soll im Folgenden der Fokus auf die kollisionsrechtlichen Aspekte dieser Materie gerichtet werden und die Frage nach der Rechtsnatur der geographischen Herkunftsangaben deshalb nur – soweit nötig – erörtert werden. Es ist allerdings zu konstatieren, dass die Annahme eines subjektiven Rechts weder mit dem Wortlaut und Systematik des Gesetzes noch mit einer historischen Auslegung der einschlägigen Normen vereinbar ist. Andererseits ist etwa der Schutz vor Rufausbeutung und Rufbeeinträchtigung in § 127 Abs. 3 MarkenG eher symptomatisch für subjektive Rechte.

Im Ergebnis ist also zu konstatieren, dass (nach noch herrschender Meinung) mit Ausnahme der geographischen Herkunftsangaben alle Kennzeichenrechte subjektive Ausschließlichkeitsrechte darstellen. Als maßgeblicher Unterschied zwischen Wettbewerbs- und Kennzeichenrecht lässt sich jedoch, von der besagten Ausnahme abgesehen, die individualrechtliche Struktur der Kennzeichenrechte ausmachen. Festgestellt sei an dieser Stelle nur, dass nach gefestigter Rechtsprechung des BGH das Kennzeichenrecht ein Ausschnitt aus dem allgemeinen Wettbewerbsrecht darstellt. Dieser Kategorisierung sind keine Bedenken entgegenzusetzen.
Sie ermöglicht insbesondere bei der Auslegung kennzeichenrechtlicher Tatbestände aus dem Fundus wettbewerbsrechtlicher Wertungen zu schöpfen. Gleichwohl nimmt das Kennzeichenrecht als Immaterialgüterrecht im Wettbewerbsrecht eine klare Außenseiterposition ein. Das Kennzeichenrecht zeichnet sich durch gegenüber dem Wettbewerbsrecht autonome Denkmuster aus. Die wettbewerbsrechtliche Rahmeneinbettung des Kennzeichenrechts kann deshalb in der Praxis der Rechtsanwendung vernachlässigt werden.

## E. Resümee zur Standortbestimmung des Kennzeichenrechts in der Rechtsordnung und Betrachtung der Anspruchsgrundlagen

Aus den obigen Ausführungen wird wohl deutlich, dass die Bestimmung der Rechtsnatur der Kennzeichenrechte - insbesondere wenn man die geographischen Herkunftsangaben mit einbezieht - Schwierigkeiten bereitet. Diese dogmatischen Unsicherheiten im sachrechtlichem Bereich setzen sich - wie noch zu zeigen sein wird - im kollisionsrechtlichem fort. Auch kollisionsrechtlich stellt

[122] EuGH, Rs. C-3/91, Exportur ./. LOR und Confiserie du Tech (Turrón de Alicante), Slg. 1992, I-5529, I-5553, Erwägungsgrund 37.
[123] Jörg Kahler, Die geographische Herkunftsangabe.

sich etwa die Frage, ob geographische Herkunftsangaben dem Wettbewerbsstatut oder dem Immaterialgüterrechtsstatut unterfallen.
Die Schwierigkeiten beruhen offensichtlich auf dem Umstand, dass sich das Kennzeichenrecht zu einer sehr weitgehend eigenständigen Materie entwickelt hat, dessen Schutz allerdings immer noch auf verschiedenen Säulen der Rechtsordnung beruht. Für geschäftliche Kennzeichen ist weiterhin noch das formelle Firmenrecht zu berücksichtigen. Zum Teil wurde vertreten, dass auch § 37 Abs. 2 HGB subjektiv kennzeichenrechtlichen Schutz gewährt[124]. Die h. M. geht indes davon aus, dass § 37 Abs. 2 HGB lediglich den formell firmenrechtlichen öffentlichen Interessen diene, wobei sie sich insbesondere auf Gesetzessystematik und Entstehungsgeschichte der Norm beruft[125]. Wie wir schon erwähnt haben, geht die Rechtsprechung von dem Vorrang des MarkenG für den Schutz von Kennzeichen aus und greift nur dann auf sonstige Vorschriften des BGB und UWG zurück, wenn das Schutzsystem des MarkenG Lücken bietet[126].

Dem nur ergänzenden Schutz der wettbewerbsrechtlichen und bürgerlichrechtlichen Vorschriften wird zum Teil vehement widersprochen[127]. Die Annahme eines lex specialis - Verhältnisses verletze den Willen des Gesetzgebers, welcher durch § 2 MarkenG zum Ausdruck gebracht habe, dass er von einer Anspruchskonkurrenz ausgehe. Ferner führe ein Ausschlussverhältnis zu einer unangebrachten Verkürzung des Schutzes insbesondere bei geographischen Herkunftsangaben[128].

Im kollisionsrechtlichen Teil dieser Arbeit wird die Frage aufzuwerfen sein, ob einzelne Kennzeichenarten dem Wettbewerbsstatut oder dem Immaterialgüterrechtsstatut zuzuordnen sind. Diesen autonomen international-privatrechtlichen Weichenstellungen soll an dieser Stelle nicht vorgegriffen werden. Dennoch ist summa summarum folgendes Resümee zu ziehen. Das Kennzeichenrecht hat durch seine Überführung in das MarkenG eine Verstärkung der „immaterialgüterrechtlichen" Facette seiner Rechtsnatur erfahren. Dies wird beispielhaft daran deutlich, dass die Rechtsprechung auf sonstige Vorschriften des

---

[124] Düringer/Hachenburg/Höninger HGB (3) § 37 Anm. 1, Baumbach/Duden/Hopt (28), Rn. 2 a; Schulz-Süchting, Hdb. WettbewerbsR, § 62 Rn. 1, Klippel, Der zivilrechtliche Schutz des Namens, S. 431 ff..
[125] V. Gamm, FS für W. Stimpel, S. 1007 f.; Teplizky, Wettbewerbsrecht, § 16 Rn. 80, 81; Fezer, ZHR 1997, S. 52, 58.
[126] BGHZ 138, 349 (351 f.) = NJW 1998, 3781 - Mac Dog ; BGHZ 139, 138 (139 f.) = NJW 1998, 3489 – Warsteiner; BGH LM § 14 MarkenG Nr. 9 (Bl. 4) = NJW-RR 1999, 1344 – Big Pack; BGH NJW-RR 2000, 1640 (1643 f.) – Stich den Buben; BGH NJW 2002, S. 2031, 2032, 2033 – shell.de; zu den sonstigen in Betracht kommenden Vorschriften vgl. Ingerl/Rohnke, Markengesetz, § 2 Rn. 2 ff..
[127] Fezer, Markenrecht, § 126 Rn. 3.
[128] Fezer, Markenrecht, § 126 Rn. 3.

BGB und des UWG nur noch zur „Lückenfüllung“ zurückgreift und dass geographische Herkunftsangaben nach einer im Vordringen befindlichen Auffassung als subjektive Rechte angesehen werden.

## F. Das Kennzeichenrecht und Art. 14 GG und Art. 30 EGV

Marken sind Eigentum im Sinne des Art. 14 GG[129]. Gleiches gilt auch für Unternehmenskennzeichen[130]. Das Kennzeichenrecht erfährt im primären Gemeinschaftsrecht keine materielle Regelung; allerdings kann der freie Waren- und Dienstleistungsverkehr gem. Art. 30 S. 1 EGV aus Gründen des gewerblichen und kommerziellen Eigentums beschränkt werden[131]. Unternehmenskennzeichen und geographische Herkunftsbezeichnungen gehören damit den nationalen Eigentumsordnungen der Mitgliedsstaaten an, welche nach Art. 295 EGV vom EG-Vertrag unberührt bleiben[132].
Der gesamte Bereich der nationalen gewerblichen Schutzrechte steht aufgrund seiner Territorialität in einem Spannungsverhältnis zu dem im EGV zu Grunde gelegten Ziel der Schaffung eines gemeinsamen Marktes. Hieraus ergibt sich aber auch die Konsequenz, dass das europäische Wettbewerbsrecht und die Warenverkehrsfreiheit eine Schranke der nationalen Gesetze zum gewerblichen Rechtsschutz darstellen[133].
Die Gewährung von Schutzrechten fördert zwar einerseits durch die Anreizfunktion den Wettbewerb; andererseits können durch jene legitimierte, hoheitliche Maßnahmen auch einen Eingriff in die Wettbewerbsfreiheit anderer begründen. Ansatzpunkt für den gebotenen Interessenausgleich zwischen dem Grundsatz des freien Warenverkehrs und den Erfordernissen des Schutzes gewerblichen Eigentums ist Art. 30 EGV.

Nach früherer Rechtsprechung des EuGH war eine Unterscheidung vorzunehmen zwischen dem „spezifischen Gegenstand“ des jeweiligen Schutzrechtes und der Ausübung des Schutzrechtes. Ersteres bleibt von dem Vertrag unange-

---

[129] BVerfG 51, 193 – Weinbergsrolle; ebenso Hefermehl/Ipsen/Schluep/Sieben, Nationaler Markenschutz, 1979, S. 163, 166.
[130] Fezer, Markenrecht, § 5 Rn. 2, § 15, Rn. 9.
[131] Schröter/Jakob/Mederer, Europäisch. WettbewerbsR., Art. 81 – Fallgruppen Immaterialgüterrecht Rn. 1, S. 699.
[132] Vgl. Schroeder, in: Streinz, EUV/ EGV, Art. 30 EGV, Rn. 21.
[133] Schröter/Jakob/Mederer, Europäisch. WettbewerbsR., Art. 81 – Fallgruppen Immaterialgüterrecht Rn. 2, S. 700; Fezer, Markenrecht, § 24 Rn. 66; EuGH, 56 und 58/64, Grundig ./. Consten, Slg 1966, 322, 394; EuGH, C-241/91 P und C-242/91 P, Radio Telefis Eireann (RTE) und Independent Television Publications (ITP), Slg. 1995, I-809, I-820.

tastet, letzteres muss sich an den maßgeblichen Vertragszielen messen lassen[134]. Eine Feinabstimmung wurde dann anhand von Art. 30 S. 2 EGV entwickelt. Einfuhr-, Ausfuhr- und Durchfuhrverbote oder -beschränkungen zum Schutz des gewerblichen und kommerziellen Eigentums stehen hiernach den Artt. 28 u. 29 EGV dann nicht entgegen, wenn sie weder ein „Mittel der willkürlichen Diskriminierung“ noch eine „verschleierte Beschränkung des Handels“ darstellen. Hiernach ist also die künstliche und missbräuchliche Marktabschottung mit den Artt. 28 u. 29 EGV nicht zu vereinbaren[135]. Der materielle Anwendungsbereich des Art. 30 EGV hat durch den EuGH eine extensive Auslegung erfahren. Den in den Artt. 14, 28 und 29 EGV normierten Gemeinschaftszielen haben sich die Immaterialgüterrechte im Zweifel insoweit unterzuordnen als ihr Wesensgehalt nicht gefährdet ist[136].

Der jeweilige „spezifische Gegenstand“ der Immaterialgüterrechte hat durch die Rechtsprechung des EuGH eine konturierte Ausgestaltung erfahren. Marken kommt demnach zuvörderst die Aufgabe zu, über die Identität des Warenursprungs aufzuklären[137]. Des Weiteren kommt ihnen eine Garantie- und Qualitätsfunktion zu[138].

Der spezifische Gegenstand des Schutzes der Geschäftsbezeichnungen liegt in dem Schutz vor Verwechslungen. Rechtsvorschriften, die Unternehmenskennzeichen gegen Verwechslungsgefahren schützen, sind somit EG-konform[139]. Auch geographische Herkunftsbezeichnungen stehen unter dem Schutz des gewerblichen und kommerziellen Eigentums im Sinne des Art. 30 EGV[140].

Hinsichtlich geographischer Herkunftsangaben ist zu differenzieren. Ursprungsbezeichnungen gewährleisten, dass ein Erzeugnis aus einem bestimmten geographischen Bereich stammt und bestimmte Eigenschaften aufweist, die es in den Augen der Verbraucher individualisieren[141].

---

[134] EuGH, 78/70, Deutsche Grammophon ./. Metro, Slg. 1971, 487, 499; EuGH, C-200/96, Metronome Musik, Slg. 1998, I-1953, Erwägungsgrund 14; EuGH, C-61/97, FDV, Slg. 97 I-5171, Erwägungsgrund 13.

[135] EuGH, 144/81, Keurkoop ./. Nancy Kean Gifts, Slg. 1982, 2853, Erwägungsgrund 24.

[136] Sucker/Guttuso/Gaster in Schröter/Jakob/Mederer, Europäisch. WettbewerbsR., Art. 81 – Fallgruppen Immaterialgüterrecht Rn. 8, S. 702.

[137] EuGH, 102/77, Hoffmann-La Roche ./. Centrafarm, Slg. 1978, 1139, 1165.

[138] So schon Kommission 23.12.1977, Campari, Abl. 1978 Nr. L 70 S. 69, 74.

[139] EuGH, C-255/97, Pfeiffer, Slg. 1999, I-2853, I 2861, Erwägungsgründe 21 f..

[140] EuGH, Rs. C-3/91, Turrón de Alicante, Slg. 1992-9, I-5529 = GRUR Int. 1993, 76 mit Anm. Beier, Meier, EuZW 1993, 66, 69; Ahrens GRUR Int 1997, 508, 512.

[141] EuGH, Rs. C-47/90, Delhaize, Slg. 1992, I-3669, Erwägungsgründe 17 f. – Abfüllen von Wein im Herkunftsgebiet als Voraussetzung für Ursprungsbezeichnung; EuGH, Rs. C-

Herkunftsbezeichnungen hingegen weisen die Verbraucher lediglich darauf hin, dass das bezeichnete Produkt aus einem bestimmten Ort, Gebiet oder Land stammt[142]. Im Gegensatz zu Ursprungsbezeichnungen knüpfen sie nicht an eine spezifische Qualität der Ware. Stattdessen ist entscheidend, dass mit dem Ort, dem Gebiet oder dem Land eine besondere Wertschätzung verbunden wird[143].

## G. Ausgewählte Kennzeichenrechte und Strukturprinzipien des Kennzeichensachrechts

Nunmehr sollen einzelne Arten von Unternehmenskennzeichen und geographischen Herkunftsangaben vorgestellt werden.

### I. Die Arten geschäftlicher Bezeichnungen des § 5 MarkenG

Die geschäftlichen Bezeichnungen im Sinne des § 5 MarkenG sind der Oberbegriff für Unternehmenskennzeichen und Werktitel. Die als Unternehmenskennzeichen bezeichneten Schutzobjekte sind in § 5 Abs. 2 MarkenG aufgezählt. Hierunter fällt zunächst der im geschäftlichen Verkehr benutzte Name, die Firma und die besondere Geschäftsbezeichnung (§ 5 Abs. 2 S. 1 MarkenG). Schutzgut des § 5 Abs. 2 S. 2 MarkenG sind Geschäftsabzeichen und sonstige betriebliche Unterscheidungszeichen.

Die Firma ist der Name eines Kaufmanns, unter dem dieser im Handel seine Geschäfte betreibt und seine Unterschrift abgibt (§ 17 HGB); sie ist mithin der Handelsname des Kaufmanns[144].

Der Namensbegriff entspricht dem des § 12 BGB[145]. Geschützt ist nach § 5 Abs. 2 S. 1 MarkenG somit beispielsweise der Name einer Sozietät oder einer Gesellschaft bürgerlichen Rechts[146]. Bedeutsam ist der Schutz des Namens ferner für Wappen und Wahrzeichen, denen eine Namensfunktion zukommt[147].

Eine besondere Geschäfts- oder Unternehmensbezeichnung im Sinne des § 5 Abs. 2 S. 1 Var. 3 MarkenG ist ein Kennzeichen, welches dazu dient, ein Geschäft von anderen Geschäften zu unterscheiden, in dem es auf das Unternehmen des Zeichenverwenders hinweist[148]. Eine besondere Geschäftsbezeichnung

---

388/95, Belgien ./. Spanien, Slg. 2000, I-3123 Erwägungsgründe 53 ff.; vgl. auch EuGH Rs. C-3/91, Exportur, Slg. 1992, I-5529 Erwägungsgrund 11.

[142] EuGH, C- 317/95, Feta, Slg. 1997, I-4681 Nr. 35 f..

[143] EuGH, Rs. C-3/91, Exportur, Slg. 1992, I-5529 Rn. 11.

[144] Bokelmann, Das Recht der Firmen- und Geschäftsbezeichnungen, Rn. 45, dort Fn. 98.

[145] Klippel/Eisfeld in Ekey/Klippel, MarkenR., § 5 Rn. 15; Ingerl/Rohnke, Markengesetz, § 5 Rn. 15.

[146] BGH NJW 2002, S. 2096, 2097 - Vossius.

[147] Ingerl/Rohnke, Markengesetz, § 5, Rn. 15.

[148] Fezer, Markenrecht, § 15 Rn. 120.

ist etwa eine Etablissementbezeichnung (Grand Hotel)[149]. Der Unterschied zwischen Firma und besonderer Geschäftsbezeichnung liegt also darin, dass erstere den Träger des Unternehmens und letztere das Unternehmen selber individualisiert[150].
Die besondere Geschäftsbezeichnung kann selbständig oder im Zusammenhang mit der Firma geführt werden, wobei auch ein Firmenbestandteil als besondere Geschäftsbezeichnung geführt werden kann[151]. Hierbei ersetzt sie dann im Geschäftsbetrieb die Firma[152]. Da die besondere Geschäftsbezeichnung auf den Betrieb und nicht auf seinen Rechtsträger verweist, ist sie in ihrer Entstehung auch unabhängig von den firmenrechtlichen Registereintragungen. Infolgedessen gewann die besondere Geschäftsbezeichnung vor allem für nicht kaufmännisch geführte Betriebe an Bedeutung[153].

Namen und Firma ist das Merkmal der „namensmäßigen Wirkung" gemein, d. h. ihnen kommt nur dann Schutz nach § 5 Abs. 2 S. 1 MarkenG zu, wenn sie als wörtlich aussprechbare Bezeichnungen wie ein Name wirken[154].
Der im geschäftlichen Verkehr verwandte Name und die Firma sind Immaterialgüterrechte. Auch das subjektive Recht an einer besonderen Bezeichnung eines Geschäftsbetriebes oder eines Unternehmens ist als Immaterialgut anerkannt[155]. Aus der Gleichstellung der besonderen Geschäftsbezeichnung mit Firma und Name folgt, dass sie auch eine „namensmäßige Unterscheidungskraft" aufweisen muss[156]. Maßgebliches Kriterium der „namensmäßigen Wirkung" ist die Aussprechbarkeit. Hierin kann man einen Zusammenhang mit der immaterialgüterrechtlichen Rechtsnatur der Kennzeichen sehen. Entscheidend für die Schutzwürdigkeit und somit für den vermögensrechtlichen Wert des Unternehmenskennzeichens ist seine identifizierende Funktion. Der vermögensrechtliche Wert besteht freilich nur, wenn dem Verkehr eine Zuordnung aufgrund der namensmäßigen Wirkung schon mit Ingebrauchnahme möglich ist[157]. Besteht keine Kennzeichnungskraft, so bedarf die Firma zum kennzeichenrechtlichen Schutz der Verkehrsgeltung[158].

---

149 BGH GRUR 1996, 109, 110 -Grand Hotel.
150 Fezer, Markenrecht, § 15, Rn. 120.
151 Gruber, in: V. Schulz, MarkenR., § 5, Rn. 10.
152 V. Gamm, Wettbewerbsrecht, Kap. 56, Rn. 9.
153 Gruber, in: v. Schulz, Markenrecht., § 5 , Rn.10; BGH GRUR 1960, 93 - Martinsberg; von Gamm, Wettbewerbsrecht, Kap. 56, Rn. 11.
154 Klippel/Eisfeld in Ekey/Klippel, MarkenR., § 5 Rn. 8.
155 Fezer, Markenrecht, § 15, Rn 121.
156 Fezer, Markenrecht, § 15, Rn. 122; BGHZ 8, 387, 389 – Fernsprechnummer; 11, 214, 217 – KfA; BGH GRUR 1963, 430, 431 – Erdener Treppchen.
157 So Klippel/Eisfeld in Ekey/Klippel, MarkenR., § 5 Rn. 6, 9.
158 Ingerl/Rohnke, Markengesetz, § 5, Rn. 33.

Der Begriff der „namensmäßigen Unterscheidbarkeit“ ist verschiedenen Deutungen zugänglich. Herkömmlich wurde die sprachliche Aussprechbarkeit gefordert. Dies bedeutet, dass etwa einer Buchstabenkombination nur dann „namensmäßige Unterscheidbarkeit“ zukam, wenn sie aussprechbar war. In der Literatur wurden hingegen Stimmen laut, die vielmehr die „sprachliche Benennbarkeit“ oder „kennzeichenrechtliche Unterscheidungseignung“ ausreichen lassen wollten[159]. Somit wären dann auch bildliche Kennzeichen als besondere Geschäftskennzeichen anzuerkennen und zwar ab Ingebrauchnahme.
Soweit ist der BGH freilich noch nicht gegangen, allerdings hat er seine restriktive Spruchpraxis in Bezug auf Buchstabenkombinationen gelockert und in der DB Immobilienfondsentscheidung bestimmt, dass auch bloßen Buchstabenkombinationen originäre namensmäßige Identifizierungskraft zukommt[160]. Auf die Aussprechbarkeit kommt es nun nicht mehr an. Überraschender Weise begründet der Senat seine Entscheidung mit § 3 Abs. 1 MarkenG, wonach Buchstabenkombinationen markenfähig sind. Der Grundsatz der Einheitlichkeit des Kennzeichenrechts gebiete, ungeachtet dessen, dass § 5 MarkenG nicht-harmonisiertes Recht darstelle, nun eine Gleichstellung[161]. Besitzt die besondere Geschäftsbezeichnung also eine „namensmäßige Unterscheidungs– bzw. Kennzeichnungskraft“, entsteht der Kennzeichenschutz mit Aufnahme der Benutzung[162]. Fehlt es an dieser Voraussetzung, entsteht der Schutz erst mit Verkehrsgeltung[163].
Der Schutz erstreckt sich weiterhin auf Namens- oder Firmenbestandteile und Abkürzungen[164]. Unter ersteren versteht man einen Teil der vollständigen Firma, wenn sie selbständig kennzeichnungskräftig ist[165]. Der Firmenbestandteil muss eigene Unterscheidungskraft aufweisen und seiner Art nach im Vergleich zu den übrigen Firmenbestandteilen geeignet erscheinen, sich im Verkehr als schlagwortartiger Hinweis auf das Unternehmen durchzusetzen[166]. Firmenbestandteile sind etwa „Am Rauchanfang“ von „Am Rauchanfang Apollo Gast-

---

159 Fezer, Markenrecht, § 15, Rn. 122, 122a; Zustimmend Althammer/Klaka, MarkenG., § 5, Rn. 29..
160 GRUR 2001, 344 – DB Immobilienfonds.
161 In der Tat wird man im Übrigen nicht umhinkommen anzuerkennen, dass durch den gemeinsamen Fundus grundlegender Begriffe wie Unterscheidungskraft und Verkehrsgeltung von Marken- und Unternehmenskennzeichenrecht, auch das eigentlich nicht-harmonisierte Unternehmenskennzeichenrecht ins Fahrwasser gemeinschaftsrechtlich geprägter Auslegungsprozesse gelangt (Ingerl/Rohnke, Markengesetz, § 5 Rn. 4; Gruber, in: von Schulz, MarkenR., § 5, Rn. 4). .
162 Fezer, Markenrecht, § 5, Rn. 3; Ingerl/Rohnke, Markengesetz, § 5, Rn. 21.
163 Fezer, Markenrecht, § 5, Rn. 3; Ingerl/Rohnke, Markengesetz, § 5, Rn. 21.
164 Ingerl/Rohnke, Markengesetz, § 5 Rn. 18.
165 BGH GRUR 1997, 468 - Netcom; GRUR 1985, 461 - GEFA/ GEWA; GRUR 1954, 195 - KfA.
166 BGH GRUR 97, 468 - Netcom; 85, 461 – GEFA/ GEWA; 96, 68 - COTTON LINE.

stätten GmbH"[167]; „GEFA" der „GEFA Gesellschaft für Absatzfinanzierung mbH"[168]; „Kores" von „Kores Nordic Deutschland AG"[169] oder „RBB" von „RBB Rationale Betriebseinrichtung Bremen, Klaus B"[170].
Besitzt der Firmenbestandteil „namensmäßige Identifizierungskraft" so erfährt er denselben Schutz wie die gesamte Firma oder der Name[171]. Der Schutz des Firmenbestandteils ist von dem Schutz der Firma abgeleitet. Der Grund hierfür liegt auf der Hand. Der Verkehr neigt zur Verkürzung längerer Begriffe auf herausstechende und den Gesamteindruck prägende Bestandteile. Dies gilt insbesondere für Unternehmenskennzeichen, welche aufgrund firmenrechtlicher Vorschriften etwa des HGB oft noch für den alltäglichen Sprachgebrauch „sperrige" Rechtsformzusätze aufweisen. Ergibt sich somit zwischen einem prioritätsjüngeren und einem prioritätsälteren Kennzeichen an sich keine Verwechslungsgefahr, ist jedoch die prioritätsjüngere Bezeichnung mit einem Bestandteil oder einer Abkürzung des älteren Unternehmenskennzeichens verwechslungsfähig, so kann im Wege einer (gedanklichen) Abspaltung auch diesen Bestandteilen oder Abkürzungen ein markenrechtlicher Schutz zukommen[172]. Auch hinsichtlich von Firmenbestandteilen besteht ein Schutzbedürfnis vor Verwechslungsgefahr. Firmenbestandteile genießen die Priorität der vollständigen Firma[173].

Firmen- und Namensbestandteile sind auch dann geschützt, wenn sie selbständig neben der Firma oder dem Namen schlagwortartig benutzt werden; sie setzen dann allerdings Verkehrsgeltung voraus[174].

Von einem Firmenschlagwort wird gewöhnlich gesprochen, wenn aus der vollständigen Firma eine Kurzbezeichnung abgeleitet wird[175]. Häufig werden Abkürzungen verwand, die aus einer längeren Firmenbezeichnung durch eine klanglich einprägsame Neufusion von Buchstaben und Silben kreiert werden. Paradebeispiel wäre etwa „Ufa" für „Universum Film AG".

---

[167] RGZ 171, 30, 32.
[168] BGH GRUR 1985, 461 – Gefa/ Gewa.
[169] BGH GRUR 1986, 475 – Fernschreiberkennung.
[170] BGH GRUR 1998, 165 – RBB.
[171] Ingerl/Rohnke, Markengesetz, § 5 Rn. 18; BGH GRUR 1991, 475, 477 – Caren Pfleger; BGH GRUR 1997, 468, 469 – Netcom.
[172] Hinsichtlich des Schutzes der Bestandteile von Unternehmenskennzeichen tut sich im Übrigen ein Unterschied auf zu der parallelen Problematik der Bestandteile von Marken. Im Markenrecht werden „Abspaltungen" des Gesamtzeichens nur unter den zurückhaltenden Voraussetzungen der Prägetheorie berücksichtigt; vgl. dazu Ingerl/Rohnke, Markengesetz, § 14, Rn. 385 und zum Vergleich § 15, Rn. 37 ff..
[173] BGH GRUR 1991, 475 f. – Caren Pfleger.
[174] Ingerl/Rohnke, Markengesetz, § 5 Rn. 18.
[175] Gruber, in v. Schulz, MarkenR., § 5, Rn. 9.

Wird eine Abkürzung in Alleinstellung als besondere Geschäftsbezeichnung verwandt, so ist sie ab Ingebrauchnahme geschützt[176]. Auch hinsichtlich von Firmenschlagworten gilt, dass sie die Priorität der vollständigen Firma genießen[177].

Geschäftsabzeichen sind Kennzeichnungsmittel, welche nicht der namensmäßigen Identifikation des Unternehmensinhabers dienen und des Weiteren auch nicht das Unternehmen oder den Geschäftsbetrieb kennzeichnen[178]. Gleichwohl muss das Kennzeichen individualisierend wirken[179].

„Sonstige betrieblichen Unterscheidungszeichen" sind etwa die äußeren Erscheinungen eines Betriebs- oder Arbeitsmittels[180]. Geschäftsabzeichen sind visuell wirkende Einrichtungen, bzw. Zeichen, mit denen Betriebsmittel versehen werden, so z.B. Muschel, Stern, Ornamente und gegebenenfalls sogar Hausfarben etc.[181]. Der Begriff des Geschäftsabzeichens ist somit weit gefasst[182]. Exemplarisch aus der Praxis seien genannt: Telegrammadressen[183], bildliche Darstellungen und Logos[184]. Schutzvoraussetzung ist allerdings, dass die Geschäftsabzeichen auf das Unternehmen hinweisen.

Die Schutzgüter des § 5 Abs. 2 S. 2 MarkenG erlangen erst mit Verkehrsgeltung Schutz. Eine Abgrenzung gegenüber der besonderen Geschäftsbezeichnung gem. § 5 Abs. 2 S. 1 Var. 3 MarkenG ist somit erforderlich. Hierbei wird im Allgemeinen auf die Namensfunktion rekurriert, die der besonderen Geschäftsbezeichnungen zukommen muss[185].

Zu guter Letzt sollen schließlich noch die Werktitel Erwähnung finden. Unter Werktiteln sind gem. der Legaldefinition des § 5 Abs. 3 MarkenG die Namen oder besonderen Bezeichnungen von Druckschriften, Filmwerken, Tonwerken, Bühnenwerken oder sonstigen vergleichbaren Werken zu verstehen. Ausgehend

---

[176] BGHZ 11, 214, 216 – KfA; BGH GRUR 1970, 434, 435 – Treppchen.

[177] BGH GRUR 1985, 461, 462 – Gefa/Gewa; 1988, 625, 636 – Grundkommerz; 1992, 550 – ac-pharma; 1996, 68, 69 – COTTON LINE.

[178] Baumbach/Hefermehl, Wettbewerbsrecht, 17. Aufl., § 16 , Rn. 137; Gruber in v. Schulz, Markenrecht, § 5 Rn. 11; BGHZ 21, 182 - Funkberater.

[179] Gruber, v. Schulz, MarkenR., § 5 , Rn. 11.

[180] Fezer, Markenrecht, § 15, Rn. 137.

[181] Fezer, Markenrecht, § 15, Rn. 137 m. w. Beispielen.

[182] Zur Schutzfähigkeit einer charakteristischen Architektur eines Geschäftslokals vgl. BGH GRUR 1977, 615 – Gebäudefassade.

[183] BGH GRUR 1957, 85 - Meisterbrand.

[184] BGH GRUR 1957, 281 - Karo-As; BGH GRUR 1964, 71 - personifizierte Kaffeekanne.

[185] Baumbach/Hefermehl, Wettbewerbsrecht, 17. Aufl., § 16 , Rn. 140; Fezer Markenrecht, § 15, Rn. 139 – unter Berufung auf die Rechtsprechung.

von dieser durch den Hinweis auf „sonstige Werke“ zum Ausdruck kommenden Lockerung des definitorischen Korsetts hat die Rechtsprechung auch die Bezeichnung von Computerprogrammen als dem Titelschutz zugänglich erklärt[186]. Werktitel entstehen grundsätzlich mit Ingebrauchnahme im Verkehr, soweit originäre Kennzeichnungskraft besteht[187]. Hierbei bezieht sich die Kennzeichnungskraft auf die Fähigkeit, ein Werk von einem anderen zu unterscheiden.

## II. Resümee zur Schutzrechtsentstehung

Die Schutzrechtsentstehung wird also nicht durch Eintragung – wie ein Registerrecht - sondern durch eine tatsächliche Handlung (die Ingebrauchnahme) bewirkt. Begründet erst die Verkehrsgeltung den Schutz, so liegt ebenfalls als Ausgangspunkt der Rechtsbegründung ein tatsächlicher Zustand vor.
Verkehrsgeltung entsteht freilich nicht deux ex macina, sondern ist das Ergebnis einer Investition in das Kennzeichen durch unternehmerische Leistung und Werbemaßnahmen. Das Unternehmenskennzeichen stellt insbesondere, wenn es aufgrund von Verkehrsgeltung erworben wurde einen wettbewerblichen, unternehmerischen Wert dar. Dies gilt im Besonderen für die Schutzgüter des § 5 Abs. 2 S. 2 MarkenG, welche „nur“ durch Verkehrsgeltung Schutz erlangen können.

## III. Das Prioritätsprinzip als Bewertungsprinzip für Interessenskonflikte

Kennzeichenkonflikte werden gem. § 6 MarkenG durch das Prioritätsprinzip geregelt. Das Prioritätsprinzip ist ein Bewertungsprinzip für Interessenskonflikte[188]. Konkret geht es hier um den Konflikt zwischen gleich lautenden oder verwechslungsfähigen Kennzeichnungen. Der Grundsatz der Priorität ist jedoch kein Grundsatz von absoluter Geltung. Vielmehr ist anerkannt, dass andere Interessen eine Abweichung von jenem Prinzip begründen können. Dies gilt insbesondere dann, wenn der prioritätsjüngere Benutzer schon einen schutzwürdigen Besitzstand erworben hat[189]. Praktische Beispiele der Anwendung dieser Erwägungen wären etwa die Verwirkungslehre oder das Recht der Gleichnamigen. Das Prioritätsprinzip basiert auf dem Gedanken, dass derjenige mit dem geringeren Interesse zu weichen hat. Hubmann meint jedoch, dass das geringere Interesse dann nicht ausweichen müsse, wenn es hierdurch unverhältnismäßig mehr beeinträchtigt würde als das andere und geht davon aus, dass im Rahmen der Grundsätze zum Gleichnamigenrecht auch der Prioritätsjüngere einen Anspruch

---

[186] BGH GRUR 1997, 902 –FTOS.
[187] BGH GRUR 1998, 1010 – WINCAD; Ingerl/Rohnke, Markengesetz, § 5, Rn. 48.
[188] Korschan, Der Schutz des Handelsnamens, S. 22; Hubmann, AcP 155 (1956), S. 111 f., 123 f..
[189] Vgl. Korschan, Der Schutz des Handelsnamens, S. 22.

gegen den Prioritätsälteren auf Vermeidung von Verwechslungen habe[190]. Gerade das Beispiel des Rechts der Gleichnamigen und seine Anwendung auf vergleichbare Kollisionslagen zeigen, dass das Prioritätsprinzip für Unternehmenskennzeichen in seiner Bedeutung schwächer als im Markenrecht ist[191].

## IV. Der räumliche Schutzbereich der Unternehmenskennzeichen

Schwierigkeiten bereitet die Zumessung des räumlichen Schutzbereichs für Unternehmenskennzeichen im Inland. Nach einem von der Rechtsprechung entwickelten und von der Literatur gebilligten Lehrsatz sind Unternehmenskennzeichen grundsätzlich im ganzen Bundesgebiet geschützt[192]. Eine räumliche Beschränkung wird vor allem bei Unternehmungen angenommen, welche typischerweise ortsgebunden sind, wie etwa Restaurants[193] und Hotels[194]. Entfaltet ein Unternehmen nach den Umständen des Einzelfalles nur eine ortsgebundene geschäftliche Tätigkeit, geht damit nicht notwendigerweise ein nur eingegrenzter Schutzumfang einher. Die Rechtsprechung berücksichtigt nämlich auch die Möglichkeit einer künftigen Ausdehnung beim Zuschnitt des kennzeichenrechtlichen Geltungsraumes[195]. Anders verhält es sich hingegen, wenn eine Bezeichnung nicht von sich heraus kennzeichnungskräftig ist. In diesem Fall bedarf es zur Schutzrechtserlangung der Verkehrsgeltung. Besteht nun eine nur regionale Verkehrsgeltung, ist auch der Schutzumfang entsprechend beschränkt[196]. In diesem Fall kommt auch eine Schutzraumerweiterung aufgrund zu erwartender künftiger Ausdehnung nicht ohne weiteres in Betracht[197].

Die Annahme eines grundsätzlich bundesweiten Schutzes ist jedoch mit Vorsicht zu genießen[198]. Der Satz speist sich offensichtlich aus der Vorstellung des Unternehmenskennzeichenrechts als ein namensmäßiges Recht des § 12 BGB[199]. Hier offenbart sich eine durch die Entwicklung des Unternehmens-

---

190 Hubmnn, AcP 155 (156), S. 125.

191 Tilmann, GRUR 1981, 621, 626.

192 BGH GRUR 1957, 550, 551 – Tabu II; BGH GRUR 1961, 535, 537 – arko; BGH GRUR 1983, 182, 183 - Concordia Uhren; BGH GRUR 1995, 754, 757 – Altenburger Spielkarten; Ingerl/Rohnke, Markengesetz, § 5 Rn. 13; Fezer, Markenrecht, § 15 Rn. 46; v. Gamm § 16 UWG Rn. 46.

193 BGH GRUR 1970, 479, 480 – Treppchen; BGH GRUR 1991, 155, 156 – Rialto; OLG Hamm NJWE-WettbR 2000, 214 – Rhodos-Grill.

194 BGH GRUR 1977, 165, 166 – Parkhotel; BGH GRUR 1984, 378, 379 – Hotel Krone.

195 BGH GRUR 1993, 923, 924 – Pic Nic; OLG Düsseldorf MMR 2001, 706 – T-Box.

196 Ingerl/Rohnke, Markengesetz, § 5, Rn. 53.

197 BGHZ 74, 1, 5 – RBB/ RBT.

198 Instruktiv hierzu sind die Ausführungen von Tilmann, GRUR 1981, 621, 628; ebenso Goldmann, Der Schutz des Unternehmenskennzeichens, § 13 Rn. 130, S. 192 f.; Hüffer, in: Staub, Großkommentar zum HGB, Anh § 37 Rn. 4 ff..

199 So Tilmann, GRUR 1981, 621, 624.

kennzeichenrechts aus § 12 BGB bedingte ungünstige Entwicklung. Tilmann spricht insoweit von einer Überhöhung des Schutzes[200].

Durch die Annahme grundsätzlich bundesweiter Geltung entfernt sich das Unternehmenskennzeichen von seinen wettbewerbsrechtlichen Wurzeln (Verwechslungsgefahr) und nähert sich einem Registerrecht an. Ganz praktisch spricht hiergegen schon die Anzahl der Unternehmenskennzeichen[201]. Hinzu kommen systematische Bedenken. Der Grundsatz bundesweiter Geltung wird von der Rechtsprechung nur für die von Haus aus kennzeichnungskräftigen Bezeichnungen vertreten[202]. Für nicht originär kennzeichnungskräftige Bezeichnungen wird hingegen eine sorgsame Betrachtung im Einzelfall vorgenommen und der Geltungsbereich nur in den räumlichen (möglicherweise nur regionalen) Grenzen der Verkehrsgeltung angenommen[203]. Die Gefahren dieses Ansatzes, im Grundsatz von einem bundesweiten Schutz auszugehen, werden sich auch durch die neuen Medien potenzieren. Der Gedanke der bundesweiten Geltung beruht auf dem Gedanken der Schutzwürdigkeit der Ausdehnungstendenzen. Hiergegen lässt sich zunächst einmal nichts einwenden. Es ist jedoch zu bedenken, dass etwa durch das Internet (und welches Unternehmen ist dort heute nicht präsent?) eine überregionale Tätigkeit (darüber hinaus auch Werbung) um ein vielfaches leichter geworden ist.

Es wird deshalb in der Literatur für konkrete Lösungen angestrebt, die Verwechslungsgefahr als Richtschnur stärker zur Geltung zu bringen und eine allgemeine Interessenabwägung anhand der Wettbewerbssituation vorzunehmen[204].

## V. Arten der geographischen Herkunftsangaben der §§ 126, 127 MarkenG

Als geographische Herkunftsangaben werden in § 126 Abs. 1 MarkenG die Namen von Orten, Gegenden, Gebieten oder Ländern bezeichnet. Geographische Herkunftsangaben sind von Marken und geschäftlichen Bezeichnungen streng zu trennen. Im Gegensatz zu den letzteren beiden sind geographische Herkunftsangaben keine Individualrechte, vielmehr ist der Schutz von geographischen Herkunftsangaben als ein wettbewerbsrechtlicher ausgestaltet. Man

---

[200] Tilmann, GRUR 1981, 621, 624

[201] Eine Ahnung von der hier bestehenden Vielfalt erhält man, wenn man sich eine Schätzung des statistischen Bundesamtes vom 27. Mai 1970 (!) vor Augen führt, welche auf eine Anzahl von knapp 2 Millionen in Deutschland benutzten Handelsnamen gelangt; Nachweis, bei Kunze, GRUR 1981, S. 634, 635 dort Fn. 5.

[202] Nachweis bei Ingerl/Rohnke, Markengesetz, § 5 Rn. 14 a. E..

[203] BGH GRUR 1979, 470, 471 f. – RBB/ RBT.

[204] So ausdrücklich Hüffer, in : Staub, Großkommentar zum HGB, Anh § 37 Rn. 4.

unterscheidet herkömmlich, wie es nunmehr auch in § 126 Abs. 1 MarkenG ausdrücklich festgelegt wurde, zwischen unmittelbaren und mittelbaren geographischen Herkunftsangaben. Unmittelbare geographische Herkunftsangaben sind die im Gesetz genannten Namen von Orten, Gegenden, Gebieten oder Ländern[205]. Beispiele hierfür sind „Kölsch-Bier“[206] oder „Lübecker-Marzipan“[207]. Mit unmittelbaren geographischen Herkunftsangaben sind also die Bezeichnungen - seien es die amtlichen, seien es die herkömmlichen – von Ortsteilen bis geographischen Gebieten sowie Erdteile gemeint[208]. Bei mittelbaren geographischen Herkunftsangaben werden die geographischen Gebiete nicht explizit bezeichnet, stattdessen wird eine Kennzeichnung gewählt, aus der auf die geographische Herkunft geschlossen werden kann. Als Beispiel sei hier etwa eine Flagge aufgeführt[209]. Als weitere Erkennungszeichen können Landesfarben, Ortswappen aber auch Wahrzeichen[210] fungieren. Das Reichsgericht hat etwa entschieden, dass eine Landschaft mit Windmühlen als Hinweis auf Holland gelten könne[211]. Die mittelbaren geographischen Herkunftsangaben sind abzugrenzen von solchen Kennzeichen die nur noch allgemeine Assoziationen mit einem geographischen Gebiet herstellen. Als Beispiel für eine auf bloße Assoziationen abzielende Kennzeichnung wäre eine fremdsprachige Bezeichnung aus denen der Verkehr nur möglicherweise die Herkunft aus einem anderen Land schlussfolgern würde, zu nennen[212]. Maßstab der juristischen Bewertung ist hier dann nicht mehr § 126 Abs. 1 MarkenG sondern § 3 UWG a. F. (bzw. § 3 UWG n. F.)[213].

Eine Sonderrolle nimmt die sog. qualifizierte Herkunftsangabe (Ursprungsangabe) nach § 127 Abs. 2 MarkenG ein, bei dieser geht der Verkehr davon aus, dass über den geographischen Herkunftsort hinaus auch eine Angabe über die Beschaffenheit der Ware gemacht wird. Dies ist vor allem der Fall bei Agrarerzeugnissen[214]. Abzugrenzen sind die geographischen Herkunftskennzeichen von Gattungsbezeichnungen. Zu bemerken ist ferner, dass sich eine geographische Herkunftsangabe in eine betriebliche Herkunftsangabe umwandeln kann[215]. Keine geographische Herkunftsangabe stellt eine Phantasiebezeichnung dar, bei

---

205 Strittig; vgl. aber „Made in Germany“, vgl. BGH GRUR 1974, 665, 666 – Made in Germany, mit Anmerk. Krieger.

206 BGH GRUR 1979, 517, 518 – Kölsch-Bier.

207 BGH GRUR 1981, 71, 73 – Lübecker Marzipan.

208 Ingerl/Rohnke, Markengesetz, § 126, Rn. 4.

209 RG GRUR 1930, 326, 327 – USA-Flagge.

210 LG Köln GRUR 1954, 211- Kölner Dom.

211 RG GRUR 1932, 810 – Windmühle.

212 Vgl. BGH GRUR 1963, 589, 591 – Lady Rose.

213 Ingerl/Rohnke, Markengesetz, § 126, Rn. 6.

214 BGH GRUR 1957, 430, 432 – Havanna.

215 BGH GRUR 1958, 39, 40 – Rosenheimer Gummimäntel.

der keine bestimmte Gegend benannt werden soll. Abschließend sei bemerkt, dass geographische Herkunftsangaben als Kollektivmarke nach § 97 ff. MarkenG eingetragen werden können.
Geschützt sind nicht nur inländische geographische Herkunftsangaben. Auch Angaben ausländischer geographischer Herkunft können unter den Voraussetzungen der §§ 126 ff. MarkenG Schutz erfahren[216]. Hierbei spielt es auch keine Rolle, ob die Bezeichnung im Herkunftsland geschützt ist[217].
Wenn es sich um eine Angabe aus einem anderen EU-Mitgliedsstaat handelt, kann sich allerdings aus Art. 30, 36 EG-Vertrag eine andere Beurteilung ergeben. In der Entscheidung Turron di Alicante hat der EuGH entschieden, dass, wenn die geographische Herkunftsangabe im Ursprungsland keinen Schutz genießt, ein Vertriebsverbot sich nicht rechtfertigen lässt[218]. Der Schutz von geographischen Ursprungsbezeichnungen außerhalb des Herkunftslandes erfolgt vornehmlich über bilaterale Übereinkommen, worauf an anderer Stelle einzugehen sein wird.
Weiterhin ist eine Reihe von mit geographischen Herkunftsangaben befassten EU-Verordnungen zu berücksichtigen, die einen Teilbereich der geographischen Herkunftsangaben regeln.

Die geographische Herkunftsangabe findet etwa in der Richtlinie des Rates zur Angleichung der Rechts- und Verwaltungsvorschriften der Mitgliedsstaaten über irreführende Werbung vom 10. September 1984 (84/450 EWG) Erwähnung.

Der Schutz geographischer Herkunftsangaben für Weinbauerzeugnisse und Spirituosen richtet sich nach den Art. 47 ff. der Verordnung (EG) Nr. 1493/ 1999 des Rates vom 17.Mai 1999 über die gemeinsame Marktorganisation für Wein[219] und der Verordnung (EWG) Nr. 1576/ 89 des Rates vom 29.Mai 1989 zur Festlegung der allgemeinen Regeln für die Begriffsbestimmungen, Bezeichnungen und Aufmachung von Spirituosen[220].

Des Weiteren ist die Verordnung (EWG) Nr. 2081/92 des Rates vom 14.Juli 1992 zum Schutz von geographischen Angaben für Agrarerzeugnisse und Lebensmittel[221] zu berücksichtigen, die mittlerweile eine ganz überragende Bedeutung erlangt hat.

---

[216] Ingerl/Rohnke, Markengesetz, § 126, Rn. 11.
[217] BGH GRUR 1982, 564 – Elsässer Nudeln.
[218] EuGH, Rs. C-3/91, Exportur ./. LOR und Confiserie du Tech (Turrón de Alicante), Slg. 1992, I-5529, I-5553; vgl. auch BGH GRUR 1997, 307, 309 – Mozarella I.
[219] Abl. EG Nr. L 179 vom 14. Juli 1999, S. 1.
[220] Abl. EG Nr. L 160 vom 12. Juli 1989, S. 1; geändert durch Beitrittsakte von 1994, ABl. EG Nr. L 1 vom 1. Januar 1995, S. 1, 78.
[221] Abl. EG Nr. L 208 vom 24. Juli 1992, S. 1; zuletzt geändert durch die Verordnung (EG) Nr. 2796/ 2000 vom 20. Dezember 2000, Abl. EG Nr. L 324 vom 21. Dezember 2000, S. 26.

## H. Kennzeichenrecht und Internet

### I. Einführung

Die dynamische Entwicklung des Internets hat in vielen geschäftlichen Bereichen für nachhaltige Turbulenzen gesorgt. Die durch das Internet ins Leben gerufenen ungeheuren Chancen lassen sich heute noch immer kaum abschätzen. Zum Teil sind ganz neue umsatzstarke Marktplätze entstanden, die in der „realen" Welt kein Pendant finden. Zu nennen wären hier etwa Online-Auktionshäuser. Die Musikbranche und Teile der Reisebranche hingegen sind durch Online-Tauschbörsen und Billiganbieter im Internet zunehmend unter Druck geraten. Andere Branchen haben demgegenüber im Internet parallele Vertriebswege aufgebaut, über die sie ihre Produkte zum einen preiswerter, zum anderen in einem größeren räumlichen Bereich absetzen können.
Die Ergänzung der bisherigen Daseinsformen um jene - in vielerlei Hinsicht erstaunliche - virtuelle Dimension birgt allerdings neue, bisher nicht da gewesene, soziale Konflikte. Es gilt diesen, mit der Errungenschaft des Internets untrennbar verwobenen, neuartigen sozialen Konflikten juristisch Herr zu werden. Dies gilt etwa im besonderen Maße für die Rechtsgeschäftslehre, das Urheberrecht, aber auch für das Strafrecht.
Ein Schwerpunkt soll in dieser Arbeit auf die Subsumtion internetspezifischer Sachverhalte mit Auslandsberührung unter die Systemelemente des Kennzeichenrechts gelegt werden. Hiermit sei das Ergebnis der Handhabung der durch das Internet in diesem Gebiet hervorgerufenen Konflikte in ihrer Tendenz bereits vorgezeichnet. Es geht nicht um eine Anpassung im Sinne einer partiellen Neufassung des Kennzeichenrechts. Stattdessen muss das Ziel sein, die bereits vorhandenen Systembegriffe und -bildungen zu erhalten und somit eine systemimmanente Problemlösung zu betreiben. Erst wenn diese Möglichkeiten ausgeschöpft sind und eine adäquate Problemlösung sich nicht aufgetan hat, muss man das Kennzeichenrecht um neue Regeln ergänzen.

An dieser Stelle sollen zunächst der Schutz von Domain-Namen und die Kollision von Domain-Namen mit Unternehmenskennzeichen eine Darstellung erfahren.

### II. Domain-Namen und technische Aspekte des Internets

Ein Meilenstein in der Entwicklung des Internets war die Erfindung des TCP/IP (Transmission Control Protocol/ Internet Protocol). Durch dieses Übertragungsprotokoll werden Informationen - in Datenpakete aufgeteilt - von einem Rechner zum anderen gesandt. Die Bedeutung des TCP/IP liegt darin, dass die einzelnen Datenpakete im Netzwerk unterschiedliche Wege gehen können und dann am Zielrechner wieder zusammengesetzt werden. Es vermittelt dem Internet seine dezentrale Struktur, da kein zentraler Rechner erforderlich ist. Ferner begründet es damit die „Robustheit" des Internets gegenüber Einwirkungen von außen.

Jeder Rechner hat eine aus maximal zwölf Ziffern bestehende IP-Adresse. Sie besteht aus vier Zifferngruppen, die einen Wert zwischen 0 und 255 einnehmen können. Es ergibt sich somit die Möglichkeit von 0.0.0.0. bis 255.255.255.255. Die IP-Nummern würden technisch als Adresse einer Internetseite vollkommen ausreichen. Ziffernfolgen sind indes erfahrungsgemäß schwer zu erinnern und dem menschlichen Bewusstsein weniger zugänglich. Aus diesem Grund wird jeder IP-Nummer mindestens ein Domainname zugeordnet[222]. Dem Zweck des Internets als kommunikativem Massenforum wird die Möglichkeit einer Buchstabenkombination weitaus mehr gerecht. Dem entgegenkommend werden Domainnamen als alphanumerische Adressen (uniform resource locator, URL) vergeben. Der Domainname besteht aus mindestens drei und höchstens 63 Buchstaben und Ziffern.

Eine Internetadresse besteht aus mehreren Ebenen. Die einzelnen Ebenen werden durch Punkte voneinander getrennt. Man differenziert zwischen der Top-Level-Domain, der Second-Level-Domain, der Subdomain und dem Hostname. Sie sind hierarchisch geordnet. Die Ordnungsreihenfolge verläuft von rechts nach links.

Unterarten der Top-Level-Domain sind die generic Top-Level-Domain (gTLD) und der country code Top-Level-Domain (ccTLD). Die country code Top-Level-Domains (ccTLD) werden von nationalen Vergabestellen vergeben. In Deutschland erfolgt die Vergabe von dem Deutschen Network Information Center (DENIC). Der ccTLD beispielsweise für Deutschland lautet .de, für Frankreich .fr, für Italien .it, für Argentinien .arg, für Peru .pe und .no für Norwegen[223]. Um die Benachteiligung der europäischen Unternehmen gegenüber der US-Konkurrenz, welche oftmals die Top-Level-Domain .com als erste in Beschlag genommen haben, zu korrigieren, wurde die Verordnung (EG) Nr. 733/ 2002 des Europäischen Parlaments und des Rates vom 22.4.2002[224] zur Einführung der Top-Level-Domain „.eu" erlassen.

Weiterhin unterscheidet man zwischen offenen und beschränkten Top-Level-Domains. Letztere bleiben bestimmten Organisationen vorbehalten. Beispielhaft

---

[222] Eine IP-Adresse kann also mehrere Domain-Namen haben und somit über verschiedenen Namen oder Zeichen zugänglich sein.

[223] Vgl. Übersicht bei Ubber, MarkenR. im Internet, S. 265.

[224] ABl. EG L 113 vom 30.4.2002, S. 1 ff..

seien hier genannt .com für kommerzielle Anbieter, .gov für staatliche US-Einrichtungen, .mil für das amerikanische Militär, .net für Netzwerkbetreiber und .org für nichtkommerzielle Anbieter. Bei der Internetadresse „http://www.kant.de“, steht also „kant“ für die Second-Level-Domain und „de“ für die Top-Level-Domain.

Von den jeweiligen nationalen Vergabestellen werden auch die Second-Level-Domains vergeben. Die Second-Level-Domains sind prinzipiell frei wählbar. Allerdings kann eine Second-Level-Domain nur einmal vergeben werden. Hierbei verfährt auch die DENIC nach dem Prinzip des „first come, first served“. Man kann also mit Fug und Recht von einer Monopolisierung des Zeichens sprechen.

Ihre Befugnisse leitet die DENIC von der ICANN (Internet Corporation for the Assigned Numbers and Names) ab. Der ICANN kommt die Aufgabe zu, die gesamte Internetgemeinschaft zu repräsentieren[225].

### III. Rechtsnatur des Domainnamens

Die Rechtsnatur eines Domainnamens bestimmt sich unabhängig davon, ob an dem als Adresse verwandten Zeichen ein Kennzeichnungsrecht besteht[226]. Eine als Domainname verwandte Kennzeichnung kann als Kennzeichen geschützt sein. Dies hängt jedoch von den jeweiligen tatbestandlichen Voraussetzungen ab.
Der Domainname ist ein selbständiger Vermögenswert. Zum Teil wird vertreten, dass er ein Recht sui generis und damit ein „sonstiges Recht“ gem. § 823 I BGB sei[227]. Der Einordnung des Domainnamens als Recht sui generis wird jedoch zu Recht zum Teil vehement widersprochen[228].

Domainnamen kommt zwar zum Teil eine ganz erhebliche wirtschaftliche Bedeutung zu, weshalb es fraglich ist, ob man sie lediglich als Adressen, vergleichbar den Telefonnummern, ansehen kann. Dessen ungeachtet wäre die Annahme eines Rechtes sui generis mit dem Numerus Clausus- Prinzip der Immaterialgüterrechte[229] kaum vereinbar. Ausschlaggebend ist letztlich, dass mit der Einordnung als ein Recht sui generis inhaltlich wenig zur Lösung der bestehen-

[225] Vgl. http://www.icann.org/general/abouticann.htm.
[226] Fezer, Markenrecht, § 3, Rn. 301.
[227] Fezer, Markenrecht, § 3, Rn. 301; Fezer sieht hierin auch keinen Widerspruch zum Numerus Clausus –Prinzip der Immaterialgüterrechte (vgl. Wolf, Sachenrecht, § 4 Rn. 55); LG Essen Beschluss vom 22.9.1999, JurBüro 2000, 213.
[228] Köhler/Arndt, Recht des Internet, S. 43, 44.
[229] Wolf, Sachenrecht, § 4 Rn. 55.

den Konflikte beigetragen wird. Die Schutzvoraussetzungen sollten sich deshalb streng nach den allgemeinen Regeln richten.

## IV. Kennzeichenrechtlicher Schutz des Domainnamens

Der Schutz von Domainnamen wird nicht einheitlich beurteilt. Die „Wehrfähigkeit“ einer Internet-Domain hängt davon ab, ob man dem Domainnamen eine kennzeichen- oder namensrechtliche Funktion zubilligt.

Es lassen sich drei konzeptionelle Möglichkeiten denken. Zum einen kommt es in Betracht, den Domainnamen schlechterdings eine Kennzeichenfunktion zuzubilligen (1)[230]. Zum anderen könnte man ihnen eine Kennzeichenfunktion gänzlich absprechen (2)[231]. Schließlich kommt es in Betracht, anzuerkennen, dass den Domainnamen über ihre Funktion als technische Adresse hinaus eine kennzeichenrechtliche Identifizierungsfunktion zukommen kann[232], wenn bestimmte Kriterien vorliegen(3).

Die Annahmen zu 1) und zu 2) lassen sich vergleichsweise schnell widerlegen. Einem Domainnamen kommt nicht grundsätzlich eine Kennzeichenfunktion zu, da es sich vom primären Zweck her nur um einen Ersatz für eine numerische IP-Nummer handelt. Ein Domainname besitzt gerade nicht per se eine Identifizierungsfunktion. Ebenfalls kann nicht angenommen werden, dass Domainnamen schlechterdings keine Kennzeichenfunktion zukommt. Bei Unternehmen, die eine Leistung ausschließlich über das Internet anbieten – wie etwa ein Internetauktionshaus oder eine Suchmaschine – kommt dem Domainnamen durchaus eine identifizierende und damit kennzeichnende Funktion zu.
Vielmehr ist die Annahme zu 3) zutreffend. Ein Domainname kann auch eine kennzeichenrechtliche Identifizierungsfunktion erfüllen. Dem ist mittlerweile auch die Rechtsprechung gefolgt, derzufolge Second-Level-Domains dann kennzeichnende Funktion zukommt, wenn zu deren Bildung eine Marke oder eine geschäftliche Bezeichnung verwandt wurde[233]. Gleiches kann für einen Firmenbestandteil gelten[234].

---

[230] LG Mannheim, CR 1996, 353, 354.

[231] So wohl LG Köln GRUR 1997, 377 – huerth.de; LG Köln NJW-RR 1998, 976 – pulheim.de; BB 1997, 1121 – kerpen.de.

[232] Fezer, Markenrecht, § 3, Rn. 303.

[233] LG Lüneburg GRUR 1997, 470 – celle.de; LG Frankfurt CR 1997, 287 – das.de; LG Braunschweig CR 1998, 364 – deta.com.

[234] BGH GRUR 1997, 468, 469 – NetCom; OLG Düsseldorf, WRP 1999, 343, 345 – ufa.de; Voraussetzung ist allerdings, dass der Firmenbestandteil unterscheidungskräftig ist und geeignet erscheint, sich im Verkehr als schlagwortartiger Hinweis auf das Unternehmen durchzusetzen.

Die Frage nach der Kennzeichnungsfunktion stellt sich auch schon bei den Top-Level-Domains. So ist es durchaus möglich zu argumentieren, dass bei einer geographischen Top-Level-Domain ein Hinweis auf die Herkunft vorliegt. Grundsätzlich kann eine Kennzeichnungsfunktion der Top-Level-Domains indessen nicht angenommen werden. Hiergegen spricht, dass diese Ebene der Domain nicht frei wählbar ist. Gleichwohl ist zu konstatieren, dass Ausnahmen durchaus denkbar sind[235].
Im Rahmen dieser Arbeit soll vor allem die Frage interessieren, ob an einem Domainnamen das Recht einer geschäftlichen Bezeichnung (Unternehmenskennzeichen oder Werktitel) entstehen kann.
Hier ist zunächst zwischen den unterschiedlichen Schutzgütern des § 5 Abs. 2 MarkenG zu differenzieren. Die Schutzgüter des § 5 Abs. 2 S. 1 MarkenG gelangen mit Benutzungsaufnahme zur Entstehung; diejenigen des § 5 Abs. 2 S. 2 MarkenG erst mit Verkehrsgeltung. Die Abgrenzung zwischen diesen Gruppen wird gewöhnlich über das Kriterium der Namensfunktion vorgenommen[236]. Fehlt es dem Domainnamen an der Namensfunktion so kann ihm jedenfalls bei Verkehrsgeltung als Geschäftsabzeichen Schutz zukommen[237]. Anderes gilt, wenn der Domainname direkt aus der Firma abgeleitet wird. Dann wird auch der Domainname nach § 5 Abs. 2 S. 1 MarkenG wie ein Firmenbestandteil oder -schlagwort geschützt[238]. Der Domainname muss dann allerdings zur Identifizierung des Unternehmens selber dienen und namensmäßig gebraucht werden.

Zum Teil wird vertreten, dass Internet-Domains auch als besondere Geschäftsbezeichnungen nach § 5 Abs. 2 S. 1 MarkenG angesehen werden können[239]. Die Frage, ob Domains Schutz nach § 5 Abs. 2 S. 1 oder nach § 5 Abs. 2 S. 2 MarkenG erlangen können, läuft darauf hinaus, ob Domains Verkehrsgeltung besitzen müssen, um kennzeichenrechtlichen Schutz erlangen zu können, wenn das Zeichen außerhalb des Internets nicht verwandt wird. Dies wird zum Teil vor allem unter Berufung auf die Rechtsprechung zu Fernsprechnummern vertreten[240]. Andere hingegen verneinen das Erfordernis von Verkehrsgeltung und wollen unterscheidungskräftige Domains schon ab Benutzungsbeginn nach § 5 Abs. 2 S. 1 MarkenG schützen[241]. Für die letztere Auffassung sprechen durchaus beachtliche Gründe. Warum soll ein Unternehmen, welches ausschließlich im Internet auftritt (etwa ein Auktionshaus oder eine Suchmaschine) gegenüber einem Restaurant in den Schutzvoraussetzungen schlechter gestellt sein? Zum

---

[235] LG Hamburg, Urteil vom 30.9. 1998 – 315 O 278/ 98 –extra.net.
[236] Fezer, Markenrecht, § 3, Rn. 316.
[237] Fezer, Markenrecht, § 3, Rn. 316.
[238] Fezer, Markenrecht, § 3, Rn. 316.
[239] OLG München, CR 1999, 778 – tnet; LG Braunschweig, CR 1998, 364 – deta.com.
[240] Fezer, Markenrecht, § 3, Rn. 316.
[241] Köhler/Arndt, Recht des Internet, S. 46.

anderen können aufgrund der überragenden Bedeutung des Internets Domainnamen und Fernsprechnummern kaum ernsthaft gleichgesetzt werden.

Schließlich kann an einem Wortzeichen eines Domainnamens ein Werktitelschutz nach § 5 Abs. 3 entstehen. Hierzu ist erforderlich, dass der Domainname ein geistiges Werk als Titel bezeichnet[242]. Der Werktitelschutz entsteht mit Benutzungsaufnahme der Internet-Domain[243]. Unproblematisch ist jedenfalls ein Werktitelschutz eines als Second-Level-Domains verwendeten Zeichens zu bejahen, wenn es etwa um eine Internetzeitschrift geht.
Des Weiteren kommt ein Werktitelschutz auch für ein Zeichen in Betracht, welches als Domainname für eine Suchmaschine verwandt wird. Hier stellt sich die Frage, inwieweit dann eine Abgrenzung zum Schutz durch § 5 Abs. 2 MarkenG vorzunehmen ist.
Zum Teil wird im Schrifttum die Auffassung vertreten, dass eine Abgrenzung nicht vorzunehmen sei[244]. Dem wird indessen von Fezer widersprochen[245]. In der Tat genügt es jedenfalls nicht, an das Vorhandensein einer kreativ gestalteten Homepage für den Werktitelschutz anzuknüpfen. Die Titelfähigkeit eines Werkes setzt seine Bezeichnungsfähigkeit voraus[246]. Jedoch ist der Domainname nicht der Name der Homepage, sondern lediglich die Zugangsadresse.

Die nach der Rechtsprechung durch § 5 Abs. 2 MarkenG verdrängte Bedeutung des Namensschutzes nach § 12 BGB lebt für den Schutz von Domainnamen wieder auf[247]. Eine Analyse der Rechtsprechung ergibt ein Bild zahlreicher Entscheidungen, in denen Domainnamen ein Schutz nach § 12 BGB zugesprochen wurde[248]. Der Grund hierfür liegt darin, dass es bei den Betreibern von Internetseiten oftmals an einer Nutzung im geschäftlichen Verkehr mangelt. Dann scheiden die §§ 14, 15 MarkenG als Anspruchsgrundlagen aus und der subsidiäre Schutz des § 12 BGB lebt wieder auf[249]. Für einen Schutz nach § 12 BGB gilt es zu differenzieren. Besitzt die Bezeichnung von Hause aus eine Namensfunktion (z. B. bei Personen oder Städtenamen), so kommt dem Domainnamen

[242] Fezer, Markenrecht, § 3, Rn. 317.
[243] Fezer, Markenrecht, § 3, Rn. 317.
[244] Hackbarth, Anmer. zu OLG Hamburg CR 1999, 184 ff. – emergency.de; Omsels, GRUR 1997, 328, 333; Wiebe, CR 1998, 157, 164.
[245] Fezer, Markenrecht, § 3, Rn. 319.
[246] Fezer, Markenrecht, § 15, Rn. 154e.
[247] BGH NJW 2002, 2031 – shell.de.
[248] LG Ansbach NJW 1997, 2688 – ansbach.de; LG Lüneburg GRUR 1997, 47 – celle.de; KG NJW 1997, 3321 – concert-concept.de/ concert-concept.com; LG Frankfurt CR 1997, 287 – das.de; anders jedoch LG Köln BB 1997, 1121 – kerpen.de; NJW-RR 1998, 976 – pullheim.de; GRUR 1997, 377 – huerth.de; BGH NJW 2002, 2031, 2033, 2034 – shell.de.
[249] BGH BJW 2002, 2031, 2034 – shell.de.

originär Namenschutz nach dieser Vorschrift zu. Ansonsten bedarf es indessen der Verkehrsgeltung.

### V. Kennzeichenkollisionen im Internet

Die Vergabe von Domainnamen nach striktem Prioritätsprinzip birgt einigen Konfliktstoff in sich. Die Vergabestelle (für die Top-Level-Domain „.de" die DENIC) prüft das angemeldete Zeichen nämlich grundsätzlich nicht auf mögliche Kollisionen mit geschützten Marken, Werktiteln oder geschäftlichen Bezeichnungen. Eine solche kann sich aus zweierlei Richtung ergeben. Ein Domainname kann mit einem anderen verwechslungsfähig sein[250]. Des Weiteren kann es zu einer Kollision zwischen einem Domainnamen und einem geschützten Kennzeichen „offline" kommen.

Die rechtlichen Facetten dieses sich entwickelnden Feldes sollen hier nicht vollumfänglich nachgezogen werden. An dieser Stelle soll zuvörderst interessieren, ob kennzeichenrechtliche Ansprüche gegen die Verwendung eines Zeichens als Domain bestehen. Voraussetzung für kennzeichenrechtliche Ansprüche gegen die Benutzung eines Zeichens als Domain ist, dass das Kennzeichen zeichenmäßig verwandt wird.

Das heißt, ob der Domainname selber Schutz genießt, ist für die Frage der Verletzung eines „offline"-existierenden Kennzeichens unerheblich[251]. Zwar kann dem Domainnamen durchaus eigener kennzeichenrechtlicher Schutz angediehen sein. In diesem Fall handelt es sich dann um eine Kollision von Kennzeichen. Um zur Annahme der Verletzung eines Kennzeichens zu gelangen, ist es jedoch keine notwendige Bedingung[252].

Das Feld der Kollisionen mit Domainnamen spannt sich zwischen der Dimension der Art der internetspezifischen Benutzung und den Arten potentiell verletzter Kennzeichen auf. Als Benutzungshandlungen kommen in Betracht: die Anmeldung eines Domainnamens, die Registrierung, die Konnektierung und schließlich die Benutzung eines Domainnamens im Internet[253]. Verletzte Kennzeichen können sein: geschäftliche Bezeichnungen, geographische Herkunftsangaben, Namen und Marken. Somit kommen als Anspruchsgrundlagen bei

---

[250] Zweifelhaft ist welche Anforderung an das Tatbestandsmerkmal der Verwechslungsgefahr im Bereich der online-online Kollision zu stellen ist, vgl. dazu Hoeren, Rechtsfragen des Internets, S. 22, LG Düsseldorf CR 1996, 325 – epson.de; Biermann, WRP 1999, 997, 1000.

[251] Köhler/Arndt, Recht des Internet, S. 21.

[252] Fezer, Markenrecht, § 3, Rn. 323.

[253] Fezer, Markenrecht, § 3, Rn. 324.

Kennzeichenverletzungen durch Domainnamen vorrangig die §§ 14, 15, 126 MarkenG und § 12 BGB in Betracht.

Fraglich ist, ob die zitierten Anspruchsgrundlagen und die ihnen zugrunde liegenden Konzepte unbesehen auf die Fälle der Kollision von Kennzeichen mit Domainnamen angewandt werden können. Dies sei kurz illustriert. Es stellt sich zum Beispiel die Frage, ob die Kriterien, welche zur Bejahung der Verwechslungsgefahr heranzuziehen sind, unbesehen auf die internetspezifischen Sachverhalte übertragen werden können. Zum Teil wurde etwa vertreten, dass Kennzeichenschutz nur bei Zeichenidentität zu gewähren sei[254]. Andere wollen auf das Erfordernis der Produktähnlichkeit verzichten[255]. Das OLG Frankfurt/ Main hat indessen entschieden, dass bei domainnamensmäßig kollidierenden Firmen das Kriterium der Branchennähe unverändert zu berücksichtigen sei[256].

Als Rechtfertigung für eine besondere Bewertung von „online-Zeichenkollisionen" kommt der Ansatz von Fezer in Betracht, der ausgehend von der Benetton-Entscheidung des Bundesverfassungsgerichts[257] die Auffassung vertritt, dass die kommunikative Funktion des Internets verfassungsrechtlichen Schutz genieße und damit bei der Auslegung der Verletzungen definierenden und sanktionierenden Normen zu berücksichtigen sei. Als Beispiel führt er etwa an, dass ein Link aufgrund des verfassungsrechtlichen Schutzes rechtlich zulässig sein könne[258]. Inwieweit dieser Ansatz zu handhabbaren Ergebnissen führen kann, sei an dieser Stelle dahingestellt.

Ein sich auf das Recht auswirkendes Anliegen muss es jedenfalls sein, die Funktionsfähigkeit des Internets im Interesse Aller nicht durch juristische Hindernisse zu torpedieren. Dementsprechend geht auch der BGH in seinem jüngsten Urteil von der Notwendigkeit aus, Beschränkungen der Rechtsausübung im „Allgemeininteresse an der Funktionsfähigkeit des Internet" zu statuieren[259]. Die Diskussion um die sachrechtliche Handhabung von Zeichenkonflikten im Internet ist noch nicht zu Ruhe gekommen[260].

---

[254] Hoeren, Rechtsfragen des Internets, S. 22 f..

[255] LG Düsseldorf, CR 1996, 325 – epson.de; zust. Kilian, DZW 1997, 381, 388 ;abl. Biermann, WRP 1999, 997, 1000.

[256] OLG Frankfurt/ Main, WRP 2000, 772 – ALCON.de.

[257] BVerfG GRUR 2001, 170 – Benetton.

[258] Fezer, Markenrecht, § 3, Rn. 325, 326.

[259] BGH Urteil vom 17. Juli 2003 – I ZR 259/00; im Urteil ging es um die Zulässigkeit von sog. „Deep Links" bei denen eine Internet-Verknüpfung unter Umgehung der Homepage zu einer Seite im Internet erstellt wird.

[260] Bornkamm, in: Neueste Entwicklungen im europäischen und internationalen Immaterialgüterrecht, S. 109, 111.

Die Frage, die im Rahmen dieser Arbeit aufgeworfen werden soll lautet, ob der internationale Aspekt der Kennzeichenverletzungen im Internet eine sachrechtliche Neubestimmung der gegenwärtigen kennzeichenrechtlichen Konzepte erfordert. Die Beantwortung dieser Frage soll gleichwohl späteren Kapiteln vorbehalten bleiben.

## § 3 Allgemeine Rahmenvoraussetzungen

Berechtigter Weise muss die Frage aufgeworfen werden, ob es nötig ist, den wirtschaftlich-ökonomischen Hintergrund eines Rechtsgebietes zu beleuchten oder ob nicht vielmehr letztendlich das Recht die Ökonomie regiert. Für die Anhänger des Forschungszweigs der ökonomischen Analyse des Rechts ist diese Frage zweifelsfrei beantwortet. Der Arbeitshypothese vieler juristischer Monographien, dass eine Untersuchung der Entstehungsgeschichte vieler Rechte letztendlich ökonomische Gründe zu Tage fördern wird[261], soll auch hier - ein Stück weit zumindest - nachgegangen werden.

### A. Der Wettbewerb

Das Kennzeichenrecht kann in seiner Gänze nur im Kontext des Wettbewerbs verstanden werden. Im UWG-Recht ist ein „Handeln zum Zwecke des Wettbewerbs“ häufig Normanwendungsvoraussetzung. Deshalb hat es von dieser Seite aus eine Reihe von Versuchen gegeben, den Begriff des Wettbewerbs zu bestimmen.

Wettbewerb ist zunächst ein natürliches, ubiquitäres Phänomen, welches auch durch das Wort Konkurrenz ausgedrückt werden kann. Im wirtschaftlichen Bereich kann man den Begriff des Wettbewerbs in verschiedener Weise verstehen. Man kann ihn in Beziehung zur Volkswirtschaft, zu einem bestimmten Markt oder auch nur zu einem einzigen Unternehmen und dessen Verhältnis zu den Marktteilnehmern setzen[262]. Der Wettbewerb eines Unternehmens im Verhältnis zu den Marktbeteiligten ist Gegenstand des UWG-Rechts[263].

Eine Definition des Wettbewerbs in diesem Sinne wäre etwa dahin gehend möglich, dass konstitutiv „ein Verhalten, das auf den Abschluss von Geschäften mit Kunden gerichtet und äußerlich geeignet ist, den Absatz eines Wettbewerbers zuungunsten desjenigen eines Mitbewerbers zu fördern, und subjektiv eine auf die Förderung des eigenen oder eines fremdes Wettbewerbs gerichtete Absicht“ erforderlich ist[264]. Auch diese Definition muss sich allerdings Kritik ausgesetzt sehen[265]; letztlich muss wohl davon ausgegangen werden, dass sich der Begriff

---

[261] So beispielsweise Steindorff, Sachnormen im internationalen Privatrecht, S. 148; dort in Fn. 2 mit Verweis auf die Genealogie der Freiheitsrechte in der französischen Revolution.

[262] Baumbach/Hefermehl, Wettbewerbsrecht, 23. Aufl., Einl. UWG, Rn. 1.2.

[263] Anders verhält es sich für das GWB, wo der Wettbewerb auch in der Beziehung zu einem Markt eine entscheidende Rolle spielt.

[264] BGHZ 52, 582 – Sprechstunde; 53, 294 – Fleischbezug; 66, 509/512; - Assekuranz; 68, 95/ 97 – Büchereinachlaß.

[265] Godin, GRUR 1965, 288.

des Wettbewerbs dem Versuch einen präzisen Definition entzieht[266]. Für die Zwecke der Normauslegung im UWG ist dieser Umstand auch unschädlich, da man die letztlich entscheidende Beurteilung einer Wettbewerbshandlung unabhängig von dem vorgelagerten Begriff des Wettbewerbs vornehmen kann[267].

Es steht nun an, die schon vorgenommene Rahmeneinbettung des Kennzeichenrechts in dem Gesamtzusammenhang des Wettbewerbs zu konkretisieren. Kennzeichenrechte sind „Wettbewerbsparameter“[268]. Sie ermöglichen die Entfaltung von wettbewerblichen Verhältnissen und sind somit Voraussetzung für den Wettbewerb. Darüber hinaus können sie, wenn man ihnen einen eigenständigen vermögenswerten Wert zubilligt, auch selber Gegenstand des Wettbewerbs sein. Darüber hinaus sind kennzeichenrechtliche Vorschriften auch vor dem Hintergrund der Funktion von Kennzeichen im Wettbewerb auszulegen.

## B. Ökonomische Bedeutung von Kennzeichenrechten

Die ökonomische Bedeutung von Kennzeichenrechten, d. h. Marken, Unternehmenskennzeichen und geographischen Herkunftsangaben ist immens[269]. Dies hängt mit einer generellen Veränderung des wirtschaftlichen Verkaufssystems zusammen.

Ein sehr einprägsames Beispiel aus jüngerer Zeit für die ökonomische Bedeutung ist der Aufkauf der englischen Unternehmen Rolls-Royce und Bently durch den Volkwagenkonzern. Volkswagen hatte zwar die Produktionsmittel von Rolls-Royce und Bentley erworben, die Markenrechte an dem Namen Rolls-Royce und Bentley hatte sich indes zuvor BMW gesichert. Diese Verteilung von „materiellen“ und „immateriellen“ Werten ging zu Ungunsten von Volkswagen aus. Volkswagen musste sich im Ergebnis darauf einlassen, dass die Produktionsstätten von Rolls-Royce an BMW übergingen. Zwar erhielt Volkswagen im Gegenzug dafür die Marke Bentley; diese war jedoch weit weniger attraktiv, als der Name Rolls-Royce[270]. Im Ergebnis hat sich also die ökonomisch-juristische Bedeutung der Marke Rolls-Royce als bedeutender als die materiellen Werte des Unternehmens Rolls-Royce erwiesen!

---

[266] Baumbach/Hefermehl, Wettbewerbsrecht, 23. Aufl., Einl. UWG, Rn. 1.6; zudem besteht auch hier die generelle Gefahr, dass mit zunehmender Abstraktheit der Definition ihr Aussagewert rapide abnimmt.

[267] Baumbach/Hefermehl, Wettbewerbsrecht, 23. Aufl., Einl. UWG, Rn. 1.7.

[268] So auch MüKo/Kreuzer, Nach Art. 38 Anh. II, Rn. 45.

[269] Der Wert von Marken lässt sich zum Teil auf mehrstellige Milliardenhöhe beziffern (Nachweis bei. Pepels, Produktmanagement, S. 367, 368).

[270] Nachweis bei Pepels, Produktmanagement, S, 367.

Die früher axiomatische Feststellung, dass der Wettbewerb um Produkte zentriert, wobei primär die Qualität und der Preis der Ware den Absatz bestimmen, kann heute nicht mehr ohne weiteres aufrechterhalten werden. Vielmehr ist es in vielen Branchen so, dass die klassische Preispolitik in der Marke zentrierenden Marketing-Methoden gewichen ist[271].
Was für Marken transparent und in der wirtschaftswissenschaftlichen Literatur viel beschrieben wurde, ist für Unternehmenskennzeichen und geographische Herkunftsangaben vielleicht etwas weniger offensichtlich, im Ergebnis gilt jedoch auch hier dasselbe. Für Unternehmenskennzeichen gilt dies im besonderen Maße dann, wenn sie auch als Produktkennzeichen verwandt werden[272].

Geographischen Herkunftsangaben kommt vor allem für Agrar- aber auch für Handwerks- und Industrieprodukte Bedeutung zu[273]. Die geographischen Herkunftsangaben haben in der Agrarwirtschaft nicht nur einen hohen Stellenwert. Vergegenwärtigt man sich etwa geographische Bezeichnungen wie Bordeaux oder Médoc, Sainte-Croix-du-Mont oder Beaujolais[274], so wird schnell offenbar, dass sich ganze Wirtschaftszweige in ihrer heutigen Ausgestaltung auf geographische Herkunftsangaben gründen, weil die Herkunft aus einer bestimmten Region für die Qualität der Ware entscheidend ist.

Ebenfalls beim Konkurrenzkampf zwischen ganzen Volkswirtschaften dienen geographische Herkunftsangaben als Wettbewerbsparameter. So verschafft die Bezeichnung „Made in Germany“ als Sinnbild von Güte und Wertarbeit deutschen Unternehmen auch einen wettbewerblichen Vorteil[275].

Es verwundert nicht, dass sich im Versailler Friedensvertrag vom 28. Juni 1919[276] eine Regelung zum Schutz geographischer Herkunftsangaben findet. Nach Art. 275 des Versailler Friedensvertrages wurde Deutschland, unter Einflussnahme der französischen Hersteller von „Cognac“, verpflichtet - unter der

[271] Hierauf weist schon früh auch Vanzetti hin, GRUR Int. 1965 S. 138.
[272] Eine typische unternehmerische Maßnahme ist etwa die Verwendung eines Unternehmenskennzeichens (etwa eines Firmenbestandteils) mit einer Sachbezeichnung (z. B. Nescafé oder Nesquik – von Nestlé AG); vgl. hierzu Tilmann, GRUR 1981, S. 621, 624.
[273] Novoa, La Proteccion de las Denominationes Geograficas, S. 2.
[274] Alle diese geographischen Herkunftsangaben für Weine sind im deutsch-französischen Abkommen über geographische Herkunftsangaben geschützt, abgedruckt bei Fezer, Markenrecht, S. 2089.
[275] Wie es die Ironie der Geschichte will, ist die Bezeichnung „Made in Germany“ allerdings aus einem als protektionistisch gedachten englischen Gesetz aus dem 19. Jahrhundert hervorgegangen; Nachweis bei Wulf, „Made in Germany“, S. 3 ff..
[276] Gesetz v. 16. Juli 1919, Reichsgesetzbl. S. 687/ 1082 ff..

Voraussetzung der Gegenseitigkeit - die in einem „alliierten oder assoziierten Land“ geltenden Ursprungsbezeichnungen für Weine zu schützen[277].

## C. Makro- und mikroökonomische Analyse des Kennzeichenrechts

Klassischerweise kann das Kennzeichenrecht mit der Vermeidung von Allokations- und Transaktionskosten erklärt werden. Eine der grundlegenden Annahmen der ökonomischen Analyse des Rechts ist, dass Informationsdefizite bzw. Informationsasymmetrien Transaktionskosten bewirken[278].

Das Wissensgefälle ist in dem uns hier interessierenden Gebiet leicht auszumachen. Über die Qualität eines Produktes wird vor allem der Hersteller Bescheid wissen. Der Abnehmer einer Ware wird die Qualität einer Ware (oder einer Dienstleistung) nur schwer vor dem Erwerb bestimmen können. Kennt er auch den Hersteller nicht, kann er auch nicht nach dem Prinzip „bekannt und bewährt“ verfahren. Es besteht also ein Wissensgefälle, d. h. eine Informationsasymmetrie zwischen Hersteller und Käufer.

Zur Überwindung dieses Wissensgefälles könnte der Abnehmer die Ware prüfen oder prüfen lassen. Hierdurch – wenn eine Überprüfung überhaupt möglich ist - würden allerdings prohibitiv hohe Transaktionskosten entstehen. Praktisch wird der Abnehmer daher nur zur Zahlung eines geringen Betrages bereit sein. Eine Markt- oder Rechtsordnung, die eine effiziente Güterallokation zur Maxime erhoben hat, muss daher Wege finden, die bestehenden Informationsasymmetrien zu überwinden. Dies geschieht, indem man durch die Kennzeichnungen die verschiedenen Waren und Dienstleistungen einem bestimmten Unternehmen zuordnen kann und somit über das Kennzeichen auf die Qualität der Ware schließen kann. Ein Kennzeichen wäre somit vor allem ein Unterscheidungszeichen[279].

Die Bedeutung der Kennzeichen in ökonomischer Hinsicht kann noch präzisiert werden. Über die Überwindung von Informationsasymmetrien hinaus geht das sog. Goodwill- oder Reputationsprinzip. Dieses beruht auf dem sog. Extrapolationsprinzip, welches ein menschliches Verhaltensmuster beschreibt. Hiernach wird von dem Verhalten eines anderen in der Vergangenheit auf sein Verhalten in der Zukunft geschlossen[280]. Dies wäre nun eine nicht erwähnenswerte Trivialität, wenn sich nicht ein empirischer Befund ausmachen ließe, wonach Menschen sich gemäß dem Extrapolationsprinzip gewöhnlich nur aufgrund äußerst

---

277 Siehe dazu und insbesondere auch zu den weitreichenden Folgen dieser Regeln im Rechtsschutzsystem für geographische Herkunftsangaben, Tilmann, Die geographische Herkunftsangabe, S. 134, 135.

278 Vgl. Schäfer/Ott, Lehrbuch der ökonomischen Analyse des Zivilrechts, S. 90.

279 Insbesondere lässt sich auch Vanzetti, der den Kennzeichen die immaterialgüterrechtliche Rechtsnatur abspricht, von diesem ökonomischen Modell leiten (vgl. GRUR Int. 1965, S. 138).

280 Vgl. hierzu v. Weizäcker, C. C., Barriers to Entry, A Theoretical Treatment (1980), S. 71.

weniger Tatsachen ein Urteil bilden[281]. Bietet nun ein Verkäufer qualitativ hohe Ware an, so wird der Kunde davon ausgehen, dass der Verkäufer auch in Zukunft Ware von guter Qualität anbieten wird und ist entsprechend bereit, für die gute Qualität auch einen höheren Preis zu zahlen. Man kann diesen Prozess, zumindest auf dem wirtschaftstheoretischen Reißbrett, als einen sich gegenseitig verstärkenden begreifen. Den Betrag, den der Kunde bereit ist mehr zu zahlen als für ein Konkurrenzprodukt schwer einzuschätzender Qualität bezeichnet man als Goodwill-Prämie[282]. Der Verkäufer ist daran interessiert, diese für ihn gewinnbringende Goodwill-Prämie zu erhalten und auch tatsächlich stetig Waren von guter Qualität zu bieten.

So plausibel dieser Ansatz die Entstehung von Kennzeichenrechten zu erklären vermag, so wenig scheint er den Stellenwert von Marken und Unternehmenskennzeichen im Rahmen heutiger Marketingmethoden erklären zu können. Vielmehr ist an der oftmals erheblichen Wertdiskrepanz zwischen der Markenware und qualitativ vergleichbaren, aber unbekannten Produkten zu sehen, dass die Marke (gleiches gilt für Unternehmenskennzeichen und geographische Herkunftsangaben) einen eigenen Wert haben könnte, aus welchem der Konsument eine Wertschöpfung bezieht - sei es eine Annäherung an ein bestimmtes Lebensgefühl oder einfach ein bestimmter Status. In einer modernen Markt- und Rechtsordnung wird das Goodwill-Prinzip durch Kennzeichen getragen[283]. Firma, Marke und geographische Herkunftsangabe begründen einen Mehrwert, den Goodwill.

Mit dem Modell der Goodwill-Prämie lässt sich ferner auch der Erfolg von Ketten wie Mövenpick oder McDonalds erklären[284]. Insbesondere bei geographischen Herkunftsangaben im Agrarsektor spielt ihre Fähigkeit, Informationsasymmetrien in Bezug auf die Qualität zu überwinden eine entscheidende Rolle[285]. Marken, Unternehmenskennzeichen und geographische Herkunftsangaben dienen also dazu, das von Akerlof in seinem Aufsatz „The Market of

[281] Schäfer/Ott, Lehrbuch der ökonomischen Analyse des Zivilrechts, S. 472 ff.

[282] Schäfer/Ott, Lehrbuch der ökonomischen Analyse des Zivilrechts, S. 472 ff.; hierbei geht es nicht darum, dass der Kunde mehr für bessere Qualität bezahlt. Es geht darum, dass er einen höheren Preis zahlt, den er für ein Konkurrenzprodukt gleicher Qualität, aber unbekannter Herkunft nicht zahlen würde.

[283] Schäfer/Ott, Lehrbuch der ökonomischen Analyse des Zivilrechts, S. 473, 474 – „So ist auch der Goodwill, der über Firmennamen, Markenartikel, ein Emblem oder ein Zeichen symbolisiert wird, eine wirksame Methode, Informationskosten zu senken und die Qualitätsunsicherheit bei asymmetrischen Informationskosten zu vermindern".

[284] Vgl. Schäfer/Ott; Lehrbuch der ökonomischen Analyse des Zivilrechts, S. 473, 474.

[285] Klingstein, Schutz geographischer Herkunftsangaben, S. 124 ff..

Lemon" beschriebene Phänomen eines informationsbedingten Wettbewerbsversagens zu verhindern[286].

Im Ergebnis kann somit festgestellt werden, dass die Kennzeichen gesamtwirtschaftlich betrachtet zur Senkung von Transaktionskosten beitragen; die ökonomische Funktion der Kennzeichen hiermit jedoch nicht vollumfänglich aufgezeigt werden kann.

Einen Aufschluss über die Funktion von Kennzeichen kann weiterhin aus der „Funktionenlehre" für das Markenrecht gewonnen werden. Die wichtigste urtümlichste Funktion der Kennzeichen ist die der Unterscheidung[287]. Eine Marke unterscheidet Produkte oder Dienstleistungen eines Unternehmens von denen eines anderen Unternehmens. Auf dieser Funktion gründen sich darüber hinaus eine Reihe weiterer Funktionen. Zu nennen sei hier die Herkunftsfunktion, die Garantie-, die Qualitäts- oder Vertrauensfunktion und die Werbungsfunktion[288]. Dass sich die Funktionen der Kennzeichen nicht in der Unterscheidungsfunktion erschöpfen, hat für die Marke in der sog. Funktionenlehre seinen Niederschlag gefunden.

Zunächst ist hier festzustellen, dass die Herkunftsfunktion der Marke einem raschen Bedeutungswandel erlegen ist. So soll die Marke heute nicht nur auf den Hersteller hinweisen, sondern gegebenenfalls auch die verschiedenen Produkte des Herstellers voneinander abgrenzen[289]. Man kann darüber hinaus wohl annehmen, dass es dem Verbraucher darauf ankommt, mehr die Produkte nach ihrer Eigenart identifizieren zu können als zu erfahren, wer wirtschaftlich hinter dem Produkt steht[290].

Unter der Qualitätsfunktion (Vertrauensfunktion) versteht man die Erwartungshaltung der Verbraucher an ein bestimmtes Produkt aufgrund der mit ihr versehenen Marke[291]. Der Qualitätsfunktion kann allerdings nur beschränkt rechtliche Bedeutung zukommen, da der Markenschutz eben nicht an bestimmte Qualitätsanforderungen gekoppelt ist.

---

[286] Akerlof; QuartJEcon, 1970, S. 488 ff.; Klingstein, Der Schutz geographischer Herkunftsangaben, S. 113 ff..

[287] Isay, GRUR 1929, S. 23, 24; Troller, GRUR Int. 1967, 261, 265; Schluep, Das Markenrecht als subjektives Recht, S. 265 ff.; Vanzetti, GRUR Int. 1999, S. 205; Henning-Bodewig/Kur, Marke und Verbraucher, Bd. 1, S. 6 ff..

[288] So Fezer, Markenrecht, Einl. Rn. 30; ebenso aus ökonomischer Sicht, Treis/ Gripp, Die Funktionen der Handelsmarke und ihr Schutz durch das Markenrecht, S. 167, 171 ff..

[289] Fezer, Markenrecht, Einl. Rn. 30.

[290] Oppenhoff, GRUR Int. 1973, 433; Tilmann, GRUR 1977, 446; Krüger-Nieland, GRUR 1980, 425, 428.

[291] Vgl. BGH vom 26.11. 1998 – Tiffany.

Die Werbefunktion der Marke beschreibt die suggestive Macht oder assoziative Attraktionskraft, welche eine Marke auf einen größeren Konsumentenkreis auszuüben vermag[292]. Darüber hinaus gibt es noch weitere Ansätze, die Funktion der Marke zu beschreiben[293]. Im Vordringen befindet sich eine Auffassung, wonach der Marke eine Kommunikationsfunktion zukommt[294]. Jene eröffnet einen „Informationskanal" vom Anbieter zum Abnehmer und wirkt innerhalb dieser kommunikativen Beziehung als „Signalcode", für die Vermittlung der unterschiedlichsten Botschaften[295].

Der Entdeckung der vielfältigen Funktionen der Marke zum Trotz war unter dem Warenzeichengesetz lediglich die Herkunftsfunktion als schützenswert anerkannt. Dieses lange vorherrschende Paradigma wurde durch die Novellierung des Markengesetzes überwunden. Mittlerweile ist die Herkunftsfunktion nicht mehr die allein rechtlich geschützte Markenfunktion[296]. Hiermit ist eine Entwicklung eingeleitet, wonach die vielfältigen Funktionen der Marke bei der Auslegung zu berücksichtigen sind[297]. Die Bedeutung dieses neuen Ansatzes für das Markenrecht kann und soll hier nicht nachskizziert werden[298].

Im Rahmen dieser Arbeit ist von Interesse, dass man nicht umhin kommt zu konstatieren, dass Kennzeichen in ihrer gesamtwirtschaftlichen Bedeutung über ihre Funktion der Senkung von Transaktionskosten und der Überwindung von Informationsasymmetrien hinaus auch selbst eigenständige Güter darstellen. Das Kennzeichen ist nicht nur ein Mittel zum Produktabsatz; es ist überdies im Einzelfall selbst wirtschaftliches Gut[299]. Ein Beispiel hierfür wäre die Textil-

---

[292] Fezer, Markenrecht, Einl. Rn. 33; Isay, GRUR 1929, 23; Schluep, Das Markenrecht als subjektives Recht, S. 76 ff.; Henning-Bodewig/Kur, Marke und Verbraucher, S. 6.

[293] Die Marke freilich, ist eine Erscheinungsform der realen Welt, über welche die Juristen nicht allein und ausschließlich die Deutungshoheit beanspruchen. So bildet die Marke auch einen fachübergreifenden Untersuchungsgegenstand der Betriebswirtschaftslehre, hier insbesondere der Marketingtheorie, der Informationsökonomie und der Verbraucher- und Werbepsychologie (Nachweise bei Henning-Bodewig/Kur, Marke und Verbraucher, S. 7 ff.; Lehmann, GRUR Int. 1986, 15 ff.).

[294] Henning-Bodewig/Kur, Marke und Verbraucher, S. 226; Lehmann, GRUR Int. 1986, 15 ff..

[295] Henning-Bodewig/Kur, Marke und Verbraucher, S. 7; ebenso Fezer, Markenrecht, Einl. Rn. 34.

[296] BT-Drucks. 12/ 6581 vom 14. Januar 1994, S. 81 f.; Tilmann ZHR 158 (1994), S. 371, 383 ff..

[297] Fezer, Markenrecht, Einl. 35.

[298] Ob sich durch die Anerkennung dieser Funktionen tatsächlich neue Ergebnisse erzielen lassen ist gleichwohl fraglich; so gehen etwa Ingerl/Rohnke davon aus, dass der Funktionenlehre nur deskriptive Bedeutung zukommt (Ingerl/Rohnke, Markengesetz, Einl. Rn. 67).

[299] Vgl. dazu Schluep, Das Markenrecht als subjektives Recht, S. 345; Henning-Bodewig/Kur, Marke und Verbraucher, S. 226; Isay, GRUR 1929, S. 23, 26.

und Modeindustrie. Für Markenware wird hier nicht nur deshalb ein hoher Preis gezahlt, weil man gewisse Qualitätserwartungen hat bzw. die Qualität der bisherigen Produkte honoriert. Vielmehr ist es so, dass mit dem Kauf dieser Waren auch ein Prestigegewinn beabsichtigt wird. Diese nicht nur durch das Produkt an sich motivierte Kaufentscheidung wird auch durch moderne Marketingstrategien, die mehr auf die Vermittlung eines bestimmten Lebensgefühles abzielen, deutlich.

Nun sind Marken nicht Hauptgegenstand unserer Betrachtung. Gleichwohl, muss sich die Frage stellen, inwieweit man die Multifunktionalität der Marke[300] auch den sonstigen Kennzeichen, den Unternehmenskennzeichen und den geographischen Herkunftsangaben zugrunde legen kann. Die Werbe-, die Qualitäts- und Kommunikationsfunktion sind ein allen Kennzeichen, wenngleich auch mit unterschiedlicher Gewichtung, immanenter Wesenszug[301]. Auch Unternehmenskennzeichen kommt ersichtlich eine Werbefunktion zu, was schon damit belegt werden kann, dass Unternehmenskennzeichen häufig ebenfalls als Marke eingetragen sind. Des Weiteren kann man der Firma durchaus eine Vertrauensfunktion (Garantiefunktion) unterstellen. Gleiches gilt entsprechend auch für geographische Herkunftsangaben[302]. Schon Tilmann weist darauf hin, dass die Entscheidung für den Kauf einer mit einer geographischen Herkunftsangabe versehenen Ware oftmals durch irrationale Momente bedingt ist[303]. Hierbei betont er die konsumentenpsychologische Bedeutung der geographischen Provenienz. So kann eine geographische Herkunftsangabe beispielsweise an die landsmannschaftliche Verbundenheit appellieren oder auch einen „snob-appeal" beinhalten oder „Insignien einer nur für Kenner ersichtlichen Exklusivität besitzen"[304]. Tilmann, der ebenfalls darauf verweist, dass die Bedeutung der geographischen Herkunftsangaben vor allem im Zuge der Internationalisierung der Weltwirtschaft und damit einhergehender Erscheinungen wie Migrationströme etc. an Stellenwert gewonnen haben[305], führt weiterhin an, dass es oftmals auch das Fernweh oder der „Duft der großen, weiten Welt" sei, das geographische Herkunftsangaben so attraktiv mache[306]. Diese Beobachtung dürfte zutreffend sein und kann wie so oft im Bereich der geographischen Herkunftsangaben in der Weinwirtschaft exemplifiziert werden. Das vielfältige Angebot an Weinen

---

[300] Begriff nach Fezer, Markenrecht, Einl. 39.

[301] So auch Goldmann, Der Schutz des Unternehmenskennzeichens, S. 7; zur Kommunikationsfunktion des Handelsnamens s. Tilmann, GRUR 1981, S. 621, 623.

[302] Eine über die Aufzeigung der Herkunft hinausgehende Qualitäts-, Werbe- und auch Kommunikationsfunktion kann etwa an der Bezeichnung Champagner exemplifiziert werden; vgl. auch Novoa, La Proteccion International de las Denominationes Geograficas, S. 11.

[303] Tilmann, Die geographische Herkunftsangabe, S. 55.

[304] Tilmann, Die geographische Herkunftsangabe, S. 55.

[305] Vgl. Tilmann, Die geographische Herkunftsangabe, S. 66.

[306] Tilmann, Die geographische Herkunftsangabe, S. 56.

aus Kalifornien, Südamerika oder gar Afrika in Deutschland mag größtenteils durch die Attraktions- im Sinne von Assoziationskraft derlei geographischer Herkunftsangaben herrühren. Der Ansatz, Kennzeichen als „Signalcode" zu erklären[307], trägt somit auch für geographische Herkunftsangaben.

Es muss schließlich die Frage aufgeworfen werden, ob aus der Anerkennung dieser Kennzeichenfunktionen Anpassungen des internationalen Schutzsystems für Kennzeichen folgen müssen. So kann man etwa die Frage aufwerfen, wie sich die Kommunikationsfunktion eines Kennzeichens in Zeiten grenzüberschreitender Kommunikation durch neue Medien mit dem Territorialitätsprinzip verträgt.

Kennzeichen stellen sog. Property Rights dar[308]. Property Rights dienen der Internalisierung von externen Effekten[309]. Besteht kein ausreichender Schutz im zwischenstaatlichen Bereich besteht die Gefahr, dass sich die Nutzer nicht an den entstehenden Kosten beteiligen[310]. Es besteht somit das ökonomische Bedürfnis für Kennzeichen den internationalen Schutz zu verstärken. Dieser ist für Marken sehr weit fortgeschritten, weist allerdings für Unternehmenskennzeichen und geographischer Herkunftsangaben noch Schwächen auf.

## D. Kennzeichenrecht und Verbraucherschutz

Unbestreitbar spielt der Verbraucherschutz im Wettbewerbsrecht eine Rolle. Zunächst wurde das Recht des unlauteren Wettbewerbsrechts ausschließlich als Individualrecht begriffen[311]. Im Zuge der Zeit gesellte sich zu dem reinen Individualschutz aber der Schutz der Interessen der Allgemeinheit[312]. Man kann somit von einer Entwicklung von einem individualen zu einem sozialen Recht sprechen[313]. Auch der Verbraucherschutz ist ein hervorzuhebender Schutzzweck des Lauterkeitsrechts[314]. De lege ferenda wurde zum Teil eine stärkere Beachtung von Verbraucherinteressen in dem Recht gegen den unlauteren Wettbewerb und damit ein Klagerecht auch der Verbraucher gefordert[315].

---

307 Vgl. hierzu Henning-Bodewig/Kur, Marke und Verbraucher, S. 7.
308 Zum Begriff vgl. Schäfer/Ott, Lehrbuch der ökonomischen Analyse des Zivilrechts, S. 86 ff..
309 Klingstein, Der Schutz geographischer Herkunftsangaben, S. 129.
310 Klingstein, Der Schutz geographischer Herkunftsangaben, S. 130.
311 Lobe, Die Bekämpfung des unlauteren Wettbewerbs, S. 145 ff..
312 BGHZ 19, 392 – Anzeigenblatt; 23, 371 – Suwa; 43, 278 – Kleenex.
313 Baumbach/Hefermehl, Wettbewerbsrecht, 23. Aufl., § 1 Rn. 1.
314 Baumbach/Hefermehl, Wettbewerbsrecht, 23. Aufl., § 1 Rn. 2.
315 So Fezer, in: Gutachten zur Modernisierung des deutschen Rechts gegen den unlauteren Wettbewerb auf der Grundlage einer Europäisierung des Wettbewerbsrechts, C. I., S. 24 ff.,

Eine neue Dimension hat dieser Streit durch die Entwicklung des EG-Wettbewerbsrechts erfahren. So fasst der EuGH etwa in der Entscheidung „Italienischer Wermutwein“ den Schutz vor Irreführung als verbraucherschutzrechtlich auf[316]. Auch Fezer schreibt: „Verbraucherschutz ist ein eigenständiger Topos einer europäischen Rechtsharmonisierung im Wettbewerbsrecht“[317]. In der Tat behandelt der EuGH den Lauterkeitsschutz zumeist gemeinsam mit dem Verbraucherschutz ohne eine genaue Differenzierung vorzunehmen[318]. Die rechtspolitischen Forderungen sind nicht ungehört geblieben; die Erkenntnis, dass das Lauterkeitsrecht dem Verbraucherschutz dient, kann mittlerweile dem Entwurf zur Neufassung des UWG entnommen werden (vgl. § 3 des UWG-Entwurfs der Bundesregierung)[319].

Das Verhältnis von Kennzeichenrecht und Verbraucherschutz ist dadurch gekennzeichnet, dass beide zwar punktuell – vor allem im Bereich des Verwechslungsschutzes – zusammenlaufen, ansonsten aber wenig miteinander zu tun haben. So führen etwa Ingerl/ Rohnke aus, dass die Begriffwahl der „Verwechslungsgefahr für Verbraucher“, eigentlich durch „Verwechslungsgefahr für das Publikum“ zu ersetzen sei, da es sachlich etwa darauf ankomme, ob beim Händler – der nicht als Verbraucher angesehen werden kann – eine Zuordnungsverwirrung eingetreten ist[320]. Das Markenrecht solle deshalb durch eine unpräzise Begriffswahl nicht fälschlicherweise in die Nähe des Verbraucherschutzes gerückt werden[321]. Der lockere Zusammenhang von Kennzeichenrecht und Verbraucherschutz ist allerdings keinesfalls zwingend, so heißt es etwa in der Präambel zur Markenrechtsrichtlinie der EG[322], dass die Richtlinie nicht ausschließen wolle, dass auf Marken auch die Vorschriften des Verbraucherschutzes Anwendung finden.

Generell lässt sich für das MarkenG in seiner jetzigen Gestalt sagen, dass der Verbraucherschutz eher ein reflexartiger ist. Auch in der Herkunftsfunktion kann ein solcher eben nicht finaler Verbraucherschutz erblickt werden. Durch die Möglichkeit der Übertragung von Marken (§ 27 MarkenG) kann die Herkunftsfunktion nicht als Ausprägung des Verbraucherschutzes verstanden wer-

---

der u. a. die Einführung eines Schadensersatzanspruch des Verbrauchers fordert; s. dazu auch Baumbach/ Hefermehl, UWG, Einl., Rn. 43.

[316] EuGH, Rs. 59/82, “Maßnahmen gleicher Wirkung – Wermutwein”, Slg. 1983, S. 1217 ff.

[317] Fezer, in: Gutachten zur Modernisierung des deutschen Rechts gegen den unlauteren Wettbewerb auf der Grundlage einer Europäisierung des Wettbewerbsrechts, A. II., S. 18, 19.

[318] Schroeder, in: Streinz, EUV/ EGV, Art. 30 EGV, Rn. 40.

[319] BT-Drucks., 15/1487, S. 5.

[320] Ingerl/Rohnke, Markengesetz, § 14 Rn. 280.

[321] Ingerl/Rohnke, Markengesetz, § 14 Rn. 280.

[322] Erste Richtlinie des Rates zur Angleichung der Rechtsvorschriften der Mitgliedsstaaten über die Marken 89/ 104/ EG vom 21. Dezember 1988, ABl. 1989 Nr. L 40/ 1.

den. Berücksichtigt man, dass für die Bejahung eines rechtserheblichen Maßes an Verwechslungsgefahr eine Irreführungsquote von ca. 10 Prozent der angesprochenen Verkehrskreise als ausreichend erachtet wird[323], so zeigt sich, dass hier der Verbraucherschutz sehr ausgeprägt zur Geltung kommt.

Fraglich ist freilich, ob sich der Gedanke des Verbraucherschutzes im Kennzeichenrecht überhaupt positiv auswirken kann. Hieran wurden Zweifel erhoben. Es sei zu befürchten, dass das Individualrecht an einer geschäftlichen Bezeichnung, über die berechtigten Interessen im Einzelfall hinaus, überhöht würde, wenn der notwendige Grad an Irreführung im vermeintlichen Verbraucherinteresse zu sehr herabsetzt wird[324]. In der Tat kann man hier den Schutz des Handelsnamens und den Verbraucherschutz in einem schwer aufzulösenden Widerspruch sehen. Der Verbraucher- oder Publikumsschutz wird nur dann ausgelöst, wenn gegen eine kollidierende Bezeichnung durch einen Schutzrechtsinhaber vorgegangen wird, da es an einer § 8 UWG entsprechenden Aktivlegitimation für Verbände fehlt. Geht der Handelsnamensinhaber nicht rechtzeitig gegen die verwechslungsfähige Bezeichnung vor, so verwirkt der Anspruch gegebenenfalls gem. § 21 MarkenG. Die „Initialisierung des Verbraucherschutzes" obliegt also den Parteien. Ist der Stein jedoch einmal ins Rollen gebracht, entzieht er sich gewissermaßen der Parteidisposition und entfaltet über den Begriff der Verwechslungsgefahr, welcher weiter geht als der Begriff der Irreführung, Wirkung[325].

Vanzetti vertritt die Auffassung, dass das Individualrecht an der Marke sogar das Anliegen des Verbraucherschutzes konterkarieren kann. Durch den Schutz der Suggestivfunktion würden Monopolbildungen begünstigt, die einen auf Qualität und Preis orientierten Wettbewerb ausschalten. Dies gehe zu Lasten der Verbraucher, wie er es drastisch zum Ausdruck bringt: „Der Konsument muss dann letzten Endes, wenn er bereit ist, für das von der Reklame gepriesene Erzeugnis einen höheren Preis als für das nicht angepriesene Erzeugnis hinzunehmen, aus der eigenen Tasche den Sand bezahlen, den die Suggestivkraft des Zeichens ihm in die Augen streut"[326]. In der Sache zeichnet Vanzetti hiermit durchaus einen empirischen Befund nach. Marktführer zeichnen sich nicht zwingend dadurch aus, dass sie im Preis-Leistungsvergleich überlegen sind. Die Annahme, dass der Verbraucher davor geschützt werden müsse, emotional-suggestiv angesprochen zu werden, kann jedoch als zeitgeschichtlich (längst) überholt betrachtet werden.

---

[323] Goldmann, Der Schutz des Unternehmenskennzeichens, S. 190.
[324] Lorenz-Wolf, GRUR 1981, S. 644, 646.
[325] Kur/Henning-Bodewig, Marke und Verbraucher Bd. II, S. 138.
[326] Vanzetti, GRUR Int. 1965, S. 138.

Gezeigt sei hiermit allerdings, dass der Schutz einer Marke (gleiches gilt auch für Unternehmenskennzeichen) als Individualrecht mit dem Verbraucherschutz nur teilweise harmoniert. Solange es um den Schutz vor Verwechslungen geht, haben Kennzeichenrecht und Verbraucherschutz die gleiche Zielsetzung. Billigt man bekannten Marken aber besonderen Schutz vor Rufausbeutung zu, so kann dies nur noch mit dem individuellen Recht an dem Kennzeichen und nicht mehr mit dem Verbraucherschutzgedanken erklärt werden.

Ein möglicher weiterer Ansatzpunkt für den Verbraucherschutz im Rahmen des Markengesetzes ist weiterhin die Qualitätsfunktion der Marke, welche auch für Unternehmenskennzeichen und geographische Herkunftsangaben bejaht wurde[327]. Der Verbraucherschutz wurde vor Novellierung des Markengesetzes vor allem de lege ferenda über eine Betonung der Qualitätsfunktion zu verstärken versucht[328]. Mit der Novellierung des MarkenG erfuhren auch von der Herkunftsfunktion verschiedene Funktionen eine rechtliche Anerkennung[329].

Die Problematik der Qualitätsfunktion im MarkenG ist vor allem für Marken von Bedeutung im Hinblick auf die Frage, ob das Publikum durch eine Veränderung der Qualität eines unter einer Marke bekannten Produktes irregeführt wird[330]. Hier wird man einen ergänzenden wettbewerbsrechtlichen Schutz erwägen müssen[331]. Aktuell wird diese Frage vor allem im Falle der Lizenzierung einer Marke oder einer geschäftlichen Bezeichnung, wenn der Lizenznehmer unter der geschäftlichen Bezeichnung oder der Marke nur Ware von minderer Qualität anbietet[332]. Voraussetzung für die Bejahung einer Irreführungsgefahr ist jedoch, dass der Verkehr mit dem Kennzeichen über die eigentliche Herkunftsfunktion hinaus eine bestimmte Gütevorstellung der Ware oder des Produktes verbindet[333]. Das verbraucherschutzrechtliche Motiv der Irreführungsgefahr spielt also primär im Rahmen der ergänzenden Anwendung wettbewerbsrechtlicher Normen eine Rolle.

Ausgeprägter ist das Verhältnis von Kennzeichenrecht und Verbraucherschutz für den Bereich der geographischen Herkunftsangaben. Der Gedanke des Verbraucherschutzes wird etwa in der Präambel zur Verordnung (EWG) Nr. 2081/92 des Rates vom 14. Juli 1992 zum Schutz geographischer Angaben und

---

327 Siehe oben § 3 C.
328 Vgl. Kur/Henning-Bodewig, Marke und Verbraucher, Bd. II, S. 146 ff.
329 Siehe oben § 3 C.
330 Kur/Henning-Bodewig, Marke und Verbraucher, Bd. II, S. 160 ff.
331 Vgl. Ingerl/Rohnke, Markengesetz, § 2 Rn. 3.
332 Vgl. BGH 10, 196 ff. – DUN; OLG Saarbrücken NJWE-WettbR 1999, S. 284 – H&K.
333 OLG Saarbrücken, NJWE-WettbR 1999, S. 284, 286; Fezer, Markenrecht, § 15 Rn. 87.

Ursprungsbezeichnungen für Agrarerzeugnisse und Lebensmittel ausdrücklich erwähnt.

Ausgangspunkt ist hier, dass z. T. die geographische Herkunft für Agrarprodukte – sei es aus klimatischen, sei es etwa aus Gründen der Bodenbeschaffenheit - eine gewisse Qualität verbürgt. Dementsprechend liegt es nahe, diese naturgemäße Verbindung von Qualität und geographischer Herkunft auch auf der Ebene des rechtlichen Schutzes aufrecht zu halten. Diesen Weg ist Frankreich mit der Ursprungsbezeichnung „appellation d'origine controlée“ gegangen. Danach müssen Produkte auch behördlich präzise vorgegebene Qualitätsmerkmale erfüllen, um in den Genuss des rechtlichen Schutzes der geographischen Herkunftsangabe zu kommen; ähnliches gilt für Weine in Italien[334].
Auch in Deutschland unterscheidet man hinsichtlich des Schutzes zwischen sog. einfachen und qualifizierten geographischen Herkunftsangaben. Im gemeineuropäischen Raum stellt diese Unterscheidung eher eine Singularität dar. In vielen Ländern – so etwa Frankreich – spielt lediglich die Ursprungsbezeichnung eine Rolle. Darunter versteht man eine geographische Herkunftsangabe, die sich durch eine besondere, sich durch die örtlichen Gegebenheiten bedingende Qualität auszeichnet.

Unterstellt man einmal den empirischen Befund, dass mit dem Verlust einer geographischen Bezeichnung zumeist auch ein Nachlassen hinsichtlich der Qualität einhergeht[335], als wahr, so zeichnet sich durch eine Tendenz, einfachen geographischen Herkunftsangaben ihre Existenzberechtigung abzusprechen[336] auch eine Gefahr für die Verbraucherinteressen ab.
Einer solchen Entwicklung sind erhebliche Bedenken entgegenzusetzen. Ausschlaggebend muss vor allem sein, dass eine einfache geographische Herkunftsangabe nicht zwingend dahingehend zu verstehen ist, dass mit ihr schlechterdings keine qualitativen Vorstellungen der Verbraucher verbunden sind. Durchaus können auch sog. „einfache“ geographische Herkunftsangaben je nach der Wahrnehmungssensitivität der Verbraucher oder zumindest gewisser Verbraucherkreise mit qualitativen Produkterwartungen einhergehen. Dies gilt insbesondere deshalb, da geographische Herkunftsangaben für den Wirtschaftszweig der Lebensmittelgüter entscheidend sind. Es kann davon ausgegangen werden, dass Verbraucher gerade in diesem Bereich besonders sensibel sind. Hier wollen wir uns deshalb der Meinung Tilmanns anschließen, der schreibt: „Solche Angaben geben ihnen jedenfalls eine zunächst nicht weiter aussagende Unter-

334 Nachweis bei Jung, Der Schutz von geographischen Herkunftsangaben, S. 57.
335 Vgl. dazu Loschelder, Die sogenannte einfache geografische Herkunftsangabe, S. 413.
336 Zum Teil wird vertreten, dass mit der Verordnung (EWG) Nr. 2081/92, welche dem autonomen nationalen Recht vorgeht, kein Raum mehr für einen Schutz einfacher oder mittelbarer geographischer Herkunftsangaben sei; vgl. Legras, EuZW 1995, S. 368.

scheidungshilfe, die die Bildung eines eigenen Urteils für den Wiederholungskauf und so die Entstehung einer „Verbrauchermeinung“ erlaubt. Die Unterscheidungswirkung der geographischen Herkunftsangabe erweist sich damit wie bei allen anderen gewerblichen Kennzeichnungsmitteln als die Basis für die Entstehung von good will“[337]. Der Verbraucherschutz und der Schutz individueller Interessen des Verwenders einer geographischen Herkunftsangabe befinden sich folglich in einem harmonischeren Verhältnis als dies bei Marken und Unternehmenskennzeichenrecht der Fall ist.

---

[337] Tilmann, Die geographische Herkunftsangabe, S. 22.

## § 4 Das Internationale Privatrecht für Kennzeichen - Einleitung

Das Internationale Privatrecht für das Kennzeichenrecht zeichnet sich durch eine Vielzahl von völkerrechtlichen Übereinkommen aus. Dies gilt insbesondere für den internationalen Schutz geographischer Herkunftsabgaben, welcher in einem besonderen Maße durch internationale Übereinkommen geprägt ist.

Der Grad der Harmonisierung der einzelnen Kennzeichengattungen ist sehr unterschiedlich. Ein hoher Stand der Vereinheitlichung ist mittlerweile innerhalb der europäischen Gemeinschaft für Marken erreicht worden. Im Gegensatz dazu steht der Bereich der Handelsnamen bzw. Unternehmenskennzeichen, welche sich bisher, bedingt durch zum Teil sehr unterschiedliche nationalrechtliche Handhabungen Harmonisierungsbestrebungen gegenüber als resistent erwiesen haben. Die wesentlichen international verbindlichen Koordinaten der Mindeststandards für den internationalen Schutz von Unternehmenskennzeichen sind aus diesem Grund immer noch der Pariser Verbandsübereinkunft zu entnehmen.

Das Pariser Verbandsübereinkommen vom 20. März 1883[338] ist von zentraler Bedeutung nicht nur für das Kennzeichenrecht, sondern auch für das Immaterialgüterrecht im Allgemeinen und das Wettbewerbsrecht. Die Entstehungsgeschichte dieses überragenden Werkes kann an dieser Stelle nicht nachskizziert werden[339]. Wohl aber soll der Einfluss, den es auf das Internationale Kennzeichenrecht hat, Erwähnung finden. Die Schutzgegenstände der Pariser Verbandsübereinkunft sind in Art. 1 Abs. 2 aufgezählt, wobei das Abkommen den Begriff des „gewerblichen Eigentums“ zugrunde legt. Hierunter fallen dann nicht nur Patente, Muster, Modelle und Marken, sondern auch der Handelsname, Herkunftsangaben, Ursprungsbezeichnungen und das Recht des unlauteren Wettbewerbs. Die Pariser Verbandsübereinkunft ist innerstaatliches Recht und genießt Vorrang vor dem autonomen nationalen Recht[340].

### A. Das Assimilierungsprinzip des Art. 2 PVÜ

Der wohl wichtigste Grundsatz der PVÜ ist das in Art. 2 Abs. 1 S. 1 PVÜ normierte Inländerbehandlungsprinzip[341]. Wörtlich heißt es: „Die Angehörigen ei-

---

[338] Revidiert in Brüssel am 14. Dezember 1900, in Washington am 2. Juni 1911, in Haag am 6. Novermber 1925, in London am 2. Juni 1934, in Lissabon am 31. Oktober 1958 und in Stockholm am 14. Juli 1967; s. BGBl. 1970 II S. 391; geändert am 2. Oktober 1979, BGBl. 1984 II S. 799.

[339] S. dazu Osterrieth, Lehrbuch des gewerblichen Rechtsschutzes, S. 448 ff.

[340] Fezer, Markenrecht, Art. 1 PVÜ Rn. 4.

[341] Fezer, Markenrecht, Art. 2 PVÜ Rn. 1.

nes jeden der Verbandsländer genießen in allen übrigen Ländern des Verbandes in Bezug auf den Schutz des gewerblichen Eigentums die Vorteile, welche die betreffenden Gesetze den eigenen Staatsangehörigen (...) gewähren (...)". Hiernach steht jeder Verbandsangehörige hinsichtlich des Schutzes seines gewerblichen Eigentums den Angehörigen desjenigen Landes des Verbandes gleich, dessen Schutz er beansprucht. Ein verbandsangehöriger Ausländer ist somit nicht schlechter gestellt als ein Inländer[342].

Die in der Konvention besonders vorgesehenen Rechte bleiben nach Art. 2 Abs. 1 S. 1 PVÜ a. E. vorbehalten. Hierdurch wird dem verbandsangehörigen Ausländer ein Mindestschutz zugestanden, welchen er in allen Verbandsländern in Anspruch nehmen kann. Relevanz kommt diesem Schutz jedoch nur dann zu, wenn der Schutz in der PVÜ weiter reicht als der nationale[343]. Ausländern kann somit ein weiterreichender Schutz zukommen als Inländern[344]. Ein Inländer allerdings kann sich auf die besonderen Rechte der Konvention nicht berufen[345].

Nach einer Auffassung ist Art. 2 PVÜ als eine lediglich fremdenrechtliche Vorschrift zu begreifen[346]. Ein fremdenrechtlicher Gehalt ist Art. 2 PVÜ, gleiches gilt für den fast identisch formulierten Art. 2 Abs. 1 RBÜ, jedenfalls nicht abzusprechen[347]. Dieser ist darin zu sehen, dass Ausländer bei Erwerb und Geltendmachung eines Schutzrechtes nicht schlechter gestellt sein dürfen als Inländer.

Die wohl herrschende Meinung billigt Art. 2 PVÜ darüber hinaus auch einen kollisionsrechtlichen Inhalt zu, wonach diese Vorschrift das Schutzlandprinzip normiert[348]. Der Streit entzündet sich vor allem an dem nicht eindeutigen, für beide Positionen argumentativ ergiebigen Wortlaut der Vorschrift des Art. 2 Abs. 1 PVÜ. Die Meinung, die einen kollisionsrechtlichen Gehalt annimmt,

---

342 RGZ 117, 215, 222 – Eskimo Pie.

343 Fezer, Markenrecht, Art. 2 PVÜ Rn. 2.

344 Schweiz. BG GRUR Int. 1979, 119 – Inländerpriorität; Kunz-Hallstein, GRUR Int 1977, 293, 295.

345 Bodenhausen, Pariser Verbandsübereinkunft, Art. 2 Abs. I, Nr. f, S. 23.

346 Neuhaus RabelsZ 40 (1976) 191, 193; Wirner, Wettbewerbsrecht und Internationales Privatrecht, S. 39 f.; Vischer, GRUR Int. 1987, 670, 676; Soergel/ Kegel Anh. Art. 12 Rn. 26; Deutsch, Wettbewerbstatbestände, S. 17; Zweigert/ Puttfarken, GRUR Int. 1973, 573, 575.

347 Zu dem Begriff des Fremdenrechts siehe: von Bar/Mankowski Bd I, § 4, Rn. 28; MüKo/Sonnenberger, EGBGB Einl., Rn. 239 ff..

348 Lichtenstein, NJW 1964, 1208; entsprechend zu TRIPS Katzenberger, GRUR Int. 1995, 447, 460; MüKo/Kreuzer Nach Art. 38 Anh II Rn 3; ähnlich OLG Koblenz GRUR Int 1968, 164, Ulmer, Die Immaterialgüterrechte im Internationalen Privatrecht, S. 16; Staudinger/von Hoffmann, Art. 40 EGBGB, Rn. 381; BGHZ 39, 220, 233 f.; BGHZ 75, 172, 176; Sandrock GRUR Int. 1985, 507, 516; Fezer, Markenrecht, Einl. Rn. 170; Celli, Internationales Kennzeichenrecht, S. 219, Troller, Das internationale Privat- und Zivilprozessrecht, S. 8, 20.

argumentiert, dass mit dem Inländerbehandlungsgrundsatz naturgemäß einhergehe, dass es bei unterschiedlichen nationalen Schutzrechten bleibe und der Schutzrechtsstaat über Entstehen und Schutz der von ihm gewährten Rechte entscheide. In Art. 2 Abs. 2 PVÜ findet sich ferner der Passus: „in dem Schutz beansprucht wird". Zum Teil wird hieraus gefolgert, dass Art. 2 PVÜ dann als Verweis auf das Recht des betreffenden Staates gesehen werden müsste[349]. Infolgedessen würde Art. 2 PVÜ, gleiches gilt insoweit für Art. 3 TRIPS, auch ein kollisionsrechtlicher Gehalt zukommen.

Der Annahme einer kollisionsrechtlichen Aussage des Assimilierungsprinzips stehen berechtigte Bedenken entgegen. Wichtigstes Argument dürfte sein, dass der Wortlaut der Vorschrift (Art. 2 Abs. 1 S. 1 PVÜ) eine kollisionsrechtliche Deutung nicht zwingend nahe legt. Wie Ascensão schreibt: „Die auf internationalen Konferenzen erzielten Kompromisse sind oft semantischer Natur. Eine Einigung wird nur dank der Mehrdeutigkeit der Bedeutung erzielt"[350]. Aus diesem Grund empfiehlt sich eine zurückhaltende Auslegung völkerrechtlicher Verträge. Dies steht auch in keinem Widerspruch zu der Direktive, dass bei der Auslegung völkerrechtlicher Verträge nicht nur die einzelne Bestimmung, sondern auch der Gesamtinhalt und die grundlegenden Prinzipien des Übereinkommens zu berücksichtigen sind[351]. Der Wortlaut des Art. 2 PVÜ offenbart nämlich vor allem das Bestreben, fremdenrechtliche Regelungen abzubauen. Zudem gilt zu bedenken, dass gem. Art. 1 PVÜ das Inländerbehandlungsgebot auch für das Lauterkeitsrecht gilt; hier jedoch das Schutzlandprinzip nicht vertreten wird.

Überdies ist, wenn man den Gesamtinhalt der PVÜ betrachtet, auch nicht ersichtlich, dass in Art. 2 eine Anknüpfung an das Schutzland vorgegeben sein soll. Ein Verstoß gegen Art. 2 besteht nur dann, wenn man das Ursprungslandsprinzip dergestalt anwenden würde, dass, wenn im Ausland kein Schutz zu erlangen ist, auch im Inland kein Schutz zu erlangen wäre. Wendet man das Ursprungsland hingegen positiv in dem Sinne an, dass mit der Schutzrechtsentstehung im Ausland automatisch auch eine solche im Inland bedingt ist, ist darin kein Verstoß gegen Art. 2 zu erblicken[352]. Tatsächlich sagt Art. 2 PVÜ nur, dass ein Staat die Vorteile, die er seinen Staatsangehörigen gewährt, auch den Angehörigen eines Verbandsstaates gewähren muss. Die – wenn man so will – kollisionsrechtliche Aussage des Art. 2 PVÜ besteht also darin, dass einem Angehörigen eines ausländischen Staates nicht aufgrund heimatrechtlicher Gründe – etwa Schutzunfähigkeit einer Bezeichnung dort – der Schutz im Inland versagt

[349] Ulmer, RabelsZ 41 (1977) 487; Osterrieth-Axster, Internationale Übereinkunft zum Schutze des gewerblichen Eigentums vom 20. März 1983, 1903, Anm. I und II A und C zu Art. 2 PVÜ.

[350] Ascensão, GRUR Int. 1996, S. 413 ff.

[351] BGH GRUR 1969, 611, 612 – „Champagner-Weizenbier".

[352] Ebenso Tilmann, Die geographischer Herkunftsangabe, S. 114.

werden darf. Dies deckt sich mit dem kollisionsrechtlichen Schutzlandprinzip. Ein „kategorisches“ Ursprungslandprinzip wird durch Art. 2 PVÜ also ausgehebelt. Jedoch wird auch ein „kategorisches“ Schutzlandprinzip – in dem Sinne, dass die Existenz eines Schutzrechtes stets unabhängig von dem Bestand eines Schutzrechtes im Heimatstaat ist, – durch Art. 2 PVÜ nicht vorgegeben.

## B. Der Schutz des Handelsnamens nach Art. 8 PVÜ

Die Pariser Verbandsübereinkunft enthält in ihrem Art. 8 eine Regelung, wonach der Handelsname „in allen Verbandsländern ohne Verpflichtung zur Hinterlegung oder Eintragung geschützt wird“. Der Begriff des Handelsnamens ist weit zu fassen; es ist davon auszugehen, dass er begrifflich sämtliche Unternehmenskennzeichen des § 5 MarkenG umfasst[353]. Der etwas unergiebige Wortlaut der Vorschrift hat zu einer Reihe von Auslegungsstreitigkeiten geführt. Weitgehende Einigkeit besteht jedoch jedenfalls darin, dass die Vorschrift nicht so zu lesen ist, dass sich der Schutz des Handelsnamens von einem Verbandsstaat auf alle anderen erstrecken würde[354]. Art. 8 PVÜ normiert danach in diesem Punkt nur eine völkerrechtliche Verpflichtung auf eine entsprechende Rechtspraxis in den jeweiligen Verbandsstaaten hinzuwirken. Um unmittelbar anwendbar zu sein, fehlt es ihr an der nötigen Bestimmtheit[355]. Es entspricht demnach allgemeiner Meinung, dass Handelsnamen geschützt werden, sobald sie die Voraussetzungen des jeweiligen nationalen Rechts des Verbandsstaates erfüllen[356].

Eine dem nationalen Recht vorgehende Regelung enthält Art. 8 PVÜ lediglich insofern, als die Schutzvoraussetzungen nicht von der Erfüllung von Förmlichkeiten des Verbandsstaates abhängig gemacht werden[357]. Der Art. 8 PVÜ ist somit als Ausnahmeregelung zu Art. 2 Abs. 1 PVÜ zu begreifen, wonach die Förmlichkeiten des „Bestimmungsstaates“ zu beachten wären. Relevanz kommt dieser Regelung etwa für Portugal zu[358].

---

[353] Vgl. Näke, Der Schutz des ausländischen Handelsnamens in Deutschland, S. 8 ff..

[354] Beier/Kunz-Hallstein, GRUR Int. 1982, S. 362, 363; zu den anderen Auffassungen vgl. Saint-Gal, GRUR Int. 1964, S. 290 ff..

[355] Wirner, Wettbewerbsrecht und Internationales Privatrecht, S. 30; Fernández-Nóvoa, GRUR Int 1976, 275, 278; Krieger, GRUR 1969, 361.

[356] RGZ 117, 215, 223 –„Eskimo Pie“; BGH GRUR 1966, 267 – „White Horse“; BGH GRUR 1980, 114 –„Concordia“; Österreichischer OGH GRUR Int 1976, 500 – „Transakta“; Tribunale di Milano GRUR Int 1979, 307 - „Cartier“; High Court of Justice, Chancery Division GRUR Int 1978, 253.

[357] Wirner, Wettbewerbsrecht und Internationales Privatrecht, S. 30.

[358] Nachweis bei Oliveira Ascensão ,GRUR Int 1996, S. 413, 416.

Im Streit befangen ist ferner die Frage, ob Art. 8 PVÜ voraussetzt, dass neben den Voraussetzungen des nationalen Rechts auch die Schutzvoraussetzungen des Heimatrechts vorliegen müssen. Zum Teil wird dies angenommen und somit der Schutz des Handelsnamens als akzessorisch aufgefasst[359].

Nach der überwiegenden Meinung in der Literatur und auch des Bundesgerichtshofes bemisst sich der Schutz des Handelsnamens ausschließlich nach den Vorschriften des Schutzlandes[360].

Dem Wortlaut der Norm können weder Argumente für noch gegen einen akzessorischen Schutz entnommen werden. Anders verhält sich dies bei einer systematischen Auslegung. Würde man Art. 8 PVÜ als einen Verweis auf das Ursprungsland verstehen, hätte es nahe gelegen dies auch so in Art. 8 zu schreiben und dann das Ursprungsland zu definieren. Diese Vorgehensweise hat man in Art. 6$^{quinquies}$ PVÜ gewählt. Eine systematische Auslegung spricht somit eher gegen einen akzessorischen Schutz.

Die Materialien zur Entstehungsgeschichte enthalten keinen Hinweis darauf, dass der Wille der Verbandsstaaten darauf gerichtet war, einen abhängigen Schutz zu statuieren; stattdessen bestehen Hinweise, dass sich die Schutzvoraussetzungen nach den jeweiligen nationalen Rechtsordnungen richten sollten[361].

Vergegenwärtigt man sich, dass im Zeitpunkt der Entstehung der Pariser Verbandsübereinkunft in vielen Ländern noch keine gesetzlichen Regelungen zum Schutz des Handelsnamens bestanden[362], so kann mit Ostertag in erster Linie das Anliegen des Art. 8 PVÜ darin erblickt werden, die nationalen Gesetzgeber zur Schaffung von Schutzvorschriften zu bewegen[363].

Aus diesem Grund – der Ermangelung nationaler Schutzvorschriften - wäre auch ein alleiniges Abstellen auf das Inländerbehandlungsgebot des Art. 2 PVÜ ins Leere gelaufen. In Art. 8 PVÜ sollte deshalb den Staaten vor allem eine völkerrechtliche Pflicht auferlegt werden, zumindest den ausländischen Handelsnamen Schutz zur Verfügung zu stellen[364].

---

[359] Nirk, FS für Barz, 1974, S. 509, 523; Pointet, GRUR Int 1961, 393, 395.

[360] Kohler, GRUR 1907, 221 ff.; Osterrieth, Lehrbuch des gewerblichen Rechtsschutzes, S. 473; Bauer, AcP 1967, 535, 554 f.; Wirner, Wettbewerbsrecht und Internationales Privatrecht, S. 128; Sack, GRUR Int. 1988, S. 320, 333; BGHZ 130, 276, 282 – „Torres".

[361] Actes de la Conférence de Paris pour la protection de la propiété industrielle réunie à Paris du 4 au 20 novembre 1880, S. 75 ff., 108 f., 109 ; vgl. auch Conte, La Propriété Industrielle, 1931, 200, 202.

[362] Nachw. bei Beier/Kunz-Hallstein, GRUR Int 1982, S. 362, 365.

[363] Ostertag, La Propriété Industrielle, 1931, 169, 170.

[364] Beier/Kunz-Hallstein, GRUR Int 1982, S. 362, 365; Conte, La Propriété Industrielle, 1931, 200, 201, 202, s. dort Fn. 1: « qui suggérait mieux l'idée que la question du droit au nom n'est pas touchée par l'article 8 ».

## C. Der Schutz des Handelsnamens nach dem TRIPS- Abkommen

Der Artikel 16 des TRIPS- Übereinkommens (Agreement on Trade-Related Aspects of Intellectual Property Rights) normiert das Recht des Inhabers einer eingetragenen Marke Dritten zu verbieten, im geschäftlichen Verkehr identische oder ähnliche Zeichen für Waren oder Dienstleistungen, die denen ähnlich sind, für welche die Marke eingetragen ist, zu benutzen, wenn diese Benutzung die Gefahr von Verwechslungen nach sich ziehen würde. In Art. 16 Abs. 1 S. 3 des TRIPS- Übereinkommens heißt es dann: „Die vorstehend beschriebenen Rechte beeinträchtigen bestehende ältere Rechte nicht (...)".

Der EuGH hat in Bezug auf diese Vorschrift entschieden, dass unter „ältere Rechte" auch Handelsnamen zu verstehen sind[365]. Die Bestimmungen des TRIPS- Übereinkommens haben allerdings keine unmittelbare Geltung und begründen auch für den Einzelnen keine Rechte[366]. Jedoch sind die Gerichte bei der Anwendung ihrer nationalen Rechtsvorschriften im Rahmen der Anordnung der Maßnahmen zum Schutz von Rechten, die zu einem Bereich gehören, auf den das TRIPS- Übereinkommen anwendbar ist und in dem die Gemeinschaft bereits Rechtsvorschriften erlassen hat, wie es beim Markenrecht der Fall ist, aufgrund des Gemeinschaftsrechts verpflichtet, so weit wie möglich dem Wortlaut und dem Zweck der in Rede stehenden Bestimmungen des TRIPS- Übereinkommens Rechnung zu tragen[367].

Dass Handelsnamen „ältere Rechte" im Sinne des Art. 16 Abs. 1 S. 3 TRIPS-Übereinkommens sind, hat nun zur Konsequenz, dass, wenn der Inhaber eines Handelsnamens über ein Recht verfügt, das in den Anwendungsbereich des TRIPS- Übereinkommens fällt, die Benutzung dieses Handelsnamens nicht durch ein Recht an einer Marke gem. Art. 16 Abs.1 S. 1 des TRIPS- Übereinkommens untersagt werden kann[368].

Dieses Urteil des EuGH ist nicht überraschend, sondern bestätigt lediglich auch für den Geltungsbereich des TRIPS-Übereinkommens das schon beschriebene Verhältnis von Marken- und Handelsnamensrechten.

[365] EuGH, Urteil vom 16. 11. 2004, C-245/02.
[366] EuGH, Urteil vom 16. 11. 2004, C-245/02, Erwägungsgrund 54.
[367] EuGH, Urteil vom 16. 11. 2004, C-245/02, Erwägungsgrund 55.
[368] EuGH, Urteil vom 16. 11. 2004, C-245/02, Erwägungsgrund 89.

## § 5 Das Territorialitätsprinzip als Grundlage des Internationalen Immaterialgüterrechts und seine Bedeutung für das Kennzeichenrecht

Zunächst sollen die Grundsätze des Internationalen Privatrechts für die Immaterialgüterechte und das Wettbewerbsrecht dargelegt werden. Erst im Anschluss wird eine Lokalisierung des Internationalen Privatrechts für Unternehmenskennzeichen, Firma und geographische Herkunftsangaben in den so umrissenen Rahmen erfolgen.

### A. Der Grundsatz der Territorialität – eine Einführung

Dreh- und Angelpunkt des Internationalen Immaterialgüterrechts ist das sog. Territorialitätsprinzip. Diesem Begriff wird mitunter ein nicht unbeträchtliches Maß an Begriffsverwirrung und dogmatisch-begrifflichen Unschärfen und auch in überkommenen historischen Vorstellungen verhaftetes Denken vorgeworfen[369].

Auch für Unternehmenskennzeichen und geographische Herkunftsangaben wird das Territorialitätsprinzip vertreten[370].

Es bedarf zunächst der Klärung, ob mit der Einordnung eines Gegenstandes als immaterialgüterrechtlich, zwingend auch das Territorialitätsprinzip folgen muss und mit der Einordnung als persönlichkeitsrechtlich stets universelle Geltung einhergeht.
In dem Begriff „immateriell“ ist der fundamentale Wesenszug der Schutzrechte, nämlich der nicht-gegenständliche Charakter, aufgefangen. Marken, Firmenbezeichnungen, Patente und Musterrechte sind jedoch nicht die einzigen „immateriellen“ Güter. Auch Forderungen und die Persönlichkeit sind nicht gegenständlicher Natur. Wegen ihrer unterschiedlichen Gattungszugehörigkeit scheidet nun ein Vergleich von Forderungsrechten und Immaterialgüterrechten von vornherein aus, da jene relative und diese absolute Rechte sind[371].
Im Gegensatz zu Forderungen ist auch das Persönlichkeitsrecht ein subjektives absolutes Recht, so dass man diese derselben „Rechtsgattung“ zugehörigen Positionen durchaus in Relation zueinander setzen kann. Unterfallen Persönlichkeitsrecht und Immaterialgüterrechte als subjektive absolute Rechte auch der-

369 Weigel, Gerichtsbarkeit, S. 85 und S. 108; Wandtke/Bullinger, UrhR., vor § 120 Rn. 5.

370 Für die Firma, MüKo/Kreuzer, Nach Art. 38 Anh. II, Rn. 45; für geographische Herkunftsangaben, EuGH, Rs. C-3/91, Exportur ./. LOR und Confiserie du Tech (Turrón de Alicante), Slg. 1992, I-5529, I-5553, Erwägungsgründe 12, 36, 38 – Turron; BGH GRUR 1994, 307, 309 – Mozarella I.

371 Siehe aber von Gamm, wonach aufgrund des Prioritätsprinzips Einschränkungen zu machen sind, da der Rechtsinhaber gegenüber einem zeitlich vorrangigen Inhaber seine Rechte nicht gegen diesen geltend machen kann, Wettbewerbsrecht, Bd. 2, § 52, Rn. 13, S. 1028.

selben Gattung, so sind sie dennoch „artverschieden“[372]. Die Unterscheidung zwischen Persönlichkeitsrechten und Immaterialgüterrechten bereitet Schwierigkeiten, denn wie gezeigt leiten sich auch Immaterialgüterrechte von der Persönlichkeit ab[373]. Entscheidend muss letztlich eine wirtschaftliche Betrachtungsweise sein. An den Immaterialgüterrechten besteht - und hierin liegt der wesentliche Unterschied zu den Persönlichkeitsrechten begründet - ein Interesse an der Verwertung und Übertragbarkeit[374].

Die Schwierigkeiten einer Bestimmung des rechtstheoretischen Grenzverlaufs von Persönlichkeits- und Immaterialgüterrecht stehen in einem gewissen Widerspruch zu der völlig unterschiedlichen Ausgestaltung dieser Rechte in der Rechtspraxis. Oder anders gewendet, das Bedürfnis nach wirtschaftlicher Verwertbarkeit erweist sich als Katalysator einer auseinanderstrebenden Entwicklung dieser gattungsgleichen Rechte. Als Wesenzüge der Immaterialgüterrechte werden gewöhnlich genannt die Übertragbarkeit, Belastbarkeit, Verwertbarkeit (etwa in der Insolvenz) und ihre Vererbbarkeit[375].
So ist das Persönlichkeitsrecht nach allgemeiner Auffassung ein universelles Recht, d. h. ihm kommt weltweit Geltung zu[376]. Das Persönlichkeitsrecht einer deutschen natürlichen Person kann an jedem Ort der Welt verletzt werden. Entsprechend steht auch jeder ausländischen natürlichen Person innerhalb Deutschlands ein Schutz ihres Persönlichkeitsrechtes zu. Liegt ein Wesensschwerpunkt des Persönlichkeitsrechts darin, dass es Geltung auch jenseits der nationalen Grenzen beansprucht, so steht konträr dazu das Immaterialgüterrecht, welches an den nationalen Grenzen halt macht.
Als Fußnote zur rechtstheoretischen Historie sei allerdings angemerkt, dass Persönlichkeitsrecht und Territorialitätsprinzip nicht immer als ein sich gegenseitig ausschließendes Begriffspaar verstanden wurden. So ging Kohler vom persönlichkeitsrechtlichen Charakter des Zeichenrechts aus[377]. Gleichwohl nahm er auch eine „mittelbare Verörtlichung“ durch den staatlich gewährten Schutz[378] und somit eine territoriale Beschränkung an[379]. Auch Osterrieth hielt ein Zu-

[372] Gleichwohl stehen beide entsprechend den obigen Ausführungen nicht in einem streng disjunktiven Verhältnis zueinander; siehe oben § 2 B. IV.
[373] S. dazu auch unten § 5 G.
[374] Klippel, Der zivilrechtliche Schutz des Namens 221, Schluep, Das Markenrecht als subjektives Recht, S. 355 f.; Hubmann, FS Lehmann, Bd. 2, S. 821.
[375] Vgl. Wolf, Sachenrecht, § 4 Rn. 55.
[376] Kohler, Warenzeichenrecht, S. 206.
[377] Kohler, Markenschutz, S. 446 ff.; WZR, S. 207; vgl. dazu die Darstellung bei Vanzetti, GRUR Int 1965, 188 ff..
[378] Kohler, WZR, S. 246.
[379] Kohler, WZR, S. 249 ff.; so schreibt er „das inländische Zeichen kann nur im Inlande verletzt werden“ (S. 249) und „eine Verletzung ausländischer Zeichen durch inländische Tätigkeit ist ausgeschlossen“ (S. 251). Kohler geht davon aus, dass im Zeichenrecht eine „Steige-

sammengehen von Persönlichkeitsrecht und Territorialitätsprinzip im Übrigen für möglich[380].
Umgekehrt folgt aus der Einordnung der gewerblichen Schutzrechte als immaterialgüterrechtlich, d.h. vermögensrechtlich, nicht notwendig der Schluss, dass sie territorial begrenzt seien[381]. So ging die französische Rechtsprechung von Beginn an von der vermögensrechtlichen Natur der Marken aus, hielt aber am längsten am Universalitätsprinzip fest[382]. Der Schluss von der immaterialgüterrechtlichen Natur auf das Territorialitätsprinzip ist folglich nicht zwingend[383].

Es ist insofern bezeichnend, dass man „von beiden Seiten", also sowohl von der Einordnung der Kennzeichenrechte in das Persönlichkeitsrecht als auch von der Annahme ihrer immaterialgüterrechtlichen Rechtsnatur zu dem Territorialitätsprinzip zu gelangen vermag. Mag die Einordnung der Marken in das Persönlichkeitsrecht mittlerweile auch weit außerhalb des Kreises des Vertretbaren liegen, so ist es doch erstaunlich, dass man von zwei vollkommen entgegen gesetzten Standpunkten hinsichtlich der Rechtsnatur des Kennzeichenrechts dennoch zur gleichen territorialen Beschränkung gelangt. Es bleibt im Folgenden ein Resümee zu ziehen.
Die Sachzwänge, die zum Territorialitätsprinzip des Markenrechts führen, müssen also so stark sein, dass sie auch divergierenden dogmatischen Einbettungen dieses Rechtsgebietes harren. Indessen wird das Territorialitätsprinzip herkömmlich mit dem Akt staatlicher Verleihung und der Achtung fremder Souveränität begründet. Ob dieser Begründungsversuch trägt, bedarf daher einer eingehenden Darstellung.

## B. Territorialität als Rechtsbegriff

Bevor also der Frage nachgegangen wird, ob Firma, Unternehmenskennzeichen und geographische Herkunftsangaben in ihrer Wirkung territorial beschränkt

---

rung des Persönlichkeitsrechts" liegt, welche auf das „Land und seine Verkehrsverhältnisse" bezogen ist (S. 251). Interessant ist wie Kohler diese Annahme begründet. So führt er aus: „Die Verkehrsverhältnisse außerhalb des Landes sind der inländischen Zeichenschöpfung entzogen". Wie sehr auch Kohler dem in seiner Zeit dominierendem strikten Souveränitätsbegriff und auch dem Gebot der Achtung dieser verhaftet ist, wird deutlich, wenn er ein paar Seiten weiter ausführt, dass zur Verfolgung ausländischer Zeichenverletzungen im Ausland keine Gerichtsbarkeit gegeben sei (S. 252). Beispielsweise führt er aus, dass inländische Gerichte nicht die Befugnis hätten „zu bestimmen, was auf ausländischem Boden geschehen darf und was nicht".

380 Osterrieth, Lehrbuch des gewerblichen Rechtsschutzes, Leipzig 1908, S. 441
381 Nachw. bei Ulmer, GRUR 1949, 63, 64 dort Fn. 12, 65 dort Fn. 15.
382 Nachw. bei Neuhaus, RabelsZ 1976, 194.
383 Wirner, Wettbewerbsrecht, S. 47.

sind, soll das Territorialitätsprinzip näher erläutert werden. Der Begriff des Territorialitätsprinzips ist schon in semantischer Hinsicht wenig konkret. „Territorialität“ leitet sich aus dem Wort Territorium ab. Der Begriff wirft somit mehr Fragen auf als er zu lösen vermag. Offen bleibt, was zu einem Territorium in Beziehung gesetzt werden soll, wann dies geschehen soll und wie eine solche Bindung auszusehen hat.

So überrascht es nicht, dass auch in rechtlicher Dimension der „Territorialitätsgrundsatz“, verstanden als Rechtsregel, aufgrund seiner prinzipiellen Weite zur Lösung vielfältiger Fragen des Rechts ge- aber auch missbraucht werden kann. Schricker moniert etwa, dass Territorialitätsprinzip werde „oft überdehnt und für Zwecke eingesetzt, die ihm fremd sind“[384]. Auch Neuhaus merkt an, dass jener Grundsatz oft als Schlagwort missbraucht werde, wo eine Begründung fehle[385]. Dieser Befund ist sicherlich auch Folge davon, dass das Territorialitätsprinzip nicht rechtsgebietsübergreifend einheitlich verwandt wird, sondern je nachdem unterschiedlich nuancierte Begriffsinhalte aufweist[386].
Das Territorialitätsprinzip ist vor allem für das öffentliche Recht von Bedeutung. Die Anwendung inländischen öffentlichen Rechts leitet sich aus dem Territorialitätsprinzip ab[387]. Hier enthält es die Aussage, dass ein öffentlich-rechtliches Gesetz nur dann anwendbar ist, wenn dass in diesem statuierte „Aufgreifkriterium“ im Inland verwirklicht ist[388]. Von jenem Grundsatz ist ebenfalls für das Internationale Öffentliche Recht und das Völkerrecht die Rede. Hier bedeutet er, dass ausländisches öffentliches Recht nicht über die Grenzen seines Erlassstaates hinauswirkt[389]. Auch hier wird Kritik dergestalt geübt, dass der Rede vom Territorialitätsprinzip mehr verschleiernde als erkenntnisfördernde Wirkung zukomme[390].

Natürlich gilt der Grundsatz der Territorialität der Rechtsordnungen in dem Sinne, dass die Geltung innerstaatlichen Rechts gebietsgebunden ist, dass heißt, dieses objektive Recht „gilt“ nicht außerhalb der territorialen Gebietshoheit[391]. Dies heißt indessen nicht, dass sich das Recht eines Staates nur auf Inlandssachverhalte erstreckt. So werden nach den §§ 5,6 und 7 StGB auch Auslands-

[384] Schricker, GRUR Int. 1973, S. 453.
[385] Neuhaus, Grundbegriffe, S. 117; ebenso unverändert Kropholler, IPR, § 22, S. 146.
[386] So auch Wandtke/Bullinger, UrhR, vor § 120 Rn. 5.
[387] MüKo/Sonnenberger, Einl. IPR, Rn. 374.
[388] Von Bar/Mankowski, IPR I, § 4 Rn. 63.
[389] BGH, WM 1962, 601 = IPRspr. 1962, 63 Nr. 163 (auf S. 523, 525); BGHZ 64, 183, 189.
[390] Frank, RabelsZ 34 (1970), 56, 59; Meessen, AöR 110 (1950), 398, 411 f.; Siehr, RabelsZ 52 (1988), 41, 75; Mankowski, RIW, 1994, S. 691; MüKo/Sonnenberger, Einl. IPR, Rn. 377; vgl. auch von Bar/Mankowski, IPR I, § 4 Rn. 63, 64.
[391] Schwartz, Deutsches internationales Kartellrecht, S. 187; Mankowski, RIW 1994, 691, 692.

handlungen unter Strafe gestellt. Des Weiteren ist zu beachten, dass diese Aussage auch gerade für zivilrechtliche Normen einzuschränken ist. So kann nach den Regeln des Internationalen Privatrechts auf einen ausländischen Vorgang natürlich auch inländisches Recht anwendbar sein. Zu unterscheiden ist somit zwischen der Geltung eines Gesetzes und der Anwendbarkeit einer Norm oder der Reichweite eines Schutzrechtes[392].

Der Begriff der Territorialität kann darüber hinaus auch als im weiteren Sinne kollisionsrechtlicher Terminus verstanden werden, wonach im Inland inländisches Sachrecht anzuwenden ist[393], der dann abzugrenzen ist vom Prinzip der Personalität[394].

Auf letzter Ebene kann fachgebietsspezifisch von einem Territorialitätsprinzip die Rede sein. Dies gilt für das hier zur Disposition stehende Territorialitätsprinzip der Immaterialgüterrechte. Ähnlich galt bis zu einer Entscheidung des BGH im Jahre 1985[395] auch im Konkursrecht – mutatis mutandis - das Territorialitätsprinzip[396]. Als Kernaussage des sog. Territorialitätsprinzips der gewerblichen Schutzrechte kann eine Wirkungsbegrenzung der subjektiven Schutzrechte auf das Territorium des diese verleihenden Staates und der Satz, dass inländische Schutzrechte nicht durch Auslandshandlungen verletzt werden können, angesehen werden[397]. Der Gegenbegriff hierzu wäre dann das Universalitätsprinzip, welches etwa für das Persönlichkeitsrecht Anwendung findet[398]. Hierbei sei begriffliche Disziplin angemahnt. Durchaus kann etwa auch das kartellrechtliche Auswirkungsprinzip als Ausprägung des Territorialitätsprinzips verstanden werden[399]. Im Gegensatz zum Kartellrecht ist jedoch im Immaterialgüterrecht eine Anwendung inländischen Rechts auf Auslandssachverhalte nach

---

392 Seelig, WarenzeichenR. u. WettbewerbsR., S. 4; Neuhaus, Gurndbegriffe, S. 118; Kropholler, IPR, § 22 I 2, S. 151. Entsprechend formuliert Gutzwiller: „Unser Recht gilt"; fremdes Recht „gilt" bei uns nicht (...). Das fremde Recht „wenden wir nur an" (Der Geltungsbereich der Währungsvorschriften, 1940, S. 36); Mankowski, RIW 1994, S. 691; vgl. auch Epping RIW 1991, S. 466; dies verkennt z. B. Bauer, AcP 167, S. 554 und auch Piper, in: UWG, Einf. Rn. 184, wenn er schreibt: „Der territoriale Anwendungsbereich des UWG ist andererseits auf diesen räumlichen Bereich beschränkt. Das folgt aus der territorialen Begrenzung der staatlichen Hoheitsgewalt, die notwendigerweise an den Territorialgrenzen des Staates endet (Territorialitätsprinzip)".

393 Von Bar, IPR Bd. I, Rn. 421; BGHZ 80, S. 101, 104; Paradebeispiel für eine derartige Territorialität wäre das Sachenrecht, soweit dort die lex rei sitae gilt.

394 Neuhaus, Grundbegriffe, § 23, S.; ebenso Regelin, Das Kollisionsrecht der Immaterialgüterrechte, S 46.

395 BGHZ 95, 256 ff..

396 Dazu BGHZ 95, 256, 262.

397 Kropholler, IPR, § 22 II 2, S. 153.

398 Regelin, Das Kollisionsrecht der Immaterialgüterrechte, S. 47.

399 Von Bar/Mankowski, IPR Bd. I, § 4 Rn. 64, S. 242.

allgemeiner Auffassung nicht möglich. Folglich muss man begrifflich zwischen dem Territorialitätsprinzip der gewerblichen Schutzrechte, respektive des Immaterialgüterrechts und einer generelleren territorialen internationalprivatrechtlichen Anknüpfung (so im Kartellrecht) unterscheiden[400].

Nun wird die Frage, ob die Aussage der Nichtverletzbarkeit inländischer Schutzrechte durch Auslandssachverhalte zutreffend als Bestandteil des Territorialitätsprinzips anzusehen ist noch Gegenstand der folgenden Darstellung sein. Dessen ungeachtet soll schon an dieser Stelle auf eine notwendige gedankliche Unterscheidung hingewiesen werden. Sie betrifft den Gegensatz von dem objektiven Markenrecht einerseits, dem Schutzobjekt und dem subjektiven Ausschließlichkeitsrecht[401].

Auch für das deutsche Markenrecht gilt der von der Frage der Anwendbarkeit einer Norm zu unterscheidende Grundsatz der territorialen Geltungsbeschränktheit nationaler Rechtsordnungen. Dies ist eine Selbstverständlichkeit, welche keiner Erklärung bedarf.

Das hier in Rede stehende Territorialitätsprinzip der Immaterialgüterrechte betrifft den Wirkungskreis des subjektiven Immaterialgüterrechts[402], welches wiederum von dem nicht national beschränkbaren Schutzobjekt zu unterscheiden ist.

## I. Die Territorialitätsbegriffe von Neuhaus und Deutsch

Der Grundsatz der Territorialität, begriffen als Beschränkung des Wirkungskreises eines Rechtes, eines Rechtsaktes oder einer Norm, lässt sich nach Neuhaus unterteilen in die Begriffe der absoluten und der relativen Territorialität. Unter absoluter Territorialität versteht man die Unbeachtlichkeit einer ausländischen Rechtserscheinung[403]. Früher wurde die absolute Territorialität für gewerbliche Schutzrechte vertreten mit der Folge, dass im Inland nicht über die Verletzung von ausländischen Schutzrechten im Ausland entschieden wurde[404]. Das Prinzip der absoluten Territorialität kann für den Bereich des gewerblichen

---

[400] So zutreffend Sack, GRUR Int. 1988, S. 320, 327; dies verkennend Sandrock, GRUR Int. 1985, 507 ff., 517 f..
[401] S. dazu auch Weigel, Gerichtsbarkeit, S. 87 ff..
[402] Neuhaus, Grundbegriffe, S. 119.
[403] Neuhaus, Grundbegriffe, S. 119.
[404] RG JW 1980, S. 280; GRUR 34, 657, 664.

Rechtsschutzes heutzutage allerdings zumindest im deutschen Recht als überwunden gelten[405].

Wenn heute von dem Territorialitätsprinzip die Rede ist, geht es regelmäßig um die relative Territorialität. Diese wird von Neuhaus dahin gehend verstanden, dass dem ausländischen Recht im Inland nur mittelbare Wirkung zukommt. Im Gegensatz dazu wirkt das inländische Recht im jeweiligen Inland unmittelbar[406]. In diese relative Territorialität ließen sich die Immaterialgüterrechte einordnen. Für die gewerblichen Schutzrechte heißt dies, dass die Verletzung eines ausländischen Kennzeichens im Ausland einen inländischen Schadensersatzprozess nach sich ziehen kann, wenn ein inländischer Gerichtsstand - etwa § 23 ZPO - gegeben ist[407]. Mittelbare Wirkung in diesem Sinne ist freilich nicht dahingehend zu verstehen, dass auf materiellrechtlicher Ebene ausländische Schutzrechte zu beachten wären.
Bemerkenswert ist, dass Neuhaus unter den Geltungsbereich dieser relativen Territorialität auch das öffentliche Recht und Enteignungsmaßnahmen fasst. Dies erscheint auf den ersten Blick ungereimt als etwa den §§ 6 und 7 Abs. 2 Nr. 2 StGB insofern klar zu entnehmen ist, dass auf einen ausländischen Tatbestand ohne weiteres auch inländische öffentlich-rechtliche Normen Anwendung finden können.
Neuhaus versteht deshalb unmittelbare Wirkung im Sinne eines Durchsetzungsvermögens vermittels staatlichen Zwangs. Die mittelbare Wirkung bedeutet dann eine bloße zivilrechtliche Reflexbildung. Zwar gilt auch bspw. das britische Straßenverkehrsrecht nicht in Deutschland. Gleichwohl kann sich ein Deutscher, der in England einen Verkehrsunfall verursacht hat, weil er auf der rechten Seite gefahren ist, nicht auf § 2 Abs. 1 S. 1 StVO berufen, auch wenn gem. Art. 40 Abs. 2 S. 1 EGBGB deutsches Recht anwendbar ist. Stattdessen wird man auch unter Zugrundelegung deutschen Zivilrechts gleichwohl das englische Linksfahrgebot zu berücksichtigen haben[408].

Somit ist der Rahmen für die von Neuhaus genannten Beispiele - gewerbliche Schutzrechte, Enteignungen, öffentlich-rechtliche Normen - weit gesteckt.

Ob die Begriffsfindung der relativen Territorialität geglückt ist, soll an dieser Stelle dahin gestellt sein. Jedenfalls ist sie, wenn man hiermit sowohl das öf-

---

405 Demgegenüber bestehen im englischen Recht weit größere Bedenken; s. dazu Mr. Justice Aldous in Plastus Kreativ AB/ Minnesota Mining and Manufacturing Company, (1995) R.P.C., p. 447.
406 Neuhaus, Grundbegriffe, S. 119.
407 Neuhaus, Grundbegriffe, S. 121.
408 Konstruktiv lässt sich dies dadurch erreichen, dass man aufgrund des Verstoßes gegen das englische Straßenverkehrsrecht Fahrlässigkeit im Sinne des § 276 BGB annimmt.

fentliche Recht als auch die gewerblichen Schutzrechte zu erfassen vermag, kaum aussagekräftig. Für uns von Interesse ist allerdings, dass er eine Verbindung von öffentlich-rechtlichen Normen und dem Bereich des gewerblichen Rechtsschutzes sieht. Von Seiten der neueren Literatur wird - im Bereich des kollisionsrechtlichen – ebenfalls ein öffentlich-rechtliches Element des Kennzeichenrechts ausgemacht[409].

In der Sache präziser tastet sich Deutsch an den Begriff der Territorialität heran. Deutsch geht davon aus, dass jede privatrechtliche Norm unter der Voraussetzung einer auf sie verweisenden Kollisionsnorm extraterritoriale Wirkung hat. Der Territorialitätsbegriff bezeichnet nun die Möglichkeit des Ausschlusses dieser Wirkung[410]. Hierunter fällt etwa die zwingende Anwendung des inländischen Sachrechts im eigenen Territorium. Maßgeblich unterscheidet er zwischen einer Wirkungsbeschränkung von Sachnormen und der Versagung der extraterritorialen Wirkung durch das Fehlen einer entsprechenden Verweisung[411].
Gewöhnlich wird das Territorialitätsprinzip für die gewerblichen Schutzrechte, dessen inhaltliche Konturen im Folgenden noch heraus gearbeitet werden sollen, im ersteren Sinne in einer nationalen Wirkungsbeschränkung gesehen. Der so verstandenen Territorialität entgegen zu stellen ist der Begriff der Universalität. Auch hier kann wieder eine Unterscheidung von relativer und absoluter Universalität vorgenommen werden[412]. Unter relativer Universalität versteht man die Gleichsetzung eines ausländischen Rechtsverhältnisses mit einem inländischen, wobei hier als Beispiel die Mechanismen des Madrider Abkommens über die internationale Registrierung von Marken vom 14. April 1891 angeführt werden können. Nach den Artt. 3 bis 5 MMA kommt einer Marke, die im Inland eingetragen und international registriert wurde, in jedem Vertragsstaat die Wirkung eines „inländischen" Schutzrechtes zu. Bei der absoluten Universalität handelt es sich darum, dass ausländische Rechtsverhältnisse ipso iure im Inland Wirkung entfalten. Dies ist klassischerweise bei Verträgen der Fall.

## II. Zwischenergebnis zum Begriff der Territorialität

Der Begriff der Territorialität ist also ein weitgehend konturloser allgemeiner Rechtsbegriff. Während er im öffentlichen Recht und im Völkerrecht bezogen

---

[409] So führt Sandrock in Bezug auf die Immaterialgüterrechte aus „haben wir es hier - ähnlich wie im öffentlichen Recht - mit Normen zu tun, die nicht fungibel, austauschbar oder gegenseitig austauschbar sind"; Sandrock, Das Kollisionsrecht, GRUR Int. 1985, 507, 515.
[410] Deutsch, Wettbewerbstatbestände mit Auslandsbeziehung, S. 21.
[411] Deutsch, Wettbewerbstatbstände mit Auslandsbeziehung, S. 21.
[412] Kropholler, § 23 II Nr. 3 u. Nr. 4.

auf die Abschichtung von Souveränitätsbereichen gerichtet ist[413], kann er andererseits auch eine Wirkungsbeschränkung eines Rechtes beschreiben. Behält man die unterschiedlichen rechtsgebietsspezifischen Begriffsvariationen des Territorialitätsprinzips im Auge, so hat man schon einmal einen wesentlichen Schritt getan, um sich die Feststellung Schrickers zu eigen machen zu können, dass das Territorialitätsprinzip heute auf die Grenzen zurückgeführt zu werden scheint, „innerhalb deren es als Kurzformel dogmatische Zusammenhänge zutreffend umschreibt.“[414]. Im Folgenden wird das Territorialitätsprinzip der Immaterialgüterrechte, bzw. der Kennzeichenrechte im Besonderen inhaltlich eigenständig zu konturieren sein.

## III. Kernaussagen des Territorialitätsprinzips für gewerbliche Schutzrechte

Der Grundsatz der Territorialität gehört zu den seltenen rechtswissenschaftlichen Prinzipien, deren Herleitung als ungeklärt angesehen, deren Geltung aber kaum bestritten wird[415]. Ob man den Grundsatz der territorialen Beschränkung der Immaterialgüterrechte nun als axiomatisch ansieht oder nicht, so kann jedenfalls die Feststellung getroffen werden, dass das Territorialitätsprinzip nur vereinzelt Angriffen ausgesetzt war[416]. Zwar existieren auch in heutiger Zeit noch Überlegungen, zu einer Einschränkung dieses Grundsatzes zu gelangen, jedoch zielen derartige Unterfangen eher auf Randkorrekturen, ohne das Territorialitätsprinzip in seiner Grundaussage als solches zu negieren[417]. Einzig für das Urheberrecht gibt es Bestrebungen, das Universalitätsprinzip zu revitalisieren[418].

Grundaussage des Territorialitätsprinzips ist, dass Immaterialgüterrechte national beschränkte Rechte sind, d.h. ihre Geltung beschränkt sich auf die Grenzen

[413] Vgl. Riezler, Internationales Zivilprozessrecht, S. 89.

[414] Schricker, GRUR Int. 1973, S. 453.

[415] Birk, NJW 1964, 1597.

[416] Gleichwohl ist das Territorialitätsprinzip in jüngster Zeit vermehrt Angriffen ausgesetzt, vgl. Regelin, Die Immaterialgüterrechte, S. 71 ff.; und Ropohl, siehe unten § 5 G. I.

[417] Einschränkungen des Territorialitätsprinzips erwägt etwa Fezer, Internationales Wirtschaftsrecht, Rn. 716 ff., 730 ff.; auch Ropohl, der das Territorialitätsprinzip in einem für das Kennzeichenrecht ungewohnt weitgehenden Ansatz aushebeln möchte, schwenkt gleichwohl nicht auf das Universalitätsprinzip ein und relativiert über eine Anknüpfung an das Schutzland (Ropohl, Zur Anknüpfung der formlosen Markenrechte, S. 89) wiederum die Konsequenzen, die aus einer Erstreckung des Zeichenrechts über die Staatsgrenzen hinaus eigentlich gezogen werden müssten, siehe unten § 5 G. I.

[418] Neuhaus, RabelZ 40 (1976), S. 191, 195; Schack, IPRax, 2003, S. 141.

des sie verleihenden Staates[419]. Hierin ist noch keine kollisionsrechtliche Aussage, sondern vielmehr nur ein sachrechtliches Prinzip zu sehen[420]. Unmittelbare Folge dieses weltweit anerkannten Prinzips[421] ist zunächst einmal, dass mit Erlangung eines nationalen Marken- oder sonstigen Schutzrechtes kein weltweit geltendes Recht erworben wird. Vielmehr besteht allenfalls ein Bündel nationaler Schutzrechte (Bündeltheorie)[422].
Das Territorialitätsprinzip in diesem Sinne kann freilich auf völkervertraglicher Ebene abbedungen werden. Die Gemeinschaftsmarke der Gemeinschaftsmarkenverordnung (EG) Nr. 40/ 94 gilt gem. § 1 Abs. 2 dieser Verordnung innerhalb der gesamten Gemeinschaft. Freilich ist die Wirkung der Gemeinschaftsmarke aber auch auf den Geltungsbereich der europäischen Gemeinschaft beschränkt. Somit wäre es verfehlt von einer schwindenden Bedeutung des Territorialitätsprinzips auszugehen. Indessen ist auch die Gemeinschaftsmarke nicht territorial ungebunden, sondern vielmehr territorial auf den EU-Raum beschränkt!

Die Grundaussage des Territorialitätsprinzips kann also dahingehend präzisiert werden, dass der Wirkungsbereich eines Schutzrechtes auf den Geltungsbereich des verleihenden Staates oder im Falle der Gemeinschaftsmarkenverordnung auf den Geltungsbereich der EG-Staaten beschränkt ist[423]. Hierin ist kein Widerspruch zum Territorialitätsprinzip zu erblicken[424]. Besteht über diesen Kern des Territorialitätsprinzips soweit ersichtlich ein Konsens, so bestehen Zwist und Unklarheiten über den weiteren Inhalt dieses Begriffes.
Die sachrechtliche Regelung besteht jedenfalls darin, dass die Immaterialgüterrechte an der Grenze des Verleihungsstaates halt machen[425]. Des Weiteren wird das Territorialitätsprinzip dahingehend verstanden, dass der Erwerb eines inländischen Schutzrechtes unabhängig von am gleichen Schutzgegenstand be-

---

419 Troller, Kurzlehrbuch des Immaterialgüterrechts, S. 30, 31; Beier, Markenrechtliche Abhandlungen, S. 42, 43; Hubmann, Gewerblicher Rechtsschutz, § 7 II 2, S. 64; Staudinger/Fezer, Internationales Wirtschaftsrecht, Rn. 670; Regelin, S. 48, Staudinger/von Hoffmann, Art. 40 EGBGB, Rn. 371; Liechtenstein, NJW 1964, 1208, 1209; Soergel/Kegel, Anh. Art. 12 EGBGB, Rn. 16 ff.; Ulmer, Die Immaterialgüterrechte im internationalen Privatrecht, Nr. 14.

420 Fezer, Markenrecht, Einl., Rn. 162; Katzenberger, GRUR Int. 1992, S. 567, 570; Möhring/Nicoline, Urheberrechtsgesetz, vor § 120 Rn. 4.

421 Ingerl/Rohnke, Markengesetz, Einl., Rn. 14; Staudinger/von Hoffmann, Art. 38 – 43 EGBGB, Art. 40 Rn. 371, 388; Martiny, RabelsZ, 40 (1976), S. 218, 224.

422 BGHZ 18, 1, 13, - Hückel; BGHZ 22, 1, 14 - Flava-Erdgold; BGHZ 49, 331, 334 f. - Voran; EuGH, C-9/93, IHT International Heiztechnik ./. Ideal Standard (Ideal Standard II), Slg. 1994, I -2789, Erwägungsgründe 24 f.; Ulmer, GRUR, 1949, 63, 65.

423 S. hierzu auch Troller, Kurzlehrbuch, S. 31.

424 Ebenso Buck, Geistiges Eigentum, S. 23.

425 MüKo/Kreuzer, Art. 38 Anh. II Rn. 13.

stehenden Rechten sei; d.h. der Schutzrechtserwerb gestaltet sich unabhängig davon, ob bereits im Ausland ein Ausschließlichkeitsrecht erworben wurde[426]. Troller geht sogar soweit, dass er schreibt, aus dem Bestand eines Schutzrechtes im Ausland könne ein paralleles in anderen Ländern nicht abgeleitet werden[427].

Hieraus ergibt sich somit auch, dass der deutsche Rechtsverkehr im Inland - von Sonderabkommen abgesehen - nicht auf ausländische Ausschließlichkeitsrechte an Immaterialgütern Rücksicht nehmen muss. Wer also beispielsweise für ein Produkt eine Marke wählt, muss nicht danach fragen, ob eine ausländische gleich lautende Bezeichnung außerhalb Deutschlands verwandt wird. Aus dem Territorialitätsprinzip folgt weiterhin, dass inländische Immaterialgüterrechte nicht im Ausland und ausländische Immaterialgüterrechte nicht im Inland verletzt werden können[428].

Im Streit befangen ist insbesondere die Frage, ob neben der sachrechtlichen auch eine kollisionsrechtliche Aussage des Prinzips besteht. Auf die nähere inhaltliche Konturierung des Territorialitätsgrundsatzes wird einzugehen sein. Eine präzise Handhabung des Begriffsinhalts wird sich jedoch nur über den Umweg einer Vergegenwärtigung der rechtshistorischen Ursprünge und einer Betrachtung der dogmatischen Herleitung des Territorialitätsprinzips erreichen lassen.

## C. Die historische Entwicklung des Territorialitätsprinzips

Ursprünglich standen Rechtsprechung und Literatur auf dem Standpunkt, dass das Kennzeichenrecht universale Geltung besitze[429]. Diese Überzeugung erklärt sich aus der Genealogie der Rechtsnatur der Immaterialgüterrechte. Im 19. Jahrhundert formten sich sowohl der Begriff des Persönlichkeitsrechts als auch der des Immaterialgüterrechts. Die Entstehungsgeschichte dieser beiden Begriffe kann hier nur angedeutet werden. Die Naturrechtslehre ist der Katalysator dieser Rechtsinstitutswerdung. Wurden zunächst Persönlichkeitsrechte aus dem „Personsein" abgeleitet, so wurden über den personenbezogenen Begriff der

---

[426] Troller, Kurzlehrbuch, S. 30, 31; Fezer, Markenrecht, Einl. Rn. 163, BGHZ 41, 84, 91 - Maja.

[427] Troller, Kurzlehrbuch, S. 30, 31.

[428] Martiny, RabelsZ 40 (1976), S. 224 – wörtlich schreibt er: „Auch das Deliktsstatut kann sich nicht von der Fessel der Territorialität befreien; zwischen dem örtlichen Schutzbereich des Rechts und dem Verletzungsort muß Koinzidenz bestehen."; Benkard, Patentgesetz, § 9 Rn. 8; RGZ 75, 128, 130; BGHZ 126, 252, 256.

[429] RGZ 18, 28 – Hoff's Malt-Extrakt; RGZ 45, 143, 145 – Schlüsselzeichen; RGZ 51, 263, 265 – Mariani; RGZ 54, 414, 417 – Acier Diamant, RGZ 108, 8, 9 – Sacharin; Seligsohn, Gesetz zum Schutz der Warenbezeichnungen, S. 173, 263.

„Arbeit“ auch „geistige Schöpfungen“ rechtsfähig[430]. Als einer der herausragenden Architekten des Persönlichkeitsrechts gilt nach wie vor Kohler, welcher allerdings - entgegen der heute herrschenden Ansicht - auch das Warenzeichen und die Firma dem Persönlichkeitsrecht zuordnete[431].
Da das Persönlichkeitsrecht universale Geltung besaß, musste gleiches folglich für das Warenzeichenrecht gelten. Des Weiteren dürfte die Entwicklung hin zum Territorialitätsprinzip auch von tatsächlichen Gegebenheiten abhängig gewesen sein. Als das Reichsgericht zum ersten Mal über die Reichweite des Warenzeichenrechts zu entscheiden hatte, ging es um Exportfälle, bei denen deutsche Produkte im Ausland abgesetzt werden sollten. In vielen dieser Länder gab es jedoch noch keinen Zeichenschutz und damit auch nicht die Möglichkeit eines adäquaten Schutzes von Zeichen im Ausland. Nicht zuletzt durch die Pariser Verbandsübereinkunft von 1883 gingen jedoch auch die außereuropäischen Länder dazu über, Warenzeichengesetze zu erlassen. Als sich das Reichsgericht dann 1927 im Hengstenberg-Urteil für den Grundsatz der Territorialität aussprach, waren – zumindest in den wirtschaftlich interessanten Importländern – bereits Warenzeichengesetze erlassen worden.

Aber auch die Einordnung des Warenzeichenrechts als persönlichkeitsrechtlich konnte sich nicht durchsetzen. Zu Beginn des 20. Jahrhunderts begann sich gegen die Einordnung des Warenzeichenrechts als persönlichkeitsrechtlich - mit guten Gründen - Kritik zu regen[432]. Um diesen Zeitpunkt herum änderte auch Kohler seinen Standpunkt. Zwar hielt er an dem persönlichkeitsrechtlichen Charakter des Warenzeichenrechts fest, lehnte nunmehr allerdings das Universalitätsprinzip ab[433]. Auch andere namhafte Stimmen in der Literatur begannen, geleitet durch Souveränitätserwägungen, gegen das Universalitätsprinzip zu opponieren[434].

Nachdem das Reichsgericht bereits einige Folgen des Universalitätsprinzips abgemildert hatte[435], erfolgte dann in der bereits erwähnten Hengstenberg-

[430] Klippel, Der zivilrechtliche Schutz des Namens ,S.219, 220.
[431] Kohler, Das Recht des Markenschutzes, S. 216, 272, 288, 412 ff..
[432] Alexander-Katz, GRUR 1901, 103; Magnus, GRUR 1923, 163.
[433] Kohler, Warenzeichenrecht, S. 207, 246, 249.
[434] Hagens, Warenzeichenrecht, S. 188 ff.; Seligsohn, Die örtlichen Grenzen des Warenzeichenrechts, S. 193 ff..
[435] Ein Meilenstein in dieser Entwicklung war wohl das Charteuse-Urteil (RGZ 69, 1 ff.) des Reichsgerichts. In diesem ging es um die Enteignung einer in einer ausländischen Warenzeichenrolle (Frankreich) eingetragenen Bezeichnung. Nach der damals noch als Konsequenz des Universalitätsgrundsatzes vertretenen Akzessorietätstheorie, wäre der Bestand des inländischen Zeichens eigentlich von dem im Ausland abhängig gewesen. Hierauf ließ sich das Reichsgericht jedoch nicht ein und entschied, dass die Enteignung im Ausland den Bestand eines im Inland erworbenen Zeichenschutzes nicht zu erfassen vermag.

Entscheidung des Reichsgerichts die Anerkennung des Territorialitätsprinzips[436].
Die Entscheidungsgründe stellte das Reichsgericht auf drei Erwägungen. Zum einen zog das Gericht eine Parallele zum Patentrecht, für das eine territoriale Geltung schon früh angenommen worden war[437]. Ferner glaubte man den Grundgedanken der territorialen Beschränkung des Warenzeichenrechts aus der Pariser Verbandsübereinkunft vom 20. 3. 1883 und dem Madrider Markenabkommen vom 14. 4. 1891 entnehmen zu können. Schließlich führte das Reichsgericht an, dass ohne eine räumliche Beschränkung des Warenzeichenrechts Übergriffe in die Hoheitsbereiche anderer souveräner Staaten begründet würden[438]. Die Entscheidung stieß auf großen Zuspruch in der Literatur[439].
An dem Territorialitätsprinzip für gewerbliche Schutzrechte hielt die Rechtsprechung bis heute fest[440]. Die Richtigkeit dieses Prinzips scheint durch seine weltweite Geltung belegt[441]. Dessen ungeachtet ist eine zufrieden stellende dogmatische Erklärung dieses Prinzips bis heute nicht vollumfänglich gelungen; weshalb im Folgenden eine ausführlichere Beschäftigung mit dieser Frage erfolgen soll.

## D. Das Territorialitätsprinzip und die Grundfreiheiten der EG

Art. 2 EGV enthält die Zielvorgabe der Schaffung eines Gemeinsamen Marktes und einer Wirtschafts- und Währungsunion, womit in Art. 28 EGV das Verbot der mengenmäßigen Einfuhrbeschränkungen sowie alle Maßnahmen gleicher Wirkung korrespondiert.
Aus diesem Grund stellt sich die Frage, ob das Territorialitätsprinzip nicht gegen die Freiheiten der europäischen Wirtschaftgemeinschaft und somit gegen höherrangiges EU-Recht verstößt. Dies wurde zum Teil tatsächlich angenommen und die Aufgabe dieses Prinzips gefordert[442].

Der EuGH ist dem jedoch nicht gefolgt, vielmehr hat er in der Entscheidung „Ideal Standard II“ die Existenzberechtigung des Territorialitätsprinzips explizit

436 RGZ 118, 76, 80, 81 – Hengstenberg.
437 RGZ 30, 52.
438 RGZ 118, 76, 80, 81 – Hengstenberg.
439 Finger GRUR 1941, 402 ff..
440 BGH GRUR Int 2003, 71, 72 – Frommia.
441 Ingerl/Rohnke, Markengesetz, Einl., Rn. 14; Staudinger/von Hoffmann, Art. 38 – 43 EGBGB, Art. 40 Rn. 371, 388.
442 Schumacher, GRUR Int. 1966, 305 ff.; Schlieder, GRUR Int. 1973, 578 f..

anerkannt[443]. Das Gericht beschreibt das Territorialitätsprinzip so: „Die Ansprüche aus dem nationalen Warenzeichenrecht sind zunächst gebietsgebunden. Dieser im Recht der internationalen Vereinbarungen anerkannte Territorialitätygrundsatz bedeutet, dass die Bedingungen des Schutzes eines Warenzeichens sich nach dem Recht des Staates richten, in dem dieser Schutz begehrt wird“[444]. In der letzten Formulierung liegt zwar mehr eine Umschreibung der Anknüpfungsregel der lex loci protectiones als eine Darstellung des Territorialitätsprinzips, was der EuGH allerdings meint, wird deutlich, wenn man sich den zitierten vorangegangenen Satz vor Augen führt.

Zur Begründung stützt sich der EuGH maßgeblich auf den Art. 36 EWG (mittlerweile § 30 des EG-Vertrages), wonach bestimmte Einfuhrbeschränkungen zum Schutz des kommerziellen und gewerblichen Eigentums zugelassen sind. Diese Norm setze nach Ansicht des Gerichts voraus, dass grundsätzlich die Rechtsvorschriften des Einfuhrstaats auf die Handlungen bezüglich des eingeführten Erzeugnisses Anwendung finden[445]. Die Erwähnung des gewerblichen und kommerziellen Eigentums in Art. 30 EG-Vertrag (vormals Art. 36 EWG) ist zwar ein Indiz für die Vereinbarkeit des Territorialitätsprinzips mit Art. 28 EGV, jedoch ist zweifelhaft, ob es allein für sich genommen tragfähig ist. Das Territorialitätsprinzip trifft nämlich nach richtigem Verständnis weniger eine Aussage darüber, welches Recht anwendbar ist, sondern statuiert vielmehr die Unabhängigkeit der nationalen Schutzrechte von ausländischen Schutzrechten. Zur Begründung eben dieses Gehalts des Territorialitätsprinzips[446], zieht der EuGH daher die Pariser Verbandsübereinkunft vom 20.3.1883 und das Madrider Markenabkommen vom 14.4.1891 heran, in denen die territoriale Vereinzelung der Schutzrechte zum Ausdruck käme[447]. Diese Begründung überrascht insofern, als schon das Reichsgericht seine Hinwendung zum Territorialitätsgrundsatz in der Hengstenberg-Entscheidung mit eben diesen beiden Vertragswerken begründete[448]. Wie bei der Hengstenberg-Entscheidung steht daher auch die Begründung des EuGH auf tönernen Füßen, da die völkerrechtlichen Verträge das Territorialitätsprinzip als solches eben gerade nicht begründen[449].

---

443 EuGH, C-9/93, IHT International Heiztechnik ./. Ideal Standard (Ideal Standard II), Slg. 1994, I -2789, Erwägungsgründe 21 ff.; vgl. auch schon oben § 2 F.

444 Ebenda, Erwägungsgrund 22.

445 Ebenda, Erwägungsgrund 23.

446 So auch vom EuGH im Prinzip zutreffend wiedergegeben in EuGH, C-9/93, IHT International Heiztechnik ./. Ideal Standard (Ideal Standard II), Slg. 1994, I -2789, Erwägungsgrund 24.

447 Ebenda, Erwägungsgründe 25 bis 31.

448 Vgl. oben § 5 C.

449 Ebenso Ebner, Markenschutz, S. 35; Weigel, Gerichtsbarkeit, internationale Zuständigkeit und Territorialitäts-Prinzip, S. 96 ,97; Vgl. hierzu auch unten § 5 I 1.

Jedenfalls sieht EuGH das Territorialitätsprinzip als mit dem Wesen der Kennzeichenrechte verknüpft, die wiederum als kommerzielles und gewerbliches Eigentum gem. Art. 30 EGV (Art. 36 EWG) eine Ausnahme von dem Verbot der Einfuhrbeschränkungen gem. Art. 28 EGV normieren. Insgesamt ist die Auffassung des EuGH damit in sich schlüssig und liegt ganz auf der Linie seiner Rechtsprechung zum spezifischen Gegenstand der Schutzrechte, welche Ausnahmen von Art. 28 EGV legitimieren[450].

Abschließend betrachtet lässt sich demnach festhalten, dass zwischen den Grundfreiheiten der EG und dem Territorialitätsgrundsatz der Kennzeichenrechte zwar schon ein Spannungsverhältnis besteht, dieses jedoch gem. Art. 30 EG im Wesentlichen zugunsten der Schutzrechte gelöst wurde. Im Einzelfall sind die Grundfreiheiten der EG gleichwohl als Topos des Kennzeichenrechts zu berücksichtigen. Dies gilt insbesondere für die Frage der Erschöpfung[451], aber etwa auch für die Frage, ob aufgrund eines Zeichenrechts die Durchfuhr untersagt werden kann[452].
Der Weg, der sich somit abzeichnet, ist nicht der das Territorialitätsprinzip abzuschaffen, sondern vielmehr ein paralleles Nebeneinander von nationalen Kennzeichenrechten und vereinheitlichten Gemeinschaftsschutzrechten, wie er durch Schaffung der Gemeinschaftsmarke vorgezeichnet ist.

## E. Die dem Territorialitätsprinzip zugrunde liegenden Sachzwänge

Das System des Internationalen Privatrechts basiert auf dem Gedanken der Fungibilität, d. h. Austauschbarkeit von Normen. Allerdings sind nur diejenigen Normen austauschbar, welche das Verhältnis von Privaten untereinander regeln. Man mag die Frage aufwerfen, ob der Grundsatz der Austauschbarkeit privatrechtlicher Normen auch für den Bereich des gewerblichen Rechtsschutzes gilt. Dies wird beispielsweise von Sandrock verneint[453]. Überzeugend ist dies freilich nicht, denn dann wäre konsequent zu Ende gedacht der Bereich des gewerblichen Rechtsschutzes international-privatrechtlichen Fragestellungen gänzlich unzugänglich. Der Ansatz von Sandrock deutet jedoch bereits vorsichtig den Weg zu der entscheidenden Fragestellung, nämlich der nach dem spezifisch Besonderen dieses privatrechtlichen Rechtsbereiches.

---

[450] Vgl. oben § 2. F.

[451] Vgl. eben EuGH, C-9/93, IHT International Heiztechnik ./. Ideal Standard (Ideal Standard II), Slg. 1994, I -2789, Erwägungsgrund 24.

[452] Dies hat der EuGH verneint, EuGH, C-115/02, Administration des douanes et droits indirects ./. Rioglass SA, Transremar SL (Rioglass), Slg. 2003, I -12705, I -12719.

[453] So führt Sandrock in bezug auf die Immaterialgüterrechte aus: „haben wir es hier - ähnlich wie im öffentlichen Recht - mit Normen zu tun, die nicht fungibel, austauschbar oder gegenseitig austauschbar sind"; Sandrock, GRUR Int. 1985, S. 507, 515.

M. E. ist das Territorialitätsprinzip durch handfeste Sachzwänge im Grunde genommen in seinen wesentlichen Grundzügen für das Markenrecht schon vorgegeben.

Der Grund des Territorialitätsprinzips ist in der Markordnungsfunktion der Immaterialgüterrechte zu verorten. Der Akt der staatlichen Verleihung ist symptomatisch, denn wer sonst als der Staat als primärer Machtfaktor könnte diese Zuordnungsfunktion ausüben. Dass der Gesetzgeber nun bei Patenten die Form des Verleihungsaktes und bei der Marke gem. § 4 Nr. 2 MarkenG die Benutzung und Verkehrsgeltung genügen lässt, ist letztlich unerheblich. Maßgebend ist, dass hinter beiden Schutzpositionen der Gesetzgeber steht, der, Marktordnungsinteressen zum Zweck, diese gewährt.

Der entscheidende sachlich zwingende Grund für die territoriale Beschränkung der Markenrechte liegt in der Ordnungsfunktion der Kennzeichen. Dies kann nun noch weiter dahingehend präzisiert werden, dass das Prioritätsprinzip nicht global ausgerichtet werden kann. Den deutschen Zeicheninteressenten ist es nicht zuzumuten Einsicht in sämtliche ausländischen Register zu nehmen und vice versa[454].
Greift dieser Aspekt des Verkehrsschutzes nicht ein, weil es sich um eine allseits bekannte Marke mit Weltgeltung handelt, ist das Territorialitätsprinzip allerdings nur schwer zu begründen[455]. Denn wenn eine qualifizierte Bekanntheit eines Zeichens vorliegt, entfällt die Notwendigkeit, den inländischen Verkehr schützen zu müssen. Aus diesem Grund sieht auch Art. $6^{bis}$ PVÜ vor, dass die Staaten in ihrem Gebiet die dort notorisch bekannte Marke eines anderen Verbandsstaates schützen, welches im MarkenG durch § 4 Nr. 3 umgesetzt wurde. Hierin liegt eine Durchbrechung des Territorialitätsprinzips. Von dieser besonderen Frage des Schutzes notorisch bekannter Marken aber einmal abgesehen, bleibt es dabei, dass für das Markenrecht (auf das Handelsnamensrecht wird später einzugehen sein) das Territorialitätsprinzip aufgrund von Sachzwängen geboten ist.

## F. Unvereinbarkeit von Territorialitätsprinzip und grenzüberschreitenden Medien und internationalisiertem Wirtschaftsverkehr?

Teilweise wird das Territorialitätsprinzip und der zunehmende grenzüberschreitende Wirtschaftsverkehr als zu lösender Widerspruch aufgefasst[456]. Es ist aber

---

[454] Vgl. von Bar, IPR II, Rn. 706.

[455] So kommt auch Fezer für Weltmarken zur Möglichkeit einer exterritorialen Anwendung (s. unten § 7 B. II.).

[456] So auch Staudinger/Fezer, Internationales Wirtschaftsrecht, Rn. 716 ff., für das Internet: Kropholler, Internationales Privatrecht, § 53 VI 2, S. 530.

unrichtig, etwa die Zunahme des internationalen Wirtschaftsverkehrs in einen grundsätzlichen Widerspruch zum Territorialitätsprinzip zu setzen. Durch unterschiedliche nationale Schutzrechte zerfurchte Märkte sind ein Problem, mit dem jedes Unternehmen durchaus fertig werden kann. Hier gilt der Grundsatz, dass sich das Wirtschaftsleben an die rechtlichen Rahmenbedingungen anzupassen hat und dies auch gut und unproblematisch möglich ist, solange die rechtlichen Regelungen vorhersehbar sind und für die Unternehmen Planungssicherheit besteht. Gerade dies zu gewährleisten, ist nämlich gerade der entscheidende Zweck des Territorialitätsprinzips[457].
Anders verhält sich dies für das Internet und andere grenzüberschreitende Medien. Zuzugeben ist, dass die weltweite Verbreitung des Internets im Bereich des Kennzeichenrechts zu Problemen führt[458], welche zum Teil noch einer Lösung harren.

## G. Die Aufweichung des Territorialitätsprinzips im Bereich des Urheberrechts - Vorbote eines Paradigmenwechsels auch im Kennzeichenrecht?

Bislang haben wir das Urheberrecht als weiteren Anwendungsfall des Territorialitätsprinzips ausgeblendet. Dies ist nicht ganz zu Recht geschehen, da gerade für das Urheberrecht das Territorialitätsprinzip starken Anfeindungen auch von namhaften Autoren ausgesetzt ist[459]. Deren Kritik an der Geltung des Territorialitätsprinzips auch für das Urheberrecht entzündet sich vor allem daran, dass das Urheberrecht im Vergleich zu anderen Rechtserscheinungen (angeblich) einen starken naturrechtlichen Bezug aufweist und dass das Entstehen eines Urheberrechtes nicht durch einen staatlichen Hoheitsakt bedingt ist[460].

Der auch dort geltende Grundsatz der territorialen Beschränkung wurde vor allem von Drobnig[461] und Neuhaus[462] angegriffen. Beide sowohl Drobnig als auch Neuhaus gehen von der tatsächlichen naturrechtlichen Fundierung des Immaterialgüterrechts aus. So spricht Drobnig von „geistigem Eigentum" und betont das Element des „natürlichen Rechts an der Geistesschöpfung"[463].

---

[457] Siehe oben § 5 E. und § 5 I. VI.
[458] S. etwa Omsels, GRUR 1997, S. 328, 336.
[459] Zweifelnd schon Riezler, Internationales Zivilprozessrecht, S. 88; Neuhaus RabelZ 40 (1976) 191, 193; Drobnig RabelZ 40(1976) 195, 197 ff.; Regelin, Die Immaterialgüterrechte, S. 71 ff.; ähnlich Cigoj, in: FS Firsching (1985) 73, Schack, Urheberrecht, Rn. 800 ff., 894 ff.; ders. IPRax 2003, 141.
[460] Regelin, Die Immaterialgüterrechte, S. 71.
[461] Drobnig, RabelsZ 40 (1976), S. 195, 197.
[462] Neuhaus, RabelsZ 40 (1976), S. 191, 195.
[463] Drobnig, RabelsZ 40 (1976), S. 197.

Die entscheidende Frage bei der Schutzrechtsgewährung ist diejenige: besteht ein Recht gewissermaßen kraft seiner selbst oder ist es ein vom Staat verliehenes Recht. Oder etwas vorsichtiger formuliert: ist der Staat frei es zu verleihen oder ist er an gewisse vorgegebene Zwänge gebunden. Die Entscheidung im letzteren Sinne ist im Urheberrecht nicht ganz fernliegend[464], so schreibt selbst der Bundesgerichtshof: „Für die Auslegung urheberrechtlicher Gesetzesbestimmungen ist der das Urheberrecht beherrschende Rechtsgedanke bedeutsam, daß die Herrschaft des Urhebers über sein Werk die natürliche Folge seines geistigen Eigentums ist, das durch die Gesetzgeber nur seine Anerkennung und nähere Ausgestaltung gefunden hat“[465].

Entscheidet man über diese Frage wie Drobnig und Neuhaus im letzteren Sinne, dann erscheint hiervon ausgehend auch eine territoriale Begrenzung nicht zwingend[466]. Der innere Grund dafür liegt darin, dass wenn ein Recht nicht vom Staat verliehen, sondern nur in seiner Existenz anerkannt wird bzw. wegen seiner naturrechtlichen Provenienz anerkannt werden muss, auch die anderen Rechtsordnungen in ihrer Wahl nicht frei nicht sei können.

Der Vorstoß von Neuhaus und Drobnig kann im Ergebnis nicht gebilligt werden. Zutreffend ist, dass die Naturrechtslehre mit der Entwicklung einer merkantilistischen Wirtschaftsordnung hin zu einer liberal-ökonomischen Wirtschaftsordnung in Zusammenhang steht[467]. Und zutreffend ist auch, dass diese ökonomische Entwicklung im Verbund mit dem freiheitlichen Denken der Aufklärung der Anerkennung des geistigen Eigentums und auch der Urheberrechte den Boden bereitet hat. Zu bemerken ist aber zunächst, dass mit einem rechtshistorischen Nexus von Naturrechtslehre und dem Entstehen der Immaterialgüterrechtslehre noch nichts über eine tatsächliche naturrechtlich vorgegebene Existenz des Rechts des geistigen Eigentums ausgesagt ist. Auch wenn man sich der Humanität der Naturrechtslehre nur schwer entziehen kann, so sollte man den Primat des Staates bei der Rechtsquellenerschließung nicht negieren. Ohne einen schutzrechtsgewährenden Staat hat der verletzte Urheber eben noch kein „Recht“.
Fakt ist zudem, dass die Ausgestaltung der Urheberrechte von Rechtsordnung zu Rechtsordnung noch stark voneinander abweicht. In der Konsequenz müsste dann der ausländische Rechtsverkehr deutsche Urheberrechte beachten, obwohl in der ausländischen Rechtsordnung diese Werkart vielleicht gerade nicht ge-

---

[464] Vgl. Decker, Urheberrecht und Naturrecht – Grundfragen zum UrhG 1965 - , S. 17 ff. mit Nachweisen zum Zusammenhang zwischen dem Denken der Aufklärung und dem Entstehen der Lehre vom geistigen Eigentum und des Urheberrechts.
[465] BGHZ 17, 266.
[466] So auch Fechter, Geistiges Eigentum und Verfassung, S. 459.
[467] Vgl. Klippel, Der zivilrechtliche Schutz des Namens, S. 222 und S. 225.

schützt ist und vice versa. Eine universale Geltung der Urheberrechte würde dem inländischen und ausländischen Rechtsverkehr somit nicht zu rechtfertigende Schwierigkeiten aufbürden[468].

Nun ist es so, dass auch Marken- und Patentrechten eine zumindest rechtshistorische Verbindung zum Naturrecht zukommt[469]. Wie eine genaue rechtshistorische Analyse offenbart, haben sowohl Marken (bzw. Warenzeichen) als auch etwa die Firma als subjektive Rechte ihre Wurzeln in naturrechtlichen, mit dem Personsein des Menschen verbundenen Überlegungen[470]. Hinzu kommt, dass Unternehmenskennzeichen und die Marken des § 4 Nr. 2 MarkenG ohne Registrierung formlos Schutz erlangen.

Die Hauptargumente der avantgardistischen Literaturmeinung gegen den Territorialitätsgrundsatz für die Urheberrechte lassen sich somit scheinbar auch gegen die räumliche Beschränkung der im Rahmen dieser Arbeit zum Gegenstand der Betrachtung erhobenen Schutzrechte anführen. Zu besorgen ist somit, dass die Argumentationsmuster, die einem Territorialitätsprinzip für Urheberrechte das Wort reden, unbesehen auf formlose Markenrechte wie etwa auch Unternehmenskennzeichen übertragen werden.

So begründet etwa Ropohl seine partielle Aufgabe des Grundsatzes der Territorialität für formlose Markenrechte mit der angeblich naturrechtlich verbürgten Existenzberechtigung dieser Rechte[471]. Dem ist zu widersprechen.

Von der Frage nach der Existenz eines Naturrechts einmal abgesehen, ist dies schon deshalb ein untauglicher Versuch, weil gerade für Marken der immaterialgüterrechtliche Charakter nicht ganz zweifelsfrei ist. Erinnert sei an Vanzetti, der Warenzeichen die immaterialgüterrechtliche Natur absprach und von bloßen Unterscheidungszeichen ausging[472]. Die meisten Immaterialgüterrechte können in ihrer Fundierung im Personalen auf eine menschliche Leistung, eine Arbeit zurückgeführt werden. Dies gilt für die Erfindung gleichermaßen wie für das geistige Werk im Sinne des Urheberrechts. Fraglich ist diese Gedankenführung gleichwohl für Kennzeichen. Die Gewährung eines markenrechtlichen Schutzes setzt eben nicht unbedingt eine menschliche schöpferische Leistung voraus. Ein Unternehmen, welches sich verschiedene Buchstabenkombinationen sichern lässt, um eine davon später mit einem Produkt zu versehen, erbringt keine kraft ihrer selbst schützenswerte menschliche Leistung. Die Ableitung aus dem Naturrecht ist eben nur rechtshistorisch – nicht rechtstatsächlich - relevant.

---

468 So auch v. Bar, Kollisionsrecht, Fremdenrecht und Sachrecht für internationale Sachverhalte im Internationalen Urheberrecht, Ufita, 1988, S. 27, 41.
469 Vgl. Klippel, Der zivilrechtliche Schutz des Namens, S. 218.
470 S. dazu Klippel, Der zivilrechtliche Schutz des Namens, S. 221 .
471 Ropohl, Die Anknüpfung formloser Markenrechte, S. 58.
472 Siehe oben § 2 B. I.

Festgestellt werden muss jedoch, dass ein Vergleich zwischen Urheberrechten und formlosen gewerblichen Schutzrechten denknotwenig hinkt. Der Grund dafür liegt darin, dass Urheberrechte und gewerbliche Schutzrechte strukturell verschieden sind. So fehlt Unternehmenskennzeichen und Marken die Urheberrechten zukommende Originalität, bedingt durch ihre Eigenart als geistige Schöpfungen. D. h. der klassische Kennzeichenkonflikt, dass zwei Parteien (zufällig) das gleiche Kennzeichen (z. B. eine simple Buchstabenkombination) benutzen, kann und wird so im Urheberrecht nicht auftauchen, da zwei Schriftsteller nicht zufällig zwei identische Romane verfassen werden. Aus diesem Grund kann die Argumentation, die für Urheberrechte gegen das Territorialitätsprinzip ins Feld geführt wird nicht einfach auch auf formlose Markenrechte übertragen werden. Die Belastung des Rechtsverkehrs wäre durch die Annahme universaler Geltung schon im Urheberrecht immens, im Kennzeichenrecht hingegen völlig untragbar.

Selbst wenn man die naturrechtliche Fundierung der Urheberrechte annimmt und man Urheberrechten universale Geltung zubilligt und in der Konsequenz zu einer Anknüpfung an das Ursprungsland gelangt, steht man im Übrigen immer noch vor einer Reihe von Folgeproblemen[473]. Hier sei erwähnt, dass sich das Ursprungslandprinzip gemessen an den Anforderungen der Praxis nur unzureichend konkretisieren lässt. Welches Land soll das Ursprungsland sein, das Land in dem das Werk erschaffen wurde, das Land in dem es zuerst veröffentlicht wurde? Welche Voraussetzungen müssen für eine Erstveröffentlichung vorliegen? Ferner muss die Frage aufgeworfen werden, inwieweit Verkehrsschutzinteressen hinreichend Rechnung getragen werden kann. Die möglichen Modalitäten eines Internationalen Urheberrechts auf der Basis der universalen Geltung der Urheberrechte sollen an dieser Stelle jedoch nicht thematisiert werden. Zu bemerken ist jedoch, dass schon die Annahme einer universalen Geltung der Urheberrechte eine Vielzahl kollisionsrechtlicher Schwierigkeiten begründen würde.

### I. Ansatz Ropohls: formlose Markenrechte als „marktbeschränkte Einheitsrechte“

Ropohl verortet das Markenrecht zwischen dem Urheberrecht einerseits und den sonstigen Immaterialgütern andererseits[474]. Die klassische Begründung des Territorialitätsprinzips, die Verletzung ausländischer Souveränität durch einen Hoheitsakt mit exterritorialer Wirkung, wird von Ropohl für die formgebundenen

---

[473] S. aber § 20a UrhebG.

[474] Ropohl, Zur Anknüpfung der formlosen Markenrechte, S. 55.

Markenrechte aufrechterhalten[475]. Da es bei den formlosen Markenrechten an eben diesem Hoheitsakt fehle, sei für diese der Weg für eine Neubewertung frei. Unter formlosen Markenrechten versteht Ropohl vor allem die Schutzrechte des § 4 Nr. 2 MarkenG[476], aber ebenfalls auch Firmennamen[477].
Ansatzpunkt der Argumentation von Ropohl ist die Marktbezogenheit der formlosen Markenrechte. Da die Märkte jedoch transnational bis global seien, müsse dies auch für den Wirkungskreis der formlosen Schutzrechte gelten[478].
Nicht ganz klar ist, welche Voraussetzungen er an eine grenzüberschreitende Schutzrechtsentstehung knüpft. Zentral ist für ihn jedenfalls der Begriff der Verkehrsgeltung, weshalb sein Vorschlag wohl dahin gehend zu verstehen ist, dass die Schutzrechtsentstehung durch Verkehrsgeltung auf dem gesamten in Rede stehenden Markt bedingt ist[479]. Somit kommt er zu dem Ergebnis, dass formlose Markenrechte als „marktbeschränkte Einheitsrechte“ zur Entstehung gelangen können[480]. In der praktischen Konsequenz würde dies etwa bedeuten, dass – die Problematik eines EU-weiten Marktes sei einmal ausgeblendet - wenn ein Produkt in Deutschland, Österreich und Italien vertrieben wird, ein diese drei Länder umfassender Markt vorliegt, so dass unter der Voraussetzung der Verkehrsgeltung ein einziges Schutzrecht für das verwandte Zeichen in allen drei Ländern entsteht.

### II. Stellungnahme zu dem Ansatz Ropohls

Der Ansatz von Ropohl hält einer kritischen Überprüfung nicht Stand. Die unbedachte Ersetzung von nationalem Territorium im Sinne des klassischen Territorialitätsprinzips durch den gebietsbezogenen Raum eines überregional mehrere Staaten umfassenden „Marktes“ kann nicht überzeugen. Dies macht schon deshalb keinen Sinn, weil ein Markt im Gegensatz zu einem staatlichen Territorium keine klar definierten Grenzen kennt[481]. Untauglich ist auch der Versuch, diesen Makel durch das Kriterium der Verkehrsgeltung zu kompensieren. Dies gründet sich darauf, dass die Verkehrsgeltung ein ausfüllungsbedürftiger Begriff ist, der von Nation zu Nation unterschiedlich bestimmt wird, oder etwa – wie in Frankreich, welches keine formlosen Markenrecht kennt, – gar keine Re-

---

[475] Ropohl, Zur Anknüpfung der formlosen Markenrechte, S. 55.
[476] Ebenda, S. 18.
[477] Ebenda, S. 63.
[478] Ebenda, S. 59-61, insbesondere dann S. 62, 67.
[479] Ebenda, S. 62.
[480] Ebenda, S. 66.
[481] Dies ist auch Thema der Abhandlung von Traugott, WuW 48 (1998), S. 929-939 auf den sich Ropohl namentlich bei der Frage, inwieweit Marktabgrenzungen möglich sind beruft (S. 62, Fn. 193). Traugott beschreibt indessen eindrucksvoll das Phänomen durch die Sicht des Betrachters bedingter wandernder Märkte.

levanz besitzt. Ein gegenüber dem nationalen Sachrecht abstrahierter kollisionsrechtlicher Systembegriff „Verkehrsgeltung" ist somit nicht denkbar[482]. Entnimmt man den Begriff der Verkehrsgeltung jedoch dem Sachrecht, bleibt die Frage offen, nach welchen Staates Sachrecht die Verkehrsgeltung zu bestimmen ist.

Die Schwächen, die eine Aufweichung des Territorialitätsprinzips und eine kollisionsrechtliche Anknüpfung an den Ort der ersten Begehung bedingen, bleiben auch Ihrem Urheber nicht verborgen, wenn Ropohl etwa schreibt „in Fällen einer gleichzeitigen Erstbenutzung muss ergänzend auf das Moment der Verkehrsgeltung und auf personenbezogene Anknüpfungspunkte zurückgegriffen werden, um eine hinreichend (...) präzise Anknüpfung zu gewährleisten"[483].
Wie eine Vermengung der in Opposition zueinander stehenden verhaltensbezogenen (Ort der Erstbenutzung), objektbezogenen (Verkehrsgeltung) und personenbezogenen Anknüpfungspunkte eine „präzise Anknüpfung" ermöglichen soll, ist indes schier unerfindlich. Ungeklärt ist weiterhin, wie sich der Ansatz von Ropohl mit dem Prioritätsprinzip vertragen soll. Der Ansatz von Ropohl ist demnach ungeeignet und wirft er im Ergebnis mehr Fragezeichen auf als er Probleme zu lösen vermag.

Fraglich ist ferner, ob es überhaupt legitim ist, nach einem Marktbezug der Kennzeichenrechte zu fragen[484]. M. E. ist dies nicht grundsätzlich zu beanstanden. Problematisch ist allerdings vor allem die Allseitigkeit des Ansatzes von Ropohl. Erwägenswert ist es etwa, Unternehmenskennzeichen ausländischer Provenienz im Inland Geltung zukommen zu lassen, wenn ein gewisser Bekanntheitsgrad vorliegt, nur lässt sich eine solche Regel nicht ohne weiteres allseitig formulieren.

## H. Dogmatische Herleitung des Territorialitätsprinzips

Seit Anerkennung des Grundsatzes der Territorialität durch das Reichsgericht im Hengstenberg–Urteil hat es nicht an Erklärungsversuchen gemangelt. Die sich durch die rechtsgebietsübergreifende Bedeutung des Territorialitätsprinzips ergebenden begrifflichen Unschärfen setzen sich allerdings bei den Versuchen einer dogmatischen Herleitung fort.
Zum Teil wurde etwa zur Begründung des Territorialitätsprinzips auch die territoriale Geltungsbeschränkung nationaler Gesetze herangezogen[485]. Dies kann

---

[482] Auch der Rettungsversuch Ropohls die Konturierung des Ausdrucks an dem Begriff der Notorietät zu orientieren, kann nicht überzeugen.
[483] Ropohl, Zur Anknüpfung formloser Markenrechte, S. 76.
[484] So wohl Hoeren, EWiR 1999, S. 983, 984.
[485] So auch Birk, NJW 1964,1596,1597.

nicht überzeugen, da dann sämtliche subjektiven Rechte einer solchen Beschränkung unterliegen müssten, was aber nicht der Fall ist. Es bleibt somit festzuhalten, dass das Territorialitätsprinzip nicht aus der generell beschränkten Geltungswirkung nationalen objektiven Rechts hergeleitet werden kann und an dieser Stelle auch eine entsprechende begriffliche Disziplin angemahnt sei. Ebenso geht die Argumentation von Hoth fehl, wonach sich das Territorialitätsprinzip aus der Machtbeschränkung der Staaten ergibt[486]. Wie ein Blick in das Gesetz zeigt (vgl. § 7 StGB), besteht nämlich durchaus die Möglichkeit, deutsches Recht auf Auslandshandlungen anzuwenden. Ursache und Wirkung werden weiterhin verwechselt, wenn ausgeführt wird, dass das Territorialitätsprinzip Folge der territorialen Beschränkung der Schutzrechte sei[487].

## I. Herkömmliche Erklärungsversuche für den Territorialitätsgrundsatz

Ausgangspunkt der herkömmlichen Begründung des Territorialitätsprinzips ist, dass Schutzrechte vom Staat durch Hoheitsakt verliehene Schutzrechte sind[488]. Diese Herleitung birgt einen Widerspruch in sich. Gründet sich das Territorialitätsprinzip auf den Verwaltungsakt bei der Schutzrechtbegründung, so müsste für die formlosen Schutzrechte[489] keine territoriale Beschränkung vorliegen. Nach ganz herrschender Meinung gilt das Territorialitätsprinzip jedoch auch für formlose Markenrechte. Stimmt man mit der herrschenden Meinung darin überein, dass das Universalitätsprinzip auch für formlose Markenrechte aus Gründen des Verkehrsschutzes unannehmbar ist, so bleibt nur zu konstatieren, dass es noch nicht der Weisheit letzter Schluss sein kann, den Geltungsgrund des Territorialitätsprinzips in der konstitutiven Verleihung durch einen staatlichen Hoheitsakt zu sehen. Im Folgenden wird es also darum gehen, einen tragenden Geltungsgrund sowohl für formgebundene als auch für formlose Schutzrechte zu finden.

Wie wir schon gesehen haben ist das Immaterialgüterrecht zunehmend auch Regelungsgegenstand völkerrechtlicher Konventionen und des EU-Rechts. Da völkerrechtliche Verträge Bestandteil des nationalen Rechts sind, bzw. diese dem autonomen deutschen Kollisionsrecht vorgehen, bietet es sich aber zunächst an zu fragen, ob sich das Territorialitätsprinzip aus diesen völkerrechtlichen Übereinkommen ergibt.

---

486 Hoth, GRUR 1968, 64, 67.

487 So aber Hoth, GRUR 1968, 72.

488 Von Bar, Territorialität, S. 30, 31; Fezer, Markenrecht, Einl. Rn. 158; Staudinger/Fezer, Internationales Wirtschaftsrecht, Rn. 672, Deutsch, Wettbewerbstatbestände, S. 21.

489 Dies sind diejenigen Rechte, die ohne konstitutiven Verwaltungsakt begründet werden. Hierzu zählen, wie aus der sachrechtlichen Darstellung wohl ersichtlich geworden ist, insbesondere die Schutzrechte der §§ 4 Nr. 2 und 5 MarkenG.

### 1. Ableitung des Territorialitätsprinzips aus völkerrechtlichen Verträgen

Anknüpfungspunkt für eine Begründung des Territorialitätsprinzips könnte der in den einschlägigen Konventionen normierte Grundsatz der Inländergleichbehandlung sein. Zu nennen wäre hier Art. 2 PVÜ (oder auch Art. 2 TRIPS)[490]. Es ist zwar nicht zu leugnen, dass das Inländerbehandlungsprinzip, welches in der Pariser Verbandsübereinkunft zugrunde gelegt ist, einen maßgeblichen Einfluss auf die Durchsetzung des Territorialitätsprinzips hatte[491]. Zum Teil wird in dem Assimilierungsprinzip nun die völkerrechtliche Statuierung des Grundsatzes der Territorialität erblickt[492].

Auch andere Vorschriften der PVÜ lassen einen Schluss auf eine nur territoriale Geltung der gewerblichen Schutzrechte zu. So heißt es etwa in Art. $4^{bis}$ PVÜ: „Die in den verschiedenen Verbandsländern von Verbandsangehörigen angemeldeten Patente sind unabhängig von den Patenten, die für dieselbe Erfindung in anderen Ländern erlangt worden sind, mögen diese Länder dem Verband angehören oder nicht." Art. $4^{bis}$ PVÜ schließt also zunächst einmal eine Anknüpfung an das Ursprungsland aus. Darüber hinaus wäre es aber auch unzulässig, die Schutzrechtsentstehung davon abhängig zu machen, ob die Erfindung im nicht verbandsangehörigen Ursprungsland geschützt ist.

Die Ableitung des Territorialitätsprinzips zuvörderst aus dem Inländerbehandlungsgrundsatz ist letztlich nicht überzeugend. Bezüglich der Frage, ob dem Inländerbehandlungsgrundsatz auch ein kollisionsrechtlicher Gehalt zukommt, kann insoweit nach oben verwiesen werden[493]. Entsprechend den obigen Ausführungen kann das Territorialitätsprinzip nicht mit dem Inderländerbehandlungsgrundsatz gleichgesetzt werden. Hiergegen spricht zum Beispiel schon, dass das Inländerbehandlungsprinzip nur für die Angehörigen verbandsangehöriger Staaten (und diesen gleichgestellte Personen – Art. 3 PVÜ) gilt. Ferner umfasst der Begriff des gewerblichen Eigentums auch das Recht des unlauteren Wettbewerbs (vgl. Art. 1 Abs. 2 PVÜ). Der Inländerbehandlungsgrundsatz in Art. 2 PVÜ bezieht sich folglich auch auf das Recht des unlauteren Wettbewerbs, für welches das Territorialitätsprinzip jedoch nach ganz herrschender Auffassung nicht gilt. Somit bleibt zu konstatieren, dass den völkerrechtlichen Konventionen das Territorialitätsprinzip nicht zu entnehmen ist.

---

490 Siehe oben § 4 A.

491 RGZ 118, 76 ff. – Hengstenberg.

492 So Osterrieht, Lehrbuch des gewerblichen Rechtsschutzes, S. 454; ebenso Seligsohn, Die örtlichen Grenzen des Warenzeichenrechts, S. 193, mit der Begründung, dass, wenn das Warenzeichen universal gültig wäre, es derartiger Konventionen nicht bedürfe; andere sehen zwischen dem Inländerbehandlungs- und dem Territorialitätsprinzip zumindest einen systematischen Zusammenhang, so Windisch, Gewerblicher Rechtsschutz, S. 103.

493 Siehe oben § 4 A.

## 2. Ableitung des Territorialitätsprinzips aus der Rechtsnatur der Kennzeichenrechte

Bei den Kennzeichenrechten handelt es sich um Ausschlussrechte, bei denen der negative Verbietungsaspekt überwiegt. Zum Teil wird aus dieser besonderen Rechtsnatur auf das Territorialitätsprinzip geschlossen[494]. Dies kann nicht überzeugen. Der Verbotscharakter unterscheidet die Kennzeichenrechte nicht maßgeblich von anderen Normengruppen. Dass der Verbotscharakter nicht ausschlaggebend für die Geltung des Territorialitätsprinzips sein kann, ergibt sich schon daraus, dass auch Strafgesetzen eine extraterritoriale Geltung zukommen kann (vgl. § 7 StGB)[495]. Ferner lässt sich argumentieren, dass auch dem Persönlichkeitsrecht in erster Linie „Untersagungscharakter" zukommt, gleichwohl gerade hier ein entgegen gesetzter Standpunkt - nämlich der der Universalität - eingenommen wird.

Die Liste der Rechtspositionen, welche für andere ein Verbot bedingen, ließe sich beliebig fortführen. Eine Erklärung, warum für das Eigentum an Sachgütern der Grundsatz der Territorialität nicht und für das Eigentum an „geistigen Gütern" sehr wohl gilt, lässt sich jedenfalls nicht aus dem Verbotscharakter eines Rechtes ableiten. Wenn das öffentlich-rechtliche „Territorialitätsprinzip" selbst für Strafgesetze nicht ohne Durchbrechungen gilt, so ist kein Grund ersichtlich, weshalb nicht gleiches auch für das sich nur zwischen Privaten „abspielende" Kennzeichenrecht gelten soll. Aus dem negativen Verbietungsrecht der Kennzeichenrechte kann folglich das Territorialitätsprinzip nicht abgeleitet werden.
Zum Teil werden die Normen des Kennzeichenrechts in die Nähe zum öffentlichen Recht gerückt[496]. Es drängt sich somit die Frage auf, ob auch der politische Gehalt des Kennzeichenrechts zur Herleitung des Territorialitätsprinzips Verwendung finden kann. Dieser Ansatz kann vor einer kritischen Würdigung keinen Bestand haben. Unbestreitbar ist die Frage, ob und unter welchen Voraussetzungen jemand Schutz für eine Buchstabenkombination oder ein Logo erhält auch für die Wirtschaftspolitik von Bedeutung.
Erörtert werden soll an dieser Stelle nicht, inwieweit der wirtschaftspolitische Charakter einer Norm die international-privatrechtliche Anknüpfung regiert. Festzustellen ist hier lediglich, dass auch Normen mit einer ebenso bedeutsamen

---

[494] So Riehle, Markenrecht und Parallelimport, S. 82; a. A. Deutsch, Warenzeichenlizenz, S. 463, 471.

[495] Siehe hier schon oben § 5 B.

[496] Nachweis bei Steindorff, Sachnormen, S. 144, Laband, Das Staatsrecht des deutschen Reiches, 5. Aufl. Bd. 3 S. 245, ähnlich Sandrock, und Neuhaus; auch rechtshistorisch ist dies nicht ganz abwegig, bedenkt man das früher das Namensrecht als Polizeirecht galt (siehe oben § 2 A. II. 2.).

wirtschafts- und ordnungspolitischen Funktion extraterritorial angewandt werden. Ein Beispiel hierfür wäre etwa das Kartellrecht (§ 130 Abs. 2 GWB).
Aus der Nähe des Kennzeichenrechts zum Wettbewerbsrechti[497] folgt zwar, dass man wirtschaftspolitische Erwägungen nicht von sach- und kollisionskennzeichenrechtlichen Fragen wird trennen können. Hieraus folgt aber auch, dass dem wirtschaftspolitischen Aspekt eine untergeordnete Rolle zukommt. Es geht gerade im Bereich des Kennzeichenrechts in erster Linie um Individualschutz.

### 3. Positiv- oder gewohnheitsrechliche Geltung

In den Gesetzesmaterialien zum MarkenG finden sich durchaus gewisse Hinweise, dass der Gesetzgeber von einer territorialen Beschränkung der Kennzeichenrechte ausging; so etwa zu § 4 MarkenG, wo ausgeführt wird, dass mit dem Tatbestandsmerkmal „im geschäftlichen Verkehr" sowohl für § 4 als auch für § 14 MarkenG nur der inländische Geschäftsverkehr gemeint sei[498]. Dies kann zumindest als Indiz dafür betrachtet werden, dass der Gesetzgeber einer exterritorialen Anwendung des nationalen Kennzeichenrechts ablehnend gegenüber steht.

Schließlich ist in Betracht zu ziehen, das Territorialitätsprinzip als eine Ausprägung des Gewohnheitsrechts zu begreifen. Dies kann auf den Befund gestützt werden, dass das Territorialitätsprinzip spätestens seit der Hengstenberg-Entscheidung von der Rechtsprechung vertreten wird. Somit kann dem Grundsatz der Territorialität eine gewohnheitsrechtliche Anerkennung nicht abgesprochen werden. Freilich kann das Vertrauen in die normative Kraft des Faktischen allein noch keine Begründung ersetzen. Auch muss wohl in Einklang mit Neuhaus[499] konstatiert werden, dass das Territorialitätsprinzip in der Rechtsprechung eher schlagwortartig gebraucht wird oder doch zumindest festgestellt werden, dass der Begriff der Territorialität durch eine weitgehende Konturlosigkeit gekennzeichnet ist. Es stellt sich somit zum Zwecke der Präzisierung des Begriffsinhalts – ungeachtet einer möglichen gewohnheitsrechtlichen Anerkennung – weiterhin die Frage nach dem Geltungsgrund.

### 4. Die Ableitung des Territorialitätsprinzips aus der Verleihung durch staatlichen Hoheitsakt

Herkömmlich wird für die Begründung des Territorialitätsprinzips an den Umstand, dass gewerbliche Schutzrechte von dem Staat durch Hoheitsakt verliehe-

---

[497] Siehe oben § 2 D.
[498] BT-Drucks. 12/ 6581, S. 66.
[499] Siehe oben § 5 B.

ne Rechte sind, angeknüpft[500]. Transparent ist der gedankliche Ausgangspunkt des vom Staate verliehenen Rechtes vor allem für den Bereich des Patentrechts. Die Verleihung vollzieht sich hier seit eh und je durch Verwaltungsakt[501]. Ein formloser Schutzrechtserwerb – welcher insoweit allerdings von dem Recht auf die Erfindung zu unterscheiden ist – ist dem Patentrecht fremd. Deshalb verwundert es nicht, wenn das Reichsgericht in der Hengstenberg-Entscheidung, in der die territoriale Beschränkung der gewerblichen Schutzrechte anerkannt wurde, auch auf die entsprechenden patentrechtlichen Entscheidungen des Reichsgerichts Bezug nimmt, in denen der Grundsatz der Territorialität schon lange anerkannt war[502].

Dem Territorialitätsprinzip der gewerblichen Schutzrechte liegt somit die Aussage zu Grunde, dass staatlichen Hoheitsakten nur im Inland Wirkung zukommen kann. Diesem Satz ist weit über das Gebiet der gewerblichen Schutzrechte hinaus auch für andere Bereiche Bedeutung zugewachsen. Zuallererst wurde diese Aussage wohl für das Enteignungsrecht ausgesprochen[503]. Ebenso wie in der Rechtsprechung[504] finden sich im Schrifttum der 60er und 70er Jahre noch kategorische Feststellungen dahin gehend, dass die Anerkennung eines Hoheitsaktes nur insoweit erfolgen könne, als sich die Staatsgewalt erstreckt; ausländische Hoheitsakte könnten daher inländisches Vermögen nicht erfassen[505]. Pate gestanden bei dieser Entwicklung hat wohl auch die Vorstellung, dass die Hoheitsbereiche der Staaten untereinander strikt voneinander abzugrenzen sind. Die Souveränität der Staaten wurde als Schlüsselbegriff im internationalen Bereich verstanden. Beispielhaft sei an die Versuche erinnert, das Internationale Privatrecht als Endprodukt einer Abschichtung der Souveränitätsbereiche der Staaten aufzufassen. Derlei Vorstellungen sind indessen längst überwunden[506].

[500] Von Gamm, WZG, Einf. Rn. 31, § 35 Rn. 3; Riezler für das Patentrecht, Internationales Zivilprozessrecht, S. 85, 87, allerdings zweifelnd für das Urheberrecht, S. 88.

[501] Benkhard, PatG, § 49 Rn. 3.; entsprechendes gilt für die durch Eintragung entstehenden Markenrechte, Fezer, Markenrecht, § 41 Rn. 3, weshalb zum Teil auch von der Verwaltungsaktslehre gesprochen wird.

[502] RGZ 118, 76 ff. – Hengstenberg mit Verweis auf S. 81 auf die Entscheidung RGZ 30, 52.

[503] S. dazu die Entscheidung RGZ 69, 1 ff. – Charteuse.

[504] BGH NJW 1962, 1511, 1512.

[505] Ulmer, WZG, Einl., Rn. 31.

[506] Von Bar/Mankowski, IPR Bd. I § 3 Rn. 2; insofern ist es zumindest missverständlich, wenn Regelin im Hinblick auf die Souveränität von einem Gut von hohem Rang im Internationalen Privatrecht spricht – vielmehr ist es so, dass das Internationale Privatrecht und die Souveränität sich in aller Regel gar nicht berühren; s. dazu von Bar, IPR Bd. I, Rn. .

Wegbereiter für die Einführung des Territorialitätsprinzips waren die enteignungsrechtlichen Entscheidungen des Reichgerichts[507].
Das Dogma von der Nichtanerkennung ausländischer Hoheitsakte außerhalb des sie vornehmenden Staates (d.h. nur das im enteignenden Staat belegene Vermögen wird von der Beschlagnahme erfasst) ist, insoweit als es nur auf das Faktum des ausländisches Hoheitsaktes gestützt ist, nicht zu halten. So werden beispielsweise auch durch Zuschlag erworbene Eigentumsrechte und auch familienrechtliche „Hoheitsakte" bei uns anerkannt[508].

Die Haltlosigkeit der soeben skizzierten Aussage ist mittlerweile von dem Bundesgerichtshof selbst bestätigt worden. Eine parallele Entwicklung von auf ausländischem Hoheitsakt beruhender Territorialität war nämlich im Internationalen Insolvenzrecht zu verzeichnen. Ganz am Anfang stand eine anerkennungsfreundliche Rechtsprechung des Reichsgerichts, welches einem Auslandskonkurs grundsätzlich auch Wirkung im Inland zusprach[509]. Dann jedoch erfolgte im Jahre 1884 ein Kurswechsel und das Reichsgericht versagte ausländischen Konkursverfahren die Anerkennung im Inland[510]. Der Vergleich mit dem Gebiet der gewerblichen Schutzrechte hinkt allerdings insofern, als das Reichsgericht die insolvenzrechtliche Materie sowohl entsprechend dem Universalitätsprinzips behandelte[511] als auch die Eröffnung des ausländischen Konkursverfahrens als einen Hoheitsakt betrachtete und demnach von seinem territorial begrenzten Wirkungskreis ausging[512]. Dieser Rechtsprechung hatte sich der BGH zunächst angeschlossen und der Konkurseröffnung im Ausland jede Wirkung für das Inlandsvermögen abgesprochen[513].
Diese Rechtsprechung hat der BGH nunmehr in einer jüngeren Entscheidung aufgegeben und ließ einen ausländischen Konkurs auch im Inland Wirkung entfalten[514]. Hierbei setzt sich der erkennende Senat insbesondere damit auseinan-

---

507 Von Bar, Territorialität, S. 21; Hartgen, Wilhelm, Warenzeichengesetz, Köln, Berlin, Bonn, München 1968; Baumbach-Hefermehl, WZG Einl. 49; der durch die Vorstellung von der territorialen Wirkungsbeschränkung des staatlichen Hoheitsaktes vermittelte gedankliche Zusammenhang von Enteignungsrecht und dem Territorialitätsprinzip der gewerblichen Schutzrechte wird beispielsweise bei von Gamm deutlich, der hinsichtlich seiner Ausführungen zu diesem Punkt pauschal auf seine Darstellung zum Enteignungsrecht verweist; vergl. von Gamm, WZG, Einf. Rn. 31 und § 35 Rn. 3.
508 Dies gilt beispielsweise für Entscheidungen der freiwilligen Gerichtsbarkeit, vgl. § 16 a FGG.
509 RGZ 6, 400, 404-408.
510 RGZ 14, 405, 406, 410.
511 RGZ 14, 412, 413; 14, 424 ff.; 16, 61; RG JW 1899, 227 Nr. 16.
512 RGZ 21, 7, 9; 52, 155, 156; 114, 82; RGZ 153, 200, 207.
513 BGH NJW 1960, 774; IPr Rspr. 1966-67 Nr. 307; GRUR 1976, 204; NJW 1979, 2477, 2478. Eine Ausnahme wurde allerdings für insolvente juristische Personen des Auslands gemacht (BGHZ 53, 383, 387; OLG Hamm ZIP 1984, 1382).
514 BGHZ 95, 256, 263 ff.; bestätigt durch BGHZ 134, 79.

der, dass die ausländische Konkurseröffnung auf einem staatlichen Hoheitsakt beruht.
Der erkennende Senat stellt klar, dass es keinen Grundsatz gebe, wonach die Rechtswirksamkeit eines staatlichen Hoheitsaktes auf das Territorium des verleihenden Staates beschränkt sei[515]. Für die Anerkennung eines staatlichen Hoheitsaktes skizziert das Gericht grob zwei Voraussetzungen. Zum einen müsse der verleihende Staat eine extraterritoriale Geltung seines Rechtsaktes intendieren. Zum anderen müsse der Staat, der über die Anerkennung zu entscheiden hat, nach seinem Recht den Hoheitsakt anerkennen wollen.
Das Spektrum derjenigen im Inland anerkannten Hoheitsakte betrachtend, stellt der Senat fest, dass ausländische Hoheitsakte, bei denen es um privatrechtsgestaltende Maßnahmen geht, grundsätzlich anerkannt werden. Die Anerkennung versagt wird hingegen Hoheitsakten, welche darauf abzielen, staats- oder wirtschaftspolitische Interessen durchzusetzen[516].
Der BGH meint die Entscheidung über die Anerkennung anhand dieser Kriterien festmachen zu können und grenzt so auch den Insolvenzbeschluss, mit welchem der Verlust der Vermögensverfügungsbefugnis einhergeht, von der Enteignung ab. Er führt aus, dass Sinn und Zweck eines Insolvenzverfahrens die Befriedigung der Gläubiger ist und ihm somit privatrechtsgestaltende Wirkung zukomme[517]. Der Senat schließt seine Ausführungen zu diesem Aspekt mit der Bemerkung, die Konkurseröffnung sei in die Nähe der Entscheidungen im Bereich der freiwilligen Gerichtsbarkeit zu rücken[518].

Angesicht dessen, dass die Anerkennung ausländischer Insolvenzverfahren mittlerweile gesetzlich in Art. 102 EGInsO und in der Verordnung des Rates (EG) Nr. 1346/2000 vom 29.5.2000 (s. dort insbesondere Art. 16) geregelt ist, mutet die Begründung des BGH heute schon fast allzu umfangreich an.

Nach alledem kann jedoch konstatiert werden, dass die Aussage die gewerblichen Schutzrechte seien territorial begrenzt, weil sie durch einen staatlichen Hoheitsakt verliehen wurden und diesen nur Wirkung im Inland zukomme, nicht zu halten ist. Die Entscheidung, ob einem ausländischen Hoheitsakt auch im Inland Wirksamkeit zuteil werden soll, ist eine Frage der Anerkennung und kann nach den jeweiligen sachlichen Gesichtspunkten sowohl pro als auch contra entschieden werden.

---

[515] BGHZ 95, 257, 264; anders noch BGHZ 25, 129; 25, 143; 31, 1(2)71.
[516] BGHZ 95, 257, 265.
[517] BGHZ 95, 257, 265.
[518] BGHZ 95, 257, 265; hierin besteht freilich ein fundamentaler Unterschied zum gewerblichen Rechtsschutz, da bei der Freiwilligen Gerichtsbarkeit der Aspekt der Personen– oder Vermögensfürsorge entscheidend ist, worauf der BGH mit seiner Bemerkung offensichtlich abzielt; vgl. hierzu Habscheid, Rechtspfleger, 2001, S. 1 ff..

Die Stütze des Territorialitätsprinzips darin zu suchen, dass gewerbliche Schutzrechte vom Staat verliehene Rechte sind, birgt noch ein weiteres Problem. Es gilt nämlich dann noch zu begründen, warum auch für formlose Markenrechte die Geltung des Territorialitätsprinzips angenommen wird.
So genügt nach § 4 Nr. 2 MarkenG auch die Benutzungsaufnahme, soweit das Zeichen Verkehrsgeltung erworben hat. Entsprechend forderte auch der Ausstattungsschutz des § 25 WZG a. F. keinen formalen staatlichen Mitwirkungsakt.
Die Begründung des Territorialitätsprinzips mit der Verleihung durch einen hoheitlichen Akt ist in diesem Fällen nur dann aufrechtzuerhalten, wenn man diese Vorschriften als selbstvollziehende Normen im Sinne des verwaltungsrechtlichen Instituts ansieht[519]. Dies wirft jedoch die Frage auf, inwieweit sich § 4 Nr. 2 MarkenG und § 25 WZG a. F. von anderen, subjektive Rechte gewährenden zivilistischen Normen unterscheidet, so dass man bei den einen von „selbstvollziehenden Normen" entsprechend der verwaltungsrechtlichen Erscheinung sprechen kann und bei den anderen nicht.
Diese Auffassung nähert sich in bedenklicher Weise einem Zirkelschluss. Da es sich auch bei Ausstattung und der Marke kraft Verkehrsgeltung gem. § 4 Nr. 2 MarkenG um territorial beschränkte Immaterialgüterrechte handelt, müssen sie auch irgendwie via Hoheitsakt ins Leben gerufen worden sein. Zutreffender scheint mir zu sein, dass sich der Charakter der Schutzrechte nach § 4 Nr. 2 MarkenG und § 25 WZG a. F. aus gewissen dem Kennzeichenrecht immanenten Sachzwängen ergibt. Und natürlich ist es Aufgabe des Staates zu bestimmen, wann ein immaterielles Gut geschützt wird. Je mehr jedoch die Transparenz eines hoheitlichen Aktes abnimmt, desto schwerer wird es, Immaterialgüterrechte von anderen subjektiven Rechten zu unterscheiden.

Gilt das Territorialitätsprinzip nach überwiegender Ansicht der Verfechter der Verwaltungsaktslehre für gewerbliche Schutzrechte, welchen ein solcher staatlicher Mitwirkungsakt gerade fehlt, so offenbart dies, dass der eigentlich tragende Grund des Territorialitätsprinzips nicht in der hoheitlichen Verleihung liegen kann[520]. Ob dieser Aspekt hingegen gänzlich ausgeblendet werden kann, steht noch auf einem anderem Blatt. Festzuhalten ist jedenfalls, dass mit der Verleihung durch einen staatlichen Hoheitsakt allein das Territorialitätsprinzip nicht begründet werden kann.

---

[519] So von Bar, Territorialitätsprinzip, S. 31.
[520] Ähnlich Weigel, Gerichtsbarkeit, S. 106 ff.

## II. Die sich an der Ableitung des Territorialitätsprinzips aus Souveränitätserwägungen entzündende Kritik

Mit der Verleihung der Schutzrechte durch staatlichen Hoheitsakt geht die Frage einher, ob Souveränitätsaspekte zur Begründung des Territorialitätsprinzips herangezogen werden können[521]. Die Begründung des Territorialitätsprinzips mit dem Argument der ansonsten drohenden Verletzung ausländischer Souveränität - welche über das auf den Hoheitsakt bezogene Erklärungsmodell hinausgeht - wird auch in heutiger Zeit aufrechterhalten[522]. Im Völkerrecht gilt zwar, dass kein Staat legitimiert ist, in dem Territorium eines anderen Staates einen Hoheitsakt zu setzen[523], es gibt jedoch keinen Satz, der sagt, dass einem Hoheitsakt nur im Inland Wirksamkeit zukommt[524].

Dessen ungeachtet stellt sich nach wie vor die Frage, ob und wenn inwieweit Souveränitätsaspekte bei der Herleitung des Territorialitätsprinzips von Bedeutung sind. Die Herleitung des Territorialitätsprinzips aus Souveränitätserwägungen wird zum Teil vehement angefochten. So führt etwa Weigel aus, dass jedes subjektive Recht seine Entstehung letztlich einem staatlichen Hoheitsakt, nämlich zumindest dem Rechtssetzungsakt, zu verdanken habe. Weiter stellt er fest, dass es keinen Unterschied machen kann, ob sich der Akt der Rechtsverleihung einmal in Form eines Verwaltungsaktes und einmal in Gestalt eines Rechtsetzungsaktes vollzieht[525]. Diese Herangehensweise scheint etwas über das Ziel hinaus zu schießen. Dass das Recht auf vom Gesetzgeber erlassenen Normen beruht, ist letztlich jedenfalls eine Binsenweisheit. Entscheidend ist, dass es anerkanntermaßen einen Unterschied macht, ob eine Rechtsverleihung durch einen „Hoheitsakt" vorliegt oder eben nicht und diesen Rechtsunterschied kann man nicht einfach ignorieren. In der Tat stellt sich jedoch die Frage, warum nach der Souveränität anderer Staaten gefragt wird, wenn jemandes Eigentum enteignet wird, nicht jedoch, wenn das Eigentum kraft Guten Glaubens eines Dritten entzogen wird.

Die vorangehend dargelegte „Verwaltungsaktslehre" speist sich aus dem Gedanken, dass das öffentliche Recht der Staaten in seiner Geltung[526] territorial begrenzt ist. Grund hierfür wiederum ist, dass der Hoheitsbereich eines Staates auf sein Territorium begrenzt ist. Dementsprechend ist es auch völkerrechtlich unzulässig (grundsätzlich) Hoheitsakte auf fremdem Territorium zu setzen[527].

---

[521] S. dazu RGZ 118, S. 76, 81, 82 – Hengstenberg.

[522] Explizit Regelin, Das Kollisionsrecht der Immaterialgüterrechte, S. 66; Schnorr v. Carolsfeld, UFITA Bd. 37 (1962), S. 281, 282.

[523] Ipsen/Gloria, Völkerrecht, § 23, Rn. 6.

[524] Siehe oben § 5 I. 4.

[525] Weigel, Gerichtsbarkeit, S. 106.

[526] Welches von der Anwendung zu unterscheiden ist; in diesem Sinne auch Seelig, Warenzeichenrecht und Wettbewerbsrecht, S. 4.

[527] Ipsen, Völkerrecht, § 23, Rn. 6.

Wurde schon dem Territorialitätsprinzip eine mehr schlagwortartige Benutzung unterstellt, so dürfte dies m. E. umso mehr noch für die Heranziehung von Souveränitätsaspekten gelten. Unter Souveränität versteht man sowohl die äußere Souveränität als Völkerrechtsunmittelbarkeit, als auch die innere Souveränität als Verfassungsautonomie[528]. Eine Verletzung ausländischer Souveränität liegt tatbestandsmäßig nur bei einem Eingriff in diese vor.
Es darf jedoch die Frage aufgeworfen werden, wie ein in Deutschland ergangener Hoheitsakt - hier die Verleihung eines Schutzrechtes - ausländische Souveränität verletzen können soll? Man könnte argumentieren, dass eine Souveränitätsverletzung schon deshalb ausgeschlossen sei, weil es anderen Staaten prinzipiell freisteht ausländische Hoheitsakte anzuerkennen oder nicht. Wenn im Inland, etwa bei einem Gerichtsstand nach § 23 ZPO ein Ausländer verurteilt wird, weil er im Ausland ein nur in Deutschland geschütztes Kennzeichen verletzt hat, ist diese Entscheidung vielleicht falsch – ob hierin jedoch eine Souveränitätsverletzung erblickt werden muss - steht noch auf einem anderen Blatt. Teilweise wird vertreten, dass ein Hoheitsakt mit extraterritorialer Wirkung mangels Interventionswirkung gar nicht in der Lage ist, fremde Souveränität zu verletzen[529].
Gegen eine Souveränitätsverletzung spricht ferner, dass Normen mit extraterritorialem Wirkungsbereich keine Ausnahme sind. Dies gilt aufgrund des Auswirkungsprinzips etwa für das deutsche Kartellrecht (§130 Abs. 2 GWB). Wenn wir also ein Verhalten im Ausland – begangen durch einen Ausländer – sanktionieren können, dann erscheint es ungereimt, weshalb ein Hoheitsakt mit extraterritorialer Wirkung nur aufgrund der Tatsache, dass es sich eben um einen Hoheitsakt handelt, fremde Souveränität verletzen soll.
Paradebeispiel für die Möglichkeit, einem ausländischen Hoheitsakt auch im Inland Wirksamkeit zuteil werden zu lassen, ist mittlerweile das Internationale Insolvenzrecht[530]. Auf dem Boden dieser Rechtsprechung ist es wohl nicht vertretbar zu behaupten, dass der deutsche Gesetzgeber, wenn er ein von der Beschlagnahmewirkung der Insolvenzeröffnung auch im Ausland belegenes Vermögen zu erfassen gedenkt, ausländische Souveränität verletzt.
Der Begriff der Souveränität ist freilich ein klassischer Begriff und auf der Ebene des Völkerrechts von zentraler Bedeutung. Zudem stellt sich die Frage, ob der Begriffsinhalt dieses Ausdrucks und des weiteren seine Bedeutung in seiner Entwicklung seit der Hengstenberg-Entscheidung stagniert ist oder ob auch er sich im Wandel der Zeit verändert hat. Ein Blick in die völkerrechtliche Literatur offenbart schnell die Richtigkeit der letzteren Annahme[531]. Dem Wandel des

---

[528] Ipsen, Völkerrecht, § 2, Rn. 66.
[529] Weigel, Gerichtsbarkeit, S. 107.
[530] Siehe oben § 5 H. I. 4.
[531] S. z. B.: Ipsen, Völkerrecht, § 2 Rn. 66: „In beide Richtungen jedoch dehnt das Völkerrecht seine gestaltende Wirkung aus, indem die Regelungsgegenstände des Völkerrechts in

Bedeutungsgehalts des Begriffs der Souveränität zum Trotz, kommt man jedoch nicht umhin zu konstatieren, dass die Souveränität durchaus noch ein bei der Rechtsetzung zu beachtendes Faktum ist.
Exterritoriale Wirkung und ihre völkerrechtlichen Grenzen sind insbesondere ein Thema bei Wirtschaftsgesetzen. Erinnert sei an den amerikanischen Helms-Burton-Act, welcher ausländischen Unternehmen, die Handel mit Kuba betrieben und durch die kubanische Regierung konfisziertes - ursprünglich amerikanisches - Vermögen erwarben mit empfindlichen Sanktionen bedrohte. Dieses Gesetz wird nach überwiegender Meinung als völkerrechtswidrig angesehen, da es fremde Souveränität verletze[532].

Die Anwendung inländischen Rechts auf ausländische Sachverhalte ergibt sich erst durch einen international-privatrechtlichen Normanwendungsbefehl. Es soll deshalb an dieser Stelle der Versuch unternommen werden, die souveränitätsbedingten Rechtsanwendungsgrenzen über das Verhältnis von Internationalem Privatrecht und der Souveränität zu erhellen. Hier ist schnell zu sehen, dass sich die zunächst prononcierte Beziehung dieser Rechtsgebiete im Laufe der Zeit zunehmend abgeschwächt hat.
So spricht der BGH in einer Entscheidung aus dem Jahre 1963 davon, dass „damals" die Furcht, fremde Gerichtsbarkeit zu verletzen, im damaligen IPR und der Rechtsprechung des Reichsgerichts noch eine große Rolle spielte[533].
Und im Jahre 1977 führt der BGH aus, dass die deutschen Kollisionsnormen sachverhaltsorientiert seien und bemerkt: „Territorialitäts- und Souveränitätsvorstellungen treten demgegenüber für das heutige kollisionsrechtliche Verständnis zurück."[534]. Ferner ist zu konstatieren, dass die noch zu Beginn des Jahrhunderts vertretene Auffassung, wonach die Probleme des Internationalen Privatrechts durch Abgrenzung und Abschichtung der Reichweite von Personal- und Gebietshoheit gelöst werden könnten, längst voll und ganz überwunden sind[535].

---

zunehmend kürzeren Zeiträumen rapide anwachsen und indem der Regelungsgegenstand in gleichem Maße zunehmend die internationale Ausrichtung der Binnenrechtsordnung der Staaten ist. Souveränität büßt damit allmählich ihre ursprüngliche Eigenschaft ein, fremdes Recht abzuwehren oder allenfalls zu tolerieren"; Verdross, Völkerrecht, S. 7; vgl. auch Herdeggen, Völkerrecht, § 28, Rn. 1 ff., S. 199 ff.; Steinberger, EPIL, Band 4., S. 500, 517 – „There is hardly another principle of international law so generally recognized by States as sovereignty, although ist meaning and scope in specific contexts is very often controversial".

[532] Siehe hierzu Griessbach, RIW 1997, 275 ff.; Kress/Herbst, RIW 1997, 630 ff.; sowie auch das von der EU erlassene Abwehrgesetz ( „blocking statute" ) VO Nr. 2271/ 96, ABlEG 1996 L 309/ 1; siehe zur Problematik der Rechtssetzung mit extraterritorialer Wirkung und dem völkerrechtlichen Gebot der Achtung fremder Souveränität auch unten § 5 H. III. 2.

[533] BGHZ 40, 391; berichtet von Sandrock, GRUR Int. 1985, S. 519.

[534] BGH NJW 1977, S. 496, 497, s. auch BGHZ 87, S. 95, 99.

[535] Von Bar/Mankowski, IPR Bd. I, § 3 Rn. 5, 6.

Stand die international-privatrechtliche Interessenslösung noch zu Beginn des Jahrhunderts unter dem Bann eines rigiden auf den Staat fixierten Souveränitätsdenkens, so schreibt nunmehr von Bar zur Verfassung des modernen Internationalen Privatrechts: „Mit der Bereitschaft, den Ausgleich widerstreitender Interessen von Privatrechtssubjekten u. U. auf der Grundlage des von einem fremden Souverän gesetzten Rechts zu vollziehen, hat sich das IPR von den Fesseln der Souveränität (...) befreit“[536].
Abschließend ist zu bemerken, dass die Verbindung von Souveränität und Internationalem Privatrecht als weitgehend aufgelöst betrachtet werden kann. Das Internationale Privatrecht hat sich von dem Souveränitätsdenken gelöst.

Es soll hier nicht an dem Grundsatz gerüttelt werden, dass es völkerrechtlich unzulässig ist, einen Hoheitsakt auf dem Territorium eines fremden Staates vorzunehmen. Verlässt man jedoch einmal diesen gesicherten Bereich, so ergeben sich schnell Grautöne, da man nicht umhin kommt zu konzedieren, dass einem Hoheitsakt, wie jedem Akt der Rechtssetzung, unter Umständen durchaus extraterritoriale Wirkung zukommen kann. Dies gilt etwa für ein inländisches Urteil, welches ausschließlich einen Auslandssachverhalt betrifft (der Inlandsbezug könnte sich etwa aus § 23 ZPO ergeben) oder eben nach neuerer Rechtsprechung auch für einen Insolvenzbeschluss.

Bei der Frage, ob das Territorialitätsprinzip aus Souveränitätsaspekten gespeist werden kann, verbieten sich Pauschalisierungen. Weder kann das Territorialitätsprinzip der gewerblichen Schutzrechte ohne weiteres damit begründet werden, dass anderenfalls zwingend ausländische Souveränität verletzt sei. Auf der anderen Seite kann jedoch ausländische Souveränität bei der Frage, inwieweit der nationale Gesetzgeber regelungsbefugt ist, nicht einfach in ihrer Bedeutung negiert werden. Im Folgenden soll daher versucht werden, den Aussagekreis des Gebotes der Achtung fremder Souveränität für die Regelung von Auslandssachverhalten konkreter zu bestimmen.

### III. Das Gebot der Achtung fremder Souveränität als Rahmen bei der Regelung von Auslandssachverhalten

Entsprechend den obigen Ausführungen kann konstatiert werden, dass das alleinige Abstellen auf das Faktum eines fremden Hoheitsaktes das Territorialitätsprinzip nicht ausreichend erklären kann.

Tatsächlich gibt es zu der Frage, inwieweit ein Staat Auslandssachverhalte zu regeln befugt ist, bereits – insbesondere für das Internationale Strafrecht entwickelte - Grundsätze. Es entspricht allgemeinen Grundsätzen, dass ein Staat seine

[536] Von Bar/Mankowski, IPR Bd. I, § 3 Rn. 6.

Gesetze nicht beliebig auf Auslandssachverhalte erstrecken darf, vielmehr ist davon auszugehen, dass das Völkerrecht Einschränkungen der Normensetzungsbefugnis eines Staates bedingt[537]. Es ist davon auszugehen, dass zwischen dem normerlassenden Staat und dem Auslandssachverhalt eine „echte Verknüpfung" („genuine link") bestehen muss[538], was anhand von völkerrechtlichen Kriterien zu bestimmen ist[539]. Mangelt es an einer völkerrechtlichen Maßstäben genügenden Verknüpfung ist der Tatbestand der Einmischung in innere Angelegenheiten erfüllt[540].

Von besonderer Bedeutung ist diese Problematik etwa für das Internationale Strafrecht. Hier ist anerkannt, dass ein Staat nicht beliebig jeden Auslandssachverhalt unter eine Strafandrohung stellen kann[541]. Auch hier wird deshalb ein sachgerechter Grund, ein „legitimierender Anknüpfungspunkt" gefordert[542]. Die Frage, ob ein Anknüpfungspunkt für die Regelung eines Auslandssachverhaltes besteht, ist keinesfalls rein akademisch. Es kann durchaus vorkommen, dass ein Staat, respektive ein Gericht eines Staates ein ausländisches Gesetz als völkerrechtswidrig erachtet. Paradebeispiel hierfür ist neben dem Helms-Burton-Act der Fall des amerikanischen „Pipeline-Embargos". Die Regierung der Vereinigten Staaten hatte ein Ausfuhrverbot von Geräten, welche auf amerikanischer Technologie beruhten und der Förderung von Erdgas und Erdöl dienten, erlassen. Allerdings wurden nicht nur amerikanische, sondern auch außeramerikanische Unternehmen hiervon erfasst. Weiterhin verfügte die amerikanische Exekutive, dass Waren von bestimmten Unternehmen – unabhängig davon, ob diese aus den USA stammten – nicht an die Sowjetunion geliefert werden dürften. Adressat dieser Regelung waren amerikanische Staatsangehörige, in den Vereinigten Staaten gegründete Kapitalunternehmen und von diesen kontrollierte Gesellschaften. Im sog. Sensor-Fall hat sich eine niederländische Tochtergesellschaft eines amerikanischen Unternehmens zur Lieferung von Anlageteilen zum Bau einer sowjetischen Erdgas-Pipeline verpflichtet. Das Tochterunternehmen sah sich durch das Exportverbot außerstande, seine Vertragsverpflichtungen zu erfüllen. Das zur Entscheidung berufene niederländische Gericht verurteilte die

---

537 Ipsen, Völkerrecht, § 23, Rn. 95.

538 Nottebohm-Fall, ICJ Rep. 1955, 24 ff.; Barcelona Traction-Fall, ICJ Rep. 1970, 1; BVerfG. 63, 369 ff.; Ipsen/ Gloria, Völkerrecht, § 23, Rn. 95 ff.; Holthausen, NJW 1992, 214; Meng, EPIL, Bd. 2, S. 337 ff.; ders. EPIL, Bd. 4, S. 50 ff. – „If a state chooses not to recognize a foreign act of State, it is nevertheless not entirely free to regulate the matter itself. No state is allowed under international law to exercise jurisdiction with the regard to persons on matters to which it does not have a sufficient link".

539 Ipsen/Gloria, Völkerrecht, § 23, Rn. 95.

540 Ipsen/Gloria, Völkerrecht, § 23, Rn. 97.

541 Oehler, Internationales Strafrecht, S. 128 ff.

542 Scholten, Das Erfordernis der Tatortstrafbarkeit, S. 59; BGHSt 27, 32; 34, 336.

Tochter indessen zur Vertragserfüllung, da die amerikanische Regelung gegen das Völkerrecht verstieße[543].

## 1. Schwierigkeiten der Handhabbarkeit des völkerrechtlichen Gebots der Achtung fremder Souveränität

Die Problematik, die das Verdikt der Völkerrechtswidrigkeit bei Regelungen von Auslandssachverhalten in sich birgt, liegt auf der Hand. Es ist kaum ersichtlich, wann ein ausreichender Anknüpfungspunkt vorliegt und wann ein solcher zu verneinen ist. Dies zeigt sich etwa im Bereich des Internationalen Privatrechts, welches namentlich mit der Bildung von Anknüpfungspunkten befasst ist. Hier zeigt sich, dass Richtschnur hierfür regelmäßig eben nicht völkerrechtliche Erwägungen sind. So genügt etwa zur Bejahung einer inländischen internationalen Zuständigkeit nach § 23 ZPO im Inland belegenes Vermögen. In den USA wird es zum Teil als ausreichend erachtet, wenn sich der Beklagte – wenn auch nur für einen kurzen Zeitraum – im Gerichtsbezirk aufgehalten hat. Wann ein Anknüpfungspunkt jener völkerrechtlichen Elle standhalten kann und wann nicht hängt ziemlich in der Luft.
Ein Verzicht auf die Annahme der Völkerrechtswidrigkeit bei Regelungen von Auslandssachverhalten steht dessen ungeachtet jedoch nicht zu Gebote. Der Sensor-Fall zeigt gerade, dass es dieser Notbremse bedarf und diese auch handhabbar ist, wenn es darum geht, extensive Normanwendungsbefehle zu unterbinden[544].

## 2. Bedeutung des Gebotes der Achtung fremder Souveränität für gewerbliche Schutzrechte

Zunächst ist also die Frage aufzuwerfen, ob das völkerrechtliche Gebot der Achtung fremder Souveränität auch für gewerbliche Schutzrechte Geltung entfalten kann. Gewöhnlich wird – wie oben dargelegt – das Territorialitätsprinzip durch den für Marken (mit Ausnahme der Fälle des § 4 Nr. 2 MarkenG) konstitutiven staatlichen Hoheitsakt begründet. Schon Hagens spricht jedoch davon, dass die universale Wirkung des deutschen Warenzeichenrechts ein Übergriff auf die Rechtssphäre anderer Staaten sei[545], ohne dabei auf den Charakter des

[543] Präsident des Bezirksgerichts von Den Haag, ILM 22 (1983), S. 66 = RabelsZ 47 (1983), S. 141.
[544] Die Problematik ausländische Normen als völkerrechtswidrig zu brandmarken soll hier freilich nicht heruntergespielt werden, es sei deshalb darauf verwiesen, dass die Entscheidung des Bezirksgerichts von Den Haag auch nicht ohne Kritik geblieben ist.
[545] Hagens, Warenzeichenrecht, § 12 WZG Anm. 6, S. 188; vgl. auch Osterrieth, der mit dem Fall des Dogmas vom Warenzeichenrecht als Persönlichkeitsrecht auch das Ende einer uni-

Warenzeichenrechts als ein durch staatlichen Hoheitsakt verliehenen Rechtes einzugehen.
Die Annahme einer Verletzung des Gebotes der Achtung fremder Souveränität setzt gedanklich voraus, dass mit der Annahme universaler Geltung der gewerblichen Schutzrechte die Regelung eines Auslandssachverhalts einhergeht. Dies ist im Ergebnis zu bejahen, da jede Anerkennung eines Schutzrechtes eine Monopolisierung bedingt, den anderen Zeicheninteressenten gegenüber also ein Unterlassungsgebot hinsichtlich einer möglichen Verwendung ausspricht. Lässt man einer nach nationalem Recht verliehenen Marke, einem Unternehmenskennzeichen oder einem Werktitel also universelle Geltung zukommen, so regelt man hiermit incidenter auch Auslandssachverhalte. Nach den obigen Ausführungen zum Gebot der Achtung fremder Souveränität ist dies aber nur statthaft, wenn eine ausreichende Verbindung („genuine link") zum normsetzenden Staat besteht.

Es muss folglich im nächsten Schritt gefragt werden, ob sich eine ausreichende Verbindung, ein „genuine link" annehmen lässt. Die Beantwortung dieser Frage bereitet Schwierigkeit, da der Begriff der hinreichenden Verbindung ein hoffnungslos konturloser ist[546].
Der Geltungsgrund des Territorialitätsprinzips entschlüsselt sich dann, wenn man sein Gegenstück, das Universalitätsprinzip näher betrachtet. Spricht man einem Kennzeichenrecht universale Geltung zu, greift man damit in die Belange anderer Staaten ein, die ein legitimes Interesse daran haben, ihren Markt eigenständig zu regeln. Infolgedessen ergibt sich aus dem Gebot der Achtung fremder Souveränität, dass der nationale Gesetzgeber nicht beliebig Auslandssachverhalte seiner Jurisdiktion unterwerfen kann. Aus dem Gebot der Achtung fremder Souveränität ergeben sich somit gewisse Einschränkungen, die man berücksichtigen muss, wenn man kennzeichenrechtliche Sachverhalte einer Regelung zuführen möchte. Es bedarf auch hier eines „genuine link". Die Frage ist allerdings, warum man auch dann von einer territorialen Beschränkung ausgeht, wenn eine solche hinreichende Verbindung besteht. Dies ist etwa dann der Fall, wenn Auswirkungen im Inland bestehen. Wirkt der Konkurrent eines inländischen Zeicheninhabers, durch das deutsche Zeichenrecht verletzende Werbung, in Spanien auf deutsche Touristen ein, so dass es dann in Deutschland durch das Kaufverhalten der Kunden zu spürbaren Umsatzeinbußen kommt, stellt sich die Frage, ob der Satz des Territorialitätsprinzips, dass eine inländische Marke nur

versalen Anwendung gekommen sieht, Lehrbuch des gewerblichen Rechtsschutzes, S. 345, Fn. 2.

546 So zur Frage, ob die Berufung des eigenen Sachrechts durch eine Kollisionsnorm unter dem Diktat einer völkerrechtlich gebotenen Mindestverknüpfung mit dem Inland steht, von Bar/Mankowski, Internationales Privatrecht Bd. I, § 3 Rn. 11.

durch eine inländische Handlung verletzt werden kann[547], aufrecht zu halten ist. Da eine Auswirkung auf dem deutschen Territorium vorliegt und diese auch unmittelbar, tatsächlich und spürbar ist, läge in der Konsequenz unter völkerrechtlichen Gesichtspunkten jedenfalls ein hinreichender „genuine link" vor, um eine inländische Jurisdiktionskompetenz, bzw. eine Verletzung eines inländischen Kennzeichens anzunehmen. Hier zeigt sich, dass einer Herleitung des Territorialitätsprinzips aus Souveränitätsgesichtspunkten Grenzen gesetzt sind. Gleiches gilt dann, wenn es sich etwa bei den beteiligten Parteien um Inländer handelt.

## IV. Erklärung des Territorialitätsgrundsatzes als Ordnungsprinzip

Das Vorangestellte offenbart, dass der tragende Grund des Territorialitätsprinzips ein anderer ist. Angedeutet ist dies schon in der Hoff-Entscheidung – in der das RG noch das Universalitätsprinzip zugrunde legte -, dass für die Anwendung ausländischen Rechts dann kein Raum ist, wenn eine schutzrechtliche Materie bereits vom nationalen Gesetzgeber aufgegriffen wurde[548]. Es geht also beim Territorialitätsprinzip weniger um Fragen der Souveränität, als vielmehr – hiervon zu unterscheiden – darum, Justizkonflikte zu vermeiden. In einer vielleicht beispiellos ausführlichen Darstellung des Territorialitätsprinzips kommt Weigel zu dem Ergebnis, dass die Geltung jenes Grundsatzes nicht aus dem Akt der hoheitlichen Verleihung abgeleitet werden kann. Stattdessen geht er davon aus, dass man den Territorialitätsgrundsatz als nicht wegzudenkendes Ordnungsprinzip auffassen muss[549]. Die nur territoriale Geltung von Schutzrechten sei durch Zweckmäßigkeitserwägungen und das unabweisbare Bedürfnis der Vermeidung untragbarer Ergebnisse[550] determiniert. Der Grundsatz der territorialen Geltung in seiner konkreten Ausgestaltung muss somit vor allem als Ordnungsprinzip – als Zweckschöpfung des Rechts[551] - aufgefasst werden, die dem in- und ausländischen Verkehrsschutz dient[552].

Der Begründungsversuch von Weigel soll hier detaillierter nachgezeichnet werden: Maßgeblicher Anknüpfungspunkt für das Territorialitätsprinzip seien die nationalen Schutzgesetze. Diese seien restriktiv im Sinne einer territorialen Be-

---

547 Hoth, GRUR 1968, S. 65; weitere Nachweise bei Fezer, Internationales Wirtschaftsrecht, S. 713.

548 RGZ 18, 28 ff..

549 Weigel, Gerichtsbarkeit, S. 111; ähnlich Schilling, Das Markenrecht und die Einfuhr von Konzernware, S. 15, 16.

550 Vgl. zu den Sachzwängen schon oben § 5 E.

551 Riehle, Markenrecht und Parallelimport, S. 89.

552 Den Gedanken des Verkehrsschutzes bringen ebenfalls ins Spiel: Katzenberger, GRUR Int. 1992, 567, 571; Siehr, IPRax 1992, 219, 220; Schricker, Urheberrecht, vor § 120 Rn. 123.

schränkung auszulegen[553]. Den Schwerpunkt seiner Ausführungen legt Weigel auf die Thematik der „Anerkennung" fremden Rechts. In Anlehnung an die Gedanken von Wolff[554] und Neuhaus[555] führt er aus, das Territorialitätsprinzip sei weniger ein rechtliches Prinzip als der tatsächliche Befund der Nichtanerkennung ausländischer Schutzrechte[556].
Im Folgenden konkretisiert Weigel den Begriff der Nichtanerkennung dahingehend, dass das ausländische Schutzrecht nicht Element eines im Inland zu verwirklichenden Tatbestandes sein könne, so dass es nicht zur Auslösung dessen Rechtsfolgen kommen kann. Das ausländische Schutzrecht sei allerdings keinesfalls nichtexistent, kein nullum. Vielmehr gründe sich die Nichtanerkennung auf die Gefahr nicht annehmbarer Konflikte. Das inländische Schutzrecht müsse im Inland niemals einem ausländischen weichen. Dieser Begründungsansatz muss sich Kritik ausgesetzt sehen. Die Inkompatibilität ausländischer Schutzrechte im Rahmen von inländischen Normen ist zwar eine logisch-zwingende Folge des Territorialitätsprinzips, doch hiermit nicht zu begründen. Insofern ist die Frage nach der Reichweite ausländischer Schutzrechte eben kein Substitutionsproblem[557], sondern diesem vorgelagert. Denn ein ausländisches Schutzrecht kann nur dann Tatbestandsmerkmal einer inländischen Norm sein, wenn das ausländische Institut oder Recht im Grundsatz bei uns anerkannt wird. Ist es dies nicht, so folgt daraus, dass es auch nicht Tatbestandsmerkmal sein kann. Der Ansatz von Weigel birgt letztlich die Gefahr in sich, an einem inneren Widerspruch zu erkranken. Wenn er ausführt, das Territorialitätsprinzip sei mehr ein Befund als ein Prinzip, weil anderes nicht denkbar wäre, nähert er sich im Ergebnis der Auffassung an, die das Territorialitätsprinzip als axiomatisch betrachtet[558].

Letztendlich wird man in dem Territorialitätsprinzip vor allem eine richterrechtliche Lösung erblicken müssen. Begreift man das Territorialitätsprinzip – entsprechend den obigen Ausführungen – als Ordnungsprinzip, so lässt sich der Begriff des Territorialitätsprinzips auch hinreichend präzise konturieren. Richtschnur hierfür sollte sein, dass die Notwendigkeit der räumlichen Beschränkung

---

553 Weigel, Gerichtsbarkeit, S. 111.
554 S. Wolff, IPR, S. 183, der ausführt, dass das von ausländischen Staaten verliehene Schutzrecht nicht als Recht anerkannt würde und dann erklärt: „Man spricht hier von einem Territorialitätsprinzip".
555 S. Neuhaus, Grundbegriffe des Internationalen Privatrechts, S. 119, der darauf hinweist, dass sich das Territorialitätsprinzip auf die Anerkennung im Ausland beziehe; in die gleiche Richtung ist auch das Reichsgericht eingeschwenkt, wenn es ausführt: das Patent sei kein Recht , welches absolute Anerkennung beanspruchen dürfe, RGZ 30, 54; 84, 375; 149, 105.
556 Weigel, Gerichtsbarkeit, S. 112, 113.
557 S. hierzu von Bar/Mankowski, IPR I, § 7 Rn. 239 ff..
558 So im Ergebnis Birk (NJW 1964, 1597), der den Territorialitätsgrundsatz vom Prinzip der Territorialität der Rechtsordnungen herleiten will.

vor allem mit dem Prioritätsprinzip zusammenhängt. Hinter dem Territorialitätsprinzip verbirgt sich vor allem der Grundsatz der nationalen Priorität.
Es bleibt nunmehr zu untersuchen, ob mit dieser Herleitung der territorialen Beschränkung etwas für die Ausbildung des Begriffs der territorialen Beschränkung der gewerblichen Schutzrechte gewonnen ist.

## I. Kollisionsrechtlicher Gehalt und Implikationen des Territorialitätsprinzips

Die wesentlichen Grundzüge des Begriffs der Territorialität wurden schon skizziert. Dass dem Territorialitätsprinzip der gewerblichen Schutzrechte der oben dargelegte sachrechtliche Begriffsinhalt zukommt ist unstreitig. Fraglich und strittig ist, inwieweit jenem Grundsatz auch kollisionsrechtliche Aussagen zu entnehmen sind.

## I. Kollisionsrechtlicher Gehalt des Territorialitätsprinzips

Früher fanden sich Stellungnahmen, die davon ausgingen, dass das Territorialitätsprinzip der Berücksichtigung von Auslandssachverhalten entgegenstünde[559]. Die Auffassung, welche sich von einer falschen Vorstellung der Begriffsreichweite des Territorialitätsprinzips speiste, kann heute als widerlegt angesehen werden[560]. Die semantisch-juristische Kritik, welche dem Territorialitätsprinzip Schwammigkeit oder Schlagwortcharakter vorwirft, ist für den Bereich des Internationalen Immaterialgüterrechts jedoch m. E. nur noch bedingt berechtigt. Vielmehr hat man mittlerweile die rechtlichen „Funktionen" des Territorialitätsprinzips präzise umschrieben und auf einen unumgänglichen Kern zurückgeführt, so dass der Grundsatz der Territorialität durchaus eine überschaubare Anzahl von Aussagen enthält. Streiten kann man lediglich darüber, ob erstens diese Aussagen als sachrechtlich oder kollisionsrechtlich zu klassifizieren sind und zweitens wie der Grenzverlauf zum kollisionsrechtlichen Schutzlandprinzip zu bestimmen ist.

Das Territorialitätsprinzip wird vor allem als sachrechtliches Prinzip verstanden[561]. Ein kollisionsrechtlicher Gehalt wird zum Teil unter Hinweis auf das Fehlen eines Anknüpfungspunktes schlechthin verneint[562].

---

[559] Hoth, GRUR 1968, S. 64, 71, 72.
[560] Herrschende Meinung, vgl. Riehle, Markenrecht und Parallelimport, S. 102.
[561] Katzenberger, GRUR Int. 1992, 567, 570; Wandtke/Bullinger, UrhR., vor § 120 ff. 4; Möhring/Nicoline, Urheberrechtsgesetz, vor § 120 Rn. 4.

Andere hingegen gehen durchaus von einem kollisionsrechtlichen Gehalt des Territorialitätsprinzips aus und differenzieren zwischen der negativen und der positiven Territorialität. Unter der negativen Territorialität versteht man, dass ausländisches Recht, auch wenn es gegebenenfalls ins inländische Recht hinein wirken will, nicht angewandt wird[563]. Unter positiver Territorialität versteht man nun, aus jener negativen Territorialität eine allseitige Regelung zu machen, d. h. man wendet auf eine Schutzrechtsverletzung in einem ausländischen Staat auch nur das Recht dieses Staates an und lässt kein drittes ausländisches Recht dort hineinwirken[564].

Hiermit korrespondiert dann, den kollisionsrechtlichen Inhalt des Territorialitätsprinzips auch insbesondere darin zu sehen, dass Deutsche untereinander nicht gezwungen sind, auch im Ausland deutsche Marken, Patente oder Urheberrechte zu respektieren[565].
Teilweise wird dem Territorialitätsprinzip die Aussage entnommen, dass sich als Folge der territorialen Beschränkung des Wirkungskreises eines Schutzrechtes eine markenrechtliche Rechtsfolge nach dem Recht des Staates, für dessen Territorium diese in Anspruch genommen wird, bemisst; also das Territorialitätsprinzip somit gleichbedeutend mit der lex loci protectiones sei[566].

## II. Stellungnahme

Zur negativen Territorialität ist Folgendes zu bemerken: Eine kollisionsrechtliche Aussage kann jedenfalls darin erblickt werden, dass ausländische Schutzrechte nicht ins Inland „hineinwirken"[567]. Weiterhin bedingt das Territorialitätsprinzip Einschränkungen des Immaterialgüterkollisionsrechts. So ist eine Rechtswahl nur allenfalls eingeschränkt möglich. Aufgrund des Territorialitätsprinzips ist es nicht möglich, dass Parteien für die Frage, ob in Deutschland ein Schutzrecht besteht, ausländisches Recht zugrunde legen.

Dem Begriff der positiven Territorialität ist jedoch mit Skepsis zu begegnen. Das Territorialitätsprinzip ist vom Schutzlandprinzip zu unterscheiden. Welche

---

[562] Pfaff, in Handbuch des Ausstattungsrechts, FS für Beier, 1986, S. 1123, Rn. 14, zum gleichen Ergebnis mit anderer Begründung kommen Zweigert/Puttfarken, GRUR Int 1973, 573, 574.
[563] V. Bar, Internationales Privatrecht, Bd. II, Rn. 709.
[564] V. Bar, Internationales Privatrecht, Bd. II, Rn. 709.
[565] V. Bar, Territorialität des Warenzeichens, S. 28; von Bar, IPR II, Rn. 709.
[566] Fezer, Markenrecht, Einl. , Rn. 165; in diesem Sinne ist wohl auch Korschan zu verstehen, der vom Territorialitätsprinzip als einer allseitigen Kollisionsnorm spricht (Der Schutz des Handelsnamens, S. 71).
[567] Vgl. von Bar, IPR II, Rn. 709.

Rechtsordnung auf einen Vorgang Anwendung findet, ist keine Frage, die zu beantworten das Territorialitätsprinzip geeignet ist. Auch ist das Schutzlandprinzip durch das Territorialitätsprinzip nicht zwingend vorgegeben. So käme es etwa in Betracht, dass man für Vorgänge im Internet das Recht des Ursprungslandes anwendet[568]. Ob dies sinnvoll ist, steht freilich auf einem anderen Blatt und braucht hier auch nicht entschieden zu werden. Probleme bereitet die Annahme einer kollisionsrechtlichen Aussage, dass auch in einer ausländischen Rechtsordnung Rechte dritter ausländischer Staaten nicht hineinwirken. Man denke etwa an den Fall, dass zwei ausländische Staaten untereinander vereinbart haben, dass für bestimmte Bereiche das Territorialitätsprinzip nicht gelten soll und ein in einem Staat erworbenes Schutzrecht auch in dem anderen Staat anerkannt wird. In solch einem Fall zeigt sich, dass es gerade keine positive Territorialität als kollisionsrechtliche Aussage gibt. Denn das deutsche Kollisionsrecht ist nicht dazu berufen, zu entscheiden, ob in eine ausländische Rechtordnung Schutzrechte einer anderen Rechtsordnung hineinwirken. Dies kann vielmehr eine Frage des ausländischen Internationalen Privatrechts (wenn das ausländische Recht dem Ursprungslandprinzip folgt) oder eine Frage des ausländischen Sachrechts sein, wenn etwa ein entsprechender Staatsvertrag vorliegt. Hiermit korrespondiert, dass die lex loci protectionis eine Gesamtverweisung ausspricht[569].

### III. Durchbrechungen des Territorialitätsprinzips

Von Interesse muss an dieser Stelle ferner sei, welche Durchbrechungen des Territorialitätsprinzips nach der vorstehenden Auffassung denkbar sind. Eine absolute Grenze ist dort zu ziehen, wo Belange ausländischer Souveränität verletzt zu werden drohen. Gleichwohl kann hier auf die Feststellung zurückgegriffen werden, dass Kennzeichenrechte vermögenswerte Besitzstände darstellen. „Durchbrechungen“ (wenn man von solchen überhaupt sprechen sollte) bieten sich dann an, wenn die Verkehrsinteressen nicht berührt werden. Denkbar ist dies bei überragend bekannten Kennzeichen mit Weltgeltung. Ist ein inländisches Kennzeichen im Ausland hinlänglich bekannt, so kann im Falle der Verletzung eines solchen Kennzeichens die Anwendung inländischen Rechts auf Auslandssachverhalte in Betracht kommen. Dies gilt insbesondere im Falle der Kennzeichenverunglimpfung und beim Hinzukommen von lauterkeitsrechtlichen Gesichtspunkten.
Wie anhand der ökonomischen Analyse zu zeigen versucht wurde, stellen Kennzeichen jedoch auch wettbewerbliche Werte und schutzwürdige Besitz-

[568] Vgl. für die Problematik der Verletzung von Urheberrechten durch Satellitensendungen nunmehr etwa § 20a UrheberG.
[569] Vgl. unten § 7 D. I.

stände dar. Es ist ein legitimes Ziel hier rechtlich zu differenzieren. Man sollte versuchen schutzwürdige Besitzstände, also vor allem solche mit einer überragenden Verkehrsgeltung, möglichst auch einen transnationalen Schutz zukommen zu lassen[570]. Dies kann es rechtfertigen die Ordnungsprinzipien „Territorialität“ und „Priorität“ zu durchbrechen.

[570] A. A. allerdings Fawcett und Torremans, die von einem nur national beachtlichen goodwill ausgehen, Intellectual Property and Private Internationale Law, S. 526.

## § 6 Das Internationale Privatrecht für das Wettbewerbsrecht

Wie wir im sachrechtlichen Teil gesehen haben, besteht eine Einbettung des Kennzeichenrechts in das Wettbewerbsrecht. Bevor auf das Internationale Privatrecht für die Kennzeichenrechte eingegangen werden wird, soll deshalb zunächst eine Darstellung des Internationalen Wettbewerbsrechts erfolgen.

### A. Die Grundlinien der Entwicklung des Internationalen Wettbewerbsrechts in der Rechtsprechung

Der schon im Sachrecht festgestellte Satz von der historisch engen Verwobenheit von Kennzeichen- und Wettbewerbsrecht[571] lässt sich auch an der kollisionsrechtlichen Entwicklung dieser Rechtsbereiche festmachen.
Ursprünglich vertrat das RG für das Warenzeichenrecht seit der Hoff-Entscheidung das Universalitätsprinzip[572]. Die Annahme der universalen Geltung des Warenzeichenrechts stand im Einklang mit der damals vorherrschenden naturrechtlichen Herleitung von subjektiven Rechten[573]. Da die Persönlichkeitsrechte nicht räumlich begrenzt waren[574], sei auch von der Universalität von Firma und Warenzeichen auszugehen.
Das Reichsgericht formulierte entsprechend, dass die Verletzung „deutschen Persönlichkeitsrechtes in Deutschland jedenfalls geahndet werden konnte, sofern nur inländische Gerichtsbarkeit vorlag, unabhängig davon, ob die Verletzung im Inland oder Ausland erfolgte“[575]. In der Schnittmusterentscheidung übertrug das Gericht diese Ansicht mutatis mutandis auf das Recht des unlauteren Wettbewerbs und legt seinem Urteil das „Auswirkungsprinzip“ zugrunde[576]. Der Ort der Auswirkung war der Unternehmenssitz des Verletzten. Wurde also auf einem Auslandsmarkt ein Inländer angegriffen, bejahte das RG die Anwen-

[571] Siehe oben § 2 D.
[572] RGZ 18, 28, 31 f – Hoff.
[573] Kohler, Der unlautere Wettbewerb (1914) 22 ff.; Gierke, Deutsches Privatrecht I (1895), S. 713.
[574] Lobe, Der unlautere Wettbewerb als Rechtsverletzung I (1907), 398 ff..
[575] Bezeichnend ist im Übrigen, dass das Gericht sein Ergebnis aus Erwägungen des Internationalen Zivilprozessrechts ableitet (RGZ 18, S. 28, 33 - Hoff). Hiermit stellt es die Weichen für die Entwicklung des Verhältnisses von Internationalem Privatrecht und Internationalem Zivilverfahrensrecht denkbar unglücklich, wenngleich die Folgen dieser Verfehlung mittlerweile überwunden sein dürften (insoweit skeptischer Briem, Internationales und Europäisches Wettbewerbsrecht, S. 20).
[576] RG JW 1901, 851 – Schnittmuster; ähnlich RGZ 55, 199 ff., 200; vgl. auch RGZ 88, 183 ff. - Sackpflüge und Staudinger/Fezer, Internationales Wirtschaftsrecht, Rn. 345; es ist allerdings darauf hinzuweisen, dass das „Auswirkungsprinzip“, wie es den vagen Formulierungen des Reichsgerichts zu entnehmen ist, in seinem Begriffsumfang nicht mit dem „Auswirkungsprinzip“ wie es dem § 130 II GWB zugrunde liegt, gleichgesetzt werden kann.

dung deutschen Wettbewerbsrechts[577]. Die vom Reichsgericht entschiedenen Fälle betrafen allerdings, worauf das Gericht nicht ausdrücklich einging, Sachverhalte bei denen jeweils Kläger und Beklagter Inländer waren.
Aus diesem, vom RG unausgesprochenen Umstand, entwickelte dann Nussbaum die nach seinem Urheber benannte Formel, wonach das gemeinsame Heimatrecht der im Streit befangenen Parteien zur Anwendung ebendieses Rechtes führt[578]. Aufgrund der Kritik im Schrifttum[579] wurde die Rechtsprechung des Reichsgerichts bald zugunsten der heute das Internationale Deliktsrecht regierenden Tatortregel aufgegeben[580], wenngleich die Anknüpfung an das gemeinsame Heimatrecht beibehalten wurde. Das Datum der Änderung der Rechtsprechungslinie ist insofern bedeutsam, als nur einige Jahre früher mit der Hinwendung zum Territorialitätsprinzip für das Markenrecht in der Hengstenberg-Entscheidung vom 20. 9. 1927 dort ein entscheidender Wendepunkt vollzogen wurde[581]. An diesem Punkte trennen sich nun die ansonsten weitgehend parallelen Entwicklungslinien von Internationalem Wettbewerbs- und Markenrecht. Während einer extraterritorialen Anwendung des Warenzeichenrechts ein Riegel vorgeschoben wurde, bleibt hierfür im Bereich des UWG weiterhin ein erheblicher Spielraum.

Der Tatort umfasst Handlungs- und Erfolgsort. Allerdings wurde der Handlungsort durch die reichsgerichtliche Rechtsprechung sehr weit ausgelegt. Handlungsort war jeder Ort an dem „ein Teilakt“, „ein Teilstück“, „ein Tatbestandsmerkmal oder -stück“ verwirklicht wurde[582]. Diese Rechtsprechung des Reichsgerichts wurde vom Bundesgerichtshof zunächst übernommen. So genügte in der Farina-Entscheidung die Beauftragung eines ausländischen Rechtsanwaltes von Deutschland aus, um im Ausland gegen einen Konkurrenten vor-

---

[577] So insbesondere RGZ 55 (1903), 199, 200; Briem liest das Urteil des Reichsgerichts allerdings schon als eine sachte Annäherung an das Deliktsrecht (Internationales und Europäisches Wettbewerbsrecht, S. 20); gleiches gilt für die Saccharin-Entscheidung (1923), RGZ 108, 14. Hier wird die Absendung eines Briefes in Deutschland als ausreichend zur Anwendung deutschen Wettbewerbsrechts gesehen.
[578] Nussbaum, Deutsches Internationales Privatrecht, 1932, S. 339 ff., 340.
[579] Ulmer, JW 1931, 1906, 1908.
[580] RGZ 129, 385 ff., 387 – Vacuum Oil; hieran wurde lange festgehalten vgl. BGHZ 21, 266 ff., 270 – Uhrenrohwerke; BGH GRUR 1955, 411 ff., 413 – Zahl 55; BGH GRUR 1957, 231 ff., 235 – Pertussin I; BGH GRUR 1957, 352 ff., 353 – Pertussin II.
[581] RGZ 118, S. 73 ff..
[582] So Sack, GRUR Int 1988, 320, 321; RGZ 150, 265 ff. – Stecknadeln; RG MuW 1936, 95; RG GRUR 1937, 466; RG GRUR 1939, 925; s. a. BGH GRUR 1955, 411, 413 – Zahl 55; BGHZ 21, 266 ff., 270 ff. – Uhrenrohwerke; insoweit fällt die Entscheidung BGHZ 14, 286 f., 291 – Farina nicht aus dem Rahmen, in der an eine „Initiativhandlung“ angeknüpft wird.

zugehen[583] oder etwa die Durchfuhr von Exportlieferungen[584] zur Anwendung deutschen Rechts.

Die unvollkommene Anknüpfung an das gemeinsame deutsche Heimatrecht zweier Wettbewerber („Nußbaumsche Regel“) sah sich aufgrund der unannehmbaren Benachteiligung deutscher Wettbewerber auf liberaleren Auslandsmärkten heftiger Kritik ausgesetzt[585]. Der BGH versuchte zunächst seine bisherige Rechtsprechung zu retten und versuchte in der Zeiß-Entscheidung die Konsequenzen der „Nußbaumschen Regel“ durch eine obligatorische Berücksichtigung der auf dem Auslandsmarkt bestehenden Verkehrsauffassungen abzufedern[586].

Dieser Ansatz hat sich freilich nicht durchsetzen können. Aufgrund der generalklauselartigen Gestaltung des Wettbewerbsrechts im Allgemeinen und seiner Umweltbezogenheit verschwimmt die Unterscheidung von „inländischen Wettbewerbsrecht“ und „ausländischen Verkehrsanschauungen“. Eine Entscheidung für das eine oder das andere Recht war somit erforderlich. Die längst überfällige Wende in der Rechtsprechung vollzog sich in zwei Entscheidungen Anfang der 60er Jahre. Zunächst hatte der BGH einen Fall zu entscheiden, bei dem ein US-amerikanischer Hersteller von Kindersaugflaschen gegen einen deutschen Konkurrenten vorging, welcher verwechslungsfähige Flaschen in Deutschland herstellte, aber ausschließlich im Ausland vertrieb.
In der „Kindersaugflaschenentscheidung“ vom 30. 6. 1961[587] verselbständigte der BGH nun die Anknüpfung des Internationalen Privatrechts für den unlauteren Wettbewerb gegenüber dem Deliktsrecht.
Ausgangspunkt des Gerichts sind die „Besonderheiten des Rechts des unlauteren Wettbewerbs“. Das Recht gegen den unlauteren Wettbewerb „gewähre kein Ausschließlichkeitsrecht an einem bestimmten Schutzobjekt“, sondern diene der „Verhinderung von Missbräuchen im Wettbewerbskampf“. Hierin unterscheide sich das Wettbewerbsrecht vom allgemeinen Deliktsrecht, welches den Schutz bestimmter Rechtsgüter zum Gegenstand habe (vgl. § 823 Abs. 1 BGB). Das Wettbewerbsrecht hingegen verbiete den Einsatz unlauterer Mittel. Aus diesem Ziel ließe sich folgern, dass es nicht auf einen konkreten Verletzungserfolg ankomme, sondern es viel mehr um die schutzwürdigen Interessen der Mitbewerber gehe. Der Begehungsort sei daher grundsätzlich nur dort, wo die Interessen der Mitbewerber aufeinander stießen[588].

---

583 BGHZ 14, 286 – Farina.
584 BGH GRUR 1957, 232 – Pertussin.
585 Vgl. nur Wengler, RabelsZ 19 (1954) 413.
586 BGH GRUR 1958, 189 ff., 197 – Zeiß.
587 BGHZ 35, 329 – Kindersaugflaschen.
588 BGHZ 35, 329 - Kindersaugflaschen.

Mit dem Herausstellen der verhaltensbezogenen Ausrichtung des Wettbewerbsrechts auch im Kollisionsrecht war der Weg dafür geebnet der „Nußbaumschen Regel“ den Todesstoß zu versetzen.
Die sich zwei Jahre später hierzu ergebende Gelegenheit wurde vom BGH dann in der „Stahlexport“ – Entscheidung vom 20. 12. 1963[589] ergriffen. In der Sache ging es darum, dass ein deutsches Stahlexportunternehmen an mehrere Kunden im Ausland ein Schreiben gesandt hatte, in dem zwei führende Mitarbeiter der Geschäftsführung mit dem Hinweis vorgestellt wurden, dass diese schon für ein deutsches Konkurrenzunternehmen in herausgehobener Position gearbeitet hätten. Der BGH bestätigte nunmehr noch einmal die Anknüpfung an den Ort der Interessenskollision der Mitbewerber. Darüber hinaus stellte das Gericht fest, dass inländische Unternehmen ihren Wettbewerb untereinander auf einem Auslandsmarkt nicht nach dem deutschen Recht gegen unlauteren Wettbewerb auszurichten haben. Eine Pflicht hierzu sei nur dann zu bejahen, wenn sich der Wettbewerb im Ausland ausschließlich zwischen deutschen Gewerbetreibenden abspiele oder sich „direkt und gezielt gegen den inländischen Mitbewerber richte“. Letzteres wurde von dem BGH im von ihm zu entscheiden Fall im Übrigen dann auch angenommen.
Offen gelassen wurde vom BGH die Frage, ob die Anwendung inländischen Rechts dann anzunehmen sei, wenn die Interessen der Mitbewerber oder die der Allgemeinheit betroffen seien[590].
In der „Domgarten-Brand“ – Entscheidung[591] wurde die Anknüpfung an den Ort der wettbewerblichen Interessenkollision noch einmal bestätigt und konkretisiert, als der Markt auf dem die Produkte oder Dienstleistungen miteinander in Konkurrenz treten.
Festzuhalten bleibt, dass der BGH das kollisionsrechtliche Konzept des Begehungsortes nicht aufgegeben hat, sondern es vielmehr wertend wettbewerbsspezifisch bestimmt[592]. In der Konsequenz wurden im Inland vorgenommene Initiativ- oder Vorbereitungshandlungen für eine internationalprivatrechtliche Anknüpfung nicht mehr als ausreichend betrachtet[593].
In der Entscheidung Rotpreis-Revolution aus dem Jahre 2004 hat der Bundesgerichtshof die Marktortregel ein weiteres Mal bestätigt[594]. Dies ist zwar nicht überraschend, aber insofern signifikant als 1999 in der Neukodifikation des Internationalen Privatrechts für außervertragliche Schuldverhältnisse in den Artt. 40, 41 EGBGB die Marktortregel nicht ausdrücklich normiert wurde. Auf das Urteil wird daher im folgenden Abschnitt, welcher sich maßgeblich mit der

589 BGHZ 40, 391 – Stahlexport.
590 BGHZ 40, 391, 399.
591 BGH GRUR 1982, 495, 497 – Domgarten-Brand.
592 Staudinger/Fezer, Internationales Wirtschaftsrecht, Rn. 349.
593 Vgl. OLG Hamburg GRUR Int. 1987, 105, 107
594 BGH GRUR 2004, S. 1035 ff. – Rotpreis-Revolution.

Neukodifikation befasst, noch eingegangen. Festgehalten werden kann an dieser Stelle jedenfalls schon einmal, dass sich die Anknüpfung an den Ort der wettbewerblichen Interessenskollision bewährt hat und Tendenzen der Rechtsprechung von ihr Abstand zu nehmen nicht erkennbar sind.

## B. Die Marktortregel in der Neukodifikation des Internationalen Privatrechts für außervertragliche Schuldverhältnisse

Nach einhelliger Ansicht kann in Einklang mit den Gesetzesmaterialien die Marktortregel in den Artt. 40, 41 EGBGB verortet werden[595]. Zweifelhaft ist allerdings, ob dies über die Tatortregel nach Art. 40 oder der Ausweichklausel gem. Art. 41 EGBGB zu geschehen hat. Aus den Gesetzesmaterialien ergibt sich, dass der Gesetzgeber davon ausging, man könne das bisherige Ergebnis über Art. 41 EGBGB erreichen[596]. Überwiegend wird wohl davon ausgegangen, dass Handlungsort im Sinne des Art. 40 Abs. 1 S. 1 EGBGB für Wettbewerbsverstöße der Marktort ist[597].
Dies muss allerdings die Frage hervorrufen, ob denn der Marktort tatsächlich dem Handlungsort entspricht. Denkt man etwa an den Fall der Werbung durch grenzüberschreitende Medien, wird man den Ort der wettbewerblichen Interessenkollision eher als Erfolgsort aufzufassen haben[598]. Aufgrund der Ausgestaltung der Tatortregel im Rahmen des Art. 40 EGBGB muss eine Lokalisierung in Art. 40 Abs. 1 S. 2 EGBGB verständlicherweise ausscheiden.

Auch gegen eine Heranziehung von Art. 41 EGBGB sprechen gravierende Bedenke. Hiergegen wird zutreffend vorgebracht, dass Ausweichklauseln der Korrektur konkreter, nicht genereller Funktionsverfehlungen der Regelanknüpfung dienen[599]. Zugespitzt kommt es also darauf an, ob die Ausweichklausel auch zur Bildung von Regelanknüpfungen für Sonderbereiche legitimieren soll. Dies ist z. B. auch für den strukturell vergleichbaren Art. 28 Abs. 5 EGBGB umstritten[600]. M. E. spricht gegen eine Anwendung des Art. 41 EGBGB schon die dieser Norm immanente Systematik. Interpretiert man den Bezug zum Marktort als wesentlich engere Verbindung, so hat man Probleme bei sich speziell gegen Konkurrenten richtenden Wettbewerbshandlungen (unberechtigte Schutzrechtsverwarnung), die Anwendbarkeit des Rechts des gemeinsamen Aufenthaltsortes nach Art. 41 Abs. 2 Nr. 2 i. V. m. Art. 40 Abs. 2 S. 2 EGBGB zu verneinen,

---

[595] BT-Drucks. 14/ 343, S. 10; Köhler, in: UWG, Einf. Rn. 90.
[596] BT-Drucks. 14/ 343, S. 10.
[597] Palandt/Heldrich, Art. 40, Rn. 11; Sack, WRP 2000, 269, 272; Armbrüster RIW 2000, 583, 585.
[598] Richtig deshalb Staudinger/von Hoffmann, Art. 40, Rn. 326.
[599] Mankowski, GRUR Int. 1999, 909, 910.
[600] Vgl. von Bar, IPR II Rn. 488.

denn dieser stellt ja nach Abs. 2 des Art. 41 EGBGB gerade eine wesentlich engere Verbindung dar. Die Konturierung des Begriffs der wesentlich engeren Verbindung in Abs. 1 durch den Abs. 2 des Art. 41 EGBGB müsste somit, soweit es um Wettbewerbsverstöße geht aufgehoben werden. Dies illustriert, dass Ausweichklauseln nicht zur Regelbildung taugen. Die Regelbildung vollzieht sich – gerade was das Verhältnis von Wettbewerbshandlungen und Art. 41 EGBGB angeht – abseits der Kodifikation. Darüber hinaus wirkt es etwas grotesk, wenn andere IPR-Gesetze ausdrücklich eine Kollisionsregel für unlautere Wettbewerbshandlungen normieren, wie etwa Art 136 (schweizerischen) IPRG das Auswirkungsprinzip (welches im Ergebnis weitgehend dem Marktortprinzip entspricht), man im deutschen mit dem Internationalen Privatrecht befassten Gesetz statt einer explizit formulierten Kollisionsregel einzuführen, nur auf das Recht mit einer wesentlich engeren Beziehung verweist. Wenn es möglich ist eine solche Kollisionsregel für unlautere Wettbewerbshandlungen zu formulieren (und dies beweist die schweizerische IPR-Kodifikation), sollte man dies auch tun.
Eine Verortung des Marktortprinzips in die Art. 40 ff. EGBGB erscheint allerdings dann möglich, wenn man zwischen marktbezogenen und betriebsbezogenen Wettbewerbshandlungen differenziert und es für letztere bei Art. 40 (und auch Art. 42 EGBGB) belassen möchte. Dann wäre nur bei marktbezogenen Handlungen die Ausweichklausel des Art. 41 EGBGB heranzuziehen[601]. Eine Unterscheidung zwischen marktbezogenen und betriebsbezogenen Wettbewerbshandlungen entspricht auch dem Entwurf zur Rom II- Verordnung[602] und Art. 136 des schweizerischen IPRG.

Solange man den Kreis der betriebsbezogenen Wettbewerbshandlung klein hält (die Anschwärzung nach § 4 Nr. 8 UWG dürfte kaum als nur betriebsbezogen zu qualifizieren sein), können hiergegen keine durchgreifenden Bedenken bestehen. Auf das Für und Wider einer solchen Ausknüpfung soll allerdings in dieser mit Kennzeichenrecht befassten Arbeit nicht näher eingegangen werden.

Gelegenheit, zu den sich aus der Neukodifikation ergebenden Fragen Stellung zu nehmen, hatte der Bundesgerichtshof in der schon erwähnten Entscheidung „Rotpreis-Revolution“ aus dem Jahre 2004[603]. Der zugrunde liegende Sachverhalt sei kurz geschildert: Der Kläger ist ein Einzelhandelsverband im Regierungsbezirk Trier. Die Beklagte betreibt ein Sportgeschäft in Leudelingen im Großherzogtum Luxemburg. Anlässlich des einjährigen Bestehens des Sportgeschäfts warb die Beklagte mit einer Anzeige in der Tageszeitung „Trierischer Volksfreund“. Dort kündigte sie für die Zeit von 23. bis zum 31.10.1998 eine

[601] So Staudinger/von Hoffmann, Art, 40, Rn. 325, 326.
[602] Dokument KOM (2003) 0427.
[603] BGH GRUR 2004, 1035 ff. – Rotpreis-Revolution; hierzu schon oben § 6 A.

„Rotpreis-Revolution“ an. Mit Schlagzeilen wie „!!100 000 Artikel müssen raus“, „Zeltverkauf“ etc. wies sie auf Preisreduzierungen hin. Für jeden 50. Kassenkunden wurde ein Einkaufsgutschein in Höhe von 1000 Luxenburger Franken versprochen und es sollte an zwei Tagen die Möglichkeit bestehen, eine Schottlandreise für zwei Personen zu gewinnen. Der Kläger hat die Werbung unter anderem unter dem Gesichtspunkt eines übertriebenen Anlockens und einer unzulässigen Sonderveranstaltung beanstandet. Das LG und das OLG Koblenz hatten der Klage stattgegeben.

Unter Berufung auf die Entscheidung „Kauf im Ausland“ des Bundesgerichtshofs[604] stellt der BGH fest, dass in Fällen, in denen ein Kaufmann seine Waren oder Leistungen grenzüberschreitend anbietet, der Marktort derjenige ist, an dem die Werbemaßnahme auf den Kunden einwirken soll, selbst wenn der spätere Absatz auf einem anderen Markt stattfinden soll. Gleichwohl kommt der BGH im konkreten Fall nicht zu einer Bejahung eines Unterlassungsanspruchs. Dieses Ergebnis gewinnt der BGH indes nicht auf der Ebene kollisionsrechtlicher Erwägungen[605].
Vielmehr gelangt der BGH zur Zulässigkeit der Werbemaßnahme durch eine Auslegung des § 7 UWG a. F. Der BGH geht davon aus, dass, sofern die Verkaufsveranstaltung keinen wettbewerbsrechtlichen Bedenken begegnet, auch die Ankündigung nicht nach § 7 Abs. 1 UWG a. F. untersagt werden könne[606]. Hieraus zieht der BGH nunmehr jedoch nicht die Schlussfolgerung, dass es auf das luxemburgische Recht ankäme. Vielmehr stellt er fest, dass für das Ergebnis offen gelassen werden könne, ob der angekündigte Verkauf nach luxemburgischen Recht zulässig ist oder nicht[607]. Zur Begründung führt das Gericht an, dass sich das Verbot des § 7 UWG a. F. nur auf inländische Sonderveranstaltungen beziehe. Zwar konzediert der BGH, dass Schutzzweck des § 7 UWG a. F. auch sei, den Verbraucher vor unsachlicher Beeinflussung ihrer wirtschaftlichen Entschließung zu schützen[608], dies könne es aber nicht rechtfertigen auch die Ankündigung einer im Ausland stattfindenden Sonderveranstaltung zu untersagen.

Im Ergebnis ist das Urteil nicht zu beanstanden. Bedeutsam ist vor allem, dass der BGH auch nach der Neukodifikation der Artt. 40, 41 EGBGB an der Anknüpfung an den Ort der Interessenskollision festhält. Die lapidare Feststellung

---

[604] BGHZ 123, 11,15 – Kauf im Ausland.

[605] Wenngleich die von dem BGH gewählte Formulierung suggeriert, dass hier eine Einschränkung der Regel vorgenommen werde, wonach bei Auseinanderfallen von Absatz- und Werbemarkt letzterer entscheidend sei (BGH GRUR 2004, S. 1035, 1036).

[606] Vgl. hierzu auch BGH, GRUR 1998, 585, 587 – Lager-Verkauf.

[607] BGH, GRUR 2004, S. 1035, 1036 – Rotpreis-Revolution.

[608] Ebenda S. 1036,1037; BGH, GRUR 1980, 112 (113) – Sensationelle Preissenkungen.

des BGH, dass an der Marktortregel auch unter der Geltung des Art. 40 EGBGB n. F. festzuhalten sei[609], behandelt die Problematik ersichtlich nicht erschöpfend. Hiermit wurde eine Chance vertan, ein Mehr an Rechtssicherheit zu erzielen, denn die Frage nach der Standortbestimmung ist durchaus mit Folgeproblemen verknüpft. Zu denken ist hier zum einen an die Möglichkeit einer Auflockerung der Anknüpfung und zum anderen an die Darlegungslast[610].
Es ist daher zu konstatieren, dass auch nach der Entscheidung des BGH zentrale Fragen, die die Kodifikation der Artt. 40, 41 EGBGB für das Internationale Wettbewerbsrecht mit sich gebracht hat, weiterhin ungeklärt sind.

## C. Anknüpfungsalternativen in der Literatur und die e-commerce- Richtlinie

Wie vom BGH in der Kindersaugflaschenentscheidung auch zutreffend erkannt und kollisionsrechtlich verwertet wurde, geht es im Recht des unlauteren Wettbewerbs in erster Linie um Verhaltenssteuerung, was das Wettbewerbsrecht von dem übrigen Deliktsrecht unterscheidet.
Die Anknüpfung an den Ort der wettbewerblichen Interessenkollision, die sog. Marktortregel, hat in der Literatur weitgehend Zustimmung erfahren.

Problematisch an der Markortregel ist die Verengung des möglichen Anknüpfungsspektrums auf den Markt auf dem die Produkte und Dienstleistungen miteinander in Konkurrenz treten[611] allerdings insofern, als sie die Interessen der übrigen Mitbewerber und der Allgemeinheit nicht vollständig abbildet. Es sind daher auch eine Reihe von alternativen Anknüpfungsszenarien entworfen worden.

### I. Die Vorschläge im Einzelnen

So schlägt Steindorff vor, für internationale Wettbewerbssachverhalte eigene Sachnormen zu entwickeln[612]. Motiv seines Ansatzes ist, dass die deliktsrechtliche Anknüpfung an den Begehungsort den Richter mehr mit der „Realität des tatsächlichen Geschehens" beschäftigt als dies üblicherweise der Fall sei[613]. In dieser Konfrontation mit der Wirklichkeit sieht Steindorff einen Widerspruch zu dem hohen Grad der Abstrahierung im Internationalen Privatrecht, welches

---

[609] BGH GRUR 2004, S. 1035, 1036 – Rotpreis-Revolution.
[610] Mankowski, EWiR Art. 40 EGBGB 1/05, S. 351.
[611] BGH GRUR 1982, 495, 497 – Domgarten-Band.
[612] Steindorff, Sachnormen im internationalen Privatrecht, S. 128 ff.; Ahrens, JZ 1987, 471, 473.
[613] Steindorff, Sachnormen im internationalen Privatrecht, S. 129.

eben mit abstrakten Rechtsverhältnissen (die Anknüpfungsgegenstände) als kleinste Einheit justiert[614].
Die Konzeption Steindorffs sieht ferner vor, dass die in Betracht kommenden tatsächlichen Regelungen von den, von dem konkreten Sachverhalt tangierten, Rechtsordnungen ermittelt werden. Entscheidend sei dann das zahlenmäßige Übergewicht einer bestimmten Regelung innerhalb der Gruppe der berührten Rechtsordnungen[615]. Ferner fordert Steindorff die Schaffung von Generalklauseln innerhalb des Sachrechts, um die präziseren nationalen Sachnormen ersetzen zu können[616].
Das Konzept Steindorffs ist im Ergebnis abzulehnen. Gegen den Ansatz von Steindorff spricht vor allem das Gebot der Rechtssicherheit. Schon die Frage, wann Rechtsordnungen tangiert sind, lässt sich vielfach nicht einfach beantworten. Ferner überzeugt es nicht auf das zahlenmäßige Übergewicht einer Regelung zu rekurrieren; schließlich sagt die Quantität einer Regelung noch nichts über ihre Qualität aus. Den Parteiinteressen wird der Ansatz ferner deshalb nicht gerecht, weil es keinen ersichtlichen Grund gibt, die von mehreren Rechtordnungen schwerpunktmäßig am meisten betroffene, nicht zur Anwendung zu bringen, weil sie sich als strenger als die nur peripher berührten Rechtsordnungen erweist.

Einen ebenfalls sehr randständigen Vorschlag bringt Joerges ein, welcher auf die Rechtsanwendungsinteressen der beteiligten Staaten abstellt und den Anwendungsbereich der wettbewerblichen Normen an diesen Interessen festmachen will[617]. Hiermit würde im Endeffekt die Statutenlehre wieder eingeführt[618].

Größeren Widerhall haben indes andere literarische Vorschläge erfahren. Hierzu zählt der Vorschlag von Deutsch einer sachnormorientierten Anknüpfung[619]. Dieser führt häufig zu identischen Ergebnissen, wie die Marktortregel, wenn es um Normen geht, die zugleich die Abnehmer und die Mitbewerber schützen, wie das Irreführungsverbot im UWG. Als Beispiel nennt Deutsch etwa den Schutz geographischer Herkunftsangaben, für welche er zum Recht des Abnehmerstaates (also des Marktortes) gelangt[620].
Anders verhält es sich hingegen bei Normen, die sich gegen gezielte Eingriffe gegenüber einem Konkurrenten richten. Hier gelänge man z. B. zum gemeinsamen Heimatrecht[621]. Andere wollen das für die Immaterialgüterrechte geltende

[614] Steindorff, Sachnormen im internationalen Privatrecht, S. 47, 48, 129.
[615] Steindorff, Sachnormen im internationalen Privatrecht, S. 186.
[616] Steindorff, Sachnormen im internationalen Privatrecht, S. 187.
[617] Joerges, RabelsZ 36 (1972), 421 ff..
[618] Wie Joerges auch selber konstatiert, RabelsZ 36 (1972), 469, 470.
[619] Deutsch, Wettbewerbstatbestände, S. 43 ff.; zustimmend Bauer, AcP 1967, S. 544.
[620] Deutsch, Wettbewerbstatbestände, S. 47, 48.
[621] Deutsch, Wettbewerbstatbestände, S. 48.

Territorialitäts- oder Schutzlandprinzip auch für das Wettbewerbsrecht fruchtbar machen[622]. Schließlich wird vertreten das Auswirkungsprinzip, wie es im Kartellrecht in § 130 Abs. 2 GWB normiert ist, auch für das Internationale Lauterkeitsrecht anzuwenden[623].

Eine Belebung dieser lange schwellenden Grundlagendiskussion hat vor allem die rasante Entwicklung der neuen Medien bewirkt. Wobei sich hier durch die kräftige Schützenhilfe der EU-Kommission noch eine weitere Anknüpfungsalternative – das Ursprungslandprinzip Bahn zu brechen droht. Zu nennen ist hier vor allem Art. 3 der e-commerce-Richtlinie[624]. Der Art. 3 Abs. 1 der Richtlinie lautet: „Jeder Mitgliedstaat trägt dafür Sorge, daß die Dienste der Informationsgesellschaft, die von einem in seinem Hoheitsgebiet niedergelassenen Dienstanbieter erbracht werden, den in diesem Mitgliedstaat geltenden innerstaatlichen Vorschriften entsprechen, die in den koordinierten Bereich fallen".

Heftig umstritten ist allerdings die Frage, ob Art. 3 der e-commerce-Richtlinie überhaupt als Regelung des Internationalen Privatrechts zu verstehen ist. Hieran sind Zweifel angesichts des klaren Wortlauts von Art. 1 Abs. 4 der e-commerce-Richtlinie begründet, aber wohl im Ergebnis nicht durchgreifend[625].

Ebenfalls auf das Ursprungsland verweist Art. 2 Abs. 1 der „Fernseh-Richtlinie"[626]. Auf die Diskussion hierzu und die Handhabung durch den EuGH soll an dieser Stelle jedoch nicht weiter eingegangen werden[627].
Diesen durch die Richtlinien eingeschlagenen Weg sollte man nicht weiter gehen. Die besseren Gründe sprechen gegen das Herkunftsprinzip als Anknüpfungspunkt für das Internationale Privatrecht des Lauterkeitsrechts. Das Hauptargument dagegen dürfte sein, dass hierdurch ein „race to the bottom" zu befürchten ist. Es ist daher zu hoffen, dass die international-privatrechtliche Anknüpfung an das Herkunftsland (soweit man Art. 3 Abs I eben kollisionsrechtlich auslegt) in der e-commerce-Richtlinie eine singuläre Erscheinung bleibt.

---

[622] Reimer in: v. Gamm, Wettbewerbsrecht, Kap 6 Rn. 3; Sandrock, GRUR Int 1985, 507.
[623] Wengler RabelsZ 19 (1954) 401, 415 ff.; Bär Kartellrecht 371, 375; Staudinger/Fezer, Internationales Wirtschaftsrecht, Rn. 380 ff..
[624] Richtlinie 93/ 83/ EG des europäischen Parlaments und des Rates über bestimmte rechtliche Aspekte der Dienste der Informationsgesellschaft, insbesondere des elektronischen Geschäftsverkehrs im Binnenmarkt v 8. 6. 2000, ABlEG Nr. 178/1.
[625] Mankowski, GRUR Int 1999, 909, 912.
[626] Richtlinie 89/552 des Rates v 3. 10. 1989 zur Koordinierung bestimmter Rechts- und Verwaltungsvorschriften der Mitgliedsstaaten über die Ausübung der Fernsehtätigkeit (ABlEG Nr. L 298/23, geändert durch RL v 30. 6. 1997, ABlEG Nr. L 202/ 60 v 30.7.1997).
[627] Vgl. hierzu Staudinger, von Hoffmann, Art. 40, Rn. 300.

## II. Die international-privatrechtlichen Maßstäbe und Kriterien einer Kollisionsnorm

Eine Kollisionsnorm muss sich an spezifischen international-privatrechtlichen Maßstäben und Kriterien messen lassen. Womit freilich nicht gesagt sei, dass die international-privatrechtlichen Interessen isoliert oder gar im Gegensatz zu den materiellrechtlichen stünden. Vielmehr sind die international-privatrechtlichen Interessen konkrete Ausprägungen genereller sachrechtlicher Interessen[628].

Das moderne Internationale Privatrecht hat seinen Ursprung in der Idee Savignys, die engste Verbindung zwischen Sachverhalt und einer Rechtsordnung aus der „Natur des Rechtsverhältnisses", aus seinem Sitz abzuleiten[629]. Bedingt durch den Einfluss der Interessenjurisprudenz[630] und unter dem maßgeblichen Einfluss von Wengler entwickelte sich auch eine international-privatrechtliche „Interessentheorie"[631]. Die international-privatrechtlichen Interessen können grob in Parteiinteressen, Verkehrsinteressen und Ordnungsinteressen untergliedert werden.

Eingegangen werden soll hier zunächst auf die Parteiinteressen. Bei diesen geht es darum, danach zu fragen, mit welcher Rechtsordnung ein Mensch am engsten verbunden ist[632]. Als von diesen Kriterien geleitete Anknüpfungspunkte bieten sich die Staatsangehörigkeit und der Wohnsitz oder das domicile an. Den Parteiinteressen wurde etwa durch die Neufassung der Normen für das Internationale Deliktsrechts Rechnung getragen (Artt. 40 II, 41 EGBGB).

Bei den Verkehrsinteressen geht es um die Leichtigkeit und Sicherheit des Rechtsverkehrs[633]. Musterbeispiel für die praktische Umsetzung des Bedürfnisses an der Leichtigkeit des Rechtsverkehrs ist der in Art. 11 Abs. 1 EGBGB zu Grunde gelegte favor negotii, wonach ein Rechtsgeschäft formgültig ist, wenn es entweder den Vorschriften des Vornahmeortes oder der lex causae entspricht.

Die Ordnungsinteressen umfassen vor allem das Streben nach äußerem und innerem Entscheidungseinklang[634]. Der innere Entscheidungseinklang ist auf die widerspruchsfreie Entscheidung einer Rechtsfrage innerhalb einer Rechtsordnung gerichtet.

---

628 Vgl. von Bar/Mankowski, IPR I, § 6, Rn. 95 – 97; Kegel/Schurig, IPR, § 2 III, S. 127 (anders noch die Vorauflage).

629 Savigny, Das System des heutigen römischen Rechts, S.108.

630 Vgl. Heck, ZHR 38 (1891), 305, 311-315.

631 Nachw. bei Kegel, IPR, § 2 I, S. 115, s. auch Stellungnahme zur "Interessentheorie", MüKo, Sonnenberger, Einl. IPR Rn. 84 ff..

632 Kegel/Schurig, IPR, § 2 II, S. 118.

633 Junker, IPR, § 3 Rn. 82.

634 Kegel/Schurig, IPR, § 2 II, S. 122.

Der äußere Entscheidungsklang zielt darauf ab, dass ein Sachverhalt international einheitlich angeknüpft wird, so dass egal vor welchen Staates Gericht geklagt wird, stets dieselbe Rechtsordnung berufen wird[635]. Durch den äußeren Entscheidungseinklang sollen insbesondere „hinkende Rechtsverhältnisse" vermieden werden[636]. Das Streben nach äußerem Entscheidungseinklang ist letztlich ein Ideal, welches sich nur durch eine weltweite Kollisionsrechtsvereinheitlichung erzielen ließe und somit in einem gewissen Widerspruch zu dem nationalen Charakter des Internationalen Privatrechts steht.

Dessen ungeachtet ist bei der Erkenntnissuche nach einer optimalen kollisionsrechtlichen Lösung das Ziel eines weitgehenden äußeren Entscheidungseinklangs durchaus von Relevanz. Ihm kann durch die Vermeidung von Sonderanknüpfungen und die Schaffung internationalisierbarer Anknüpfungsregeln zur Geltung verholfen werden.

Als weitere Ordnungsinteressen (nicht unbedingt spezifisch internationalprivatrechtlich) lassen sich das Interesse an Rechtssicherheit und Vorhersehbarkeit anführen. Ein weiteres an dieser Stelle zu nennendes Kriterium, ist die Durchsetzbarkeit der Entscheidung.

### III. Stellungnahme

Im Rahmen dieser mit dem Internationalen Privatrecht für Kennzeichenrechte befassten Arbeit, kann dem Internationalen Privatrecht für das Lauterkeitsrecht nur eine oberflächliche Darstellung zuteil werden. Die wesentlichen Argumente, welche gegen die von Teilen der Literatur entwickelten alternativen Anknüpfungsmodelle sprechen, sollen jedoch an dieser Stelle kurz zur Sprache gebracht werden.

Gegen eine sachnormzweckbezogene Anknüpfung sprechen gravierende Bedenken. Sie basiert auf einer Unterteilung von Normen, die das Marktgeschehen als solches zum Schutzgegenstand haben und Vorschriften, die den einzelnen Konkurrenten schützen. Der dogmatische Schwachpunkt dieser Auffassung liegt darin, dass der Schutzzweck des Lauterkeitsrechts nicht je nach Norm variiert, sondern vielmehr auch die, primär den Schutz des Konkurrenten bezweckenden, Normen doch letztlich auch das Marktgesamtgeschehen zu beeinflussen suchen. Dies gilt etwa für die Anschwärzung nach § 4 Nr. 8 UWG, welche sicherlich im Sinne von Deutsch den Schutz eines bestimmten Konkurrenten bezweckt. Gleichwohl schützt § 4 Nr. 8 UWG nicht nur den Konkurrenten, son-

---

[635] Kropholler, IPR, § 6 II, S. 38.
[636] Kegel/Schurig, IPR, § 2 II, S. 123.

dern sanktioniert eben auch die „Deformation des Informationshorizonts der Abnehmer“[637].

Ganz so fern liegend, wie es in den literarischen Stellungnahmen bisweilen den Anschein hat, ist der Vorstoß von Deutsch freilich nicht. So heißt es schließlich in dem mit dem Internationalen Privatrecht für Ansprüche aus unlauterem Wettbewerb befassten Art. 136 schweiz. IPRG als Ausnahme zum „Auswirkungsprinzip“ (welches im Wesentlichen dem deutschen Marktortprinzip entspricht) in Abs. 2: „Richtet sich die Rechtsverletzung ausschliesslich gegen betriebliche Interessen des Geschädigten, so ist das Recht des Staates anzuwenden, in dem sich die betroffene Niederlassung befindet.“.

Auch in dem Entwurf der europäischen Kommission zur Rom II-Verordnung[638] wird in dem mit Schadensersatzansprüchen, die aus unlauteren Wettbewerbshandlungen herrühren, befassten Art. 5 in seinem zweiten Absatz für Fälle, in denen ein unlauteres Wettbewerbsverhalten auf einen bestimmten Wettbewerber abzielt (Industriespionage), vorgesehen, es bei den allgemeinen Anknüpfungsregel des Art. 3 zu belassen, womit im Ergebnis das Recht des gemeinsamen Aufenthalts zum Zuge kommen könne.

Beachtlicherweise weist auch der Entwurf auf den soeben angesprochenen dogmatischen Schwachpunkt dieser Herangehensweise hin, indem festgestellt wird, dass nicht ausgeschlossen werden könne, dass solche Handlungen auch Auswirkungen auf einen bestimmten Markt haben. Mag man den Ansatz von Deutsch im gegenwärtigen autonomen deutschen Kollisionsrecht auch nicht folgen, so ist doch zu konstatieren, dass der europäische Trend in eine andere Richtung zu gehen scheint. Die Verzahnung von Wettbewerbsrecht und Kennzeichenrecht ist schon an mehreren Stellen herausgestellt worden. Insofern liegt es nahe, die Frage aufzuwerfen, ob sich auch die kollisionsrechtlichen Wertungen übertragen lassen. Einer affirmativen Beantwortung dieser Frage vor allem durch Sandrock[639], der das Territorialitäts- und Schutzlandprinzip auch im Wettbewerbsrecht anwenden möchte, muss jedoch widersprochen werden. Ausgangspunkt des Territorialitäts- und Schutzlandsprinzips sind die gewährten Ausschließlichkeitsrechte. Dem Wettbewerbsrecht als solchem ist es jedoch gerade wesensfremd absolute Rechte zu statuieren[640]. Mangels Ausschließlichkeitsrechten kann es im Wettbewerbsrecht auch kein Schutzland als Anknüpfungsmoment geben[641]. Entscheidend ist nämlich, dass der Gesichtspunkt des

---

[637] Formulierung nach Schricker, in: Großkommentar zum UWG, Einl. F. 195.
[638] Dokument KOM (2003) 0427.
[639] Sandrock, GRUR Int 1985, 507, 512, 517 f..
[640] Siehe oben § 2 D.
[641] Ebenso Schricker, GRUR Int 1973, 459; MüKo/Kreuzer, Rn. 234 zu Art. 38.

Verkehrsschutzes, welcher nach der hier vertretenen Auffassung für das Territorialitätsprinzip der gewerblichen Schutzrechte zentral ist, mangels Ausschließlichkeitsrechte im Wettbewerbsrecht gar nicht aktuell wird.

Verkennen die Vertreter der Auffassung, welche das Schutzlandprinzip auch auf das Wettbewerbsrecht erstrecken wollen, den Mangel an subjektiven Rechten im Lauterkeitsrecht, so wird den Vertretern des Auswirkungsprinzips entgegengehalten, dass sie den marktordnungsrechtlichen Charakter des Wettbewerbsrechts überbetonen und den durch das UWG auch bezweckten Individualschutz unzulässigerweise ausblenden[642]. Entgegenzuhalten ist dem Ansatz auch, dass zwar das Kartellrecht erfolgsbezogen ist und damit die Frage nach Auswirkungen auch eine dem Kartellsachrecht immanente ist, wohingegen das Wettbewerbsrecht eben verhaltens- und nicht auswirkungsbezogen sei[643]. Diese Einwände sind allerdings eher akademischer Natur. Tatsächlich unterscheiden sich Auswirkungs- und Marktortprinzip nur geringfügig. Zu beachten ist, dass eine Anwendung des Auswirkungsprinzips nicht dahingehend entarten darf, dass an den bloßen Schadensort angeknüpft wird[644].

Durch die Anknüpfung an den Marktort ist der internationale Entscheidungseinklang weitgehend gewährleistet[645]. Zudem ist das Gebot der Vorhersehbarkeit gerichtlicher Entscheidungen in einem hohen Maße erfüllt. Im Einzelfall schwierig zu bestimmen ist, ob die Marktortanknüpfung den Rechtsanwendungsinteressen der Parteien entspricht. Problematisch ist etwa, ob die Marktortregel in Fällen der Wettbewerbsrechtsverletzung im Internet oder anderen grenzüberschreitenden Medien stets den Interessen der Parteien entspricht. Klammert man diesen Aspekt einmal aus, kann man im Rahmen der Martortanknüpfung zumindest keinen strukturell angelegten Widerspruch zu den Rechtsanwendungsinteressen der Parteien ausmachen.

---

[642] So Staudinger/von Hoffmann, Rn. 308 zu Art. 40.

[643] Deutsch, Wettbewerbstatbestände, S. 46 f; Steindorff, Sachnormen im internationalen Privatrecht, S. 150 f..

[644] Vorschlag der Europäischen Kommission für die ROM II – Verordnung, zu Art. 5: „Der Bedarf an einer Sonderregel für diesen Bereich wird manchmal mit dem Argument in Zweifel gezogen, dass sie zur selben Lösung wie die Grundregel des Artikels 3 (allgemein-deliktische Anknüpfungsregel – Anmerk. des Verfassers) führen würde. Dabei wird der Schaden, für den Ersatz begehrt wird, mit der wettbewerbsschädigenden Wirkung verwechselt, die die Anwendung des Wettbewerbsrechts bedingt“. Die wettbwerbsschädigende Wirkung – also die Auswirkung – ist folglich nicht mit dem Schaden gleichzusetzen.

[645] Zum Entscheidungseinklang vgl. Kropholler, IPR, § 6 II, S. 38; Kegel/Schurig, IPR, § 2 II.

Insgesamt wird man sagen dürfen, dass die Marktortregel weitgehend die Kriterien, die an eine sachgerechte Kollisionsnorm zu richten sind, erfüllt[646]. Blendet man zunächst einmal die Fälle der Wettbewerbsverletzung durch grenzüberschreitende Medien aus, so lässt sich konstatieren, dass sie ferner dem speziellen wettbewerbsrechtlichen Gebot der Waffengleichheit entgegen kommt[647].

## D. Weitere Fragen der kollisionsrechtlichen Anknüpfung des Wettbewerbsrechts

### I. Rück- und Weiterverweisung

Ob im Internationalen Wettbewerbsrecht ein renvoi anzuerkennen ist, ist umstritten. Zum Teil wird aufgrund der Besonderheiten des Wettbewerbsrechts eine Rück- oder Weiterverweisung ausgeschlossen[648]. Ob eine Rück- oder Weiterverweisung tatsächlich dem Sinn der Verweisung widerspricht erscheint zumindest fraglich. Man könnte es m. E. durchaus mit der par conditio concurrentium vereinbaren, dass sich eben die Marktteilnehmer eines Staates auch auf das Internationale Privatrecht für wettbewerbsrechtliche Sachverhalte dieses Staates einstellen müssen.

### II. Rechtswahl

In der Literatur wurde bisher eine Rechtswahl überwiegend abgelehnt[649]. Gegen eine Zulassung der Parteiautonomie sprechen die im Wettbewerbsrecht stets berührten Interessen der Allgemeinheit und somit auch die Rechtsanwendungsinteressen des Staates. Allerdings muss die Frage aufgeworfen werden, ob die Gewährung einer Rechtswahl nunmehr nicht aufgrund von Art. 42 EGBGB zuzulassen ist. Zum Teil wird aus Art. 42 EGBGB in der Tat der Schluss gewonnen, dass eine Rechtswahl nunmehr möglich sei[650]. Steht man der Annahme einer Verortung des Marktortsprinzips in den Artt. 40 ff. EGBGB, wie hier, skep-

---

[646] Sack, GRUR Int 1988, 320, 323; Kreuzer, Wettbewerbsverstöße und Beeinträchtigung gewerblicher Interessen, S. 266 ff., 275, 278; Wilde Handbuch des Wettbewerbsrechts, S. 48 Rn. 20; zur Anwendung ausländischen Wettbewerbsrechts vgl. OLG Hamm, AWD 1970, 31 – Stilmöbel; OLG Stuttgart, WRP 1977, 822.

[647] Sack, Das IPR der Produktenhaftung und die „par conditio concurrentium", S. 495 ff.

[648] Sack, GRUR Int. 1988, 320, 329, 330; Beckmann, WRP 1993, 651, 655; a. A. v Bar IPR II Rn. 699 Fn. 308; Wilde, in: Gloy, Handbuch des Wettbewerbsrechts, § 6 Rn. 55; KG IPRspr. 1993, Nr. 124.

[649] Staudinger/von Hoffmann, Art. 40, Rn. 343; Deutsch, RabelsZ 27[1962] 180, 181; Sack GRUR Int. 1988, 329 f.; von Bar, IPR II Rn. 698.

[650] Köhler, in: UWG, Einf., Rn. 91, der dann aber darauf hinweist, dass die Wahl eines strengeren Rechts einen Verstoß gegen das Kartellverbot (§ 1 GWB) begründen kann.

tisch gegenüber, muss eine auf Art. 42 EGBGB basierte Argumentation Zweifel wecken. Hiergegen spricht jedenfalls, dass sich die Gesetzesmaterialien zu Art. 42 EGBGB zur Frage einer Rechtswahl beim Internationalen Wettbewerbsrecht ausschweigen. Die Berücksichtigung „politischer, öffentlich-rechtlicher" Aspekte des Sachrechts ist im Kollisionsrecht immer problematisch. Letztlich wirkt aber auch das mit vielfältigen Allgemeininteressen durchzogene Wettbewerbsrecht nur zwischen den Parteien[651].

Eine Kompromissformel bietet von Hoffmann an, der zwischen Wettbewerbsnormen mit polizeilichem oder wirtschaftspolitischem Charakter unterscheiden will[652].

Für eine Rechtswahl spricht jedenfalls die generelle Entwicklung im Internationalen Privatrecht; auch der Kommissionsentwurf für die Rom II-Verordnung sieht in seinem Art. 10 eine Rechtswahlmöglichkeit auch für das Wettbewerbsrecht vor.

### III. Akzessorische Anknüpfung

Begreift man die Anknüpfung an den Ort der Interessenkollision als in der Tatortregel verankert, ist der Weg prinzipiell frei für eine akzessorische Anknüpfung nach Art. 41 Abs. 2 Nr. 1 EGBGB. Von Hoffmann vertritt auch hier die für die Rechtswahl vorgeschlagene Differenzierung[653].

## E. Das Internationale Wettbewerbsrecht in dem Entwurf zur Rom II-Verordnung

Bereits 1972 hatte die Europäische Kommission einen Entwurf für ein Übereinkommen auf dem Gebiet des Internationalen Privatrechts der Schuldverhältnisse vorbereitet, welche auch außervertragliche Schuldverhältnisse umfasste[654]. Eine Einigung konnte jedoch nur für vertragliche Schuldverhältnisse erreicht werden und so mündeten die Bemühungen nach weiteren langjährigen Beratungen dann in dem „Römischen EWG-Übereinkommen über das auf vertragliche Schuldverhältnisse anzuwendende Recht", dessen Regelungen sich auch in den Artt. 27-37 des EGBGB wieder finden.
Erst 1996 wurde das Vorhaben, das Kollisionsrecht für außervertragliche Schuldverhältnisse zu vereinheitlichen, wieder aufgegriffen[655]. Im Unterschied

[651] Müller-Graff, RabelsZ 48 [1984] 314.
[652] Staudinger/von Hoffmann, Art. 40, Rn. 346.
[653] Staudinger/von Hoffmann, Art. 40, Rn. 349.
[654] Abgedruckt in RabelsZ 38 (1974), 211 ff.
[655] Vgl. hierzu Huber/Bach, IPRax, 2005, S. 73.

zu den 70er Jahren bestand mittlerweile durch den Vertrag von Amsterdam auch eine Gesetzgebungskompetenz auf dem Gebiet der justiziellen Zusammenarbeit in Zivilsachen (vgl. Artt. 61 c und 65 EGV), so dass der Entwurf nunmehr auf die Schaffung sekundären Gemeinschaftsrechts in Form einer Verordnung abzielt.
Ein interner Vorentwurf für eine Verordnung des Europäischen Parlaments und des Rates über das auf außervertragliche Schuldverhältnisse anzuwendende Recht (Rom II-Vo) wurde im Mai 2002 im Internet veröffentlicht und stieß zum Teil auf deutliche Kritik[656]. Am 22.7.2003 hat die Europäische Kommission daraufhin einen überarbeiteten Vorschlag vorgestellt[657].

In dem Vorschlag zur Rom II-Verordnung wird eine eigene Kollisionsnorm für wettbewerbsrechtliche Delikte geschaffen. Als wettbewerbsrechtlich qualifiziert werden nach Art. 5 des Vorschlags zur Rom II-Verordnung Handlungen, die auf die Nachfrage Einfluss zu nehmen trachten (z. B. Täuschung und Zwang), Handlungen, die das Angebot von Wettbewerbern stören sollen (z. B. Störung der Zulieferung, Abwerbung von Angestellten etc.) und auch Handlungen, mit denen Vorteile eines Wettbewerbers missbraucht werden (z. B. Schaffung einer Verwechslungsgefahr oder Ausnutzung seines Bekanntheitsgrades). Das in dem Vorschlag zur Verordnung vorgesehene Konzept des Lauterkeitsrechts entspricht der Schutzzwecktrias in § 1 UWG[658]. Weiterhin konstatiert die Kommission, dass ein breiter Konsens über die Anwendung des Rechts desjenigen Staates besteht, dessen Markt durch die Wettbewerbshandlung beeinträchtigt wurde.

Konkret ist nun für Art. 5 der Rom II-Verordnung vorgesehen, dass an das Recht des Marktes, in dessen Gebiet die Wettbewerbsbeziehungen oder die kollektiven Interessen der Verbraucher beeinträchtigt worden sind oder werden könnten, anzuknüpfen ist. Diese Anknüpfungsregel soll vor allem auch der par-conditio-concurrentium dienen. Im Folgenden wird in dem Vorschlag in Bezug auf die Beeinträchtigung des Marktes auch von „Auswirkungen“ gesprochen, woraus sich ablesen lässt, dass sich hinter der Anknüpfungsregel des Art. 5 des Verordnungsvorschlages das aus dem Kartellrecht bekannte Auswirkungsprinzip verbirgt.

Wird mit einer Wettbewerbshandlung jedoch gezielt die Position eines Mitbewerbers angegriffen (etwa bei der Abwerbung von Angestellten, Bestechung und Industriespionage, Anstiftung zum Vertragsbruch etc.), sind die Auswirkungen auf den Markt nicht mehr in den Vordergrund zu stellen. In Umsetzung der Erkenntnis, dass das Lauterkeitsrecht nicht nur die Verbraucher und die

[656] Hamburg Group for Private International Law, RabelsZ 2003, S. 1 ff.
[657] Dokument KOM (2003) 0427.
[658] BT-Drucks. 15/1487 S. 5.

Allgemeinheit, sondern auch die Mitbewerber schützt, sind solche Handlungen nach dem Vorschlag zur Verordnung als bilateral einzustufen, mit dem Ergebnis, dass es bei der allgemeinen deliktskollisionsrechtlichen Anknüpfung des Art. 3 verbleibt. Über Art. 3 des Vorschlags der Verordnung gelangt man dann zum gemeinsamen Aufenthalt der Parteien. Diese Auflockerung der Anknüpfung für das Internationale Wettbewerbsrecht entspreche dem niederländischen Recht (Art. 4 Abs. 2 des Gesetzes von 2001) und ferner auch dem schweizerischen Recht (Art. 136 Abs. 2 IPRG). Schließlich verweist die Kommission diesbezüglich auch auf die deutsche Rechtsprechung, womit offensichtlich vor allem auf die Stahlexport-Entscheidung Bezug genommen wird[659].

Gem. Art. 20 des Entwurfs zur Rom II-Verordnung sind die Verweisungen dieser Verordnung Sachnormverweisung.

### F. Bedeutung des Verordnungsvorschlags für die bisherige Rechtslage

Die Anknüpfungsregel des Verordnungsvorschlags lässt keine grundlegende Veränderung zur bisherigen Rechtslage erkennen. Dies gilt insbesondere für den bevorstehenden Wechsel vom Marktortprinzip zum Auswirkungsprinzip. Zu bedenken ist jedoch, dass es wünschenswert wäre, wenn eine Klarstellung in den Verordnungstext aufgenommen würde, dass der Ort der Auswirkung nicht mit dem Ort des Vermögensschadens gleichzusetzen ist. Dies erscheint aufgrund der Tradition anderer europäischer Staaten – z. B. Frankreich – geboten[660].

Ob sich der geplante Abs. 2 des Art. 5 der Rom II-Verordnung ganz so nahtlos an die bisherige Rechtsprechung anfügt, wie dies die Stellungnahme der Kommission nahe legt, muss allerdings bezweifelt werden. In der Stahlexport-Entscheidung wurde als Voraussetzung normiert, dass sich der Wettbewerb im Ausland ausschließlich zwischen deutschen Gewerbetreibenden abspielt oder sich eine Wettbewerbshandlung „direkt und gezielt gegen den inländischen Mitbewerber richte“[661]. Wann jedoch ein direkter und gezielter Angriff auf einen inländischen Mitbewerber vorliegt und wann auch die Interessen der Allgemeinheit berührt sind, dürfte eine eher schwer zu eruierende Frage sein.

Die Entscheidung des BGH „Rotpreis-Revolution“ veranschaulicht in diesem Zusammenhang, dass komplexe wettbewerbsrechtliche Sachverhalte mit Auslandsbezug im Hinblick auf die Frage der Berücksichtigung exterritorialer Sachverhalte bzw. der Erstreckung auf exterritoriale Sachverhalte durch die

---

[659] Siehe oben § 6 A.
[660] Cass, civ. 8.2.1983 – Clunet 1984, 123; vgl. hierzu auch Rauscher, ZZPint, 1996, S. 154.
[661] Siehe oben § 6 A.

Anwendung der Marktortregel noch nicht einer rechtlichen Lösung zugeführt sind. In der erwähnten Entscheidung löst der BGH die international-privatrechtliche Frage gerade nicht erschöpfend durch die Bestimmung des anwendbaren Rechts durch die Anknüpfung an den Ort der wettbewerblichen Interessenkollision, sondern stellt vielmehr auf sachrechtlicher Ebene fest, dass § 7 UWG a. F. Sonderverkäufe im Ausland nicht zu erfassen gedenke. So wird auch die Einführung der Rom II-Verordnung den Rechtsanwender nicht davon befreien, mit Augenmaß eine Abschichtung der Anwendungsbereiche inländischer Sachnormen im Hinblick auf Sachverhalte mit Auslandsbezug vorzunehmen.

## § 7 Das autonome Internationale Privatrecht für das Immaterialgüterrecht

### A. Schutzlandprinzip

Auch das Internationale Privatrecht für Immaterialgüterrechte hat die allgemeine deliktische Kollisionsnorm des Tatortsprinzips überwunden. Die Anknüfungsregel für das Internationale Immaterialgüterrecht ist das sog. Schutzlandprinzip (lex loci protectionis). Das Schutzlandprinzip basiert auf dem Verständnis der Immaterialgüter als territoriale Rechte[662] und besagt, dass für Immaterialgüterrechte das Recht desjenigen Staates anzuwenden ist, für welchen (nicht in welchem) Schutz begehrt wird[663]. Es handelt sich um eine allseitige Verweisung; lex fori und lex loci protectionis können somit durchaus auseinander fallen[664]. Die Ansicht des Reichsgerichts nur für Schutzrechtsverletzungen im Inland international zuständig zu sein, ist überholt[665]. Das Schutzlandprinzip beruht auf der Vorstellung, dass der Wirkungsbereich der Schutzrechte territorial begrenzt ist[666].

Teilweise wird schon dem Territorialitätsprinzip die kollisionsrechtliche Aussage, dass an das Recht des verleihenden Staates anzuknüpfen ist, entnommen. Hiergegen sprechen methodische Bedenken. Nach der hier vertretenen Auffassung ist das Territorialitätsprinzip zuvörderst ein sachrechtliches. Es trifft somit aus deutscher Sicht nur eine Aussage über deutsche Schutzrechte. Als kollisionsrechtlich kann man allenfalls die Aussage werten, dass ausländische Schutzrechte nicht ins Inland hineinwirken. Die deutsche Rechtsordnung kann nicht darüber befinden, inwieweit auch andere Staaten ihre Schutzrechte auf ihr Territorium zu beschränken haben, bzw. umgekehrt inwieweit sie ein Hinüberwirken aus ihrer Sicht ausländischer Schutzrechte zulassen. Dies ist eben eine Frage, auf die nur der Schutzstaat eine Antwort geben kann. Deshalb ist zwischen Territorialitäts- und Schutzlandprinzip zu differenzieren[667].

Eine andere Frage ist, inwieweit das Territorialitätsprinzip auch das Schutzlandprinzip bedingt. Gewöhnlich findet sich die Feststellung, dass das Schutz-

---

662 Fezer, Markenrecht, Einl. Rn. 168; Handelsgericht Zürich, GRUR Int. 1985, 411; MüKo/Kreuzer, Nach Art. 38 EGBGB, Anh II, Rn. 26 m. w. Nachw.

663 Fezer, Markenrecht, Einl. Rn. 169.

664 Staudinger/Fezer, Internationales Wirtschaftsrecht, Rn. 698; die teilweise anzutreffende Formulierung „Staat (...) in dem der Schutz beansprucht wird" – ist somit unkorrekt.

665 Staudinger/von Hoffmann, Art. 40, Rn. 391; zur Rspr. des RG vgl. RG, JW 1890, 281; RG, IPRspr. 1934 Nr. 75.

666 EuGH, C-9/93, IHT International Heiztechnik ./. Ideal Standard (Ideal Standard II), Slg. 1994, I -2789, Erwägungsgrund 22; Handelsgericht Zürich, GRUR Int. 1985, 411.

667 Vgl. zu diesem Themenkomplex auch schon oben § 5 I. I. und § 5 I. II.

landprinzip eine Konsequenz des Territorialitätsprinzips sei[668] oder durch das Territorialitätsprinzip vorgegeben sei[669]. Diese Aussage ist mit Vorsicht zu genießen. So ist es durchaus denkbar, im Bereich grenzüberschreitender Medien, wie Satellitensendungen oder das Internet, eine Anknüpfung an das Ursprungsland zu statuieren[670]. Das Schutzlandprinzip ist weltweit weitgehend anerkannt.

Über Bestand oder Nichtbestand entscheidet nur das Recht des verleihenden Staates[671]. Anknüpfungsgegenstand ist somit Bestand und Schutz der Immaterialgüterrechte; Anknüpfungspunkt der Staat für welchen Schutz begehrt wird. Ein Statutenwechsel ist ausgeschlossen[672].

Die Anknüpfungsregel der lex loci protectionis ist im deutschen Gesetz nicht ausdrücklich geregelt. Dies ist zu bedauern, zumal sich mittlerweile andere europäische Länder dieses Schrittes rühmen können. So schreibt etwa Art. 110 Abs. 1 des schweizerischen IPR-Gesetzes: „Immaterialgüterrechte unterstehen dem Recht des Staates, für den der Schutz der Immaterialgüterrechte beansprucht wird“; ähnlich steht in § 34 Abs. 1 des österreichischen IPR-Gesetzes, dass „Entstehen, Inhalt und das Erlöschen von Immaterialgüterrechten nach dem Recht des Staates zu beurteilen (sind), in dem eine Benutzungs- oder Verletzungshandlung gesetzt wird“.

Abschließend betrachtet kann das Schutzlandprinzip also dahin gehend formuliert werden, dass sich Bestand, Inhalt, Erlöschen und der Schutz von Immaterialgüterrechten nach dem Recht des Schutzlandes richten[673]. Anders wird dies zum Teil für das Urheberrecht gesehen, für welches einzelne Fragen – etwa die nach dem Bestand eines Urheberrechtes - von dem Schutzlandprinzip abgekoppelt und dem Ursprungslandprinzip zugewiesen werden sollen[674]. Ob dem für

---

[668] Staudinger/von Hoffmann, Art. 40, Rn. 388.

[669] Fezer, Markenrecht, Einl., Rn. 170; Möhring/Nicoline, Urheberrechtsgesetz, vor § 120 Rn. 4.

[670] Hiergegen sprechen bekanntermaßen gute Gründe (Stichwort: Delawarisierung), nicht jedoch das Territorialitätsprinzip; vgl. jedoch § 20 a UrhG..

[671] Fezer, Markenrecht, Einl., Rn. 169.

[672] MüKo/Kreuzer, nach Art. 38 Anhang II, Rn. 13; Staudinger/von Hoffmann, Art. 40, Rn. 388; Fezer, Markenrecht, Einl., Rn. 167.

[673] Vgl. Staudinger/von Hoffmann, Art. 40, Rn. 388; Müko/Kreuzer, Nach Art. 38 Anh. II; für das Patentrecht Benkard, Patentgesetz, Einl. Rn. 24, § 9 Rn. 8 ff.; wohl ebenso; allerdings die lex loci protectionis mit der lex rei sitae verwechselnd, Weiss, Patentgesetz, § 6 Rn. 69, S. 274; für das Urheberrecht: Wandke/Bullinger, UrhR., vor § 120 ff. Rn. 4.; Möhring/Nicoline, Urheberrechtsgesetz, vor § 120 Rn. 4 u. 10; BGHZ 136, 380, 387; OLG Hamburg, GRUR 1979, 235, 237 – ABBA/ Arrival; OLG Karlsruhe GRUR 1984, 521, 522 – Atari-Spielkassetten.

[674] So insbesondere Schack, Urheber- und Urheberverlagsrecht, Rn. 889 ff. – der konsequenterweise dann den Anknüpfungsgegenstand des Schutzlandprinzips vorsichtiger bestimmt:

das Urheberrecht gefolgt werden kann, braucht hier nicht entschieden zu werden.

Mit der Reform des Internationalen Deliktsrechts, vgl. die Art. 40 bis Art. 42, kann allerdings die Frage aufgeworfen werden, ob man das Schutzlandprinzip nicht in diesen verorten kann. Die Fragestellung beruht auf der Prämisse, dass das Internationale Immaterialgüterrecht im Deliktsrechts im weiteren Sinne angesiedelt sei.
Wie wir schon ausgeführt haben ist das Zeichenrecht, welches uns vornehmlich interessiert, Teil des Wettbewerbsrechts. Dieses wird z. T. als ein Sonderdeliktsrecht begriffen[675]. Hiergegen könnte man einwenden, dass sich das Wettbewerbsrecht von seinen deliktischen Wurzeln befreit und zu einer eigenständigen Materie entwickelt habe; diesen dogmatischen Erwägungen soll hier jedoch nicht nachgegangen werden.

All diese Erörterungen spielen sich freilich auf dem Terrain der sachrechtlich zu begreifenden Rechtsnatur dieser Rechtsgebiete ab. Diese Einordnung auf sachrechtlicher Ebene ist freilich von der kollisionsrechtlichen zu trennen. Letztere ist von der ersten zu abstrahieren. Die sachrechtliche Klassifizierung kann auf das Tableau international-privatrechtlicher Systembegriffe durchschlagen, muss dies aber nicht. Konkret wird von Sack vertreten, dass das Schutzlandprinzip in Art. 40 EGBGB zu verorten sei; er führt aus, Handlungsort sei der Ort der relevanten Benutzungshandlung und dieser im Immaterialgüterrecht gleich dem Erfolgsort[676].
Gegen diese Auffassung sprechen durchgreifende Bedenke. Zum einen zeigt das Spektrum europäischer IPR-Kodifikationen, die die Schutzlandanknüpfung expliciter anführen, dass diese Kollisionsregel eben nicht ohne weiteres in Normen des Internationalen Privatrechts für Delikte eingebettet werden kann. Zum anderen geht Art. 40 EGBGB gerade von der dem deliktischen Begriff der unerlaubten Handlung immanenten Dichotomie von Handlungs- und Erfolgsort aus.

Demgegenüber geht von Hoffmann davon aus die lex loci protectionis - Regel in Art. 41 EGBGB verorten zu können[677]. Auch hier ist m. E. all zu sehr der Wunsch Vater des Gedankens, impliziert doch Art. 41 I EGBGB gerade, dass der Sachverhalt von Art. 40 EGBGB erfasst ist. Auch aus den Gesetzesmateria-

---

„Der Geltungsbereich der lex loci protectionis muss deshalb differenzierter und zurückhaltender umschrieben werden, als das bisher üblich ist.(...) Dies geschieht durch Anwendung des Rechts des Schutzlandes auf Inhalt, Schranken und Dauer des Urheberrechts“(Rn. 919).
[675] Bydlinski, System und Prinzipien des Privatrechts, S. 608 f.
[676] Sack, WRP, 2000, 269, 271.
[677] Staudinger/von Hoffmann, Art. 40, Rn. 371.

lien ergibt sich, dass von einer Kodifizierung der Schutzlandregel gerade abgesehen werden sollte[678] (wenngleich die Begründung eine Kodifikation sei aufgrund der allgemeinen Geltung des Schutzlandprinzips entbehrlich, zur Kritik in puncto Gesetzgebungstechnik aufruft).
Was die Verortung des Schutzlandprinzips in den Artt. 40, 41 EGBGB angeht, enthalten die Gesetzesmaterialien allerdings deutliche Hinweise, dass dies der Intention des Gesetzgebers widersprechen würde. Als Grund für die Nichtaufnahme in Art. 40 EGBGB wird angeführt, dass eine Rechtswahl oder eine Anknüpfung an den gewöhnlichen Aufenthalt nicht in Betracht käme[679]. In der Tat wird eine Auflockerung der Schutzlandregel überwiegend abgelehnt[680].
Auch eine Verortung in Art. 41 EGBGB muss auf Bedenken aufgrund eines entgegenstehenden Willens des Gesetzgebers stoßen. Zu Art. 41 EGBGB ist in der Drucksache des Bundestages von „Anpassungsfähigkeit für jetzt noch nicht vorhersehbare Interessenlagen" die Rede[681]. Eine gedankliche Verbindung zum Schutzlandprinzip, welches in der hier zitierten Bundestagsdrucksache noch drei Seiten vorher als „allgemein geltend" tituliert wurde, kann auf Basis der Gesetzesmaterialien nicht gesehen werden. Einer Verortung des Schutzlandprinzips in Art. 40 oder Art. 41 EGBGB ist zu widersprechen. Ehrlicherweise sollte man hier eine richterrechtliche Lösung sehen.

Das Schutzlandprinzip gilt nicht unangefochten[682]. Mit Ausnahme von Schack und Ropohl beziehen sich die Kritiker des Schutzlandprinzips jedoch vor allem auf Urheberrechte. Die Frage, ob für eine Anknüpfung an die lex loci protectionis im Urheberrecht die besseren Gründe sprechen oder nicht sei an dieser Stelle dahin gestellt.

## B. Aktuelle Tendenzen zur Vereinheitlichung der kollisionsrechtlichen Anknüpfung von Wettbewerbsrecht, Kartellrecht und Immaterialgüterrecht

Bereits Erwähnung gefunden hat der Ansatz von Sandrock Wettbewerbsrecht, Kartellrecht und Immaterialgüterrecht einer einheitlichen international-privatrechtlichen Anknüpfung, d. h. Schutzlandprinzip (und Territorialitätsprinzip), zuzuführen. Aus den bereits oben erwähnten Gründen, ist dieser Ansatz jedoch

[678] BT-Drucksache 14/ 343, S. 10.
[679] BT-Drucksache, 14/ 343, S. 10.
[680] MüKo/Kreuzer, Nach Art. 38 Anh. II, Rn. 15, a. A. Schack, GRUR Int. 1985, 523, 524.
[681] BT-Drucksache, 14/ 343, S. 13.
[682] Für eine Anknüpfung an das Ursprungsland statt an die lex loci protectionis sprechen sich aus: Neuhaus RabelZ 40 (1976) 191, 193; Drobnig RabelZ (1976) 195, 197 ff. Regelin ; ähnlich Cigoj, in: FS Firsching (1985) 73; Siehr Ufita 108 (1988) 9, 24 f und teilweise auch Ropohl für formlose Markenrechte bei der Frage nach der Erstinhaberschaft, Die Anknüpfung formloser Markenrechte, S. 80 und des Statuts für Verfügungsgeschäfte S. 85.

als verfehlt zu betrachten[683]. Erfolgsversprechender dürfte der Ansatz von Fezer sein, dass kartellrechtliche Auswirkungsprinzip (vgl. § 130 GWB) nicht nur für das Internationale Lauterkeitsrecht, sondern auch auf das Immaterialgüterrecht anzuwenden[684]. Die herrsche Lehre steht einer Anwendung des Auswirkungsprinzips auf das Internationale Wettbewerbsrecht, wie berichtet, skeptisch gegenüber[685]. Auch der Ansatz das Internationale Immaterialgüterrecht um das kollisionsrechtliche Auswirkungsprinzip zu bereichern muss auf sachliche Kritik im Detail gestoßen. Zu fragen ist nämlich, wie sich eine extraterritoriale Anwendung des deutschen Kennzeichenrechts etwa mit dem zeichenrechtlichen Prioritätsprinzip verträgt. Unabhängig von dieser Frage, auf die an anderer Stelle einzugehen sein wird, bestehen auch Zweifel daran, ob eine kollisionsrechtliche Zusammenführung dieser Rechtsgebiete überhaupt sinnvoll ist.

Zu konstatieren ist zunächst, dass sich eine solche Vereinheitlichung in Widerspruch zu der allgemeinen kollisionsrechtlichen Tendenz einer zunehmenden Austarierung der Anknüpfungsregel setzen würde. Ein Paradebeispiel hierfür ist etwa das Deliktsrecht, welches sich mittlerweile durch seine „aufgelockerte" Anknüpfung auszeichnet. Dieser Trend führt das gesamte Internationale Privatrecht weg von dem Ideal eines Entscheidungseinklanges, da die zunehmend gesonderten Anknüpfungen im Einzelfall selten internationalisierungsfähige Kollisionsnormen zu Tage fördern. Wenn man etwa im Deliktsrecht nach Wegen sucht den Rechtsanwendungsinteressen der Parteien im Einzelfall möglichst gerecht zu werden, so stellt sich schon die Frage, ob der Ansatz das Internationale Privatrecht für Kartellrecht, Wettbewerbsrecht und Immaterialgüterrecht auf eine Linie zu bringen, durch die verschiedenartigen Wesenszüge der Rechtsgebiete nicht zwangsläufig mit den Rechtsanwendungsinteressen der Parteien kollidieren muss.

Dessen ungeachtet werden von anderen die Gemeinsamkeiten der Rechtsgebiete betont[686]. Auch Steindorff etwa führt aus, dass zwischen Immaterialgüter- und Wettbewerbsrecht die Unterschiede nicht so groß seien, als das sie eine unterschiedliche international-privatrechtliche Anknüpfung rechtfertigen würden[687].

[683] Siehe oben § 6 C. III.

[684] Fezer, Markenrecht, Einl. Rn. 173 ff., allerdings geht Fezer davon aus, dass das Auswirkungsprinzip weniger kollisionsrechtlich zu verstehen sei, sondern es „lediglich" darum gehe, zu bestimmen, ob ein Auslandssachverhalt einen deutschen Verletzungstatbestand erfüllt. Auch die Frage der Anwendung deutschen Rechts auf reine Auslandssachverhalte ist jedoch eine kollisionsrechtliche.

[685] Siehe oben § 7 C. III.

[686] Wie schon mehrfach erwähnt geht Sandrock von dem Bedürfnis aus, die Rechtsgebiete zu vereinheitlichen.

[687] Steindorff, Sachnormen im IPR, S. 168.

Das Auswirkungsprinzip soll daher im Folgenden eingehender betrachtet werden.

## I. Das Auswirkungsprinzip

Das Auswirkungsprinzip ist in § 130 II GWB als maßgebliches Anknüpfungsprinzip für das Kartellrecht normiert. Das Auswirkungsprinzip statuiert eine extraterritoriale Anwendung des deutschen Kartellrechts[688]. Der Wortlaut des § 130 II GWB trifft keine Aussage, wie die Inlandsauswirkungen beschaffen sein müssen. In der Tat ist der kartellrechtliche Auswirkungsbegriff eine weitgehend konturloser. Die inhaltliche Bestimmung des Begriffs richtet sich deshalb weitgehend nach den einzelnen Sachnormen des Kartellrechts[689]. Nach der Rechtsprechung des BGH liegt eine Inlandsauswirkung dann vor, wenn das durch die Sachnorm geschützte Rechtsgut im Inland beeinträchtigt ist[690]. Darüber hinaus muss sich der Begriff der Auswirkung aber auch am Tatbestand der Sachnorm orientieren[691]. Nach wohl ganz herrschender Meinung ist eine unbesehene Anwendung inländischen Kartellrechts auf ausländische Vorgänge nicht statthaft. Dies gründet sich darauf, dass durch die extraterritoriale Wirkung des deutschen Kartellrechts (bedingt durch das Auswirkungsprinzip) Verstöße gegen das völkerrechtliche Gebot der Achtung fremder Souveränität[692] zu befürchten und entsprechend zu vermeiden sind.
Es bedarf aus kollisionsrechtlichen und aus völkerrechtlichen Gründen der Korrektur[693]. Auf die kartellrechtlichen Besonderheiten soll hier nicht vollumfänglich eingegangen werden. Eine wichtige Einschränkung ist etwa das Kriterium der Spürbarkeit auf dem Inlandsmarkt[694]. Zum Teil wird auch eine Korrektur über die Kriterien der Unmittelbarkeit und der Tatsächlichkeit der Wirkung (im Gegensatz zu bloßen Gefährdungen) angenommen[695]. Eine insoweit restriktive Auffassung, welche hinsichtlich einer Rezeption dieser Kollisionsregel für das Immaterialgüterrecht, sowieso Ausgangspunkt sein sollte, würde also eine Inlandsauswirkung nur dann bejahen, wenn sich die im Ausland veranlassten

---

[688] Rehbinder in: Immenga/Mestmäcker, GWB, § 130 Abs. II, Rn. 15.
[689] Rehbinder in: Immenga/Mestmäcker, GWB, § 130 Abs. II, Rn. 39.
[690] BGHSt 25, 208, 212 – „Ölfeldröhre; "BGHZ 74, 322 – „Organische Pigmente".
[691] Markert in: 10 Jahre BKarA, S. 213, Basedow NJW 1989, 628; von Bar, Festschrift Ferid, 1988, S. 13, 17; Sandrock, ZVglRW 1967, 1, 24 f.
[692] Siehe ausführlich zu diesem Prinzip, oben § 5 H. III.
[693] Rehbinder in: Immenga/Mestmäcker, GWB, § 130 Abs. II, Rn. 56.
[694] BGHZ 74, 322 – „Organische Pigment"; BGH RIW 1981, 407 – „Bayer/ Finestone"; von Gamm NJW 1977, 1556; Rehbinder in: Immenga/Mestmäcker, GWB, § 130 Abs. II, Rn. 68 ff..
[695] Staudinger/Fezer, Internationales Wirtschaftsrecht, Rn. 145 ff.; in: Staudinger/ von Hoffmann, Art. 40 Rn. 356; kritisch: Rehbinder, in: Immenga/Mestmäcker, GWB, § 130 Abs. II, Rn. 73 ff..

Wettbewerbsbeschränkungen im Hinblick auf den Schutzbereich der betroffenen kartellrechtlichen Sachnorm spürbar, tatsächlich und unmittelbar auf den Inlandsmarkt auswirken[696].

**II. Ansatz von Fezer**

Ein Novum in der theoretischen Diskussion um das Internationale Kennzeichenrecht stellt der Vorschlag von Fezer dar, das kartellrechtliche Auswirkungsprinzip sowohl auf das Wettbewerbsrecht als auch auf das Markenrecht zu erstrecken. Ausgangspunkt seiner Überlegungen sind Markenverletzungen im Internet zum einen, zum anderen die Fälle der schweren Rufausbeutung von Marken und der Markenverunglimpfung, wobei Fezer hierbei auch den Fall der Markenbeeinträchtigung durch Einwirkung auf Touristen erfasst wissen will[697].

Maßgeblich geht Fezer davon aus, dass das Auswirkungsprinzip notwendig sei, um Internetfällen Herr zu werden. Er geht, wie die herrschende Meinung, davon aus, dass es im Immaterialgüterrecht keinen außerhalb des Schutzlandes belegenen Begehungsort geben kann[698]. In Konsequenz dessen, sei eine inländische Immaterialgüterrechtsverletzung nur dann denkbar, wenn sich der Sender bei einer Fernsehausstrahlung oder der Internetserver im Inland befänden[699]. Dies entspricht einem Teil des Meinungsspektrums[700].

Fezer unterscheidet zwischen der Annahme einer Kennzeichenverletzung infolge einer Handlung, deren Begehungsort im deliktsrechtlichen Sinne im Inland liegt, die aber auch teilweise im Ausland vorgenommen wurde und einer solchen Handlung, die nach deliktsrechtlichem Verständnis im Ausland begangen wurde[701]. Für die erste Variante ergibt sich - recht unproblematisch -, dass inländisches Recht anzuwenden ist und gegebenenfalls Auslandssachverhalte zu berücksichtigen sind.
Für die zweite Variante – also einer eigentlich ausschließlichen Auslandshandlung – erwägt Fezer entgegen dem herkömmlichen Verständnis von Territorialitäts- und Schutzlandprinzip die Anwendung inländischen Rechts. Dies jedoch unter der Einschränkung, dass eine Marke mit Weltgeltung vorliege und es tatbestandlich um einen Fall der Rufausbeutung oder Rufbeeinträchtigung geht[702].

---

696 Staudinger/von Hoffmann, Art. 40 EGBGB, Rn. 356.
697 Fezer, Markenrecht, § 14 Rn. 20.
698 Fezer, in: Internationales Wirtschaftsrecht, Rn. 690.
699 Ebenda.
700 OLG Frankfurt aM GRUR Int 1996, 247, 251; LG Düsseldorf GRUR 1998, 159, 160; Jacobs/Schulte-Beckhausen, in: Hdb des Wettbewerbsrechts, § 27, Rn. 3; wohl auch Baeumer, in: FS Fikentscher (1998) 803, 818.
701 Fezer, Markenrecht, Einl. Rn. 184, 185.
702 Fezer, Markenrecht, Einl. Rn. 186.

Methodologisch sei dieser Ansatz aus einem weltmarkkompatibel verstandenen Schutzlandprinzip zu entwickeln. Das Schutzland bestimme, wann es einen hinreichenden Bezug zu sich anerkenne, um in einem konkreten Fall Anwendung zu finden[703]. Dieser Ansatz ist nicht ganz neu. Schon Martiny hat darauf hingewiesen, dass es Fälle gibt, bei denen entweder der Handlungsort oder der Bezug zum Inland zweifelhaft ist[704]. Als Beispiel führt Martiny etwa das patentverletzende Feilbieten an. Für den Fall des Bewerbens von im Ausland erhältlichen Maschinen, die im Inland nur patentverletzend gebraucht werden könnten, im Inland, bejaht der BGH eine Patentverletzung[705]. Martiny interpretiert die deutsche Rechtsprechung dahingehend, dass die Verletzung eines inländischen Schutzrechts eine genügende Inlandsbeziehung voraussetze und fordert, dass diese Beziehung nicht schematisch nach einzelnen isolierten Handlungsteilen bestimmt werden soll, sondern nach den Funktionen des jeweiligen Schutzrechts[706]. Über diesen Ansatz geht Fezer freilich noch hinaus, wenn er, für nach dem klassischen deliktsrechtlichen Begehungsort nicht im Inland begangene Handlungen, die Anwendung inländischen Markenrechts in Betracht zieht[707]. Gleichwohl hält auch er an der territorialen Begrenzung des Schutzbereichs der Marke fest[708].

Die nach Ansicht von Fezer vorzunehmende Annäherung an das (kartellrechtliche) Auswirkungsprinzip vollzieht sich nach vorstehend gesagtem jedoch nicht primär auf kollisionsrechtlicher, sondern eher auf sachrechtlicher Ebene. Die Frage sei also, ob nach dem durch das Schutzlandprinzip ermittelten Sachrecht aufgrund von bestehender Inlandsmarktauswirkung eine Kennzeichenrechtsverletzung anzunehmen sei[709]. Fezer stützt die Anwendung des Auswirkungsprinzips auch für den Fall der Markenverletzung maßgeblich auf die Stahlexportentscheidung. Jedenfalls bei einem gezielten Angriff auf eine inländische Marke durch inländische Wettbewerber auf einen Auslandsmarkt sei die Anwendung inländischen Rechts aufgrund eines hinreichenden Inlandsbezugs möglich[710].

### III. Stellungnahme zum Vorschlag von Fezer

Ein Zusammenhang zwischen dem Recht des unlauteren Wettbewerbs, des Markenrechts und des Kartellrechts ist sicherlich nicht von der Hand zu weisen.

---

[703] Fezer, Markenrecht, Einl. Rn. 187; vom Ansatz insoweit ähnlich Vischer, GRUR Int. 1987, 670, 678.

[704] Martiny, RabelsZ, (40), 1976, S. 226.

[705] Nachw. bei Martiny, RabelZ, (40), 1976, S. 226 ff.

[706] Martiny, RabelsZ, (40), 1976, S. 228.

[707] Fezer, Markenrecht, Einl. Rn. 188.

[708] Fezer, Markenrecht, Einl. Rn. 187.

[709] Fezer, Markenrecht, Einl. Rn. 189.

[710] Fezer, Markenrecht, Einl. Rn. 195; dann aber zurückhaltender Rn. 197.

Gegen eine Zusammenführung dieser Rechtsgebiete sprechen jedoch die schon oben vorgebrachten Aspekte[711].

Zunächst sei aber die Frage aufgeworfen, ob der Vorschlag Fezers überhaupt de lege lata durchgesetzt werden kann. Möglicherweise kann seine Herangehensweise eine Stütze in den Gesetzesmaterialien finden. Die Verletzung einer Marke setzt nach § 14 MarkenG (entsprechendes gilt für § 15 MarkenG) eine Verwendung im geschäftlichen Verkehr voraus. Aus den Materialien ergibt sich nun, dass das Merkmal „im geschäftlichen Verkehr" auf den inländischen bezogen ist[712]. Nun ist vielleicht zu konzedieren, dass die Aussage des Gesetzgebers mit „geschäftlichen Verkehr" sei der „inländische" gemeint, die Frage, inwieweit Teilakte einer Verletzungshandlung im Ausland verortet werden können nicht vollumfänglich beantwortet und vielleicht auch nicht beantworten will. Ein deutliches Indiz gegen den Ansatz von Fezer ist es allemal.

Entwickelt hat Fezer das Modell der Berücksichtigung von Auslandssachverhalten im Rahmen inländischer Verletzungstatbestände vor allem für internetbezogene Fälle. Hierbei geht Fezer allerdings davon aus, dass deliktischer Begehungsort allein der Standort des Servers ist. Diese Annahme dürfte indessen nicht zutreffen. Vielmehr ist für Internetfälle davon auszugehen, dass die Abrufbarkeit im Inland nach dem Schutzlandprinzip auch einen Begehungsort im Inland begründet (wobei hier zu überlegen ist, ob nicht Einschränkungen vorgenommen werden müssen). Der Ansatz von Fezer ist also einerseits zu eng, als er die Anwendung inländischen Rechts auf Internetfälle (wo der Server im Ausland zu lokalisieren ist) nur für Marken mit Weltgeltung in Betracht zieht, andererseits potentiell zu weit, da er keine Eingrenzung vornimmt, welche Auswirkungen die Anwendung inländischen Rechts nachzuziehen vermögen. Dogmatisch bereitet ferner die Verortung des Auswirkungsprinzips in das Sachrecht Probleme. Hiermit wird im Endeffekt die kollisionsrechtliche Tragweite des Ansatzes verschleiert. Deutsches Recht ist nach dem herrschenden Schutzlandprinzip nur dann anwendbar, wenn ein Inlandsbezug besteht. Das Kennzeichenrecht ist verhaltensbezogen. Es kommt nicht darauf, ob tatsächlich Verwechslungen vorkommen oder die Nachahmung eines Zeichens für den Markeninhaber tatsächlich schädlich ist. Ein für die lex loci protectionis ausreichender Inlandsbezug ist somit nur dann gegeben, wenn ein inländischer Sachverhalt vorliegt, welcher möglicherweise unter einen inländischen Verletzungstatbestand zu subsumieren ist[713]. Die Frage, ob der Transit von mit markenver-

---

[711] Siehe oben § 7 B.

[712] BT- Drucksache 12/ 6581, zu § 4 S. 6.

[713] Dies wird auch aus der Formulierung der Schutzlandregel durch den Vorschlag des Deutschen Rates für IPR für eine zukünftige Kodifikation des Internationalen Immaterialgüterrech-

letzenden Zeichen versehenen Waren zulässig ist, richtet sich, wenn man das Schutzlandprinzip zur Anwendung bringt, also nach dem Recht des Durchfuhrstaates (ob dieser den Transit als kennzeichenverletzend betrachtet, steht freilich auf einem anderen Blatt). Und so sind eben Exporthandlungen – obgleich sie naturgemäß Auswirkungen nur im Bestimmungsland entfalten – dennoch dem Recht des Exportlandes zu unterstellen[714]. Infolgedessen krankt der Ansatz von Fezer daran, dass man, wenn man das Auswirkungsprinzip erst auf der sachrechtlichen Ebene verortet, zu dieser eigentlich gar nicht mehr kommt, wenn man das Schutzlandprinzip wie gewohnt handhabt. Oder aber man berücksichtigt doch schon auf kollisionsrechtlicher Ebene die mittels des Auswirkungsprinzips erweiterten sachrechtlichen Verletzungstatbestände. In diesem Fall würde die Konstruktion freilich stark in die Nähe eines statutentheoretischen Ansatzes rücken.

## IV. Die exterritoriale Anwendung des Markenrechts nach dem Konzept Ebners

Ähnlich wie Fezer geht auch Ebner davon aus, dass man für das Internationale Kennzeichenrecht Anleihen beim Internationalen Kartellrecht machen könne[715]. Als verbindendes Element zwischen dem Kartellrecht und dem Markenrecht meint er die öffentlichen Rechtsanwendungsinteressen des Markenrechts ausmachen zu können und führt expressis verbis die inzwischen im Rahmen der Multifunktionalität der Marke anerkannte Vertrauens- und Garantiefunktion der Marke an[716].

Darüber hinaus ist Ebner der Auffassung, dass eine parallele Behandlung aus dem Rechtsanwendungsinteresse der Gemeinschaft gerechtfertigt sei, die ein System des unverfälschten Wettbewerbs schaffen und erhalten wolle und die kennzeichenrechtlichen Vorschriften der Mitgliedsstaaten durch die Marken-

---

tes deutlich, wonach die Immaterialgüterrechte dem Recht des Staates, für dessen Gebiet ihr Schutz in Anspruch genommen wird, unterliegen; zitiert nach von Bar, IPR II, § 6 Rn. 702 Fn. 331.

[714] Soweit überlegt wird, ob eine Exporthandlung ein Teilakt einer ausländischen Kennzeichenverletzung darzustellen vermag, ist dies m. E. überholt. Die Betrachtung von Teilakten ist nur im Rahmen des allgemein deliktischen Tatortprinzips von Bedeutung. Dort hat sie auch für wettbewerbsrechtliche Fälle Bedeutung gewonnen. Durch die Hinwendung zum Ort der Interessenkollision im Wettbewerbsrecht und dem Schutzlandprinzip im Immaterialgüterrecht, ist jene jedoch gerade überwunden.

[715] Ebner, Markenschutz, S. 132.

[716] Ebner, Markenschutz, S. 132 f..

rechtsrichtlinie weitgehend harmonisiert habe[717]. Ebner knüpft in diesem Zusammenhang an die Feststellung des EuGH in der Hag II - Entscheidung an, dass das Warenzeichenrecht ein wesentlicher Bestandteil des Systems eines unverfälschten Wettbewerbs sei[718].

Ebner differenziert zwischen unechten und echten völkerrechtlichen Konfliktfällen. Bei unechten Konfliktfällen suche ein Staat lediglich Sachverhalte auf dem Gebiete eines anderen Staates zu regeln, ohne dass dieser Staat jedoch aufgrund des Territorialitätsprinzips bereits Regelungen getroffen hat, die zu denen des anderen Staates in Widerspruch stehen[719]. Bei sog. echten Konfliktfällen bestünde zwischen den verschiedenen möglicherweise anwendbaren Vorschriften dieser beiden Staaten gerade ein Widerspruch[720].

Diese völkerrechtlichen Konfliktlagen meint er dergestalt auf das Internationale Markenrecht übertragen zu können, dass ein unechter Konfliktfall bestünde, sofern der Markeninhaber im Auswirkungsstaat eine Marke besitzt, die im Handlungsstaat, von dem die Auswirkungen auf den Markt im Auswirkungsstaat ausgehen, ein Freizeichen darstellt[721]. In dieser Fallkonstellation erschiene die Anwendung des Rechts des Auswirkungsstaates aufgrund der Marktauswirkungen, die von den Handlungen im Handlungsstaat ausgehen, relativ unproblematisch, da der Markenverletzer in diesem Staat keine ihm verliehene Rechtsposition innehätte, die ihn zu Benutzungshandlungen zwingen würde[722]. Ein echter Konfliktfall läge vor, wenn im Handlungsstaat eine mit der Marke im Auswirkungsstaat identische Marke zugunsten des Handelnden, also des vermeintlichen Verletzers, bestünde[723].

Ebner ist der Auffassung, die für die entsprechenden völkerrechtlichen Konfliktlagen entwickelten Rechtsprinzipien seien auf die Markenverletzungsfälle übertragbar. Für eine exterritoriale Anwendung des Markenrechts sei daher bei unechten Konflikten das Vorliegen qualifizierter Auswirkungen und bei echten Konflikten eine Abwägung der Rechtsanwendungsinteressen der beteiligten Staaten erforderlich. Insbesondere bei den sog. echten Konflikten, wo also im Handlungsstaat eine mit dem Zeichen im Auswirkungsstaat identische Marke des vermeintlichen Verletzers besteht, sei daher über das Vorliegen vorherseh-

[717] Ebner, Markenschutz, S. 134.
[718] EuGH, Rs. C-10/89, SA CNL-Sucal NV ./. Hag GF AG („Hag II"), Slg. 1990, I-3711, 3758, Tz. 13.
[719] Ebner, Markenschutz, S. 134.
[720] Ebner, Markenschutz, S. 134.
[721] Ebner, Markenschutz, S. 135.
[722] Ebner, Markenschutz, S. 135.
[723] Ebner, Markenschutz, S. 135.

barer, wesentlicher und unmittelbarer Marktauswirkungen hinaus eine Abwägung der Rechtsanwendungsinteressen vorzunehmen.

## V. Stellungnahme zum Konzept Ebners

Dem Ansatz Ebners ist insofern zuzustimmen, als er aufzeigt, dass entgegen der herrschenden Hoheitsaktlehre, die die Geltung des Territorialitätsprinzips aus dem völkerrechtlichen Grundsatz der Achtung fremder Souveräntität herleitet, durchaus eine exterritoriale Anwendung inländischen Kennzeichenrechts denkbar ist, ohne dass dies eine Verletzung fremder Souveräntität begründet. Begrüßenswert ist auch, dass er mit den qualifizierten Auswirkungen und der Interessensabwägung den völkerrechtlich zulässigen Rahmen für eine exterritoriale Anwendung des inländischen Rechts absteckt. Zu fragen bleibt allerdings, wie es sich etwa verhält, wenn sich im Ausland zwei Inländer gegenüber stehen. Nach den Grundsätzen des Völkerrechts bestünde auch durch die Staatsangehörigkeit ein „genuine link", welcher die Anwendung inländischen Rechts auf Auslandssachverhalte rechtfertigen würde.
Mit der Ausräumung völkerrechtlicher Bedenken gegen eine exterritoriale Anwendung inländischen Rechts ist allerdings erst die Hälfte des Weges zur exterritorialen Anwendung beschritten. Unklar bleibt wie die Interessensabwägung für oder wider eine exterritoriale Anwendung inländischen Rechts konkret aussehen soll und welche spezifischen Erwägungen für eine Erfassung von Auslandssachverhalten ins Feld geführt werden können. Zu fragen bleibt weiter, ob qualifizierte Auswirkungen eine exterritoriale Anwendung auch tatsächlich zu rechtfertigen vermögen. Hiergegen sind Zweifel angebracht. Der Gedanke, das Territorialitätsprinzip als Ordnungsprinzip zu erklären, ist keinesfalls nur eine dogmatische Verlegenheitslösung. Vielmehr verhält es sich so, dass Kerngedanke der Schutz der in- und ausländischen Verkehrskreise ist. Ihnen ist es nicht zuzumuten, weltweite Recherchen durchzuführen und dabei nationale Besonderheiten zu berücksichtigen, wie etwa die, dass andere Länder einen Schutz vielleicht nicht nur durch Eintragung, sondern schon aufgrund bloßer Bekanntheit gewähren.

Auch ist es m. E. nicht richtig, das Zusammenwachsen der Märkte als Legitimationsgrund für die Auflösung des Territorialitätsprinzips zu betrachten. Gerade bei zusammenwachsenden Märkten sind Auswirkungen - man denke nur an Tourismusströme und die Verfügbarkeit ausländischer europäischer Medien im Inland - in anderen Staaten durch eine Kennzeichennutzung häufiger als bei Staaten, die über getrennte Märkte verfügen. Gerade aus diesem Grund besteht aber auch eine gesteigerte Schutzbedürftigkeit der betroffenen Verkehrskreise nach voraussehbaren gerichtlichen Entscheidungen. Gerade diese Voraussehbarkeit, welche für die Wirtschaft von entscheidender Bedeutung ist, gewährleistet vor allem das Territorialitätsprinzip.

So ist es zum Beispiel denkbar, dass die Aktivitäten von zwei Kennzeicheninhabern in verschiedenen Staaten jeweils qualifizierte Auswirkungen in dem anderen Staat haben. Infolgedessen kann m. E. eine exterritoriale Anwendung, ungeachtet der völkerrechtlichen Zulässigkeit, nur dann in Betracht kommen, wenn sie aus kennzeichenrechtsspezifischen Gründen gerechtfertigt ist. Nach der im Rahmen dieser Arbeit geschilderten Auffassung ist dies jedenfalls nur dann der Fall, wenn wie schon oben gezeigt[724], das Kennzeichen einen über die Landesgrenzen reichenden Bekanntheitsgrad erreicht hat und (infolgedessen) ausgeschlossen ist, dass Verkehrsinteressen, die dem Territorialitätsprinzip zugrunde liegen, spürbar berührt werden.

### C. Sachrechtliche Anspruchskonkurrenz – Verhältnis des Immaterialgüterrechtsstatuts mit dem Unlauterkeitsstatut

Wie oben dargestellt, hat sich das Markenrecht aus dem Wettbewerbsrecht entwickelt, weshalb grundsätzlich neben markenrechtlichen Anspruchsgrundlagen stets auch wettbewerbsrechtliche in Betracht kommen[725].
Liegt einmal eine Anspruchskonkurrenz vor, so stellt sich die Frage, ob eine immaterialgüterrechtliche Anknüpfung gegenüber einer wettbewerbsrechtlichen vorzugehen hat. Die Frage der Anspruchskonkurrenz ist freilich insofern etwas irreführend, als das nationale Sachrecht, welches über das Vorliegen einer solchen zu entscheiden hätte, durch das Kollisionsrecht ja erst berufen werden muss. Folglich muss man der sachrechtlichen Wertung vorgreifend einen diese Erscheinung beschreibenden Systembegriff bilden; man geht also nicht von der Einschlägigkeit verschiedener Normen aus, sondern fragt eben nach dem Sitz eines Rechtsverhältnisses.

Zutreffend ist jedenfalls der Hinweis von Fezer, dass bei einem Zusammentreffen von lauterkeitsrechtlichen Tatbeständen mit einer immaterialgüterrechtlichen Dimension und ausschließlich immaterialgüterrechtlichen Tatbeständen eine einheitliche kollisionsrechtliche Sichtweise geboten ist[726]. Fezer sucht hier allerdings die Lösung über eine Übernahme des Auswirkungsprinzips in das

[724] Vgl. oben § 5 I. III.
[725] Wie oben gezeigt, ist die Frage im Streit befangen, die Rechtsprechung geht allerdings von einer abschließenden Regelung im Markengesetz aus.
[726] Staudinger/Fezer, Internationales Wirtschaftrecht, Rn. 333; entsprechend, Sandrock GRUR Int. 1985, 507, 522.

Internationale Markenrecht, welches dann zu einer einheitlichen Lösung führen würde[727]. Dem stehen jedoch die schon oben angeführten Bedenken entgegen[728].

Geht es um den Schutz von Immaterialgüterrechten kann in der Regel nur das Schutzlandprinzip einschlägig sein – unabhängig davon, ob einzelne Ansprüche sich nun aus dem UWG oder aus einem Immaterialgütergesetz ergeben. Dies fußt darauf, dass die Kollisionsregel für Immaterialgüter eben die lex loci protectionis ist. Geht es also bei Kennzeichen um den Schutz vor verwechslungsfähigen Zeichen, so ist das anwendbare Statut nach der Schutzlandregel zu bestimmen. Die Möglichkeit einer anderen kollisionsrechtlichen Bewertung eröffnet sich darum auch gerade dann, wenn es nicht um den Schutz vor verwechslungsfähigen Zeichen geht. Wird etwa ein Kennzeichen verunglimpft, spricht nichts gegen eine allgemein-deliktsrechtliche Anknüpfung. Geht es darum durch eine Zeichenanmeldung den Markteintritt eines ausländischen Unternehmens zu blockieren, steht der Anwendung der Marktortregel nichts entgegen (wenngleich diese auch zum selben Ergebnis wie das Schutzlandprinzip kommen wird). Schwierig ist die Einordnung, wenn es um den Schutz vor Rufausbeutung durch Anlehnung an ein bekanntes Kennzeichen (vgl. § 15 Abs. 3 MarkenG) geht. Ungeachtet dessen, dass im Tatbestand das Moment der Unlauterkeit aufgenommen wurde (§ 15 Abs. 3 MarkenG a. E.), sollte auch hier das Recht des Schutzlandes entscheiden, in welchem Umfang es über den Verwechslungsbereich hinaus Schutz gewährt.

## D. Weitere Fragen der Anknüpfung

Im Folgenden soll nunmehr auf kollisionsrechtliche Folgefragen eingegangen werden.

### I. Gesamtverweisung

Der Verweis auf das Schutzland ist als allseitige Gesamtverweisung aufzufassen; ein renvoi ist demnach denkbar[729]. Aufgrund des quasi weltweit geltenden Schutzlandprinzips ist gleichwohl davon auszugehen, dass die Verweisung im

[727] Ebenda.

[728] Siehe oben § 7 B. III.

[729] Müko/Kreuzer, nach Art. 38 Anhang II, Rn. 10; Staudinger/von Hoffmann, Art. 40, Rn. 391; Ulmer, RabelZ 41 (1977) 498 f.; Drobnig, RabelsZ 40 (1976), 195, 199; a. A. Katzenberger Festgabe für Schricker, S. 244.

Regelfall angenommen werden wird. Ausnahmen können sich jedoch aufgrund staatsvertraglicher Kollisionsnormen ergeben[730].

## II. Rechtswahl; akzessorische Anknüpfung

Eine Auflockerung der lex loci protectionis findet nach herrschender Auffassung nicht statt[731]. Eine akzessorische Anknüpfung an das Vertragsstatut ist demnach nicht möglich[732]. Die Ansichten über die Zulässigkeit einer Rechtswahl sind gleichwohl geteilt. Zum Teil wird eine Parteiautonomie bejaht[733]; größtenteils verneint[734]. Wie im Wettbewerbsrecht spricht freilich nichts dagegen etwa für die Haftungsfolgen eine Rechtswahl zuzulassen. Hier wie dort dürfte an einer solchen eingeschränkten Rechtswahl jedoch selten ein reales (beidseitiges) Interesse bestehen.
M. E. sprechen jedoch auch darüber hinaus keine Bedenken gegen eine Rechtswahl. Denkbar wäre zum Beispiel, dass sich die Parteien auf eine Rechtsordnung verständigen, welche höhere Anforderungen an die Annahme einer Verwechslungsgefahr stellt. Da der Gedanke des Verbraucherschutzes im Markenrecht kein Leitmotiv ist, sondern nur reflexartig erfolgt und seine Aktualisierung gerade von den Parteien abhängt[735], spricht nichts dagegen, dass die Parteien für die Frage der Verwechslungsgefahr einen anderen Maßstab zugrunde legen. Keine Rechtswahl sollte hingegen für die Frage als zulässig erachtet werden, ob im Inland ein Ausschließlichkeitsrecht besteht und welchen Zeitrang es hat.

## E. Das Schutzlandprinzip und die Rom II-Verordnung

Der Vorschlag der Kommission zur Rom II-Verordnung[736] sieht in der Fassung vom 22.7.2003 auch eine eigene Kollisionsnorm für die Verletzung von Rechten am geistigen Eigentum vor. Dies war beim internen Entscheidungsentwurf aus dem Jahre 2002 noch anders[737]. Eine gesonderte Kollisionsnorm war für Immaterialgüterrechte weder vorgesehen noch wurden diese von dem Anwen-

---

[730] Müko, Kreuzer, nach Art. 38 Anhang II, Rn. 10 m. Nachw..
[731] MüKo, Kreuzer, nach Art. 38 Anh. II, Rn. 15.
[732] Fezer, Markenrecht, Einl. Rn. 199.
[733] So Schack, GRUR Int. 1985, 523, 525; Staudinger/von Hoffmann, Art. 38 EGBGB, Rn. 595; OLG Köln GRUR 2000, 66, 67 – Michael Jackson-Kalenderfoto.
[734] Fezer, Markenrecht, Einl. Rn. 199; Zweigert-Puttfarken, GRUR Int. 1973, 573, 577; MüKo/Kreuzer, Nach Art. 38 EGBGB, Anh. II, Rn. 15.
[735] Siehe oben § 3 D.
[736] Dokument KOM (2003) 0427.
[737] Abrufbar unter http://europa.eu.int/comm/justice_home/unit/civil /consultation/index_de.htm.; vgl. hierzu die Stellungnahme der Hamburg Group for Private International Law, RabelsZ 2003, S.21 ff.

dungsbereich der Regelanknüpfung des Art. 3 des Verordnungsentwurfs ausgenommen. Dieser normiert jedoch eine Anknüpfung an den Schadens- bzw. Erfolgsort. Zu Recht hat sich deshalb an diesem Punkt die Kritik des Schrifttums entzündet; so wurde insbesondere die Einführung einer Kollisionsnorm für Immaterialgüterrechte angemahnt[738].

Durch den nun eingefügten Art. 8 des Verordnungsentwurfs ist die Kommission den Vorschlägen der Literatur gefolgt und hat sowohl eine Kollisionsnorm für „autonome" als auch eine Anknüpfungsregel für vereinheitliche gemeinschaftsrechtliche Schutzrechte normiert. Der Ausdruck „geistiges Eigentum" soll Urheberrechte, verwandte Schutzrechte, Datenbankschutzrechte und gewerbliche Schutzrechte umfassen. Die Kommission erkennt an, dass das Schutzlandprinzip die in diesem Bereich herrschende Kollisionsregel ist. Unklar ist allerdings trotz der verdeutlichenden Aufzählung die Reichweite der Norm.

Über die Qualifikation schweigt sich die Verordnung aus. Zwar ist nahe liegender Weise verordnungsautonom zu qualifizieren. Hiermit ist jedoch die für einige Rechtsinstitute - wie etwa geographische Herkunftsangaben - schwierige Frage einer Abgrenzung der wettbewerbsrechtlichen von der immaterialgüterrechtlichen Kollisionsnorm noch nichts gesagt. Darüber hinaus besteht die Problematik, dass anerkannte Immaterialgüterrechte durchaus auch einen wettbewerbsrechtlichen Schutz erfahren können. Für den kollisionsrechtlichen Grenzverlauf von wettbewerbsrechtlicher und immaterialgüterrechtlicher Kollisionsnorm liegt somit noch einiges im Argen. In Ermangelung gemeinschaftsrechtlich vereinheitlichter Sachnormen ist zu erwarten, dass sich nationale Gerichte mit einer Qualifikation in diesem Grenzbereich schwer tun werden und die Gefahr besteht, dass die Rechtsanwender sich hier allzu sehr von ihrem national geprägten Verständnis werden leiten lassen.

In Art. 8 des Entwurfs zur Rom II-Verordnung wird als Anknüpfungsregel das Schutzlandprinzip normiert. Noch unklar dürfte allerdings sein, welche Formulierung die Kommission wählen wird. Hier offenbart der Entwurf der Kommission auch noch begriffliche Unschärfen, wenn etwa geschrieben wird, dass im Rahmen der lex loci protectionis für Urheberrechte das Recht des Landes, in dem die Verletzungshandlung begangen wurde, gilt. In Art. 8 Abs. 2 des Verordnungsentwurfs ist eine Regelung für gemeinschaftsrechtliche Schutzrechte vorgesehen. Hiernach soll – vorbehaltlich gemeinschaftsrechtlicher Spezialnormen – für Verletzungen das Recht desjenigen Mitgliedstaates anwendbar sein, in dessen Gebiet die Handlung begangen wurde. Mit dieser gemeinschaftsrechtlichen Kodifikation des Immaterialgüterrechts sind Änderungen der bisherigen Rechtslage jedenfalls nicht intendiert.

---

[738] Hamburg Group for Private International Law, RabelsZ 2003, S. 21 ff.

Nach Art. 10 des Entwurfs ist im Einklang mit der wohl herrschenden Auffassung eine Rechtswahl für das nach Art. 8 zu bestimmende Recht ausgeschlossen. Dies entspricht zwar nicht ganz der in dieser Arbeit vertretenen Auffassung, kann gleichwohl aber gebilligt werden.

Entgegen der bisher herrschenden Auffassung zur Schutzlandregel wird die Verweisung des Art. 8 der Rom II-Vo gem. Art. 20 nicht als Gesamtrechtsverweisung verstanden. Dies hat, da die Rom II-VO loi uniforme darstellt[739], weitreichende Konsequenzen. Zwar wird auch für die Schutzlandsregel nach dem autonomen inländischen Kollisionsrecht vertreten, dass diese eine Sachnormverweisung ausspreche[740]. Gleichwohl ist es gerade im Immaterialgüterrecht denkbar, dass Rechtsordnungen im Rahmen der (bedenklichen) Ausweitung des Herkunftslandprinzips für bestimmte Verletzungssachverhalte[741] – etwa im Internet – das Ursprungslandprinzip zugrunde legen. Ebenfalls könnte im Rahmen der gegenseitigen Annäherung außereuropäischer Volkswirtschaften durch Staatsverträge für bestimmte Bereiche ein Ursprungslandprinzip eingeführt werden[742].

Auch durch eine Kollisionsrechtsvereinheitlichung können naturgemäß nicht alle Fragen des internationalprivatrechtlichen Themenkreises beantwortet werden. Ungeklärt ist nach dem Verordnungsvorschlag weiterhin, inwieweit exterritoriale Sachverhalte berücksichtigt werden können. Dies ist natürlich auch nicht zu beanstanden, da die Frage der exterritorialen Anwendung eines Rechts eben nicht nur eine Frage des Kollisions-, sondern auch des Sachrechts ist.

Diese Frage stellt sich insbesondere bei Internetfällen; verwiesen sei an dieser Stelle auf die Entscheidung „Hotel Maritime“[743], ferner sei hier ebenfalls an die ähnliche Problematik im Wettbewerbsrecht erinnert, die der Entscheidung „Rotpreis-Revolution“ zugrunde lag[744].
Diese Problemfelder werden auch durch die Rom II-Verordnung nicht erschöpfend behandelt. Ist als Schutzland das deutsche Recht berufen, so stellt sich also gegebenenfalls die Frage, ob eine Interessenabwägung auch tatsächlich ergibt, dass der durch den Auslandsbezug geprägte Sachverhalt, einen Verletzungstatbestand des inländischen Sachrechts erfüllt. Dies kann, muss aber nicht notwendigerweise der Fall sein.

---

739 Dies ergibt sich aus Art. 2 des Entwurfs, vgl. auch Huber/Bach, IPRax 2005, S. 73, 75.
740 Vgl. Katzenberger, Festgabe für Schricker, S. 244.
741 Vgl. hierzu Mankowski, RIW 2004, S. 481, 482.
742 Vgl. hierzu Art. 4 Hs 2 des Madrider Herkunftsabkommens.
743 BGH, GRUR 2005, S. 431 - Hotel Maritime; vgl. hierzu unten § 11 B V und § 11 D. VII. 5.
744 BGH GRUR 2004, S. 1035 ff. – Rotpreis-Revolution, vgl. hierzu oben § 6 B.

Abschließend bleibt zu vermerken, dass die Einführung einer ausdrücklichen Normierung der Schutzlandregel zu begrüßen ist, zumal sie eine Verbesserung gegenüber dem bisherigen Stand der inländischen Kodifikation darstellt, welcher es bisher an einer solchen geschriebenen Kollisionsnorm mangelte.

## § 8 Kollisionsrechtliche Behandlung geographischer Herkunftsangaben

Der internationale Schutz geographischer Herkunftsangaben wird in erster Linie über internationale Abkommen gewährleistet.

### A. Die internationalen Abkommen zum Schutz geographischer Herkunftsangaben

#### I. Schutz geographischer Herkunftsangaben nach Art. 9, 10 PVÜ

In der Pariser Verbandsübereinkommen wird der Schutz geographischer Herkunftsangaben zum Regelungsgegenstand erhoben. Der Art. 10 PVÜ, welcher für falsche Herkunftsangaben auf die Beschlagnahmeregelung des Art. 9 PVÜ verweist, enthält keine Kollisionsnormen[745]. Es gilt im Übrigen das Inländerbehandlungsgebot des Art. 2 PVÜ. Charakteristisch für das Recht der geographischen Herkunftsangaben ist, dass die jeweiligen nationalen Schutzsysteme stark divergieren und oftmals unterschiedlichen Zielsetzungen folgen[746]. Der Assimilierungsgrundsatz des Art. 2 PVÜ kann deshalb kaum einen effektiven Schutz von geographischen Herkunftsangaben gewährleisten[747].

Art. 10 PVÜ stellt nur einen Minimalkonsens dar[748], der jedoch nach wohl einhelliger Ansicht nicht ausreicht, um den geographischen Herkunftsangaben im grenzüberschreitenden Bereich einen adäquaten Schutz zukommen zu lassen[749]. Ein großes Manko des Schutzes geographischer Herkunftsangaben im Rahmen der PVÜ ist darin zu sehen, dass nur eine Beschlagnahmesanktion vorgesehen ist. Effektiver Rechtsschutz kann hingegen nur entstehen, wenn die Möglichkeit gegeben ist, Unterlassungs- und ggf. Schadensersatzansprüche durchzusetzen. Dies zu gewährleisten, sind die Verbandsstaaten jedoch auch nach Art. 10$^{ter}$ PVÜ nicht verpflichtet.

Auch die handwerklichen Details der Regelung weisen Mängel auf, so verweist Art. 10 PVÜ pauschal auf Art. 9 PVÜ. Art. 10 PVÜ setzt eine „falsche Anga-

---

745 MüKo/Kreuzer, Nach Art. 38 Anh II, Rn. 65; Tilmann, Die geographische Herkunftsangabe, S. 409.

746 Beier, GRUR Int. 1974, S. 134, 135.

747 Beier, GRUR Int. 1974, S. 134, 136.

748 Zwar ist Art. 10 in der Lissaboner Fassung der PVÜ, da sie die Beschlagnahme von Erzeugnissen vorsieht, die unmittelbar oder mittelbar mit einer falschen Herkunftsangabe versehen sind, eine Verbesserung gegenüber der bisherigen Rechtslage. Bezeichnend ist allerdings, dass sich der weitergehende Vorschlag das in Art. 10$^{bis}$ enthaltene Verbot der täuschenden Angaben im Wettbewerb auch auf geographische Herkunftsangaben zu erstrecken, nicht durchsetzen konnte (Nachweis bei Beier, GRUR Int. 1968, S. 74).

749 So auch aus spanischer Sicht, Novoa, La Proteccion de las Denominaciones Geograficas, S. 102.

be“ voraus. Es besteht jedoch ein Unterschied zwischen einer „falschen“ und einer „irreführenden“ Herkunftsangabe[750]. Zudem kommt hinzu, dass die PVÜ selber nicht definiert, wann eine Herkunftsangabe falsch ist; folglich ist dies nach dem jeweils anwendbaren Statut zu bestimmen. Das Statut wird – sei es das man an das Schutzland, sei es dann man an den Ort der wettbewerblichen Interessenkollision anknüpft – in der Regel jedenfalls nicht das Ursprungsland sein[751]. Folglich wird der hohe Schutz den eine geographische Herkunftsangabe etwa in Deutschland als Ursprungsland hat, durch die PVÜ nicht auch auf das Bestimmungsland erstreckt.
Kritisch zu sehen ist vor allem, dass sich die Frage, was denn überhaupt eine geographische Herkunftsangabe und was eine freizuhaltende Gattungsbezeichnung oder Phantasiebezeichnung ist, nach dem Recht des Bestimmungslandes bemisst. In der Praxis wird regelmäßig die Frage auftauchen, ob eine unzutreffende geographische Herkunftsangabe durch entlokalisierende Zusätze noch als „falsch“ gewertet werden kann. Da die PVÜ geographische Herkunftsangaben indessen nicht vor „Irreführung“ schützt, wird auch diese Frage den nationalen Rechtsordnungen (und das heißt regelmäßig auch dem Herkunftsangabenstatut des Bestimmungslandes) überantwortet[752].
Ein effektives internationales Schutzsystem muss im Ergebnis über die Mindestanforderungen der PVÜ hinausgehen. Aus diesem Grund wurden noch eine Reihe weiterer multi- und bilateraler Übereinkommen zum Schutz geographischer Herkunftsangaben geschlossen.

## II. Madrider Herkunftsabkommen

Ein höherer Schutzgrad wird durch das Madrider Herkunftsabkommen gewährleistet. Das Madrider Herkunftsabkommen vom 14. 4. 1891[753] enthält zuvörderst völkerrechtliche Verpflichtungen, welche die BRD erfüllt hat. Eine internationalprivatrechtliche Kollisionsnorm enthält jedenfalls Art. 4 MHA. Hiernach wird grundsätzlich auf das Recht des Schutzlandes verwiesen. Ausnahmsweise wird allerdings in Art. 4 Hs. 2 MHA für regionale Weinbezeichnungen auf das Ursprungsland verwiesen.

Das Madrider Herkunftsabkommen kreiert zwar ein höheres Schutzniveau, so sieht Art. 1 MHA den Schutz von Herkunftsangaben vor „falschen und irreführ-

[750] So zu Recht, Streber, Die internationalen Abkommen, S. 27; a. A. Tilmann, Die geographische Herkunftsangabe, S.121.
[751] Ein Rückgriff auf das Ursprungsland ist lediglich ausnahmsweise in Art. 4 Hs. 2 des Madrider Herkunftsabkommens und den zahlreichen bilateralen Übereinkommen vorgesehen, nicht jedoch nach dem autonomen Internationalen Privatrecht.
[752] So auch Knaak, GRUR Int. 1995, S. 642, 643.
[753] BGBl. 1961 II S. 293 (F. von Lissabon vom 31.10. 1958); BGBl. 1970 II, S. 444 (Stockholmer Zusatzvereinbarung vom 14. 7. 1967).

rendem" Gebrauch vor; viele grundlegende Schwächen der PVÜ werden jedoch auch im Madrider Herkunftsabkommen nicht revidiert. Auch das Madrider Herkunftsabkommen regelt als Sanktion nur die Beschlagnahme. Schwerer noch wiegt, dass weder die Frage der Behandlung von unzutreffenden geographischen Herkunftsangaben mit entlokalisierenden Zusätzen noch die Denaturierung zu Gattungsangaben behandelt wurden. Ferner ist auch eine Rufausbeutung geographischer Herkunftsangaben durch das Madrider Herkunftsübereinkommen nicht erfasst[754]. Nach einhelliger Auffassung bleibt das Madrider Herkunftsabkommen somit noch deutlich hinter den Anforderungen, die an ein optimales internationales Schutzsystem zu stellen wären, zurück[755].

Dies ist auch insofern ernüchternd, als das MHA doch im Bereich der Weinbezeichnungen selber vormacht, wie man den internationalen Schutz von Herkunftsangaben zur weitgehenden Zufriedenheit vervollkommnen kann. Durch den Verweis des Art. 4 Hs. 2 MHA auf das Ursprungsland für regionale Weinbezeichnungen wird erreicht, dass ausländische zur Entscheidung berufene Gerichte oder Behörden an die Jurisdiktion des Inlandes gebunden sind[756]. Ein kleiner Schönheitsfehler ist allerdings darin zu erblicken, dass auch durch Art. 4 Hs. 2 MHA kein Schutz vor Anlehnung und somit vor Rufausbeutung gewährt wird[757].

Gescheitert ist ein weitgehender Schutz geographischer Herkunftsangaben im Übrigen nicht an einem Mangel handwerklichen Geschicks, sondern vielmehr an dem Pochen einiger Vertragsstaaten auf Wahrung ihrer ökonomischen Interessen[758].

### III. Lissaboner Ursprungsabkommen

Der schon gelobte Ansatz des Art. 4 Hs. 2 MHA wurde im Lissaboner Ursprungsübereinkommen vom 31. 10. 1958 übernommen. Die Crux an dem LUA ist allerdings, dass es nur von einer geringen Anzahl von Staaten ratifiziert wurde[759]. Auch die Bundesrepublik ist dem Übereinkommen nicht beigetreten.

---

[754] Schricker, GRUR Int. 1982, 515.

[755] Jung, Der Schutz geographischer Herkunftsangaben, S. 79; Knaak, GRUR Int. 1995, 643; Streber, Die internationalen Abkommen, S. 28.

[756] Dies gilt wohlgemerkt nur für regionale, nicht für lokale oder gar landesweite Weinbezeichnungen, vgl. Streber, Die internationalen Abkommen, S. 29.

[757] So die herrschende Auffassung, Novoa, La Proteccion de las Denominaciones Geograficas, S. 139; Tilmann, Die geographische Herkunftsangabe, S. 411 f.

[758] Nachw. bei Krieger, GRUR Int. 1959, 95; Beier, GRUR Int. 1968, 69, 74.

[759] Derzeit zählt das LUA 23 Mitgliedsstaaten - unter anderem Frankreich, Italien, Portugal, Bulgarien, Tschechische Republik, Slowakei und Serbien und Montenegro; vgl, BlPMZ 2005, S. 164.

Der Grund für die mangelnde Akzeptanz des Übereinkommens ist darin zu erblicken, dass das LUA nur Ursprungsbezeichnungen schützt und ferner eine amtliche Registrierung im Ursprungsland voraussetzt, welches dem deutschen Recht fremd ist[760].
Der Begriff der „Ursprungsbezeichnung“ ist in Art. 2 Abs. 1 LUA definiert als “die geographische Benennung eines Landes, einer Gegend oder eines Ortes (...), die zur Kennzeichnung eines Erzeugnisses dient, das dort seinen Ursprung hat und das seine Güte oder Eigenschaften ausschließlich oder überwiegend den geographischen Verhältnissen einschließlich der natürlichen und menschlichen Einflüsse verdankt“.

Das LUA schützt somit nur geographische Bezeichnungen, welche spezielle Qualitätsmerkmale aufweisen, die zudem aus den geographischen Verhältnissen resultieren müssen. Man kann somit mit Fug und Recht die Behauptung aufstellen, dass das LUA vor allem auf den Schutz von Weinbezeichnungen zugeschnitten ist[761].

Das deutsche Recht zum Schutz geographischer Herkunftsangaben basiert indessen auf dem Schutz vor irreführender Werbung gem. § 3 UWG a. F., wobei noch einmal darauf hinzuweisen ist, dass durch die Inkorporation in das MarkenG durch den Gesetzgeber keine Rechtsänderung bezweckt wurde. Eine Koppelung der Schutzvoraussetzung an bestimmte Produkteigenschaft findet nicht statt. Auch die vielleicht unberechtigten Erwartungen der Verbraucher in qualitativer Hinsicht sind nicht von Relevanz[762]. Allenfalls die qualifizierten geographischen Herkunftsangaben könnten unter den Schutz des LUA fallen.
In den Stellungnahmen der Literatur findet sich zumeist der Hinweis, dass ein Beitritt der Bundesrepublik aus diesem Grunde, dem inländischen Rechtsverkehr keine Vorteile eines höheren Schutzniveaus im Ausland bieten würde, da die in Deutschland geschützten geographischen Herkunftsangaben die Voraussetzungen des Art. 2 Abs. 1 LUA nicht erfüllten; zudem kommt hinzu, dass für geographische Herkunftsangaben keine Registrierungspflicht und Registrierungsmöglichkeit besteht[763].

Man könnte indessen die Frage aufwerfen, ob sich dies durch die Neukodifikation in den §§ 126 MarkenG geändert hat. Dies ist zu verneinen. Zwar erfahren auch qualifizierte Herkunftsangaben einen besonderen Schutz und ferner gibt es auch die Möglichkeit geographische Herkunftsangaben als Kollektivmarken zu

---

[760] Jung, Der Schutz von geographischen Herkunftsangaben, S. 82; Streber, Die internationalen Abkommen, S. 30; Krieger, GRUR Int. 1972, S. 305.
[761] Knaak, GRUR Int. 1994, S. 644.
[762] Vgl. BGH GRUR 1965, 681, 683 – de Paris.
[763] Streber, Die internationalen Abkommen, S. 30.

schützen, allerdings liegt das Problem darin, dass beide Voraussetzungen selten zusammentreffen werden. Es bleibt somit dabei, dass das LUA ungeeignet ist, das deutsche Schutzsystem für geographische Herkunftsangaben auf dem internationalen Sektor durchzusetzen.

Dessen ungeachtet enthält das LUA einige wegweisende Regulierungen. Nach Art. 6 LUA ist für bei der WIPO registrierte Ursprungsbezeichnungen die Denaturierung zur Gattungsbezeichnung ausgeschlossen, solange nicht auch im Ursprungsland eine solche Denaturierung erfolgt ist. Das LUA übernimmt also die Regelung des Art. 4 Hs. 2 MHA, den Verweis auf das Ursprungsland. Hiermit ist auf jeden Fall ein Schritt in die richtige Richtung getan.

### IV. Das Abkommen von Stresa

Dem Abkommen von Stresa ist die Bundesrepublik nicht beigetreten. Gegenstand des Abkommens sind ausschließlich Käsebezeichnungen. Grund für den Nichtbeitritt war, dass, wie auch beim Lissaboner Abkommen, lediglich Ursprungsbezeichnungen geschützt werden[764].

### V. Bilaterale Übereinkommen zum Schutz von geographischen Herkunftsangaben

Die aufgezeigten Schutzlücken der internationalen Konventionen führten dazu, dass die Bundesrepublik Deutschland mit einer Vielzahl von Staaten bilaterale Abkommen zum Schutz von geographischen Herkunftsangaben geschlossen hat.

So bestehen Herkunftsübereinkommen mit Frankreich, Griechenland, Italien, Schweiz, Spanien und Kuba etc. Die bilateralen Übereinkommen zum Schutz geographischer Herkunftsangaben kann man unterteilen in Verträge neueren und Verträge älteren Typs[765]. Die Verträge älteren Typs belegen bestimmte Herkunftsangaben für das Ursprungsland und untersagen den Gebrauch dieser für das Bestimmungsland[766]. Unzulässig sind auch verwechslungsfähige Be-

---

[764] S. dazu Jung, Der Schutz geographischer Herkunftsangabe, S. 85 ff.; Tilmann, Die geographische Herkunftsangabe, S. 422 ff..

[765] Diese Unterteilung geht auf Reimer zurück (Reimer, Das Recht des unlauteren Wettbewerbs in den Mitgliedsstaaten der EWG, S. 557). Ein Beispiel für einen Vertrag älteren Typs wäre das deutsch-kubanische Abkommen von 1954; das deutsch-französische Abkommen über den Schutz von Herkunftsangaben, Ursprungsbezeichnungen und anderen geographischen Bezeichnungen vom 8. März 1960 und die auf dem Konzept dieses Vertrages beruhenden Abkommen sind die Verträge neueren Typs.

[766] Jung, Der Schutz geographischer Herkunftsangaben, S. 93.

zeichnungen. Die Verwechslungsgefahr beurteilt sich nach den Anschauungen des Bestimmungslandes[767]. Die Verwendung geographischer Kennzeichen für Waren, die nicht aus dem Ursprungsland stammen ist zu untersagen, dies auch dann, wenn die Waren im Ursprungsland hergestellt wurden[768].
Entscheidendes Merkmal dieser Verträge ist, dass keine Vorschriften und Rechtspraktiken des Ursprungslandes beachtet werden, sondern sich die Schutzvoraussetzungen vielmehr nach dem Bestimmungsland richten. Damit können die sog. Verträge älteren Typs nicht an den positiven Ansatz des MHA (Art. 4 Hs. 2) und des Lissaboner Übereinkommens anknüpfen.
Mit dem deutsch-französischen Abkommen vom 8. März 1960 wurde ein Konzept entwickelt mit dem die Schwächen der Verträge älteren Typs überwunden werden konnten und der als Vorlage für weitere bilaterale Verträge zum Schutz von geographischen Herkunftsangaben diente[769].

Die Vertragsstruktur der bilateralen Abkommen neueren Typs ist dreiteilig. Der eigentliche Vertragstext erscheint im ersten Teil. Der zweite Teil besteht aus einem Protokoll, in dem die Anwendungen der Vertragsbestimmungen konkretisiert werden. Der dritte Teil enthält Listen mit den zu schützenden geographischen Bezeichnungen.
Als Fortschritt ist es insbesondere zu werten, dass die Verträge neueren Typs den Schutz geographischer Herkunftsangaben als in das generelle Schutzziel, den lauteren Wettbewerb, eingebettet betrachten[770].

### VI. Agreement on Trade-Related Aspects of Intellectual Property Rights (Trips)

Das TRIPS-Übereinkommen bildet einen Bestandteil des am 15. 4. 1994 in Marrakesch als Abschluss der Uruguay-Runde des GATT unterzeichneten Übereinkommens zur Gründung der World Trade Organisation (WTO).

In Art. 22 – 24 normiert das TRIPS-Übereinkommen besondere Bestimmungen zum Schutz geographischer Herkunftsangaben, welche allerdings die PVÜ und sonstige spezielle Abkommen unberührt lassen[771]. Auch im Rahmen des TRIPS gilt der Inländerbehandlungsgrundsatz (Art. 3).

---

767 Vgl. Tilmann, Die geographischer Herkunftsangabe, S. 123, 124.
768 Jung, Der Schutz geographischer Herkunftsangaben, S. 94.
769 Jung, Der Schutz geographischer Herkunftsangaben, S. 95; es ist ferner bezeichnend, dass gerade zwischen Deutschland und Frankreich ein solcher bahn brechender Vertrag zustande kam. Beide Länder weisen nämlich vollkommen unterschiedliche nationale Schutzsysteme für geographische Herkunftsangaben auf.
770 Vgl. die Präambel, sowie Art. 1 des deutsch-französischen Vertrags vom 8. März 1960.
771 Vgl. Art. 2 Nr. 2 TRIPS.

Nach Art. 22 Abs. 2 TRIPS sind die Vertragsstaaten verpflichtet einen Schutz vor irreführendem Gebrauch und vor jedem Gebrauch, der unlauterer Wettbewerb im Sinne des Art. $10^{bis}$ PVÜ ist, zu errichten. Von seinem Regelungsgehalt entspricht das TRIPS-Übereinkommen somit der Madrider Übereinkunft. Schwachstelle hier wie dort ist, dass nicht auf den Schutz im Ursprungsland verwiesen wird[772]. Art. 22 Abs. 3 TRIPS sieht vor, dass geographische Herkunftsangaben nicht als Marken geschützt werden dürfen, wenn die gekennzeichnete Ware nicht aus dem betreffenden Gebiet stammt und es dadurch zu Irreführungen über die geographische Herkunft kommt.

Art. 23 TRIPS normiert spezielle Regeln für den Schutz geographischer Wein- und Spirituosenbezeichnungen, welche im Rahmen dieser Arbeit, ebenso wie Art. 24 TRIPS, der bestimmte Ausnahmetatbestände normiert, ausgeklammert werden soll.

## B. Geographische Herkunftsangaben und EU-Recht

Im europäischen Raum spielen die multi- und bilateralen Verträge eine zunehmend geringere Rolle, da hier EU-rechtliche Regeln um sich greifen. Diese wurde im Rahmen dieser Arbeit auch schon erwähnt[773]. Insbesondere die Verordnung (EWG) Nr. 2081/92 des Rates vom 14. Juli 1992 (Abl. Nr. L 208) hat mittlerweile überragende Bedeutung erlangt. Sie statuiert ein gemeinschaftsweites Schutzsystem für einen Teilbereich der geographischen Herkunftsangaben, nämlich Agrarerzeugnisse und Lebensmittel[774]. Ausgenommen sind allerdings Weinbauerzeugnisse und Spirituosen für welche die Verordnung (EWG) Nr. 1576/89 des Rates vom 29. Mai 1989 gilt[775].

Voraussetzung für den Schutz von geographischen Herkunftsangaben nach der Verordnung (EWG) Nr. 2081/92 ist allerdings, dass der Bewerber ein kompliziertes Meldeverfahren durchlaufen hat.

## C. Autonomes Internationales Privatrecht für geographische Herkunftsangaben

Die Zweifel bei der Bestimmung der Rechtsnatur geographischer Herkunftsangaben[776] setzen sich bei der internationalprivatrechtlichen Qualifikation fort. Es

---

772 Knaak, GRUR Int. 1995, S. 642, 648.
773 Siehe oben § 2 G. V.
774 Ingerl/Rohnke, Markengesetz, Vor §§ 130-136 Rn. 3.
775 S. dazu schon oben § 2 G V.
776 Siehe oben § 2 D.

ist allerdings anzumerken, dass aufgrund der bestehenden Staatsverträge und den EU-Verordnungen das autonome Kollisionsrecht nunmehr eher selten zum Zuge kommt.

Hinsichtlich des autonomen Rechts besteht jedenfalls dahingehend Einigkeit, dass es nicht auf das Recht des Ursprungslandes ankommt[777]. Als Anknüpfungspunkte bieten sich zum einen der Ort der wettbewerblichen Interessenkollision[778], zum anderen die lex loci protectionis an[779]. Mitunter finden sich auch Stimmen, die von der Geltung des Territorialitätsprinzips auch für geographische Herkunftsangaben ausgehen[780]. Die Annahme der Geltung des Territorialitätsprinzips schießt über das Ziel hinaus. Gangbar ist es sicherlich kollisionsrechtlich eine Anbindung an das durch das Schutzlandprinzip dominierte Gebiet des gewerblichen Rechtsschutzes vorzunehmen und auch das Herkunftsangabenstatut durch die lex loci protectionis zu bestimmen. Dies bedingt jedoch weder gleichsam die Geltung des Territorialitätsprinzips, noch passen die für die Geltung des Territorialitätsprinzips angeführten Erwägungen für die geographischen Herkunftsangaben. Anders verhält es sich natürlich dann, wenn der Schutz geographischer Angaben über das Markenrecht (z. B. Kollektivmarken) gewährt wird.

Was die internationalprivatrechtliche Qualifikation anbelangt, so findet sich häufig die eigentlich unbefriedigende Feststellung, dass eine Entscheidung zwischen der lex loci protectionis und dem Ort der Interessenkollision dahingestellt bleiben könne, da beide meist zu identischen Ergebnissen führen[781]. Unterschiedliche Ergebnisse dürften sich vor allem bei Exportfällen ergeben[782]. Es könnte sich etwa die Frage stellen, ob bei Exportfällen deutsches Recht als Recht des Schutzlandes anzuwenden ist oder aber das Recht des Empfangsstaates als Ort der wettbewerblichen Interessenkollision. Hier sollte gelten, dass das Schutzland darüber zu befinden hat, ob mit irreführenden geographischen Herkunftsangaben versehene Ware exportiert werden kann oder nicht[783]. Demnach ist die Anwendung der lex loci protectionis auch zur Bestimmung des Herkunftsangabenstatuts angemessen.

---

[777] Streber, Die internationalen Abkommen, S. 23.

[778] Tilmann, Die geographische Herkunftsangaben, S. 436; hierzu tendierend MüKo/Kreuzer, Nach Art. 38 Anh. II Rn. 71.

[779] Knaak, GRUR Int. 1995, S. 642, 647.

[780] Knaak, GRUR Int. 1995, S. 642, 647; EuGH, Rs. C-3/91, Exportur ./. LOR und Confiserie du Tech (Turrón de Alicante), Slg. 1992, I-5529, I-5553, Erwägungsgrund 12., der EuGH scheint hier allerdings Territorialitäts- und Schutzlandprinzip synonym zu gebrauchen.

[781] Streber, Die internationalen Abkommen, S. 23; MüKo/Kreuzer, Nach Art. 38 Anh. II Rn. 71.

[782] Siehe unten § 9 C. III.

[783] Siehe unten § 9 C. IV.

## § 9 Die kollisionsrechtliche Behandlung von Handelsnamen

### A. Einführung

In einer Entscheidung aus dem Jahre 1991 hatte das OLG Stuttgart über den Schutz von Unternehmenskennzeichen in der Schweiz und Österreich zu entscheiden[784]. Das Oberlandesgericht warf die Frage auf, ob das Handelsnamensrecht wettbewerbsrechtlich oder immaterialgüterrechtlich zu qualifizieren sei und ließ sie im Ergebnis offen, da man sowohl mit einer Anknüpfung an den Ort der wettbewerblichen Interessenkollision als auch an das Schutzland zu identischen Ergebnissen gelange[785]. Die mitunter kontrovers diskutierten internationalprivatrechtlichen Fragen des Unternehmenskennzeichenrechts sollen im Folgenden näher betrachtet werden. Ferner soll auf die Frage des Schutzes ausländischer Unternehmenskennzeichen im Inland und in diesem Rahmen auf die Möglichkeit der Berücksichtigung von Auslandssachverhalten eingegangen werden.

### I. Analyse der sozialwirtschaftlichen Konflikte und Parteiinteressen des internationalen Unternehmenskennzeichen- und Firmenschutzes

Beginnend sollen die bei dem internationalen Schutz der Firma und anderer Unternehmenskennzeichen zu Tage tretenden sozialen Konflikte betrachtet werden.

Zunächst einmal besteht ein Interesse daran, dass ausländische Unternehmen im Inland nicht unter Firmen auftreten, die inländischen Firmenbildungsgrundsätzen widersprechen und sich so gegenüber ihren inländischen Konkurrenten wettbewerbliche Vorteile verschaffen[786]. Weiterhin besteht das Interesse nicht in verschiedenen Ländern unter divergierenden Namen auftreten zu müssen, da hierdurch der geschäftliche Betrieb – etwa die Korrespondenz – erschwert wird[787]. Von der Möglichkeit das Unternehmen etwa in Geschäftsbriefen identifizieren zu können, ist allerdings der Einsatz der Firma als Instrument der Ab-

[784] OLG Stuttgart, IPRspr. 1991, Nr. 154, S. 298.
[785] OLG Stuttgart, IRPspr. 1991, Nr. 154, S. 298.
[786] Durch die Liberalisierung des Firmenrechts durch das HRfG hat die tatsächliche Bedeutung von dem inländischen Irreführungsgebot zuwiderlaufenden Bezeichnungen jedoch an Bedeutung verloren.
[787] EuGH, C-255/97, Pfeiffer/Löwa, Slg. 1999, I – 2837, I – 2853; Riehle, Markenrecht und Parallelimport, 73.

satzförderung, als Werbemittel durch Warenkennzeichnung zu unterscheiden[788]. Tilmann fasst diese Funktion der Firma wie folgt zusammen: „Sie (die Unternehmenskennzeichnung; Anmerk. der Verfassers) dient vielmehr auch und gerade als Mittel der Massenkommunikation über Waren und Dienstleistungen (Werbung) und damit wiederum als ein unersetzliches Instrument der Massendistribution“[789].

Bedeutsam ist hier, dass sich aus dem Handelsnamen ein Ausschließlichkeitsrecht ergibt. Die hieraus resultierenden Interessen können an der legendären „Eskimo-pie“- Entscheidung verdeutlicht werden. In der Sache ging es darum, dass ein amerikanisches Unternehmen einem deutschen Unternehmen untersagen wollte, ihre mit dem amerikanischen Handelsnamen identische prioritätsjüngere Firma zu gebrauchen[790]. Letzte war unter ihrer Firma jedoch schon seit Jahren in der Bundesrepublik tätig und hatte bei der Wahl ihres Namens keine Kenntnis von einer gleich lautenden amerikanischen Firmierung. Die amerikanische Firma war nun zwar vor der deutschen in Erscheinung getreten; dies jedoch nur auf dem amerikanischen Kontinent. Gibt man dem Begehren der Kläger statt, vernichtet man einen schutzwürdigen inländischen Besitzstand; versagt man ihr einen Unterlassungsanspruch, erschwert man den internationalen Handel und das Freihandelsprinzip (protegiert also den eigenen Markt)[791].

Es besteht also das Bedürfnis, den Bestand eines inländischen Unternehmenskennzeichens gegenüber im Ausland prioritätsälteren ausländischen Kennzeichen zu schützen. Würde man dem Handelsnamen universale Geltung zukommen lassen und auf die Priorität im Heimatland abstellen, würde man einem inländischen Unternehmen immense Recherchekosten für die Wahl seiner Firmierung aufbürden. Dieses Interesse fasst Korschan, allerdings ausgehend von seinem Ansatz einer EWG-weiten Erstreckung des Handelsnamensschutzes, so zusammen: „Der inländische Unternehmer hat ein berechtigtes Interesse daran, bei der Wahl eines Kennzeichens nicht in unzumutbarer Weise nachprüfen zu müssen, ob bereits irgendwo im weiten Raum der EWG ein gleiches oder ver-

---

[788] Tilmann, GRUR 1981, S. 621, 623; Riehle schreibt: „sie (die Firma; Anmerk. des Verfassers) hat ferner immanent die Eigenschaft, die von dem Unternehmen vertriebenen Waren zu kennzeichnen (Warenkennzeichenfunktion), Markenrecht und Parallelimport, S. 72.

[789] Tilmann, GRUR 1981, S. 621, 623; ähnlich von Gamm, Wettbewerbsrecht, Kapitel 55, Rn. 2 : „Doch kommt der Firma mittelbar auch eine Herkunftsfunktion für das Unternehmen zu, da die theoretisch klare Trennung zwischen Geschäftsname des Kaufmanns, Unternehmens- und Warenbezeichnung im geschäftlichen Verkehr regelmäßig nicht vorgenommen wird. (…) Aus diesem Grund verwischen sich die Grenzen einer firmen- und zeichenmäßigen Benutzung.“.

[790] RGZ 117, 215 ff..

[791] Was das Ausschließlichkeitsrecht anbelangt, ergibt sich also eine zum Markenrecht weitgehend parallele Interessenlage.

wechslungsfähiges Unternehmenskennzeichen genutzt wird. Weiterhin muss er davor geschützt werden, dass ihm ein viele Jahre genutztes Kennzeichen später auf Grund einer ihm unbekannten Namenspriorität im EWG-Bereich genommen wird."[792]. Das als tragenden Grund für das Territorialitätsprinzip ausgemachte Interesse des Verkehrsschutzes[793] gilt somit auch für das Handelsnamensrecht. Dieser Gedanke des Verkehrsschutzes kommt auch zum Ausdruck, wenn man Handelsnamen als in ein nationales Wirtschaftssystem eingebettete Wettbewerbsparameter betrachtet[794]. Auch hier wird das Interesse ein uneingeschränktes „Hereinwirken" von Unternehmenskennzeichen ausländischer Provenienz ins Inland zu vermeiden deutlich, was sich ebenfalls mit dem Grundsatz der par conditio concurrentium beschreiben lässt[795].

Des Weiteren besteht aber das Bedürfnis, ein Unternehmenskennzeichen im Ausland schützen zu können, bzw. das Interesse ausländischer Unternehmen, dass ihre Handelsnamen auch in Deutschland Schutz erfahren können[796]. Dieses Interesse, welches mit den EG-Freiheiten korrespondiert[797], will freilich mit dem erst genannten Interesse in einen Einklang gebracht werden, welcher nicht einfach zu bestimmen ist. Die Frage ist, ob ausländische Besitzstände geeignet sind, Abweichungen vom herkömmlichen Grundsatz der nationalen Priorität zu begründen.

Schließlich stellt sich ein weiteres Problem. Durch das Zusammenwachsen der Märkte, den zunehmenden grenzüberschreitenden Verkehr, Tourismusströme und das Internet stellt sich die Frage, ob nicht auch ein Bedürfnis besteht, den Ruf eines bekannten inländischen Unternehmenskennzeichens (hier insbesondere die Firma) über eine verstärkte Berücksichtigung von Auslandssachverhalten bis möglicherweise hin zu einer exterritorialen Anwendung des deutschen Unternehmenskennzeichenrechts zu verbessern[798]. Auch dieses Bedürfnis

---

792 Korschan, Der Schutz des Handelsnamens, S. 59.

793 Von Bar, IPR II, Rn. 706. BGH Sihl, GRUR 1969, S. 359, 360; Knopp, GRUR 1969, 610; vgl. auch Soergel/Kegel, Art. 12 Anh., Rn. 13.

794 So MüKo/Kreuzer, Nach Art. 38 Anh. II Rn. 45.

795 Ebenda.

796 Dies gilt etwa wenn das Bestreben besteht eine europaweit einheitliche „Corporate Identity" aufzubauen (vgl. z. B. den der Entscheidung EuGH, C-255/97, Pfeiffer Großhandels GmbH ./. Löwa Warenhandel GmbH, Slg. 1999, I – 2837, I - 2853 zugrunde liegenden Sachverhalt).

797 Vgl. hierzu auch Korschan, Der Schutz des Handelsnamens, S. 59.

798 Vergleichbar erkennt etwa Fezer dieses Interesse für den Schutz bekannter Marken an: „Beträchtliche Schutzlücken ergeben sich (...) unter Zugrundelegung eines strengen Territorialitätsprinzips auch in Fällen internationaler Rufausbeutung und Rufbeeinträchtigung mit der Folge einer Beeinträchtigung der überragenden Kennzeichnungskraft und Wertschätzung einer Weltmarke" (in: Staudinger, Internationales Wirtschaftsrecht, Rn. 717). Als Konsequenz

muss dann mit dem erstgenannten Interesse an dem Bestandsschutz erworbener Kennzeichenrechte in Einklang gebracht werden. Es bildet zu dem erstgenannten Interesse, welchem durch ein streng verstandenes Territorialitätsprinzip am besten gedient ist, den Gegenpol, da es zu einer exterritorialen Anwendung inländischen Rechts strebt.

Brisanz wird dem Internationalen Firmenrecht ferner durch die jüngere Rechtsprechung des EuGH für den Bereich des Gesellschaftsrechts zukommen[799], da der EuGH die Voraussetzungen für eine Verlagerung ausländischer Gesellschaften nach Deutschland erheblich erleichtert hat[800] und somit zu erwarten ist, dass im Inland zunehmend auch ausländische Gesellschaften auftreten werden.

## II. Schwächen des gegenwärtigen internationalen Schutzsystems

Die Rigidität des Territorialitätsprinzips ist für das Markenrecht legitim, weil die Möglichkeiten in anderen Ländern Schutz für Marken zu erlangen durch das internationale Schutzsystem (telle-quelle-Prinzip der PVÜ, Gemeinschaftsmarke etc.) einen hohen Stand erreicht hat. Dies verhält sich freilich für Handelsnamen anders. Um in anderen Ländern Schutz zu erlangen, bedarf es z. T. der Bekanntheit, z. T. der Benutzungsaufnahme mit entsprechender Ausdehnungstendenz[801].
Durch das Territorialitätsprinzip wird dem Handelsnamen also eine größere Erschwernis für die Schutzrechtserlangung aufgebürdet, als der Marke.
Im Territorialitätsprinzip fände der immaterialgüterrechtliche Aspekt des Unternehmenskennzeichenrechts seinen größtmöglichen Ausdruck. Problematisch ist jedoch, dass anders als bei Marken, auch das unternehmerische Persönlichkeitsrecht durch Schutzrechtsversagung betroffen ist. Untersagt man einem Unternehmen die Verwendung seiner Firma wirkt sich dies auch auf die Namensfunk-

---

wählt Fezer den schon beschriebenen Weg einer Inkorporation des Auswirkungsprinzip in die lex loci protectionis, mit der Folge, dass extraterritoriale Sachverhalte auch Ansprüche begründen können: „Trotz einer grundsätzlichen Anerkennung des weltweit herrschenden Territorialitätsprinzips im Bereich der Immaterialgüterrechte sollten daher extraterritoriale Sachverhalte unter engen Voraussetzungen über eine bloße Vorfragenberücksichtigung im inländischen Markenprozeß hinaus berücksichtigt werden können. Das muss auch für solche exterritorialen Sachverhalte gelten, die nicht einen Anspruch des Schutzrechtsinhabers aufgrund seines im Inland bestehenden Markenrechts ausschließen (vgl. BGHZ 41, 85, 91 [Maja]), sondern einen Anspruch begründen können.“(in: Staudinger, Internationales Wirtschaftsrecht, Rn. 718).

799 Vgl. Mäsch, in: Bamberger/Roth, BGB, EGBGB Art. 12 Anh. 13 ff.

800 EuGH, Rs. C-212/97,Centros, Slg. 1999, I – 1459; EuGH, Rs. C-167/01, Inspire Art, Slg. 2000, I - 10195.

801 Vgl. etwa Tribunale di Milano GRUR Int. 1979, S. 307 ff.; s. dazu auch unten § 10 C.

tion aus. Hierdurch werden dann Interessen berührt, welche jenseits der immaterialgüter- bzw. markenrechtlichen Koordinaten liegen. Schließlich ist der Name auch für Fragen der Kreditwürdigkeit und der Unternehmenspolitik entscheidend, welches auch für Dritte - wie etwa Behörden - bedeutsam ist[802]. Dies ist insbesondere bei eng verflochtenen Märkten als unglücklich zu bewerten.
Es ist also zu konstatieren, dass die Anwendung des das Markenrecht beherrschenden Territorialitätsprinzips in zweierlei Hinsicht für das Handelsnamensrecht problematisch ist. Zum einen kann die nationale Parzellierung des Unternehmenskennzeichenrechts ein größeres Handelshemmnis darstellen, als dies im Markenrecht der Fall ist. Zum anderen bedeutet es für das Unternehmen selber mitunter ein großes Problem für Geschäftsbetrieb und Unternehmenspolitik, wenn es in verschiedenen Ländern unter verschiedenen Namen auftreten muss.
Die Anwendung des Territorialitätsprinzips für Handelsnamen kann im Einzelfall sogar Verwechslungen gerade den Boden bereiten. Ist ein ausländischer Handelsname nämlich im Inland bekannt, jedoch aufgrund eines gleich lautenden prioritätsälteren inländischen Unternehmens nicht geschützt, kann es freilich dennoch zu Verwechslungen kommen – dies gilt insbesondere bei zunehmender Wahrnehmung ausländischer Vorgänge im Inland[803]. Hiermit werden auch der Unternehmenspolitik Hindernisse in den Weg gelegt, welche andere Interessen tangieren, als bei der Statuierung eines Territorialitätsprinzips eigentlich im Blickfeld liegen.

### III. Bestandsaufnahme der vorgeschlagenen Anknüpfungsvarianten

Geht man von der ungeklärten Frage der Rechtsnatur der Firma aus, so bietet sich fast die gesamte Palette der wirtschaftsrechtlichen Anknüpfungsoptionen an. Betont man das persönlichkeitsrechtliche Moment dieses Unternehmenskennzeichens kommt grundsätzlich eine Anknüpfung nach den allgemeinen deliktsrechtlichen Kollisionsnormen des Artt. 40 ff. EGBGB in Betracht. Geht man hingegen von der immaterialgüterrechtlichen Natur des Unternehmenskennzeichenrechts aus[804], rückt die Anknüpfung nach dem Schutzlandprinzip ins Blickfeld. In Anbetracht der ursprünglichen Residenz des Unternehmenskennzeichenschutzrechtes in § 16 UWG a. F. kommt eine Anknüpfung an den Interessenkollisionsort des Internationalen Privatrechts für das Unlauterkeitsrecht in Betracht.
Nicht unzweifelhaft ist ferner, ob die Firma und die Gesamtheit des Unternehmenskennzeichenrechts gleichgesetzt werden können. Schon die Begriffswahl bedeutet hier oftmals schon einen Vorentscheid für die kollisionsrechtliche Anknüpfung. Redet man vom Internationalen Firmenrecht, schwingt der Gedanke

---

[802] Hierauf weist zu Recht Riehle hin, Markenrecht und Parallelimport, S. 72.
[803] BGH GRUR 1969, S. 357, 360 – Sihl.
[804] So Fezer, ZHR 1997, S. 52.

der Namensfunktion mit, weshalb von dort oftmals der Weg zum Namensstatut, sprich einer gesellschaftsrechtlichen Qualifikation oder einer Anknüpfung an das Personalstatut, eingeschlagen wird.
Ist von Unternehmenskennzeichenrecht die Rede, drängt sich die Nähe zum immaterialgüterrechtlich strukturierten Markenrecht (vormals Warenzeichenrecht) auf, mit welchem dann auch das dominierende Ordnungsprinzip der Priorität ins Blickfeld rückt, weshalb eine möglichst territoriale Anknüpfung favorisiert wird. Als Ordnungsprinzip jedenfalls ist vor allem für die Frage der nationalen Priorität eine möglichst territoriale Anknüpfung wohl in der Tat unumgänglich. Für eine solche Anknüpfung bieten sich jedenfalls zwei Optionen an. Die eine ist die Anknüpfung an den wettbewerblichen Ort der Interessenkollision, die andere das immaterialgüterrechtliche Schutzlandprinzip; beide werden im Regelfall zum selben Ergebnis kommen[805]. Einer einheitlichen Qualifikation von Firma und Unternehmenskennzeichen wird deshalb nur vereinzelt widersprochen[806].

Im Folgenden soll ein konkreter Überblick über das Meinungsspektrum gegeben werden.

Die Firmenberechtigung wird dem handels- oder gesellschaftsrechtlichen Statut zugeordnet[807]. Mitunter wird auch von einer Anknüpfung an das Personalstatut gesprochen[808]. Andere hingegen wollen weiterhin für den Namen (Firma und Geschäftsbezeichnungen) von juristischen Personen das Recht des Unternehmenssitzes bzw. das Recht am Ort der Niederlassung anwenden[809]. Dies wird im Ergebnis zumeist mit einer Anknüpfung an das Gesellschaftsstatut zusammenfallen. Abweichungen entstehen allerdings bei der Frage der Anknüpfung von

[805] Dies illustriert eindrucksvoll die Entscheidung des OLG Stuttgart IPRspr. 1991 Nr. 154, S. 298 – IPR für Handelsnamen; zu divergierenden Ergebnissen käme man allerdings dann, wenn man bei einer wettbewerbsrechtlichen Anknüpfung bei einem Auseinanderfallen von Werbe- und Absatzmarkt auf letzteren als Ort der Interessenkollision abstellt. Dem ist der BGH (BGHZ 113, 11, 15 f. = NJW 1991, 1054, 1055 – Kauf im Ausland; BGH GRUR 2004, S. 1035 ff. – Rotpreis-Revolution) jedoch zu Recht entgegen getreten.
[806] Wirner, Wettbewerbsrecht und internationales Privatrecht, S. 128.
[807] MüKo/Birk Art. 10 Rn. 29; Staudinger/Großfeld, Internationales Gesellschaftsrecht, Rn. 319; Soergel/Kegel, Art. 12 Anh., Rn. 11; MüKo/Bokelmann, § 13 d HGB, Rn. 16.
[808] RGZ 117, 215, 218; BGH NJW 1971, 1522, 1523; für eine gesellschaftsrechtliche Qualifikation: d. Jasper, in: Münchener Kommentar, Handbuch des Gesllschaftsrechts Bd. 3, § 75, Rn. 54; Schmidt-Leithoff in: Rowedder/Schmidt-Leithoff, GmbHG, Einl., Rn. 327; H. P. Westermann in: Scholz, GmbHG, Einl. Rn. 103.
[809] RGZ 82, 167; BayObLGZ 1986, 61, 64 = NJW 1986, 3029; OLG Hamm NJW-RR 1987, 990; LG Gießen IPRspr. 1990 Nr. 248; Edlbacher, Namensrecht, S. 46; Roth, in: Koller/Roth/Morck, HGB § 17 Rn. 26; Soergel/Kegel, Art. 12 Anh. Rn. 14; Kegel/Schurig, § 17 IV, S. 532; Baumbach/Hopt, HGB, § 17, Rn. 48 (die für den Firmenschutz aber das Schutzlandprinzip vertreten).

Zweigniederlassungen. Die erste genannte Ansicht, welche gesellschaftsrechtlich qualifiziert[810], würde dann weiterhin das Recht des Hauptverwaltungssitzes anwenden (zumindest unter Zugrundelegung der derzeit in Deutschland noch herrschenden Meinung). Wohingegen die andere Auffassung auch jeweils das Statut der Zweigniederlassung anwenden will. Hier kommt weiterhin mit ins Spiel, dass z. T. von einer ordnungsrechtlichen Qualifikation des Firmenberechtigungsrechts ausgegangen wird[811]; es sich somit bei dem Ort der Niederlassung, um mit der Terminologie des Internationalen Öffentlichen Rechts zu reden, um ein Aufgreifkriterium handelt[812].
Einige wollen auch den Schutz dem Personalstatut[813] oder dem Recht des Unternehmenssitzes bzw. der Zweigniederlassung unterstellen[814]. Allerdings kann nach dieser Auffassung der Schutz der ausländischen Bezeichnung nicht weitergehen, als nach deutschem Recht[815].
Die Auffassungen, welche eine territorialisierte Anknüpfung für den Schutz wie die lex loci protectionis-Regel oder die Marktortregel ablehnen, ziehen also nicht die vollen Konsequenzen aus einer Anknüpfung an das Personalstatut, sondern statuieren mit dem Satz, dass einem ausländischen Unternehmenskennzeichen nicht ein höheres Maß an Schutz zukommen könne, als das Ortsrecht inländischen Unternehmenskennzeichen gewährt[816], letztendlich doch eine weitgehend territorialisierte Anknüpfung.

---

[810] Hier wäre genau genommen noch zu unterscheiden zwischen einer gesellschaftsrechtlichen und einer handelsrechtlichen Anknüpfung. Denn auch das Internationale Handelsrecht sieht eine Anknüpfung an den Ort der Zweigniederlassung etwa für Registerfragen vor (Kindler, in Münchener Kommentar, IntGesR Rn. 133 ff.).

[811] So explizit Kindler, in: Münchener Kommentar, IntGesR., Rn. 146, 147.

[812] Vgl. von Bar IPR II Rn. 608, 614 mit Fn. 12; Soergel/Lüderitz Art. 10 Anh Rn 46.

[813] Münchener Kommentar/Ebenroth, 2. Aufl., Nach Art. 10, Rn. 61; Ammon, in: Röhricht/Graf von Westphalen, HGB, § 17, Rn. 52; H. P. Westermann in: Scholz, GmbHG, Einl. Rn. 104; Hüffer, in: Staub, HGB, Vor. § 17 Rn. 13.

[814] Soergel/Kegel, Art. 12 Anh Rn. 14.

[815] Soergel/Kegel, Art. 12 Anh Rn. 14; RGZ 82, 167 –Ägypten; 100, 182, 185 f, Fr, „Gervais", 117, 215; H. P. Westermann, in: Scholz, GmbHG, Einl. Rn. 104.

[816] So noch RGZ 117, 215: „Das Recht des im Ausland wohnenden Ausländers auf Führung seines Namens wird in Deutschland in gleicher Weise gegen Verletzungen geschützt wie das Recht des Inländers nach § 12 BGB. Diese Vorschrift stellt aber auch das Höchstmaß des Schutzes dar, falls etwa nach dem für dieses Persönlichkeitsrecht an sich maßgebende Personalstatut (Recht des Heimatstaats) ein weitergehender Schutz gewährt werden sollte (RGZ Bd 100 S. 128). Denn das bürgerliche Gesetzbuch (und ebenso das Handelsgesetzbuch) gewährt seinen Schutz den Angehörigen aller Staaten, natürlichen und juristischen Personen, unabhängig davon, ob sie ihren Wohnsitz oder ihre Niederlassung im Inland haben, und ohne die Voraussetzung der Gegenseitigkeit, es sei denn, dass Deutschland gegen den betreffenden ausländischen Staat etwa die Anwendung eines Vergeltungsrechts nach Art. 31 EGBGB (a. F. – Anmerk. des Verfassers) angeordnet haben sollte, was hier nicht der Fall ist."; Ammon, in: Röhricht/Graf von Westphalen, HGB, § 17 Rn. 52.

Der Vollständigkeit halber seien hier noch Stellungnahmen aufgeführt, welche für den Schutz von Handelsnamen an die lex fori anknüpfen wollen[817] oder gar erwägen, die Materie dem Internationalen Verwaltungsrecht zuordnen[818]. Mit Überwindung der Einordnung des Namens- und auch des Firmenrechts in das Ordnungs- bzw. Polizeirecht[819] ist eine solche Qualifikation jedoch ausgeschlossen.

Für die Namen juristischer Personen finden sich ferner auch Stellungnahmen, die nach dem Vorbild des Art. 157 IPRG (Schweiz) das Internationale Wettbewerbsrecht und das Internationale Privatrecht für den Schutz des Persönlichkeitsrechts heranziehen wollen[820].
Zum Teil wird sogar vom immaterialgüterrechtlichen Charakter (auch Monopolcharakter) des Namensrechts im Allgemeinen ausgegangen und somit das Schutzland- und auch z. T. darüber hinaus das Territorialitätsprinzip (für Namen allgemein) vertreten[821]. Jedenfalls entspricht die Anknüpfung an die lex loci protectionis der herrschenden Meinung[822].

## IV. Systematisierung

Die vorangestellt Auflistung der möglichen kollisionsrechtlichen Anknüpfungen offenbart, wie sehr die internationalprivatrechtliche Qualifikation vom Ausgangspunkt der Betrachtung abhängt.

---

[817] Ficker, JZ 1953, 730.
[818] Ficker, Grundfragen des Deutschen Interlokalen Rechts, S. 130, 131.
[819] Siehe oben § 2 II. 2.
[820] Staudinger/Großfeld, Internationales Gesellschaftsrecht, Rn. 323 a. E.; jene Vorschrift ist allerdings auch im schweizerischen Schrifttum nicht unumstritten; so will etwa Celli diese Vorschrift im Anwendungsbereich der PVÜ entgegen ihrem klaren Wortlaut nicht anwenden, Celli, Internationales Kennzeichenrecht, S. 241.
[821] BGB RGRK, Band VI, Internationales Privatrecht, Wengler, S. 496, 497.
[822] MüKo/Kreuzer Nach Art. 38 Anh. II, Rn. 40, 49; OlG Düsseldorf, NJW-RR 1990, 293; OLG Stuttgart RIW 1991, 954, 955; Koller/Roth/Morck, HGB, § 17 Rn. 27; Näke, Der Schutz ausländischer Handelsnamen, S. 155; Bauer, AcP 167 (1967), S. 535; Beier/Kunz-Hallstein, GRUR Int 1982, 362; Lüderitz, NJW 1962, 2143; Baumbach/Hefermehl, Wettbewerbsrecht, 17. Aufl., § 16 UWG Rn. 37; Baumbach/Hopt, HGB, § 17, Rn. 62; Ulmer-Reimer, Das Recht des unlauteren Wettbewerbs in den Mitgliedstaaten der Europ. Wirtschaftsgemeinschaft, Bd. III: Deutschland, S. 119; soweit es die Firma betrifft auch Palandt/Heldrich, Art. 10, Rn. 5, der jedoch für den Namen juristischer Personen an das Personalstatut (verstanden als das Recht am Hauptverwaltungssitz oder des Gründungsstatuts) anknüpfen will, vgl. auch Art. 12 Anh. 12; Baumbach/Hopt, HGB, § 17, Rn. 48.

Infolgedessen erscheint es besonders wichtig, stets den Anknüpfungsgegenstand im Blickfeld zu haben. Bei der Frage der Zulässigkeit der Firma, geht es um etwas anderes als um den Schutz der Firma vor verwechslungsfähigen, durch Dritte verwandte, Zeichen. Ein Grossteil der Unklarheiten dürften vor allem darauf beruhen, dass mitunter Stellungnahmen aus der gesellschafts- und handelsrechtlichen Literatur nicht zwischen dem Schutz der Unternehmenskennzeichen und dem formellen Firmenrecht unterscheiden (wohl aber vor allem letzteres meinen). Wiederum ein anderes Thema ist es, dass bestimmte Firmenvorschriften (§ 29 HGB) öffentlich-rechtlicher Natur sind, mithin sich ihre Anwendung nach dem Vorliegen eines Aufgreifkriteriums im Inland bemisst[823]. Dies freilich für das gesamte formelle Firmenrecht anzunehmen, schießt ebenfalls über das Ziel hinaus. Des Weiteren schließt sich die Frage an, ob man zwischen der Firma und den sonstigen Unternehmenskennzeichen differenzieren sollte.

Bevor auf die Einzelfragen der Anknüpfung eingegangen wird, soll aber zunächst der Begriff der Qualifikation im Internnationalen Privatrecht erläutert werden.

### 1. Begriff und Methode der Qualifikation im Internationalen Privatrecht

Unter dem Begriff der Qualifikation versteht man die Auslegung der Systembegriffe einer deutschen Kollisionsnorm[824]. Häufig wird der Prozess der Qualifikation auch als Subsumtion des zu beurteilenden Sachverhalts unter den im Tatbestand der Kollisionsnorm enthaltenen Anknüpfungsgegenstand beschrieben[825]. Die Frage der Qualifikation stellen, heißt damit die im Einzelfall einschlägige Kollisionsnorm zu ermitteln und von ihren Nachbarnormen abzugrenzen[826]. Es geht um die Bestimmung des Anknüpfungsgegenstandes.
Nach zutreffender Auffassung ist Gegenstand der Qualifikation die Subsumtion von Rechtssätzen[827]. Zumindest unpräzise wäre es, Rechtsverhältnisse oder Lebenssachverhalte als Gegenstand der Qualifikation aufzufassen. Ein Rechtsverhältnis kann nicht Gegenstand der Qualifikation sein, da dessen Bestehen erst am Ende nicht bereits am Anfang des Subsumtionsprozesses festgestellt werden kann[828]. Auch geht es genau genommen nicht um die Subsumtion eines Lebens-

---

[823] Vgl. dazu von Bar/Mankowski, Internationales Privatrecht, § 4 Rn. 62.
[824] Von Bar/Mankowski, IPR, Bd. 1, S. 637 (§ 7 Rn. 138); Kegel/Schurig, IPR, S. 286 (§ 7 III 1).
[825] Von Hoffmann, IPR, S. 208.
[826] Von Bar/Mankowski, IPR, Bd. 1, S. 637 (§ 7 Rn. 138).
[827] Von Bar/Mankowski, IPR, Bd. 1, S. 663 (§ 7 Rn. 179).
[828] Von Bar/Mankowski, IPR, Bd. 1, S. 663 (§ 7 Rn. 179).

sachverhalts, denn diesem ist keine rechtliche Aussage immanent. Dass es streng genommen unpräzise ist, von einer Subsumtion des Lebenssachverhalts zu sprechen, wird transparent, wenn man sich das von Klaus Schurig geschaffene Bündelungsmodell[829] zur Struktur von Kollisionsnormen vor Augen führt. Schurig geht davon aus, dass man eine allseitige Kollisionsnorm in viele Einzelteilverknüpfungen (Element-Kollisionsnormen) zerlegen könne, die jeweils eine Sachnorm anknüpfen. In diesen allseitigen Kollisionsnormen seien die Element-Kollisionsnormen systematisch („vertikal“) gebündelt, soweit eine sachliche Nähe zu materiellen Normen bestünde. Darüber hinaus seien solche Element-Kollisionsnormen auch „horizontal“ gebündelt, die sich auf sachlich und funktional vergleichbare Rechtssätze oder Rechtssatzkomplexe (Statute) verschiedener nationaler Rechtsordnungen beziehen. Die kollisionsrechtlichen Interessen entscheiden darüber, welche Elementkollisionsnormen in das Bündel (also die allseitige Kollisionsnorm) hineinkommen und welche nicht[830]. Dies veranschaulicht, dass (streng betrachtet) Lebensverhältnisse nicht Gegenstand der Qualifikation sein können, da eine Kollisionsnorm eben auf Sachnormen bezogene Element-Kollisionsnormen und nicht etwa Lebenssachverhalte bündelt.

Demgemäß heißt es nunmehr auch in Art. 38 Abs. 1 EGBGB: „Bereicherungsansprüche wegen erbrachter Leistung unterliegen dem Recht (...)“ und in Art. 40 EGBGB: „Ansprüche aus unerlaubter Handlung unterliegen dem Recht des Staates (...)“. Anknüpfungsgegenstand ist nach alledem nicht etwa deliktisches Geschehen als solches, sondern eben Rechtssätze bzw. Bündel funktional vergleichbarer Normen.

Umstritten ist, ob die Qualifikation rechtsvergleichend, nach der lex causae oder der lex fori zu erfolgen hat[831]. Gegen eine rechtsvergleichende Qualifikation muss das Argument der Praktikabilität angeführt werden. Allerdings gilt zu berücksichtigen, dass in dem Ansatz einer rechtsvergleichenden Qualifikation durchaus auch ein zutreffendes Element auszumachen ist - der über den Tellerrand des eigenen Rechts gerichtete Blick. Diesen Weg beschreitet ebenfalls die Auffassung, welche eine Qualifikation nach der lex causae favorisiert, deren maßgebliches Anliegen es ist, sich „einer unbeholfenen Kennzeichnung auslandsrechtlicher Gebilde“ zu enthalten[832]. Gegen diesen Ansatz spricht jedoch, dass er einerseits zu Normhäufung und Normmangel führt, zum anderen, dass der interne Entscheidungseinklang allzu leichtfertig aufgegeben wird.

829 Kegel/Schurig, IPR, S. 297-299 (§ 7 III 3 b bb).
830 Kegel/Schurig, S. 297 ff. (§ 7 III 3 b bb).
831 Vgl. zum Streitstand, von Bar/Mankowski, IPR, Bd. 1, S. 639 ff..
832 Wolff, IPR, S. 54.

Die ganz herrschende Meinung qualifiziert nach der lex fori[833] und zwar richtigerweise autonom nach dem Internationalen Privatrecht des Forums[834]. Die autonome Qualifikation nach dem Internationalen Privatrecht übernimmt den unausgesprochenen Grundgedanken der vorstehend dargelegten Qualifikationsmethoden, dass es jedenfalls nicht auf die sachrechtliche Systematisierung ankommt, sondern die Systemkategorien des Kollisionsnormen hiervon zu emanzipieren sind.

### 2. Ansatz Ebners einer antragsbezogenen Qualifikation

Ebner geht davon aus, dass einer Qualifikation nach der lex fori im Markenrecht entgegenstünde, dass dieses durch das Territorialitätsprinzip beherrscht sei und daher ein ausländischer tatsächlicher Vorgang, der eine ausländische Marke betrifft, nach dem inländischen Recht nicht qualifiziert werden könne[835]. Ebner glaubt dieses (vermeintliche) Problem lösen zu können, indem er auf den Klägervortrag abstellt und somit die Qualifikation dem Kläger überlässt[836]. Entscheidend sei die subjektive Qualifikation eines Geschehens durch den Klägervortrag als markenrechtlicher Sachverhalt, nicht dessen Subsumierbarkeit unter den Begriff des Markenrechts als Anknüpfungsgegenstand einer ungeschriebenen Qualifikationsnorm[837].

### 3. Kritik am Ansatz Ebners

Neben der unzulässigen Vermengung von materiellem und prozessualem Recht – ein Klageantrag kann zwar einen Qualifikationsprozess initiieren, ihn jedoch nicht regieren – muss sich der Ansatz vor allem zwei Kritikpunkten ausgesetzt sehen. Zum einen ist Aussage des Territorialitätsprinzips zwar die Wirkungsbeschränkung eines Schutzrechtes[838]; dies heißt jedoch nicht, dass der Richter in Anbetracht eines ausländischen Markenrechts die Augen schließen müsste.
Signifikant ist vor allem, dass das Prinzip der Qualifikation nicht zutreffend erfasst wird. Richtigerweise sieht Ebner, dass Anknüpfungsgegenstand nicht das subjektive, sondern das objektive Markenrecht ist[839]. Ein Widerspruch von Qua-

---

[833] Kropholler, IRP, S. 117 (§ 16 I.); Kegel/Schurig, IPR, S. 287 (§ 7 III 2. a); MüKo/Sonnenberger, Einl. IPR, Rn. 460.
[834] Vgl. hierzu von Bar/Mankowski, IPR Bd. 1, S. 658 (§ 7 II Nr. 4); MüKo/Sonnenberger, Einl. IPR, Rn. 460 ff., Kegel/Schurig, IPR, S. 285, 286 (§ 7 II 3.) und S. 296 ff. (§ 7 III 3 b).
[835] Ebner, Markenschutz, S. 41.
[836] Ebner, Markenschutz, S. 53, 55.
[837] Ebner, Markenschutz, S. 55.
[838] Vgl. dazu oben § 5 B II.
[839] Ebner, Markenschutz, S. 41, vgl. hierzu von Bar, IPR, Bd. 2, Rn. 702.

lifikation und Territorialitätsprinzip lässt sich indessen nicht erkennen. Der Irrtum Ebners speist sich offensichtlich aus der Vorstellung, dass nach den Sachnormen der lex fori zu qualifizieren sei. Dies ist jedoch, wie aus dem vorangegangenem Abschnitt ersichtlich geworden sein dürfte, nicht richtig. Es stellt überhaupt kein Problem dar, einen markenrechtsverletzenden Vorgang, sei es ein ausländischer oder ein inländischer, eben als einen markenrechtsverletzenden zu klassifizieren und dann entsprechend der kollisionsrechtlichen Schutzlandregel zuzuordnen.
Zwar ist es denkbar, dass das so berufene ausländische Internationale Privatrecht diesen Vorgang abweichend – etwa wettbewerbsrechtlich qualifiziert -[840], und dann ggf. entweder weiter oder zurück verweist. Dies macht jedoch dem Qualifikationsvorgang nach inländischem Internationalem Privatrecht keinesfalls einen Strich durch die Rechnung.
Kritikwürdig ist der Ansatz von Ebner vor allem deshalb, weil im Rahmen einer vermeintlich notwendigen, tatsächlich aber völlig überflüssigen Anpassung der internationalprivatrechtlichen Systematik, die Begrifflichkeiten des Internationalen Privatrechts verwässert werden. Bemüht man sich hingegen um ein präzises Verständnis der kollisionsrechtlichen Konzepte, so erübrigen sich auch die meisten Probleme, die eine Anwendung auf den Bereich des gewerblichen Rechtsschutzes scheinbar mit sich bringen.

### 4. Einheitliche Qualifikation formellen und materiellen Firmenrechts

Nach dem Vorstehenden sind Kollisionsnormen demnach nach der lex fori und zwar richtigerweise autonom nach dem Internationalen Privatrecht des Forums zu qualifizieren[841]. Tut man dies, so ergibt sich zunächst die Frage, ob man den Gegenstand des Unternehmenskennzeichenrechts in seiner Gesamtheit, einheitlich zu qualifizieren vermag. M. E. ist dies zu verneinen. Unproblematisch ist dies anhand der als öffentlich-rechtlich anzusehenden Firmenvorschriften zu zeigen, bei welchen nur eine abweichende Qualifikation in Frage kommt. Schwieriger hingegen ist die Frage, ob eine einheitliche Qualifikation für das formelle und das materielle Firmenrecht vorzunehmen ist oder nicht. Geht es um den Schutz von Unternehmenskennzeichen, also um die den Kennzeichen zukommenden Ausschließlichkeitsrechte, geht es grundlegend um etwas anderes, als bei Fragen des formellen Firmenrechts.

Dies kann mittlerweile auch dem Gesetz selber ausdrücklich entnommen werden. In § 15 Abs. 1 MarkenG heißt es: „Der Erwerb des Schutzes einer ge-

---

[840] Richtigerweise ist Art. 4 Abs. 1 S. 1 EGBGB so zu lesen, dass auch die Qualifikationsentscheidung des ausländischen Internationalen Privatrechts zu berücksichtigen ist, vgl. von Bar/Mankowski, IPR, Bd. 1, S. 663 ff. (§ 7 II c) und S. 665 (§ 7 II 7).
[841] S. oben § 9 A. IV. 1.

schäftlichen Beziehung gewährt ihrem Inhaber ein ausschließliches Recht“. Hier kann der Grenzverlauf zwischen formellen und materiellen Firmenschutz präzise entworfen werden. Die Frage, ob jemand eine Firma führt und wie diese zu bilden ist, ist etwas anderes, als zu erörtern, ob für eine geschäftliche Bezeichnung Schutz im Sinne der §§ 5 und 15 MarkenG und damit ein ausschließliches Recht erworben wurde.

Insoweit ist die Parallele, die das Reichsgericht in der Eskimo Pie-Entscheidung zu internationalen Markenrechtsfällen zieht, interessant. Der Zeitpunkt dieser Entscheidung ist wohlgemerkt vor dem Ergehen der Hengstenberg-Enscheidung zu datieren. Das Reichsgericht argumentierte in der mit dem Unternehmenskennzeichenrecht befassten Entscheidung, dass aufgrund der Sachnähe die Universalität der Markenrechte auch für Unternehmenskennzeichen gelten müsse[842]. An der Sachnähe von Unternehmenskennzeichenrecht und Markenrecht, die das Reichsgericht zugrunde gelegt hatte, hat sich wenig geändert. Ein weiterer Gesichtpunkt ist teilweise nur unzureichend in den Stellungnahmen zum Internationalen Firmenrecht reflektiert worden. Sachrechtlich kann eine Markeneintragung auch an einem entgegenstehenden Unternehmenskennzeichen scheitern und die Markenverwendung aufgrund eines prioritätsälteren Handelsnamens untersagt werden[843]. Hieraus kann nur gefolgert werden, dass das Internationale Unternehmenskennzeichen- und das Internationale Markenrecht weitgehend in synchronen Fahrwassern zu führen sind, will man nicht Gefahr laufen, das Schutzsystem für Marken zu torpedieren.
Für das Internationale Markenrecht gilt das Territorialitätsprinzip, dessen Notwendigkeit – ungeachtet der Schwierigkeiten seiner Herleitung – außer Frage steht[844]. Ob ein Geltungsgrund für die Anwendung des Territorialitätsprinzips auf Unternehmenskennzeichen gefunden werden kann, soll an dieser Stelle noch dahinstehen. Entscheidend ist jedoch zunächst, dass aufgrund der analogen Interessenlage zum Markenrecht eine weitgehende „Territorialisierung“ der Anknüpfung geboten ist.
Unterstellt man einmal, dass eine solche „Territorialisierung“ der Anknüpfung für das formelle Firmenrecht nicht erforderlich ist, so ist hiermit gezeigt, dass formelles und materielles Firmenrecht nicht einheitlich zu qualifizieren sind.
Die Autoren, die kollisionsrechtlich nicht zwischen formellen und materiellen Firmenrecht unterscheiden, ziehen auch nicht die vollen Konsequenzen aus einer Anknüpfung an das Personalstatut, sondern statuieren den Grundsatz, dass einem ausländischen Unternehmenskennzeichen nicht ein höheres Maß an

[842] RGZ 117, 215 ff. – Eskimo Pie.
[843] BGH WRP 2004, 610 ff. - Leysieffer.
[844] Vgl. oben § 5 B. II.

Schutz zukommen könne, als es das Ortsrecht inländischen Unternehmenskennzeichen gewährt[845].
So ging etwa das Reichsgericht in den Gervais–Entscheidung[846] davon aus, dass französisches Recht anwendbar wäre. Gleichwohl legte es im Ergebnis deutsches Recht zu Grunde, mit dem Einwand, dass nach ausländischem Recht keine weitergehenden Ansprüche, als nach deutschem Recht möglich seien. Es ist der Ansicht, dass der dem Kläger zukommende Namensschutz, weil es sich um ein Persönlichkeitsrecht handele, nach dem Personalstatut, also nach französischem Recht zu beurteilen sei, mit der Einschränkung, dass der Kläger als Ausländer im Inlande keinen weiteren Schutz genießen könne, als § 12 BGB es zulasse[847].
Der Satz, dass nach ausländischem Recht keine weitergehenden Ansprüche als nach deutschem Recht geltend gemacht werden können, ist eine Besonderheit, die nur schwierig in das Kategoriengebilde des Internationalen Privatrechts eingebettet werden kann. Aufgrund des generellen Kontextes zum Deliktsrechts, ist eine Anwendung des Art. 38 EGBGB a. F. nicht ganz fern liegend. Das Problem an der Sache ist, dass man sich mit einer Entscheidung für eine gesellschaftsrechtliche Qualifikation, gerade gegen eine deliktische (sei es im weiteren Sinne eine immaterialgüterrechtliche oder wettbewerbsrechtliche) entschieden hat.

### 5. Ergebnis

Im Ergebnis scheint es also doch eher so zu sein, dass man die eigene Qualifikationsentscheidung (Personal- oder Gesellschaftsstatut) durch den Verweis auf inländisches Recht als Maßstab (es somit quasi zu faktischen lex causae erhebt) wieder korrigiert, respektive ganz aufhebt. Über diese systematischen Bedenken könnte man wohl hinwegsehen, wenn durch jene Auffassung überzeugende Ergebnisse zu Tage gefördert werden. Dies ist jedoch gerade nicht der Fall. Einen Grund demjenigen, der für sein Zeichen im „Heimatland" keinen Schutz genießen kann, dann auch im Inland keinen Schutz zu gewähren, verstößt nämlich gegen das Gleichbehandlungsgebot des Art. 2 PVÜ.

Durch eine Limitierung des Rechtsanspruches auf das inländische Recht wird m. E. die Notbremse aus einer verfehlten einheitlichen kollisionsrechtlichen Qualifikation des formellen und materiellen Firmenrechts gezogen. Im Bereich des formellen Rechts mag sich die Zulässigkeit einer Firma und Fragen der Firmenbildung und -berechtigung im Inland grundsätzlich durchaus nach ausländischem Recht (also dem Personalstatut oder dem Heimatrecht) richten. Hinsichtlich des Schutzes gegenüber verwechslungsfähigen Bezeichnungen ist dies

845 Ammon, in: Röhricht/Graf von Westphalen, HGB, § 17 Rn. 52.
846 RGZ 100, 182, 186 ff. – Gervais.
847 RGZ 100, 182, 186 ff. - Gervais.

hingegen anders zu bewerten. Hier sollte inländisches Recht anwendbar sein. Vorzugswürdig sollte es somit sein formelles und materielles Firmenrecht nicht einheitlich zu qualifizieren. Im Folgenden soll deshalb zunächst auf die internationalprivatrechtliche Handhabung des formellen Firmenrechts eingegangen werden.

## B. Die international-privatrechtliche Handhabung des formellen Firmenrechts

Zum Teil wird vertreten, dass für die Firmenberechtigung das handels- oder gesellschaftsrechtliche Statut einschlägig sei[848]. Mitunter wird auch von einer Anknüpfung an das Personalstatut gesprochen[849].
Andere hingegen wollen für den Namen (Firma und Geschäftsbezeichnungen) von juristischen Personen das Recht des Unternehmenssitzes, bzw. das Recht am Ort der Niederlassung anwenden[850]. Dies wird im Ergebnis zumeist mit einer Anknüpfung an das Gesellschaftsstatut zusammenfallen. Abweichungen entstehen allerdings bei der Frage der Anknüpfung bei der Zweigniederlassung. Die erste genannte Ansicht, welche gesellschaftsrechtlich qualifiziert[851], würde dann weiterhin das Recht des Hauptverwaltungssitzes anwenden (zumindest unter Zugrundelegung der derzeit in Deutschland noch herrschenden Meinung). Wohingegen die andere Auffassung auch jeweils das Statut der Zweigniederlassung anwenden will. Die beiden Ansichten unterscheiden sich darüber hinaus vor allem in terminologischer Natur, da die letztgenannte Ansicht von der ordnungsrechtlichen Qualifikation des Firmenberechtigungsrechts ausgeht[852]; es sich somit bei dem Ort der Niederlassung eher um ein Aufgreifkriterium handelt[853].
Auf die Behandlung der Firma als Zweigniederlassung wird noch einzugehen sein. Grundsätzlich ist die Anknüpfung des formellen Firmenrechts, also die Frage der Zulässigkeit der Firma und der Firmenberechtigung nach dem Handels- bzw. Gesellschaftsstatut richtig. Welchen Namen eine Gesellschaft führt, darüber entscheidet das auf die Gesellschaft anzuwendende Recht. Die Frage ist

[848] MüKo/Birk Art. 10 Rn. 29; Staudinger/Großfeld, Internationales Gesellschaftsrecht, Rn. 319; Soergel/Kegel, Art. 12 Anh., Rn. 11; MüKo/Bokelmann, § 13 d HGB, Rn. 16.
[849] S. schon oben Fn. 808.
[850] S. schon oben Fn. 809.
[851] Hier wäre genau genommen noch zu unterscheiden zwischen einer gesellschaftsrechtlichen und einer handelsrechtlichen Anknüpfung. Denn auch das Internationale Handelsrecht sieht eine Anknüpfung an den Ort der Zweigniederlassung etwa für Registerfragen vor (Kindler, in MüKo IntGesR Rn. 133 ff.).
[852] So explizit MüKo/Kindler, IntGesR. Rn. 146, 147.
[853] Vgl. von Bar/Mankowski, IPR II § 4, Rn. 62, 614 mit Fn. 12; Soergel/Soergel-Lüderitz Art. 10 Anh Rn 46.

jedoch gedanklich von derjenigen zu trennen, ob die ausländische Gesellschaft ihren Namen auch im Inland führen darf; er hier zulässig ist oder nicht.

### I. Kollisionsrechtliche Bemessungsgrundsätze für die Zulässigkeit der ausländischen Firma im Inland

Für die Frage der Zulässigkeit der ausländischen Firma im Inland wird allerdings die Anknüpfung an das Handels- oder Gesellschaftsstatut nicht durchgehalten. Nach überwiegender Auffassung im Schrifttum sollen die Firmenrechtsgrundsätze über den ordre public durchgesetzt werden[854]. Zum Teil wird auch davon ausgegangen, dass die mit der Irreführungsgefahr befasste Vorschrift des § 18 Abs. 2 HGH auch für im Inland gebrauchte ausländische Firmen unmittelbar anwendbar sei[855].
Franz Kahn hat den Satz geformt, dass die gehäufte Berufung auf den ordre public oftmals der Bildung einer neuen Anknüpfungsregel vorausgehe[856]. In der Tat überzeugt die Berufung auf den ordre public nicht. Dass eine ausländische Firma gegen deutsche Firmenrechtsgrundsätze verstößt, begründet einen Verstoß gegen diese, jedoch noch keinen Verstoß gegen den ordre public. Ein weiterer Aspekt kommt hinzu: Ein Firma, die im Ausland unterscheidungskräftig ist, z. B. Müller für Frankreich, muss dies im Inland nicht sein. Dann ist aber kaum ersichtlich, wieso das ausländische Recht gegen den ordre public verstoßen soll. Dies könnte dann dazu führen, dass eine ausländische Rechtsregel, welche der deutschen exakt entspricht, als ordre public-widrig klassifiziert wird. Hier wird einer der Gründe ersichtlich, weshalb das internationale formelle Firmenrecht Schwierigkeiten bereitet. Selbst eine völlige Rechtsvereinheitlichung, könnte ein und dieselbe Bezeichnung in einem Land als zulässig; in einem anderen als unzulässig erscheinen lassen. Dies erklärt sich daraus, dass etwa die Frage nach der Unterscheidungskraft einer Bezeichnung oder der Verwechslungsgefahr nur umweltbezogen beantwortet werden kann.

Anstatt deutsches Firmenrecht über den Umweg des ordre public zur Anwendung zu bringen, wäre es methodisch überzeugender, gleich das Ortsrechts anzuwenden. M. E. wäre es in Betracht zu ziehen § 18 Abs. 2 HGB wettbewerbsrechtlich zu qualifizieren, um so zu seiner steten Anwendbarkeit auf ausländische Firmen zu gelangen.

---

[854] HGB/Zimmer, § 17 Anh. Rn. 11.

[855] Staudinger/Großfeld, Internationales Gesellschaftsrecht, Rn. 235; vgl. BayObLG, NJW 1986, 3029, 3030.

[856] Nachweis bei Zweigert, Internationales Privatrecht und öffentliches Recht, in: Fünfzig Jahre Institut für Internationales Recht an der Universität Kiel, S. 127.

Für die internationalprivatrechtliche Handhabung ist daher eine differenzierte Sichtweise erforderlich. Das im HGB niedergelegte Firmenrecht ist vor allem durch zwei Strukturprinzipien gekennzeichnet. Unter das eine fallen die Grundsätze der Firmenwahrheit und Firmenunterscheidbarkeit und erfahren ihre Ausprägung in den §§ 18 Abs. 2 und 30 HGB. Hier – an dem Irreführungsgebot - zeigt sich der wettbewerbsrechtliche Charakter des Firmenrechts. Insbesondere § 18 Abs. 2 HGB dient durch seine registerrechtliche Kontrolle auch der Vermeidung von Wettbewerbsprozessen im Rahmen des § 3 UWG a. F. (vgl. § 5 UWG-Entwurf der Bundesregierung)[857].

Ungeachtet der Einordnung des Firmenrechts in das HGB sind die Vorschriften des § 18 Abs. 2 und § 30 HGB wettbewerbsrechtlich zu qualifizieren. Somit ist für eine ausländische Firma, die unter ihrem Namen im Inland auftritt, deutsches Recht als Recht des Ortes der Interessenkollision anzuwenden. Infolgedessen ist § 37 HGB auch auf Vorgänge im Ausland nicht anwendbar[858].

Das andere Strukturprinzip ist das der Identifizierung, d. h. die Namensfunktion der Firma. Sie findet ihre Ausprägung in § 18 Abs. 1 HGB. Diese Vorschrift ist somit gesellschafts- oder handelsrechtlich zu qualifizieren[859]. Die Frage wie eine Firma zu bilden ist, bemisst sich somit nach dem „Heimatrecht".

Zu berücksichtigen ist, dass die ausländischen Firmen Besitzstände darstellen, die auch aus der Sicht des deutschen Rechts als schutzwürdig erscheinen können, was insbesondere im Geltungsbereich der Niederlassungsfreiheit der EG gilt[860]. In diesem Zusammenhang sei dann darauf verwiesen, dass nach der hier vertretenen Auffassung für die Frage der Irreführung auch ausländische Sachverhalte und Besitzstände mitberücksichtigt werden müssen. Außereuropäische Sachverhalte können für sich allerdings nur eine geringere Legitimation ihrer Berücksichtigung ins Feld führen als europäische. Denkbar ist es auch, dass man für das Firmenbildungsrecht ausländischer europäischer Unternehmen spezielle sachrechtliche Lösungen für Sachverhalte mit Auslandsbeziehung schafft. Im Einzelfall kann es daher möglich sein auch eine ausländische Firma zuzulas-

---

[857] BT-Drucks. 13/8444, S. 38; zum Zusammenhang von § 18 Abs. II HGB und UWG vergleiche: Baumbach/Hopt, HGB, § 18, Rn. 10; Staub/Hüffer, vor § 17 Rn. 2, § 18 Rn. 34.

[858] Über die Annahme einer internationalprivatrechtlichen Qualifikation als wettbewerbsrechtlich, lässt sich auch das Urteil des OLG Karlsruhe, WRP 1985, S. 104 erklären; a. A.: Hüffer, in: Staub, Großkommentar zum HGB, § 37 Rn. 11.

[859] Dies meint auch die wohl h. L. , die allerdings z. T. ungenau vom Personalstatut spricht; so ist etwa die Kaufmannseigenschaft nicht abhängig von der Nationalität der betreffenden Person, vgl. von Bar, IPR II, S. 612.

[860] Vgl. zu den Anforderungen des EuGH an die Annahme einer Irreführungsgefahr, EuGH, Rs C – 373/90, Ermittlungsverfahren gegen X, Slg. 1992, I – 131; EuGH, Rs C – 470/93, Mars, Slg. 1995, I – 1936; EuGH, Rs C – 210/ 96, Gut Springenheide, Slg. 1998, I – 4681.

sen, wenngleich diese eigentlich – streng nach deutschem Sachrecht bemessen – unzulässig wäre, wenn die Gefahr der Irreführung zum einen kaum spürbar ist und zum anderen ein derartiger ausländischer Besitzstand besteht, dass eine Versagung der Verwendung ihres Namens zu Wettbewerbsverzerrungen im europäischen Binnenbereich führen würde. Gedanklich soll nun kurz durchgespielt werden, zu welchen Ergebnissen eine solche Qualifikation gelangen würde. Zum einen muss gefragt werden, ob eine Firma, die im Ausland zulässig ist, im Inland gemessen an § 18 Abs. 2 (oder ggf. auch § 3 UWG a. F.) aber unzulässig ist, in jedem Fall ihre Firmierung zum Gebrauch im Inland ändern muss. Durch die Liberalisierung des Firmenrechts durch das HRefG sind viele der bisher aufgetretenen Probleme entschärft[861].

Eine Sachgerechtigkeit im Einzelfall ist somit nur über ein bewegliches System zu erreichen. Zugunsten der ausländischen Besitzstände an der Firmierung sind – zumindest im Geltungsbereich der Niederlassungsfreiheit - unbedeutende Abweichungen von dem deutschen Recht als unerheblich zu betrachten. Richtschnur sollte hierbei sein, ob an der Führung der Bezeichnung ein schutzwürdiges Interesse besteht. Als Beispielsfall soll eine Entscheidung des Landgerichts Hagen dienen.
Das LG stellte zum Sachverhalt fest, dass die Beklagte unter der Firmenbezeichnung X-AG mit dem Angebot von Umschuldungen und ähnlichen Maßnahmen werbend im Verkehr auftrete. Es verwendet Geschäftsbogen, die links oben die Bezeichnung „X-AG" und darunter fortlaufend die Bezeichnungen „X-Société Anonyme" und „X-Corporation Limited" enthalten, und in der Mitte die Ortsbezeichnung „Vaduz" sowie rechts der Ländernamen „Germany", „Liechtenstein", „Großbritannien", „France". Die Firma war in Vaduz eingetragen[862].

Das LG Hagen betrachtete die Firmierung der Beklagten als irreführend. Es argumentierte, dass - da sich die Geschäftstätigkeit des Beteiligten auf Umschuldungen und Konkursabwendungen erstreckt - es für die Geschäftspartner von Interesse sei, über die Größe und die Kapitalausstattung informiert bzw. nicht desinformiert zu werden. Durch die (unzutreffenden) Länderzusätze werde jedoch dem Verkehr ein größerer Umfang der Geschäftstätigkeit suggeriert, als es tatsächlich der Fall ist.

Dass die An- oder Abwesenheit von Länderzusätzen Anknüpfungspunkt von Verkehrsanschauungen ist, mag man durchaus für vertretbar halten. Die Frage ist allerdings, ob es wünschenswert ist, wenn in einigen Ländern Europas Geschäftsschreiben einer Firma kursieren, die Länderzusätze der Firmierung enthalten und in anderen nicht. Ein einheitlicher wettbewerbsrechtlicher Beurtei-

---

[861] Vgl. aber auch oben § 9 B. I.
[862] LG Hagen NJW 1973, 2162.

lungsmaßstab wäre hier de lege ferenda vorzuziehen. M. E. hätte man an dieser Stelle eine Interessenabwägung vornehmen müssen, ob das Interesse Irreführungen zu vermeiden, das Interesse unter einer einheitlichen Firmierungen auch grenzüberschreitend aufzutreten, überwiegt. Hierbei wäre dann gegebenenfalls ein ausländischer Besitzstand an der Firmierung zu berücksichtigen gewesen.
Insbesondere, wenn die (vermeintliche) Irreführung den Firmenkern betrifft, so sollte im Rahmen einer europarechtskonformen Auslegung, d. h. nach der hier vertretenen Auffassung einer Interessenabwägung, tendenziell mit dem Verdikt der Irreführungsgefahr wesentlich vorsichtiger umgegangen werden.
Wir hatten gesagt, dass die Frage der Firmenbildung, soweit sie nicht die Gefahr der Irreführungsgefahr betrifft, nach dem Handels- oder Gesellschaftsstatut zu bemessen ist. Praktisch relevant könnte hier etwa der Fall werden, dass eine Gesellschaft im Ausland das Zeichen @ in ihrer Firmierung führt. Bekanntlich hat die deutsche Rechtsprechung bisher hier einen strikten Standpunkt bezogen und Buchstabenkombinationen die Firmenfähigkeit abgesprochen[863]. Von dieser restriktiven Linie ist sie erst in der Entscheidung DB Immobilienfonds abgerückt[864]. Gleichwohl ist die Eintragungsfähigkeit des Zeichens @ nach wie vor umstritten[865]. Einen Grund von der hier gewählten kollisionsrechtlichen Anknüpfung abzuweichen ist nicht ersichtlich. Hiergegen spricht schon, dass auch der Gesetzgeber selber von einer Anknüpfung an das „gesellschafts- oder handelsrechtliche Statut" ausgeht[866].
Auch eine Berufung auf den ordre public muss ausscheiden. Dies zeigt das hier gewählte Beispiel. Da die Zulassung der Firmierung mit dem Zeichen @ von Teilen der Literatur gefordert wird[867]; kann man eine Unzulässigkeit nicht mit dem ordre public begründen.

Fraglich ist, ob an dieser Stelle der Grundsatz der Chancengleichheit im Wettbewerb geltend gemacht werden kann. Dieses Argument büßt schon deshalb an Zugkraft ein, weil im Rahmen der EU nationales Wettbewerbsrecht und Niederlassungsfreiheit in ein Verhältnis praktischer Konkordanz gebracht werden müssen. Im hier gewählten Beispiel – gleiches dürfte für andere Fälle der abweichenden Firmenbildung gelten – ist die Abweichung zur geltenden nationalen Rechtslage und die Verletzung der Chancengleichheit im Wettbewerb nicht so groß, als dass sie eine Unzulässigkeit begründen könnte. Dem ausländischen

863 Nachw. bei Ernsthaler, Gemeinschaftskommentar zum HGB, § 18 Rn. 12.
864 GRUR 2001, 344 – DB Immobilienfonds.
865 Dagegen Koller/Roth/Morck, HGB, § 18 Rn. 3; dafür Mankowski MDR 2001, 1124 f..
866 BT-Drucks. 13/ 8444, S. 36; dies folgt daraus, dass der Gesetzgeber es für möglich hält, dass durch Auslandsgründungen deutsche Firmenbildungsgrundsätze umgangen werden können.
867 Mankowski, MDR 2001, 1124 f..

Besitzstand auch im Inland Geltung zu verweigern, fehlt somit – im Gegensatz zu den Fällen der Irreführungsgefahr – ein rechtfertigender Grund.
Verpflichtet man ein Unternehmen seinen Namen für den Eintritt in den Inlandsmarkt zu ändern, so kann auch dies zu Wettbewerbsverzerrungen führen. Dies ist etwas dann der Fall, wenn ein spanisches Unternehmen (etwa durch Touristenströme) im Inland bekannt ist und einen guten Ruf genießt. Ist es verpflichtet im Inland einen anderen Namen zu führen, hätte dies potentiell zur Folge, dass es im Inland Schwierigkeiten hätte, an seinen guten Ruf anzuknüpfen. Außerdem wird für das Unternehmen der Geschäftsverkehr erschwert.

Die vorgenommene Sezession der kollisionsrechtlichen Anknüpfung für das formelle Firmenrecht anhand der Vorschrift des § 18 HGB ist auch auf die anderen firmenrechtlichen Vorschriften zu übertragen. Soweit es bloß um die Firmenbildung geht, ist eine handels- bzw. gesellschaftsrechtliche Qualifikation geboten. Soweit es um die Frage der Irreführungsgefahr geht, ist inländisches Recht als Recht des Ortes der Interessenkollision anzuwenden. Hierbei ist allerdings entsprechend der obigen Ausführungen eine vollständige Ausblendung des Heimatrechts nicht geboten[868].

## II. Sonderproblem Zweigniederlassung

Nach § 13 d HGB sind auch die Zweigniederlassungen eines Einzelkaufmanns, einer juristischen Person oder der Sitz einer Handelsgesellschaft im Ausland im Inland in das Handelsregister einzutragen. Gleiches gilt für andere Gesellschaftstypen gem. §§ 13 e-g HGB. Fraglich ist, nach welchem Recht sich die Zulässigkeit der Firmenführung richtet. Die Anwendung des Gesellschaftsstatuts wird nicht mehr aufrechterhalten, wenn es um die Firma der Zeigniederlassung geht. Unter einer Zweigniederlassung versteht man ein eigenes Zentrum rechtsgeschäftlicher Aktivität, das zumindest verselbständigungsfähig ist[869]. Die Zweigniederlassung steht rechtlich selbständigen Unternehmensträgern nahe, jedoch ist sie keine juristische Person[870]. Grundsätzlich findet somit auch auf die inländische Zweigniederlassung das durch den Sitz der Hauptverwaltung (zumindest nach bisheriger Rechtslage) ermittelte Gesellschaftsstatut Anwendung[871].

---

868 Vgl. insoweit auch BGH NJW 1988, 644 ff. – Ein Champagner unter den Mineralwässern.
869 Mankowski, EWiR § 25 HGB 1/96, S. 29, 30.
870 Staudinger/Großfeld, Internationales GesellschaftsR. 1998, Rn. 976.
871 Staudinger/Großfeld, Internationales GesellschaftsR. Rn. 977.

Nach herrschender Auffassung ist gleichwohl die Firma nach dem Sitzrecht der Zweigniederlassung zu bilden[872]. Die für § 13 d HGB relevante Frage, welche Firma eine ausländische Gesellschaft führt, ist - wie wir gesehen haben – Bestandteil des Anknüpfungsgegenstandes des Internationalen Privatrechts für das formelle Firmenrecht. Demnach ermittelt die wohl herrschende Meinung die, der Gesellschaft zustehenden, Firma nach dem Gesellschaftsstatut der ausländischen Firma.
Die sonstigen Fragen des Firmenordnungsrechts sind richtigerweise an den Niederlassungsort anzuknüpfen. Dies gilt unabhängig davon, ob man die einschlägigen Vorschriften nun als öffentlich-rechtlich oder privatrechtlich qualifiziert[873]. Denn, ob die Zweigniederlassung einer ausländischen Gesellschaft in Deutschland eine bestimmte Firma führen darf und diese ins Handelsregister eingetragen werden muss, kann sich nur nach dem Recht der Zweigniederlassung richten.
Letzten Endes geht es ferner auch um die Ordnungsinteressen (Firmenwahrheit, Firmenbeständigkeit, Firmenklarheit) zum einen und das Kontinuitätsinteresse einer ausländischen Gesellschaft andererseits, welche nicht gezwungen sein sollte, ihre Firma jeweils länderspezifisch zu modifizieren. Die Berechtigung nach dem Niederlassungsort zu bestimmen, könnte gegen die EuGH-Rechtsprechung zur Niederlassungsfreiheit von Unternehmen und Gesellschaften verstoßen. Hiergegen spricht jedoch, dass anerkannt ist, dass die Niederlassungsfreiheit ihre Schranke in den Belangen des Gemeinwohls findet.
In jedem Fall stellt sich die Frage, ob für eine im Inland angesiedelte ausländische Gesellschaft nicht das Gesellschaftsstatut für die Firmenberechtigung das räumlich „bessere" Recht ist. Dies ist zu verneinen. Von der Frage der Rechtsformzusätze abgesehen, sollten die Grundsätze der Firmenwahrheit und Firmenklarheit auch auf ausländische Gesellschaften angewandt werden, da diese letztlich auch wettbewerbsrechtliche Parameter sind und folglich ein Abstellen auf das Gesellschaftsstatut oder gar das Heimatrecht Wettbewerbsverzerrungen bewirken würde. Nach wohl h.M. wird deshalb zuerst das ausländische Recht befragt und sodann in einem zweiten Schritt die Vereinbarkeit gem. §§ 17 ff. HGB überprüft[874]. Im Ergebnis hängt die Frage, ob die ausländische Firma hierzulande zulässig ist, dann von den §§ 17 ff. HGB (insbesondere § 30 HGB) ab[875].

---

[872] Ebenroth JZ 1988, 18, 20; Soergel/Kegel, Art. 12 Anh. Rn. 12; Staudinger/Großfeld, Rn. 319; Baumbach/Hopt § 13 d Rn. 4; von Bar, IPR II, Rn. 615; a. A. Staub/Hüffer, § 13 b, Rn. 14.

[873] Als prozessrechtlich und somit öffentlich-rechtlich ist etwa § 17 Abs. II HGB zu qualifizieren, OLG Hamburg, OLG 3, 274 USA.

[874] MüKo/Bokelmann, § 13 d HGB, Rn. 17, 18; Bokelmann, DB, 1990, S. 1021, 1022; BayOLG, WM 1986, S. 1556, 1557.

[875] Sonnenschein/Weitemeyer, in: Heymann, Handelsgesetzbuch, § 13 d, Rn. 7.

Die zum formellen Firmenrecht herausgearbeiteten Ansätze können m. E. hier mutatis mutandis herangezogen werden. Zu beachten ist allerdings, dass der Grundsatz der par conditio concurrentium für eine Zweigniederlassung wieder mehr Zugkraft gewinnt[876]. Auch die registerrechtliche Gleichbehandlung (vgl. § 13 d HGB) kann hier ins Feld geführt werden. Problematisch ist aus den genannten Gründen, allerdings die Anknüpfung an das „Heimatrecht" für die Firmenbildung (§ 18 Abs. 1 HGB)[877].

### III. Rück- und Weiterverweisung

Die Frage nach einem renvoi kann sich stellen, wenn das berufene ausländische Gesellschaftsstatut der Gründungstheorie folgt. In diesem Fall ist eine Rück- oder Weiterverweisung zu beachten[878].

## C. Die internationalprivatrechtliche Anknüpfung für den Schutz des Handelsnamens

Das Meinungsspektrum für die kollisionsrechtliche Handhabung des Schutzes der Unternehmenskennzeichenrechte wurde schon oben dargelegt[879]. Insbesondere durch die Firma weist das Unternehmenskennzeichenrecht sowohl einen Bezug zum Markt, als auch zur Person des Unternehmensträgers auf. Ersterem entsprechend hat sich eine wettbewerbs- oder immaterialgüterrechtliche Qualifikation weitgehend durchgesetzt. Dessen ungeachtet finden sich weiterhin Stellungnahmen, die auch einen Gleichklang mit dem „internationalen Persönlichkeitsrecht" für möglich erachten[880].

### I. Die Beachtung der persönlichkeitsrechtlichen Elemente des Firmenschutzes

Bejaht man im Einklang mit der noch herrschenden Meinung die Rechtsnatur der Firma sowohl als persönlichkeits,- als auch immaterialgüterrechtlich (Mischcharakter), so stellt sich die Frage, inwieweit das persönlichkeitsrechtliche Element der Firma kollisionsrechtlich zum Tragen kommt. Betont man den persönlichkeitsrechtlichen Aspekt, so käme eine Anknüpfung über die Regeln der Artt. 40 ff. EGBGB in Betracht. Dem müssen jedoch grundlegende Beden-

---

876 HGB/Zimmer, § 17 Anh. Rn. 6.
877 Vgl. zum Fragenkreis ausführlich HGB/Zimmer, § 17 Anh. Rn. 6.
878 HGB/Zimmer, § 17 Anh. Rn. 9.
879 Siehe oben § 9 A. III.
880 Staudinger/Großfeld, IntGesR, Rn. 323 a. E..

ken entgegengebracht werden. Die Firma ist, selbst wenn man sie nicht als immaterialgüterrechtlich beschreibt, doch in einem hohen Maße durch ihre Funktion im Wettbewerb bestimmt. Somit muss einer Qualifikation als allgemeindeliktsrechtlich, doch die vorrangige wettbewerbsrechtliche Anknüpfung entgegengehalten werden können. Eine wettbewerbsrechtliche Qualifikation würde somit die kollisionsrechtliche Behandlung – gegenüber einer allgemeindeliktsrechtlichen – sehr stark „territorialisieren". Ob an diesem Punkt halt gemacht werden kann oder gar das Schutzlandprinzip als einzig adäquate Anknüpfung heranzuziehen ist, muss hier noch nicht entschieden werden. Klargestellt soll an dieser Stelle aber schon sein, dass eine Heranziehung des persönlichkeitsrechtlichen Elements der Firma dergestalt, dass es im Grundsatz bei den Regeln des allgemeinen Deliktsrechts bleibt, nicht angängig ist.

Dessen ungeachtet, steht es freilich noch auf einem anderen Blatt, ob die persönlichkeitsrechtlichen Elemente der Firma, bei ihrer Tangierung nicht im Einzelfall – etwa bei der Kennzeichenverunglimpfung – wieder einer besonderen Anknüpfung den Weg zu ebnen vermögen. In der Tat muss sich die Frage stellen, ob in Fällen besonders aggressiver Kennzeichenverunglimpfung durch das Schutzlandprinzip bedingte Schutzlücken wirklich hinnehmbar sind. M. E. kann dies im Einzelfall zu verneinen sein. Eine stark „territorialisierte" internationalprivatrechtliche Anknüpfung hängt mit dem Prioritätsprinzip der Kennzeichenrechte zusammen. Im Falle der Marken- oder Unternehmenskennzeichenverunglimpfung entfällt jedoch der tragende Grund für die Aufrechterhaltung des Territorialitätsprinzips (der Gedanke des Verkehrsschutzes). In jenen Fällen kommt es deshalb in Betracht, es bei der Anknüpfung nach den Artt. 40 ff. EGBGB zu belassen.

## II. Immaterialgüter- oder wettbewerbsrechtliche Qualifikation

Auszuscheiden hat für die internationalprivatrechtliche Qualifikation zunächst der vielleicht auf den ersten Blick nahe liegende Impuls sich an der Klassifizierung durch das Sachrecht zu orientieren. Dann wäre aufgrund der Einbettung in das MarkenG nur das Schutzlandprinzip denkbar. Vergegenwärtigt man sich freilich, dass (nach zutreffender Auffassung) vormals § 16 UWG a. F. die maßgebliche Norm für das Unternehmenskennzeichenrecht war und sich durch die Inkorporation in das MarkenG inhaltlich nichts ändern sollte, würde eine wettbewerbsrechtliche Qualifikation nahe liegen[881]. Der anerkannte Grundsatz, dass die internationalprivatrechtliche Qualifikation nicht an die sachrechtliche Ein-

---

[881] Es ist allerdings darauf hinzuweisen, dass auch schon vor der Überführung des Unternehmenskennzeichenrechts in das Markenrecht nach herrschender Auffassung das Schutzlandprinzip anzuwenden war (Großkommentar zum UWG, Schricker, Einl. Fn. 79).

ordnung gekoppelt werden kann, zeigt somit gerade im Kennzeichenrecht seine Richtigkeit[882].

Die Frage der Qualifikation sollte freilich nicht überbewertet werden. Dies kann anhand der Entscheidung des OLG Stuttgart vom 1. 2. 1991[883] verdeutlicht werden, welches die internationalprivatrechtliche Qualifikationsentscheidung, ob für den Schutz der Firma der wettbewerbsrechtliche Ort der Interessenkollision oder die lex loci protectionis gilt, offen gelassen hatte, da beide Anknüpfungen zu demselben Ergebnis kamen.

Zu unterschiedlichen Ergebnissen gelangt man vor allem in zwei Fällen. Der eine ist der, dass man im Rahmen der internationalprivatrechtlichen Anknüpfung für das Wettbewerbsrecht den Absatzort anders als den Werbeort behandelt. Dies wird indessen nur von einer Mindermeinung vertreten. Nach herrschender Auffassung ist auf den Werbeort abzustellen[884], so dass man auch hier zu gleichen Ergebnissen wie im Falle einer Anknüpfung an das Schutzland gelangt.

Divergierende Ergebnisse tun sich ferner bei Transit- oder Exportfällen auf. In diesen Fällen wird der Ort der wettbewerblichen Interessenkollision wohl in dem Bestimmungsland zu lokalisieren sein, mit der Konsequenz, dass im Rahmen der internationalprivatrechtlichen Anknüpfung für das Wettbewerbsrecht das Recht des Bestimmungslandes zum Zuge kommt. Anders verhält es sich im Falle einer Anknüpfung an das Schutzlandprinzip. Schutzland ist in diesem Fall jedenfalls das Export- oder das Transitland.

Im Folgenden soll versucht werden ein Mehr an Klarheit über die Qualifikation des Unternehmenskennzeichenrechts zu erlangen, indem wir die sachrechtliche Problematik der Export- und Transithandlungen näher beleuchten.

### III. Exkurs: Die Behandlungen von Exporten und Transit

Gem. § 14 Abs. 3 Nr. 4 Alt. 2 MarkenG ist auch der Export mit Zeichen versehener Ware eine geeignete Markenverletzungshandlung. Dies entspricht der

---

882 Eindrucksvoll ist in dieser Hinsicht der Hinweis von Celli, wonach eine Koppelung an die sachrechliche Klassifizierung zu unbrauchbaren Ergebnissen führt, wenn man sich Bestrebungen in der Schweiz vor Augen führt das Recht der Ursprungsbezeichnungen von dem MSchG in das Landwirtschaftsgesetz zu überführen (Celli, Internationalens Kennzeichenrecht, S. 235).

883 OLG Stuttgart, IPRspr. 1991, Nr. 154, S. 298 ff..

884 BGHZ 113, 11, 15 f. = NJW 1991, 1054, 1055 – Kauf im Ausland; MüKo/Kreuzer, Art. 38 Rn. 241.

Rechtsprechung zum WZG[885]. Begründet wurde dieses vielleicht eher kontraintuitive Ergebnis seit der legendären King Eward-Entscheidung mit der Gefahr des Verbleibens der Ware im Inland. Konkret könnte dies eintreten, wenn entweder der Hersteller der Exportware seine Ausfuhrabsicht ändert oder aber Mitarbeiter weisungswidrig Waren abzweigen[886]. Im Zuge der ausdrücklichen Nennung der Ausfuhr in § 14 MarkenG wird mittlerweile eine Ausdehnung des Markenschutzes auf den Transit, also der bloßen Durchfuhr vertreten[887]. Die wohl überwiegende Lehre bejaht in den Fällen des Exports oder des Transits nach den Grundsätzen der „King Edward“ – Doktrin immer das Vorliegen einer Verwechslungsgefahr[888].

Die Forderung nach einem Marktbezug im Schutzland der Marke hat sich nicht durchsetzen können[889]. Nach überwiegender Auffassung sind die in § 14 Abs. 3 MarkenG erwähnten Verletzungshandlungen ferner auf § 15 MarkenG zu übertragen[890]. M. E. muss es jedoch als fraglich erscheinen, ob sich die Grundsätze auch auf Unternehmenskennzeichen übertragen lassen. Auch in der Rechtsprechung ist eine solche Tendenz bisher nicht zu verzeichnen. In der Entscheidung „Domgarten-Brand“ von 1982 ging es um die Frage, ob ein Verstoß gegen die §§ 1 u. 3 UWG a. F. vorliegt, wenn für den Export nach Großbritanien abgefüllter Wein derart etikettiert wird, dass ein Verstoß gegen das inländische Irreführungsgebot besteht. Der BGH hat hierzu ausgeführt, dass im konkreten Fall ein Reimport nicht in Betracht käme und folglich auf der Basis deutschen Sachrechts einen Anspruch verneint[891]. Auch in der Entscheidung „Enrico-Ferrari“[892] hat das Gericht für den Export von mit Unternehmenskennzeichen versehenen Waren keine Rechtsverletzung im Inland angenommen. Diese Entscheidungen wurden vom Schrifttum allerdings z. T. kritisiert[893].
Der Schutz des Markenrechts vor Export- und Transithandlungen basiert weniger auf dem Gedanken der Verwechslungsgefahr bzw. der Irreführung der Verbraucher, sondern auf der Erwägung der Bekämpfung der Marken-

---

885 Grundlegend RGZ 110, 176, 178 f. – King Edward; BGH GRUR 1986, 538, 540 – Ola; BGH GRUR 1991, 460, 461 – Silenta.

886 RGZ 110, 176 ff., 178 f.- King Edward; vgl. auch Ingerl/Rohnke, Markengesetz, § 14 Rn. 198; Sack, RIW 1995, 177, 179.

887 Ingerl/Rohnke, Markengesetz, § 14 Rn. 200, KG GRUR-RR 2001, 159, 161 – Euro-Paletten; Sack, RIW 1995, 177, 181 ff.; Fezer, § 14 Rn. 483.

888 Sack, RIW 1995, 177, 180.

889 Hierfür jedoch Fezer, GRUR 1986, 540 ff., 542.

890 Ingerl/Rohnke, Markengesetz, § 14 Rn. 31; Fezer, Markenrecht, § 15 Rn. 20, Gruber, in von Schulz MarkenG, Rn. 11.

891 BGH GRUR 1982, 495 ff., 497 – Domgarten-Brand.

892 OLG Frankfurt aM GRUR Int. 1995, 987 – Enrico Ferrari.

893 Vgl. zur Entscheidung Domgarten-Brand Sack, RIW 1995, 177, 180; zur Entscheidung Enrio-Ferrari, Ingerl/Rohnke, Markengesetz, § 15 Rn. 31.

piraterie[894]. Es geht (unausgesprochen) auch darum, dass es für den Verletzten schwierig wird zu beweisen, dass von, für den Export bestimmten, Waren einige auch ins Inland gelangen. Durch den § 14 Abs. 3 Nr. 4 Alt. 2 MarkenG wird der Schutz der Marke auf ein sehr hohes, absolutes Niveau gebracht.

Unterstellt man jedoch einmal, dass der Exporteur der, mit Unternehmenskennzeichen oder geographischen Herkunftsangaben versehenen, Ware keine unlauteren Absichten hegt und auch gewährleisten kann, dass keine Waren „abgezweigt" werden, muss die Frage aufgeworfen werden, woraus sich ein Verbot rechtfertigen soll. Für die Marke als Registerrecht ist ein solcher absoluter, abstrakter Schutz zu rechtfertigen, da gerade durch das Register ein hohes Maß an Transparenz besteht. Dies gilt jedoch weniger für Unternehmenskennzeichen, die durch bloße Benutzungsaufnahme und entsprechender Ausdehnungstendenz nach der bisherigen (nach der hier vertretenen Auffassung gleichwohl kritikwürdigen) Rechtsprechung bundesweite Geltung erlangen. Die mangelnde Transparenz hat schon zu der Forderung nach mehr Publizität geführt[895]. Ob dies notwendig ist, braucht hier indes nicht entschieden zu werden.
Ferner wurde schon zum formellen Firmenrecht ausgeführt, dass – zumindest im Rahmen der EG - ein gewisses Maß an Irreführung hinzunehmen ist[896]. Auch für die Fragen von Export und Transit sind deshalb die Grundfreiheiten der EG zu berücksichtigen. Der Verstoß gegen die Niederlassungs- und Waren- und Verkehrsfreiheit kann in dem Fall, dass es um Handelsnamen oder sonstige Unternehmungskennzeichen geht, nicht mit dem spezifischen Gegenstand des Unternehmenskennzeichenrechts, dem Schutz vor Verwechslungen hingenommen werden. Ansonsten bestünde die Gefahr, dass dem Inhaber eines Handelsnamens durch entgegenstehende Unternehmenskennzeichen die logistischen Wege abgeschnitten werden; was nicht dem Wesen des Handelsnamensrechts entspricht. Mit einander verwechslungsfähige Unternehmenskennzeichen, die innerhalb Europas koexistieren, sollte deshalb nicht die Möglichkeit gegeben werden, sich gegenseitig beim Transit ihrer (mit ihren Unternehmenskennzeichen versehenen) Ware zu behindern[897].

## IV. Schlussfolgerungen

Nach der hier vertretenen Auffassung ist für die Frage des Exportes – gleiches gilt für den Transit – von mit Unternehmenskennzeichen oder geographischen Herkunftsangaben versehener Ware der Marktbezug stärker zu betonen. Dies

[894] Sack, RIW 1995, S. 177, 181.
[895] Nave, WRP 2002, 1237 ff.; dagegen aber Tyra, WRP 2003, S. 45 ff..
[896] S. oben § 9 B. I.
[897] Vgl. hierzu auch, EuGH, C-115/02, Administration des douanes et droits indirects ./. Rioglass SA und Transremar SL, Slg. 2003, I -12705, I -12719.

kann insbesondere über die Berücksichtigung von Auslandssachverhalten geschehen. Die Frage, ob der Export – oder Transit – von gekennzeichneter Ware eine Verletzungshandlung darstellt, sollte davon abhängen, ob etwa das Unternehmenskennzeichen im Ausland geschützt ist[898].

Insgesamt ergibt sich somit der Befund, dass für Unternehmenskennzeichen der wettbewerbsrechtliche Bezug stärker ist als bei Marken. Die Frage ist nun, ob hiermit einer wettbewerbsrechtlichen Qualifikation der Weg bereitet werden sollte. Entsprechend den obigen Feststellungen, dass die Berücksichtigung von persönlichkeitsrechtlichen Belangen den Immaterialgüterrechten immanent ist[899], können auch wettbewerbsrechtliche Belange im Rahmen der Behandlung von Immaterialgüterrechten zum Zuge kommen. Unternehmenskennzeichenrechte sind Ausschließlichkeitsrechte und zählen zu den Immaterialgüterrechten. Dennoch ist der Gedanke an ihre wettbewerbsrechtliche Provenienz aufrecht zu halten. Ungeachtet ihrer immaterialgüterrechtlichen Natur ist ihrer rechtlichen Handhabung die Berücksichtigung von wettbewerblichen Besitzständen (auch ausländischer) zugänglich[900]. Dennoch sollte gleichwohl auch für Unternehmenskennzeichen das Schutzlandprinzip als international-privatrechtliche Anknüpfungsregel herangezogen werden. Dies schließt es dann, vor allem auf sachrechtliche Ebene, nicht aus, Auslandssachverhalte in einem größeren Umfange zu berücksichtigen, als dies bei den sonstigen Immaterialgüterrechten eigentlich als zulässig erachtet wird. Nach der hier vertretenen Auffassung ist es fraglich, ob der Export von mit unternehmenskennzeichenverletzenden Zeichen versehener Ware eine Verletzungshandlung im Sinne des § 15 MarkenG darstellt. Verneint man dies nach der hier vertretenen Auffassung, so könnte dies vordergründig für eine wettbewerbsrechtliche Qualifikation sprechen. Tatsächlich sollte die Frage, ob Export- und Transithandlungen Verletzungshandlungen

---

[898] Dies gilt umso mehr, da auch die bisherige (harte) Linie für Transitfälle ins Wanken geraten ist. So hat das OLG Koblenz jüngst entschieden, dass bei ununterbrochenem Transit von Originalware durch europäischen Wirtschaftsraum kein Markenrecht verletzt wird (GRUR-RR 2004, S. 289); vgl. hierzu auch, EuGH, C-115/02, Administration des douanes et droits indirects ./. Rioglass SA und Transremar SL, Slg. 2003, I -12705, I -12719.

[899] Siehe oben § 2 B. IV.

[900] Vgl. hierzu etwa HGB, Hüffer, § 37 Rn. 4, der zur Frage des Schutzumfangs eines Unternehmenskennzeichens schreibt: „Der dargelegten Auffassung ist darin zuzustimmen, dass auch der Schutz eines absoluten Rechts einer Interessenabwägung nicht entgegensteht, ferner darin, dass die Interessenabwägung nur anhand der konkreten Wettbewerbssituation der Beteiligten erfolgen kann. (...) Gerade wenn (und weil) es mehr auf den Individualschutz als auf den Verbraucherschutz ankommt, ist der richtige dogmatische Standort des Firmenschutzes § 12 BGB. Einer interessegerechten Berücksichtigung der Wettbewerbssituation steht dieser Ausgangspunkt dann nicht entgegen, wenn berücksichtigt wird, dass das Recht am bürgerlichen Namen und an der Firma zwar gleichermaßen absolute Rechte, aber unterschiedlichen Zuschnitts und Inhalts sind“.

im Sinne des § 15 MarkenG sind, dem Schutzland überantwortet werden. Somit ist eine Anknüpfung an die lex loci protectionis geboten[901].

Fraglich ist noch, wie die Firma als besonderes Unternehmenskennzeichen zu behandeln ist. Ungeachtet ihres „Mischcharakters“[902], steht sie, wenn es um das der Firma zustehende Ausschließlichkeitsrecht geht, den gewerblichen Schutzrechten näher, als den Persönlichkeitsrechten. Folglich sollte auch für die Firma das Schutzlandprinzip gelten[903].

Wie gezeigt[904] ist es fraglich, welche Anknüpfungsgegenstände das Schutzlandprinzip umfasst. Für das Urheberrecht wird zum Teil vorgeschlagen den Bestand nach einem anderen Statut als dem Schutzlandstatut zu beurteilen[905]. Das Handelsnamens-, bzw. Unternehmenskennzeichenrecht unterscheidet sich jedoch nicht derart von anderen Immaterialgüterrechten – wie etwa der Marke -, dass es geboten wäre hier einen Sonderweg einzuschlagen. Infolgedessen kann man davon ausgehen, dass das Bündel von Anknüpfungsgegenständen der (ungeschriebenen) Kollisionsnorm der lex loci protectionis – wie für die sonstigen Immaterialgüterrechte ebenfalls – die Frage nach dem Bestand eines Unternehmenskennzeichens mit umfasst.

## D. Unternehmenskennzeichenrecht und das Territorialitätsprinzip

### I. Überblick über die Entwicklung des Meinungsstandes

Die Frage, ob für das Ausschließlichkeitsrecht an der Firma und den sonstigen Unternehmenskennzeichen das Territorialitätsprinzip gilt, war lange umstritten[906]. Es ist zwar eine weitgehend parallele Entwicklung zum Warenzeichenrecht zu konstatieren, jedoch war die Herleitung aus dem Namensrecht für Unternehmenskennzeichen wesentlich nachhaltiger, zumal das wohl wichtigste Unternehmenskennzeichen, die Firma, nach § 18 Abs. 1 HGB a. F. auch oft mit dem bürgerlichen Namen übereinstimmte[907]. Die heute wohl herrschende Auffassung meint - trotz des namensrechtlichen Charakters und damit nach noch herrschender Auffassung auch persönlichkeitsrechtlichen Rechtsnatur der Firma

---

901 Ebenso Mäsch, in: Bamberger/Roth, BGB, Art. 10 Anh. EGBGB Rn. 77.

902 Siehe oben § 2 B. VI.

903 Ebenso Mäsch, in: Bamberger/Roth, BGB, Art. 10 Anh. EGBGB Rn. 77; von Schulz, Markenrecht § 5 Rn. 38; Koller/Roth/Morck, HGB, § 17 Rn. 27.

904 Siehe oben § 7 A.

905 Siehe oben § 7 A.

906 Für das Territorialitätsprinzip, Baumbach/Hefermehl, Wettbewerbsrecht, 22. Aufl., Einl. UWG, Rn. 174.

907 Hierauf verweist auch Korschan, Der Schutz des Handelsnamens, S. 72.

- zu einer nationalen Begrenzung dieses Rechts im Sinne des Territorialitätsprinzips der gewerblichen Schutzrechte gelangen zu können.

Lange Zeit war indes herrschende Meinung, dass für das Recht an dem Unternehmenskennzeichen keine nationale Wirkungsbeschränkung gelte, sondern vielmehr das Universalitätsprinzip zu Grunde zu legen sei[908]. So vertrat beispielsweise noch Osterrieth die Auffassung, dass es sich bei der Firma, dem Namen und Etablissementbezeichnungen um konstante Zustände handelt, die nur nach einem Recht beurteilt werden können, nämlich dem Heimatrecht[909].

Der Weg zur Annahme eines (nach der hier vertretenen Auffassung primär sachrechtlich zu verstehenden Territorialitätsprinzips) wurde über die Frage der international-privatrechtlichen Behandlung beschritten. An der Grundüberzeugung des universalen Charakters der Firma nährten sich erst langsam Zweifel. Lüderitz sprach sich etwa gegen die Auffassung von Wolff[910] und Frankenstein[911] aus, welche auf den Handelsnamen uneingeschränkt das Personalstatut anwenden wollten, da diese Auffassung zu einer Benachteiligung der Inländer gegenüber Ausländern führen würde[912]. Die Lösung wurde darin gesehen, zwar grundsätzlich an das Personalstatut anzuknüpfen, jedoch diesen Schutz durch die Regelungen des Ortsrechts zu „limitieren“[913].
Das Universalitätsprinzip in „Reinform“, d. h. Bemessung der Priorität nach dem „Heimatrecht“ und ein automatischer Schutz im Inland wurde auch für die Firma schon lange nicht mehr vertreten. Selbst in der Entscheidung „Eskimo-Pie“ wird ein Bezug zum Inland in Gestalt einer erkennbaren Ausdehnungstendenz gefordert; diesbezüglich jedoch die Warenzeichenanmeldung für ausreichend erachtet[914].
Mit der Hinwendung zur nationalen Priorität (wann immer diese auch vorliegt) unterstellt die Rechtsprechung dann den Schutz ausländischer Handelsnamen dem inländischen Recht[915]. Die Rechtsprechung zog also nicht die vollen Konsequenzen, die aus einer universalen Geltung des Unternehmenskenn-

---

[908] So BGHZ 17, 209, 214; LG Dü AIT 64, 146, 147 - Revlon III; BGHZ 14, 286, 293 - Farina; Raape, S. 653, Seligsohn, Festgabe RPA, S. 206; Bußmann, Name, Firma, Marke, S. 287; Ulmer, GRUR 19 49, 63, 70.
[909] Osterrieth, Lehrbuch des gewerblichen Rechtsschutzes, S. 441; sehr ähnlich insoweit auch noch Windisch, Gewerblicher Rechtsschutz, S. 133, 134.
[910] Wolff, Das internationale Privatrechts Deutschlands, S. 112 f..
[911] Frankenstein, Internationales Privatrecht (Fremdenrecht), Bd. 1, S. 393 ff., 397.
[912] Lüderitz, NJW 1962, S. 2142, 2143.
[913] RGZ 82, 167 –Ägypten; 100, 182, 185 f, Fr, „Gervais“, 117, 215; Kegel, Internationales Privatrecht, 2. Aufl. 1964, S. 213; zur Unzulänglichkeit dieser Auffassung vgl. schon oben § 9 A. IV. 5.
[914] RGZ 117, 215 ff.; vgl. unten § 10 A. I.
[915] Siehe unten § 10 A.

zeichenrechts eigentlich folgen würden. So knüpfte sie zwar die Frage nach dem Bestand eines Handelsnamens an das Heimatrecht an, für den Schutz dieses Rechts legte sie jedoch das Recht des Begehungsortes zugrunde[916]. Man kann somit von einer faktisch territorialisierten internationalprivatrechtlichen Anknüpfung reden.

In der Literatur gibt es ebenfalls schon länger Bestrebungen zu einer Territorialität der Anknüpfung zu gelangen. So geht schon zu Beginn der 50er Jahre Troller vom Territorialitätsprinzip der gewerblichen Schutzrechte aus[917]; kommt jedoch für den Handelsnamen zu einer Zwischenlösung, wonach es möglich sei den Schutz des Handelsnamens vom Schutz im Heimatland abhängig zu machen[918].
Auch Wirner schreibt in einer 1960 veröffentlichen Arbeit: „das Recht am Handelsnamen kann nicht kraft des Rechts eines einzigen Staates universell sein, wohl aber kann das schützenswerte Gut über die Grenzen hinausgreifen und auch dort schutzbedürftig sein", um dann fort zu fahren: „Dieses Gut aber wird, wenn es sich über mehrere Staaten erstreckt, nur nach dem Recht der verschiedenen, betreffenden Staaten geschützt. Dabei liegt es an den einzelnen Staaten, was als Handelsname verstanden und in welcher Form er geschützt werden soll (...)"[919]. Mit einen der ersten Schritte hin von einer territorialisierten internationalprivatrechtlichen Anknüpfung zu dem (hiervon zu unterscheidenden) Territorialitätsprinzip unternahm dann wohl Wirner, als er einige Unternehmenskennzeichen auch hinsichtlich ihrer Zulässigkeit dem Schutzland unterstellen wollte. Er führt aus, dass bei Abkürzungen, besonderen Geschäftsbezeichnungen und der „enseigne" des französischen Rechts das Wettbewerbsrecht das Namensrechts verdrängt[920]. Im Ergebnis vertritt er deshalb für Unternehmenskennzeichen auch kollisionsrechtlich eine Koppelung an das Markenrecht: „Die enge Verbundenheit des Namensrechts mit dem Wettbewerbs- und Warenzeichenrecht erlaubt es in diesen Fällen nicht, für den Handelsnamen bei völligem Überwiegen der wettbewerbsrechtlichen Funktion eine andere Rechtsordnung anzuwenden als sie für das Warenzeichen- und Wettbewerbsrecht, für das das Recht des Schutzlandes maßgebend ist, anzuwenden wäre."; und kommt folglich zu einem völligen Ausschluss des Personalstatuts für diese Rechte[921].

---

[916] RG GRUR 1937, S. 148 ff., S. 150 – Kronprinz; BGH GRUR 1958, S. 189 ff – Zeiß.
[917] Troller, Das internationale Privat- und Zivilprozeßrecht, S. 48 ff..
[918] Troller, Das internationale Privat- und Zivilprozeßrecht, S. 135.
[919] Wirner, Wettbewerbsrecht und internationales Privatrecht, S. 127.
[920] Wirner, Wettbewerbsrecht und internationales Privatrecht, S. 128.
[921] Wirner, Wettbewerbsrecht und internationales Privatrecht, S. 128.

Eine Kehrtwende der Literatur auf breiterer Front fand dann ab Mitte der 60er Jahre statt[922]. Dieser Zeitraum ist insofern brisant, als sich wie gezeigt[923] zu Beginn der 60er Jahre das Internationale Wettbewerbsrecht durch die BGH-Entscheidungen „Kindersaugflaschen“ und „Stahlexport“ grundlegend verändert hatte. In der Kindersaugflaschenentscheidung entschied der BGH, dass der Begehungsort grundsätzlich nur dort möglich sei, wo die Interessen der Mitbewerber aufeinander stoßen[924]. In der „Stahlexport“ – Entscheidung vom 20. 12. 1963[925] fand dann die Abkehr von der Formel Nußbaums statt.

Konzise gesagt, fand somit zu Beginn der 60er Jahre im Internationalen Wettbewerbsrecht mit der Hinwendung zum Ort der wettbewerblichen Interessenkollision eine starke „Territorialisierung“ der Anknüpfung statt, mit der eine personale Anknüpfung fast vollständig ausgeschieden wurde[926].

Wir hatten indes schon oben gezeigt, dass das gesamte Kennzeichenrecht in den Bereich des Wettbewerbsrechts einzuordnen ist und geschäftlichen Kennzeichen vor allem aufgrund ihres wettbewerblichen und ökonomischen Wertes auch ein immaterialgüterrechtlicher Charakter zukommt. Eine direkte Übertragung der Grundsätze des Internationalen Wettbewerbsrechts verbietet sich, da sich das Kennzeichenrecht durch die Ausformung subjektiver Ausschließlichkeitsrechte weit von dem Recht des unlauteren Wettbewerbs entfernt hat, welchem gerade die Abwesenheit von Ausschließlichkeitsrechten aufs Banner geschrieben wurde. Die international-privatrechtliche Anknüpfung und die Frage, ob das Territorialitäts- oder das Universalitätsprinzip zu Grunde zu legen ist, ist folglich nicht schon durch die Entwicklung im Internationalen Privatrecht für das Recht des Unlauteren Wettbewerbs entschieden. Es muss jedoch die Frage aufgeworfen werden, ob sich aufgrund der Verwandtschaft jener Rechtsgebiete nicht eine Übertragung der maßgeblichen Gründe, welche den BGH bewogen, sich für eine Anknüpfung an den Ort der Interessenkollision und dem weitgehenden Ausschluss einer personalen Anknüpfung zu entscheiden, auf das Unternehmenskennzeichenrecht übertragen werden kann.

---

922 Wirner, Wettbewerbsrecht, S. 65; J. Bauer, AcP 1967, S. 551 ff.; Korschan, Der Schutz des Handelsnamens, S. 73.

923 S. oben § 6 A.

924 BGHZ 35, 329, - Kindersaugflaschen.

925 BGHZ 40, 391 – Stahlexport.

926 Nach Ablehnung der Nußbaumschen-Formel erwägt der BGH eine Anwendung inländischen Rechts, wenn sich der Wettbewerb im Ausland ausschließlich zwischen deutschen Gewerbetreibenden abspielt oder sich „direkt und gezielt gegen den inländischen Mitbewerber richte“. Die erste Alternative dürften in der Praxis im Übrigen kaum vorkommen, da schwerlich ein Markt vorstellbar ist, auf dem nicht zumindest auch potentielle ausländische Konkurrenten tätig sind.

Entscheidendes Argument für die Anknüpfung an den wettbewerblichen Interessenskollisionsort ist vor allem, dass durch eine Anknüpfung nach der Tatortregel, also das Ubiquitätsprinzip, die „par conditio concurrentium“ verletzt würde[927]. Unterwirft man etwa den deutschen Exporteur von nur für den ausländischen Markt bestimmte Waren dem strengen deutschen Recht, so wird der deutsche Unternehmer im Vergleich zu seiner ausländischen Konkurrenz unangemessen benachteiligt. Ein Teil der Literatur wendet nun das Topos der „par conditio concurrentium“ auch zur Herleitung des Territorialitätsprinzips für Unternehmenskennzeichen an. Eine personale Anknüpfung, insbesondere für die Frage des Schutzes von Unternehmenskennzeichen führe zur Ungleichbehandlung von In- und Ausländern[928]. Mittlerweile auch in der Rechtsprechung Stellungnahmen zugunsten der Geltung des Territorialitätsprinzips für das Ausschließlichkeitsrecht an Unternehmenskennzeichen[929].

## II. Das Territorialitätsprinzip der Handelsnamensrechte als „Vorfragenproblem“

Ungeklärt ist allerdings, ob sämtliche Fragen, die den Handelsnamen betreffen, dem Territorialitätsprinzip zuzuweisen sind[930]. So stand es etwa für Wirner außer Zweifel, dass sich die Frage der Berechtigung zur Namensführung einer ausländischen Gesellschaft nur nach dem Personalstatut bemessen könne[931]. Auch Schricker will gewisse Fragen vom Territorialitätsprinzip ausklammern und dem Heimatrecht zuweisen. Hierzu zählt er: ob jemand seinen Namen zu Recht führt und ob sich jemand gegenüber Gleichnamigen begründeterweise auf die Befugnis zur Führung eines bestimmten bürgerlichen Namens berufen kann[932].

Ob Unternehmenskennzeichen territorial begrenzt sind oder nicht taucht in der international-privatrechtlichen Literatur, vor allem im Gewandt der Fragestellung auf, ob der Bestand eines ausländischen Schutzrechtes und zum Teil noch

---

[927] MüKo/Kreuzer, Art. 38 EGBGB, Rn. 234.

[928] S. insbes. Bauer, AcP 1967, S. 535, 556.

[929] OLG Frankfurt GRUR Int. 1995, S. 987, 988 – Enrico Ferrari.

[930] Mit der oben favorisierten unterschiedlichen Anknüpfung von formellen und materiellen Firmenrecht ist diese Frage im Grunde genommen schon abschlägig beantwortet.

[931] Wirner, Wettbewerbsrecht und internationales Privatrecht, S. 127.
Somit kommt er zu einem Ausgleich zwischen der namensrechtlichen und der wettbewerbsrechtlichen Komponente der Firma. Der namensrechtliche Teil (die Frage der Berechtigung) ist dem Personalstatut; der wettbewerbsrechtliche Aspekt einer territorialen Anknüpfung unterworfen.

[932] Großkommentar zum UWG/Schricker, Einl. Rn. F. 79.

weitere Fragen, wie etwa die Zulässigkeit[933] an dem Handelsnamen, bzw. dem Unternehmenskennzeichen, als „Vorfragen" „gesondert" anzuknüpfen sind[934].

Unter der „Vorfrage" des Bestandes eines Unternehmenskennzeichenrechts nach dem Heimatrecht wird die Frage verstanden, ob der Schutz eines Handelsnamens ausländischer Provenienz über die Schutzvoraussetzungen des deutschen Rechts hinaus auch im Herkunftsstaat geschützt sein muss. Wie diese „Vorfragenproblematik" einzuordnen ist, soll im Folgenden aufgezeigt werden. Beginnend soll aber zunächst die kollisionsrechtliche Systemkategorie „Vorfrage" näher dargelegt werden.

### 1. Exkurs: das Vorfragenproblem in der international-privatrechtlichen Terminologie

#### a. Die Termini Vorfrage, Teilfrage, Erstfrage und ihre Abgrenzung

Die internationalprivatrechtliche Anknüpfung von Vorfragen ist im Streit befangen. Unklarheit besteht darüber hinaus über die Begriffsreichweite des Terminus „Vorfrage". Nach vorzugswürdiger Auffassung ist zwischen Vorfrage, Teilfrage und Erstfrage zu unterscheiden[935]. Eine „Vorfrage" stellt sich, wenn im Tatbestand einer – durch das Kollisionsrecht – berufenen Sachnorm eine Rechtsfolge von dem Bestehen oder Nichtbestehen eines Rechtsverhältnisses oder einer Rechtslage (sog. präjudizielles Rechtsverhältnis) abhängt[936].
Unter einer Teilfrage versteht man im Internationalen Privatrecht die Fragestellung nach der Beurteilung wesentlicher Bestandteile einer Rechtsfigur oder weiter gefasst von größeren Regelungskomplexen oder gar Lebensverhältnissen[937]. Diese Paraphrase hat nun eher verschleiernde als aufklärende Wirkung. Gemeint ist etwa, dass die Frage nach der Geschäftsfähigkeit (Art. 7 EGBGB) kollisionsrechtlich eigenständig – also gelöst von der Anknüpfung an das Vertragsstatut - beantwortet wird[938]. Es geht also darum, dass Teilbereiche eines rechtlichen Komplexes (z. B. Bestand eines Schuldverhältnisses) unter verschiedene Anknüpfungsgegenstände zu subsumieren sind, so dass durch unterschiedliche Anknüpfungspunkte im Ergebnis gegebenenfalls auch verschiedene Rechtsordnungen zur Entscheidung der jeweiligen „Teilfragen" herangezogen werden müssen.

---

[933] MüKo/Kreuzer, Nach Art. 38 Anh. II, Rn. 44.
[934] So formuliert Kreuzer die Problematik, MüKo/Kreuzer, Nach Art. 38 Anh. II, Rn. 44; vgl. ferner Celli, S. 222.
[935] Von Bar/Mankowski, IPR I, § 7 Rn. 185.
[936] MüKo/Sonnenberger, Einl. IPR Rn. 494.
[937] Kropholler, IPR, § 18 I, S. 126.
[938] Kropholler, IPR, § 18 I 2, S. 129.

Differenziert werden muss weiterhin, ob ein präjudizielles Rechtsverhältnis im Tatbestand einer Sachnorm oder im Tatbestand einer Kollisionsnorm auftaucht. Im letzten Fall liegt keine Vorfrage, sondern eine sog. „Erstfrage" vor[939]. Ein Beispiel für eine Erstfrage lässt sich etwa dem Art. 14 (Rechtsbeziehungen zwischen Eheleuten), Art. 15 (Ehegüterrecht) und Art. 17 (Scheidung der Ehe) EGBGB entnehmen. Präjudizielle Frage ist hier der Bestand einer Ehe, welche nach Art. 13 EGBGB zu bestimmen ist. Nicht verschwiegen werden soll hier, dass die Existenz der Erstfrage als kollisionsrechtliche Kategorie mitunter vehement bestritten wird[940].

Zum Teil wird angeführt, dass die Bezugnahme auf ein präjudizielles Rechtsverhältnis im Tatbestand einer Kollisionsnorm zufällig sei[941]. Die Annahme, dass der Gesetzgeber sich bei der Formulierung von Kollisionsnormen im Hinblick auf die Aufnahme von anderen Kollisionsnormen zugewiesenen Rechtsverhältnissen im Kollisionsnormtatbestand der Beliebigkeit hingibt, sei aus der Luft gegriffen und nähere sich im Endeffekt einem Zirkelschluss. Bestimmt die Aufnahme eines präjudiziellen Rechtsverhältnisses in den Tatbestand einer Kollisionsnorm nicht die Anknüpfung, so könne auch keine diesbezüglich reflektierte Entscheidung des Gesetzgebers angenommen werden.

Maßgeblich wird gegen die Unterscheidung von Erst- und Vorfrage weiterhin geltend gemacht, dass jene auf einer petitio principii beruhe und durch die Bildung der Kategorie „Erstfrage" und ihrer aprioristischen Festlegung der kollisionsrechtlichen Behandlung[942] die Klärung von Sachfragen abgeschnitten würde[943]. Die Annahme, dass durch jene terminologische Trennung Sachfragen abgeschnitten würden, könne entkräftet werden, wenn man sich um eine präzisere Vorstellung der Abfolge des Anknüpfungsprozesses und des kollisionsrechtlichen Subsumtionsprozesses bemühe[944]. Zu dem Sachrecht gelangt man eben erst durch die Kollisionsnorm, dies bedeutet dann, dass der Streit zwischen einer Anknüpfung an die lex fori oder an die lex causae – in Ermangelung einer lex causae – gar nicht aktuell wird[945]. Die Unterscheidung von Erst- und Vorfrage ist somit gerechtfertigt.

---

939 Von Bar/Mankowski, IPR I, § 7 Rn. 186.

940 Unsachlich, Staudinger/Fritz Sturm/ GudrunSturm, Einl. zum IPR, Rn. 251.

941 Raape/Fritz Sturm, IPR I, 6. Aufl., S. 290; Staudinger/Fritz Sturm/ Gudrun Sturm, Einl. zum IPR, Rn. 251.

942 Hiermit ist offenbar gemeint, dass dann die Frage der selbständigen oder unselbständigen Anknüpfung nicht mehr aufzuwerfen sei.

943 MüKo/Sonnenberger, Einl. IPR, Rn. 496.

944 Von Bar/Mankowski, IPR Bd. I, § 7 Rn. 186.

945 Von Bar/Mankowski, IPR Bd. I, § 7 Rn. 186.

## b. Selbständige oder unselbständige Anknüpfung der Vorfrage

Die Anknüpfung von Vorfragen ist umstritten. Zum Teil wird eine selbständige, zum Teil eine unselbständige Vorfragenanknüpfung vertreten. Vorfragen selbständig anzuknüpfen, heißt auf das Internationale Privatrecht der lex fori abzustellen. Vorfragen unselbständig anzuknüpfen, heißt auf das Internationale Privatrecht der lex causae abzustellen.

Die h. M. folgt aus guten Gründen der selbständigen Vorfragenanknüpfung[946]. Für eine selbständige Vorfragenanknüpfung spricht vor allem der interne Entscheidungseinklang[947]. Bevor auf die Frage der Vorfragenanknüpfung für das Unternehmenskennzeichenrecht eingegangen wird, sei diese vorab in einen weiteren Zusammenhang gestellt.

## c. Die vermeintlich unselbständige Anknüpfung von familienrechtlichen Vorfragen im Namensrecht allgemein

Von dem Grundsatz der selbständigen Vorfragenanknüpfung werden nur wenige Ausnahmen anerkannt. Einer dieser Ausnahmen betrifft die Anknüpfung von familienrechtlichen Vorfragen im Namensrecht. Der BGH hat sich hier für eine unselbständige Vorfragenanknüpfung entschieden[948]. Der Bundesgerichtshof begründete seine Ansicht wie folgt: „Bei der namensrechtlichen Beurteilung stehen nicht abstammungsrechtliche Gesichtspunkte, sondern Ordnungsfunktion und das Bedürfnis nach internationalem Gleichklang des Namens im Vordergrund“. Die Literatur ist dem zum Teil gefolgt[949]. Von anderer Seite wird einer unselbständigen Vorfragenanknüpfung jedoch widersprochen[950].
Der Verweis der Anhänger einer unselbständigen Vorfragenanknüpfung auf die Ordnungsinteressen des fremden Staates verfängt im Ergebnis nicht. Ferner überzeugt auch der Verweis auf das ausländische Passwesen nicht. Hier handelt es sich um öffentlich-rechtliche Vorschriften, folglich um ein anderes Metier. Ein Staat stellt Pässe für seine Staatsangehörigen auf. Wann eine Person diese

---

[946] Von Bar/Mankowski, IPR Bd. I, § 7 Rn. 195 ff.; Kegel/Schurig, IPR, § 9 II 1, S. 329; Kropholler, § 32 IV 2, S. 221 f.; Staudinger/Fritz Sturm/Gudrun Sturm, Einl. Zum IPR, Rn. 240; a. A. MüKo/Sonnenberger, Einl. IPR Rn. 499 ff..

[947] Von Bar/Mankowski, IPR Bd. I, § 7 Rn. 194.

[948] BGHZ 90, 129 ff.; anders für die Ehelichkeit, bzw. Nichtehelichkeit aber BGH FamRZ 1986, S. 984 = NJW 1986, S. 3022.

[949] Rauscher, Internationales Privatrecht, S. 112; Müko/Birk, Art. 10, Rn. 18; Edlbacher, StAZ 1979, 3, 5; Palandt/Heldrich, Art. 10, Rn. 2.

[950] Von Bar/Mankowski, Internationales Privatrecht Bd. I, § 7 Rn. 211, 212; von Bar, Internationales Privatrecht Bd. II, § 1, Rn. 86; Soergel/Schurig, Art. 10, Rn. 87 ff.; Hepting, StAZ 1998, S. 133, 142 f..

Staatsangehörigkeit besitzt, ist jedoch keine kollisionsrechtliche Frage, sondern wird vielmehr schlicht nach dem ausländischen Staatsangehörigkeitsgesetz entschieden.

Entscheidend ist im Ergebnis, dass der Verweis auf die Ordnungsinteressen und die „Ordnungs- und Zuweisungsfunktion" des Namens nicht verfängt. Dass einer Person aus deutscher Sicht ein anderer Namen zukommt, als er im Pass des ausstellenden ausländischen Passes vermerkt ist, tangiert grundsätzlich nicht die Ordnungsinteressen des ausländischen Staates. Allenfalls könnten inländische Ordnungsinteressen tangiert sein. Dies folgt systematisch schon aus der Wahlmöglichkeit in Art. 10 Abs. 2, 3 EGBGB. Wenn schon die Anknüpfung an das Heimatrecht (als Hauptfrage) ausgeschaltet werden kann, können die Ordnungsinteressen des ausländischen Staates nicht auf einmal bei der Vorfragenproblematik durchschlagen[951].

## 2. Bemerkungen zum sog. „Vorfragenproblem" im Handelsnamensrecht

Bei dem vermeintlichen „Vorfragenproblem", welches für das Handelsnamens-, bzw. das Unternehmenskennzeichenrecht formuliert wird, handelt es sich – zumindest soweit es um den Bestand eines Schutzrechtes geht – nicht um das aus der allgemeinen Lehre des Internationalen Privatrechts bekannte Problem der selbständigen oder unselbständigen Vorfragenanknüpfung. Dies wird schon daraus deutlich, dass sich die Frage der Vorfragenanknüpfung eben nur dann stellt, wenn es um ein präjudizielles Rechtverhältnis im Tatbestand einer ausländischen Norm geht[952]. Die Problematik, ob für den Schutz eines Handelsnamens in Deutschland der Bestand eines Namensrechtes im Ausland notwendig ist, als „Vorfragenproblematik" zu formulieren, ist somit in hohem Maße missverständlich.

In der Sache geht es bei dem sog. Vorfragenproblem um die Frage, ob der Schutz eines Handelsnamens ausländischer Provenienz dergestalt akzessorisch zum Schutz nach dem Recht des Heimatstaates ist, dass jener vorliegen muss, um einen inländischen Schutz bejahen zu können.

Teilweise wurde dementsprechend der Inlandsschutz ausländischer Unternehmenskennzeichen davon abhängig gemacht, ob das Unternehmenskennzeichen nach dem „Vorfragenstatut" wirksam entstanden ist[953]. Kunz-Hallstein hält das

---

[951] Von Bar/Mankowski, Internationales Privatrecht, Bd. I, § 7 Rn. 212.

[952] Von Bar/Mankowski, Internationales Privatrecht, Bd. I, § 7 Rn. 192.

[953] Beier-Krieger GRUR Int. 1965, 616, 619; auch Näke vertritt eine gesonderte Anknüpfung der „Vorfrage", ob ein Zeichen als Handelsname im Ausland geschützt ist (Der Schutz ausländischer Handelsnamen, S. 62).

Erfordernis, dass das ausländische Unternehmenskennzeichen im Ausland befugt geführt wurde, auch für vereinbar mit dem Gleichbehandlungsgebot des Art. 2 PVÜ, da die Verweisung auf das Schutzland auch dessen IPR umschließe[954].
Die durch die gesonderte Vorfragenanknüpfung bedingte Gefahr einer Schlechterstellung des ausländischen Unternehmens wird z. T. dadurch relativiert, dass bei einer Schlechterstellung das ausländische Recht aufgrund von Art. 2 PVÜ nicht angewandt wird[955].

Der BGH hat der Auffassung von der Akzessorietät des Schutzes des Handelsnamens jüngst eine Absage erteilt[956]. Erinnert sei hier noch einmal an die Entscheidung „Charteuse". In dieser vertrat der BGH, dass für Warenzeichen die „Akzessorietätstheorie" nicht gelte. Jene hätte der BGH jedoch auf der Basis der von ihm vertretenen Universalitätstheorie eigentlich vertreten müssen. In dieser Unterlassung kann zutreffend eine Hinwendung zum Territorialitätsprinzip gesehen werden[957]. Aus der Absage an einen akzessorischen Schutz des Handelsnamens durch den BGH könnte man auch hier eine Hinwendung zum Territorialitätsprinzip folgern.

### III. Stellungnahme zum Grundsatz der Territorialität und dem Handelsnamensrecht

Zunächst muss es in Betracht kommen, hinsichtlich der verschiedenen Arten von Unternehmenskennzeichen zu differenzieren. Wirner vertrat etwa die These, dass manche Unternehmenskennzeichen – nicht jedoch die Namen von Gesellschaften - aufgrund ihrer Funktion im Wettbewerb als territoriale Rechte zu behandeln seien[958]. Da sämtliche Unternehmenskennzeichen auf das Unternehmen hinweisen, ist es jedoch einleuchtender eine Gleichbehandlung der verschiedenen Arten der Unternehmenskennzeichen anzustreben. Im Rahmen dieser Arbeit wird das Territorialitätsprinzip als Ordnungsprinzip verstanden. Die Gründe, auf denen das Territorialitätsprinzip basiert, lassen sich auch für das Unternehmenskennzeichenrecht zur Geltung bringen. Insofern ist eine weitgehende „Territorialisierung" der internationalprivatrechtlichen Anknüpfung unumgänglich. Dies muss jedoch noch nicht bedeuten, dass das Territorialitätsprinzip – gerade bei der Frage der Schutzrechtsbegründung von Handelsnamen

---

[954] Kunz-Hallstein, Rivista di diritto industriale 1976, I, S. 419.
[955] So auch Kunz-Hallstein, Rivista di diritto industriale 1976, I, S. 419; Boudon, Internationaler Schutz des Handelsnamens, S. 174 f.; ebenso Kegel/Schurig, Internationales Privatrecht, S. 529, 532.
[956] BGHZ 130, 276 ff. – Torres.
[957] Von Bar, Territorialität und Warenzeichen, S. 20, 21.
[958] Wirner, Wettbewerbsrecht, S. 127.

– genauso streng gehandhabt wird, wie bei den übrigen gewerblichen Schutzrechten. Mit der Entscheidung pro Territorialitätsprinzip für das Ausschließlichkeitsrecht an einem Unternehmenskennzeichen, ist somit die Frage noch offen, inwieweit es hier zu „Durchbrechungen“ kommen kann, bzw. inwieweit das Territorialitätsprinzip in seinem Aussagegehalt für Handelsnamen speziell zu präzisieren ist.
Wir hatten schon eingangs zwischen dem formellen und dem materiellen Firmenschutz unterschieden. Dieser Differenzierung liegen auch grundlegend andere Interessen zugrunde. Der materielle Schutz der Firma mit seinem zentralen Topos der Verwechslungsgefahr ist ein wettbewerbs- bzw. immaterialgüterrechtlicher. Der formellrechtliche Firmenschutz berührt ein anderes Interesse; nämlich das Bedürfnis der Identifikation. Letzteres spielt auch eine Rolle bei dem direkten Kontakt des Unternehmens zu seinen Geschäftspartnern. Welche Zahlungsmodalitäten ein Abnehmer von Waren akzeptiert, dürfte auch von der Rechtsform des Unternehmens abhängen und somit auch von den notwendigen Rechtsformzusätzen. Es geht also nicht nur darum eine Firma von anderen zu unterscheiden, sondern es geht auch darum das Wesen des Unternehmens über seinen Namen bestimmen zu können. Der Firma kommt somit mehr Funktionen zu als den Marken[959].

Vom Territorialitätsprinzip sollte deshalb für Unternehmenskennzeichen nur insoweit ausgegangen werden, als dies von seinem Geltungsgrund getragen ist. Begreift man das Territorialitätsprinzip als ein von Verkehrsschutzgedanken bestimmtes Ordnungsprinzip, so zeichnet sich auch für Unternehmenskennzeichen ein klares Bild ab. Soweit es um den Schutz als Ausschließlichkeitsrecht geht (vgl. den Wortlaut des § 15 Abs. 1 MarkenG), kann von der Geltung des Territorialitätsprinzips in den oben skizzierten Grundzügen[960] ausgegangen werden. Für hiervon nicht berührte Fragen – etwa die der Zulässigkeit – können Auslandssachverhalte im Hinblick auf das Territorialitätsprinzip beliebig herangezogen werden oder gar, wie vielleicht die Frage nach der Bildung oder der Berechtigung an der Firma, ganz einer ausländischen Rechtsordnung unterstellt werden. Dies stellt einen Unterschied zum Markenrecht dar, der sich daraus rechtfertigt, dass der Firma eben gegenüber Marken ein Mehr an Funktionen zukommt.
Es sollte also möglich sein, dass ein – hier geschützter – Handelsname ausländischer Provenienz in einer Art und Weise gebildet wird, die nicht dem deutschen Firmenrecht entspricht. Im umgekehrten Fall wird man m. E. nicht davon ausgehen können, dass der Handelsname in jedem Fall den Erfordernissen des ausländischen Heimatrechts entsprechen muss. Eine Anknüpfung an das Heimat-

[959] So auch Tribunale di Milano, GRUR Int. 1979, S. 307, 309.
[960] Siehe oben § 5 B. II.

recht widerspricht dem wettbewerbsrechtlichen und daher ortsbezogenen Charakter der Mehrzahl der Firmenbildungsvorschriften des HGB.

### IV. Ansatz von Korschan zur europarechtskonformen Gestaltung des Handelsnamensrechts

Die Chancengleichheit im (nationalen) Wettbewerb und die Niederlassungsfreiheit im Geltungsbereich der EG sind in ein Verhältnis der praktischen Konkordanz zu bringen. Instruktiv für das Verhältnis von Europarecht und nationalem Handelsnamensrecht sollte daher die Auseinandersetzung mit dem Ansatz Korschans sein, für Handelsnamen zu einer europaweiten Priorität zu gelangen.

Korschan geht zunächst von der Geltung des Territorialitätsprinzips für Handelsnamen aus[961]. Kritisch ist hier allerdings anzumerken, dass Korschan das Territorialitätsprinzip eine allseitige Kollisionsregel auffasst[962]. Nach der hier vertretenen Auffassung kann man dem Territorialitätsprinzip zwar auch einen kollisionsrechtlichen Gehalt zubilligen[963]; dieser ist jedoch nicht allseitig zu formulieren. Als Begründung für das Territorialitätsprinzip führt er das Gebot der Chancengleichheit im Wettbewerb an, wobei er als tragenden Grund vor allem den Marktbezug des Handelsnamens herausstellt[964].
Indem er den Handelsnamen als eine Funktionseinheit in einem Markt auffasst, kommt er zu der Schlussfolgerung, dass durch die Schaffung eines gemeinsamen Marktes auch die Geltung des Schutzes der Handelsnamen EWG-weit zu erstrecken sei[965]. Er will das Territorialitätsprinzip also nicht aus der Welt schaffen, sondern es in seinem Geltungsbereich auf einen transnationalen Raum (den Geltungsbereich der EWG) erweitern.

### V. Stellungnahme zum Ansatz von Korschan

Die Herleitung des Kennzeichenrechts aus § 12 BGB[966] zeigt auch bei dem Ansatz von Korschan ihre verhängnisvolle Wirkung. Wie beim Markenrecht geht er für Handelsnamen von einem abstrakten Schutzraum aus, der sich je nach rechtspolitischem Gusto mit großer Beliebigkeit erweitern oder verkleinern lässt.

---

[961] Korschan, Der Schutz des Handelsnamens, S. 72 ff..
[962] Korschan, Der Schutz des Handelsnamens, S. 71.
[963] Siehe oben § 5 I. II.
[964] Korschan, Der Schutz des Handelsnamens, S. 73, 74, 78.
[965] Korschan, Der Schutz des Handelsnamens, S. 78.
[966] Siehe oben § 2 G. IV.

Hiermit verkennt Korschan, dass das Firmenrecht kein Registerrecht wie das Markenrecht ist. Der zentrale Begriff des Handelsnamensrechts ist der, der Verwechslungsgefahr. Schutzräume können als gedankliche Vorstellung hier nur sekundieren. Die schon oben bemängelte Verabsolutierungen des Schutzgedankens[967], welche das Denken in Schutzräumen der Frage nach der Verwechslungsgefahr voranstellt, verkennt das Wesen des Unternehmenskennzeichenrechts.

Die Annahme des Schutzes nach bisheriger Rechtsprechung im ganzen Bundesgebiet (welches im Übrigen eine These ist, die vor allem für den Schutz ausländischer Firmen entwickelt wurde) gründet sich auf der Annahme, dass eine Ausdehnungstendenz grundsätzlich auf das gesamte Gebiet der BRD besteht (als Ausnahme wurden nur Betriebe mit einer nur regionalen Bedeutung, z. B. Restaurants, angenommen). Korschan führt zunächst Troller an, der – ähnlich wie Tillmann – angeführt hat, dass sich der Schutz des Handelsnamens stets auf den aktuellen gebietsmäßigen Interessenkreis beschränkt (der Grund dafür liegt darin, dass das Unternehmenskennzeichenrecht durch die Konzeption der Verwechslungsgefahr regiert wird)[968].

Dies würde für sich betrachtet schon der Annahme Korschans einer EWG-weiten Priorität widersprechen. Er begründet nun die EWG-Geltung damit, dass von einer EWG-weiten Ausdehnungstendenz der Unternehmen auszugehen sei. Dies läuft nun ersichtlich auf eine erfahrungswidrige Annahme hinaus! Gleiches gilt für die Hilfsbegründung, dass „innerhalb der EWG" keine rechtlichen und tatsächlichen Hindernisse für die Unternehmensexpansion" bestünden. Natürlich bestehen nach wie vor rechtliche und vor allem tatsächliche Gründe, die einer EWG-weiten Geltung widersprechen.
Die Verbindung, die er zwischen dem Markt und dem Unternehmenskennzeichen sieht, hat jedoch durchaus einiges für sich. So ist zu beobachten, dass Staaten mit auf engste verflochtenen Volkswirtschaften zur Annahme einer grenzüberschreitenden Priorität neigen[969]. Diese Annahme kann noch durch einen deutsch-schweizerischen Staatsvertrag vom 13. April 1892 betreffend den gegenseitigen Patent-, Muster- und Markenschutz gestützt werden, welcher eine Regelung enthält, wonach der Gebrauch in einem Staat auch im anderen als rechtserhaltend gilt[970].

---

[967] Siehe oben § 2 G. IV.
[968] Troller, GRUR Int. 1957, S. 339.
[969] Vgl. Celli, Internationales Kennzeichenrecht, S. 326.
[970] Vgl. Marbach, Markenrecht, in: von Büren/David, Schweizerisches Immaterialgüter- und Wettbewerbsrecht, Bd. 3, Kennzeichenrecht, S. 175; vgl. dazu David, GRUR Int. 1972, S. 269 ff.; Troller, GRUR Int. 1975, S. 409.

Dieser Ansatz mag vielleicht für die Beneluxländer Sinn machen. Für die gesamte EWG ist dies schon aus dem Grund nicht anzunehmen, weil die Volkswirtschaften aus sprachlichen und geographischen Gründen so eng noch nicht verwoben sind. In Anlehnung an den schon oben vertretenen Standpunkt ist die genau entgegengesetzte Schlussfolgerung die Richtige. Mit dem Schwinden der Grenzen innerhalb Europas sollte eine Stärkung der Region einhergehen. Das Ideal sollte nicht unbedingt ein europaweit geltendes Unternehmenskennzeichen sein; sondern vielleicht ein Kennzeichen, welches im Raum Osnabrück bis Amsterdam oder von München über Österreich bis Venedig Priorität genießt. Des Weiteren ist die Möglichkeit klarstellender Zusätze auszubauen[971]. Gewarnt werden muss an dieser Stelle vor einem Abstellen auf die Verkehrserwartungen. Das Zusammenwachsen der Märkte stellt einen dynamischen Prozess dar, mit dem auch eine Sensibilisierung der Verbraucher für Herkunftsangaben einhergehen kann. Der Ansatz von Korschan, der danach trachtet das Schutzsystem für Handelsnamen zu verbessern, offenbart eine konzeptionelle Schwäche des Unternehmenskennzeichenrechts. Die Annahme eines bundesweiten Schutzraums nährt die Annahme, dass Unternehmenskennzeichen wie Marken generell bundesweit geschützt werden. Geht man also von jeweils landesweit geschützten Handelsnamen aus, so wird eine Entweder-oder-Entscheidung begünstigt. Zum einen kommt es in Betracht, es beim Territorialitätsprinzip zu belassen; zum anderen eine europaweite Geltung zu statuieren (z. B. über ein Register). Beides dürfte der tatsächlichen Interessenlage nicht gerecht werden. Sachgerechtere Ergebnisse könnten erzielt werden, wenn man von einer Überhöhung des Unternehmenskennzeichenrechts absieht[972] und von einem in räumlicher Hinsicht schwächeren Schutz ausgeht. Somit wäre eine grenzüberschreitende Schutzrechtserstreckung möglich, ohne das internationale Kennzeichenschutzsystem zu sprengen. Wir hatten zwar gezeigt, dass grenzüberschreitende Priorität bei eng verflochtenen Volkswirtschaften ein Phänomen ist[973]. Dies auf Europa zu übertragen muss jedoch an der mangelnden Vergleichbarkeit scheitern. Schon aufgrund der Größe des Raumes verbietet sich eine allzu direkte Übertragung. Mit der Aussage, dass das Unternehmenskennzeichenrecht durch das Topos der Verwechslungsgefahr bestimmt wird, hat Korschan selber schon den Grund dafür angeführt, weshalb eine EWG-weite (mittlerweile praktisch europaweite) Erstreckung des Prioritätsraums nicht schlüssig ist.

Überzeugender ist m. E. eine stärkere Orientierung an den tatsächlichen Bereichen der Geschäftstätigkeit. Eine Ausdehnungstendenz sollte man nicht pauschalisiert annehmen. Das Ideal sollte sein, dass Unternehmenskennzeichen

[971] BGH GRUR Int. 1977, 329, 334 – Terranova/Terrapin; BGH NJW 1986, 432, 433 f. – Shamrock I; BGH NJW 1995, 2985, 2987 – Torres.
[972] Vgl. oben § 2 G. IV.
[973] Vgl. Celli, Internationales Kennzeichenrecht, S. 326.

Priorität in einem grenzüberschreitenden Raum genießen, ohne dass sich deren Schutz notwendigerweise auf das gesamte Staatsgebiet erstrecken muss.

Eine Feinsteuerung kann man ferner über die Berücksichtigung der jeweiligen Besitzstände und insbesondere den Bekanntheitsgrad eines Handelsnamens erreichen. An dem Gedanken der Verwechslungsgefahr ausgerichtet, käme es durchaus in Betracht einem schon im Inland bekannten ausländischen Unternehmen ohne entsprechende Aufnahme der Geschäftstätigkeit Schutz zu gewähren[974]. Hierbei kommt es dann sowohl in Betracht, dass dem Kennzeichen im gesamten Bundesgebiet Priorität zukommt, als es auch möglich sein sollte nur im Grenzgebiet einen entsprechenden Schutz zu gewähren. Ob dies auf der Basis des gegenwärtigen Rechts möglich ist oder aber dies zur Bildung von Sachnormen für Auslandssachverhalte zwingt, braucht an dieser Stelle nicht entschieden werden.

## E. Vorfragen, Erstfragen und Teilfragen für das Unternehmenskennzeichenrecht

Von der Frage nach dem Bestand, ist die Frage nach der Zulässigkeit eines Unternehmenskennzeichensrechts zu unterscheiden. Auch hier stellt sich wieder das Problem ihrer Einordnung. Eine Erst- oder Teilfrage liegt ersichtlich nicht vor. Fraglich ist, ob eine Vorfrage vorliegt. Da es sich um eine Frage handelt, die im Tatbestand einer Sachnorm auftaucht und auch eine kollisionsrechtliche Dimension hat, kann hier von einer echten Vorfrage gesprochen werden. Auch hier ergibt sich dann nicht das Problem, ob eine selb- oder unselbständige Vorfragenanknüpfung vorzunehmen ist. Die Frage der Zulässigkeit einer Firma ist selbständig anzuknüpfen. Geklärt ist hiermit allerdings noch nicht, welchem Anknüpfungsgegenstand diese Frage zugewiesen ist. Nach der hier vertretenen Auffassung ist diese wettbewerbsrechtlich zu qualifizieren. Demnach käme man fürs Inland zum inländischen Recht. Die Zulässigkeit nach ausländischem Recht spielt grundsätzlich keine Rolle.

Ein echtes Vorfragenproblem stellt sich dann, wenn die Frage der Zulässigkeit in einem ausländischen Tatbestand auftaucht, auf welches durch das deutsche Kollisionsrecht verwiesen wurde[975]. Hier spricht m. E. nichts gegen eine selbständige Anknüpfung.

---

974 Vgl. die Entscheidung BGer. 1. 2. 1972, BGE 98 II 57, 59, 60 – „Commerzbank“.
975 Vgl. von Bar/Mankowski, IPR I, § 7 Rn. 182.

## F. Weitere Fragen der Anknüpfung

### I. Beachtung deutscher Firmenrechte im Ausland

Nachdem auch das Unternehmenskennzeichenrecht – mutatis mutandis – durch die Anknüpfung an das Schutzland und die weitgehende Annahme der Geltung des Territorialitätsprinzips in die Fahrwasser des Internationalen Markenrechts geführt wurde, sollten auch in diesem Punkt keine Ausnahmen gemacht werden. Deutsche Wettbewerber sollten im Ausland nicht gezwungen sein untereinander deutsche Firmenrechte zu beachten.

### II. Gesamtverweisung

Das Internationale Unternehmenskennzeichenrecht spricht eine Gesamtverweisung aus[976]. Ein renvoi ist somit beachtlich.

### III. Rechtswahl

Die Zulässigkeit einer Rechtswahl nach Schadenseintritt im Internationalen Wettbewerbsrecht ist gerade auch im Hinblick auf Art. 42 EGBGB umstritten. Wenn man die Zulässigkeit einer Rechtswahl schon nicht generell verneint, so ist auch die Auffassung von Hoffmann in diesem Fall gegen eine Zulassung der Parteiautonomie ins Feld zu führen, da ja das Firmenrecht im weiteren Sinne auch als eine Art Polizeirecht verstanden werden kann. Die für den Schutz eines Unternehmenskennzeichenrechts maßgeblichen Kriterien (Kennzeichnungskraft, Verkehrsgeltung) sprechen gegen eine Anknüpfung an das gewählte Recht. Über jene Voraussetzung kann eine fremde Rechtsordnung nur schlecht disponieren.

## G. Qualifikation des Unternehmenskennzeichens in dem Entwurf zur Rom II -Verordnung

Die Verortung der Unternehmenskennzeichen im Rahmen des Entwurfs zur Rom II–Verordnung[977] bereitet Schwierigkeiten. Die meisten europäischen Länder schützen nämlich ihre Handelsnamen durch ihre Lauterkeitsgesetze[978].

---

[976] MüKo/Kreuzer, Art. 38 Anh. II, Rn. 10, 49.

[977] Dokument KOM (2003) 0427.

[978] Vgl. etwa für Polen, Urteil des Obersten Gerichts vom 7. Oktober 1999, GRUR Int. 2001, S. 639 ff. – Soft-Tronik; für die Schweiz Schweizerisches Bundesgericht vom 6. 11. 2001, GRUR Int. 2002, S. 948 – Audi; für Italien Urteil des Tribunale di Milano vom 29. Juni 1978,

Die Qualifikationsfrage muss daher als offen betrachtet werden. Wie auch im autonomen Privatrecht bieten sich hier zwei Wege an. Es kommt Art. 5 des Vorschlags der Europäischen Kommission über das auf außervertragliche Schuldverhältnisse anwendbare Recht und somit eine „wettbewerbsrechtliche Qualifikation" in Betracht. Des Weiteren könnte man aber ebenfalls auf Art. 8 des Vorschlags zur Rom II-Verordnung abstellen und Unternehmenskennzeichen der lex loci protectionis unterstellen.
Problematisch bei der Anwendung des Art. 5 des Vorschlags zur Rom II–Verordnung wäre vor allem, dass es nach Art. 5 Nr. 2, wenn ein unlauteres Wettbewerbsverhalten auf einen bestimmten Wettbewerber abzielt, bei der aufgelockerten Anknüpfung des Art. 3 verbleiben würde, d. h. mitunter auf den gemeinsamen gewöhnlichen Aufenthalt abzustellen wäre. Bei Kennzeichenkollisionen erscheint die Anwendung eines gemeinsamen gewöhnlichen Aufenthaltes indes wenig plausibel. Bedeutung könnte jener Norm etwa für Fälle der Kennzeichenverunglimpfung zuwachsen.

De lege ferenda wäre es wünschenswert, wenn man im Rahmen der Rom II–Verordnung auch eine eigene Kollisionsnorm für Handelsnamenskollisionen schaffen würde. Aus der deutschen Sicht spricht alles dafür Unternehmenskennzeichen – und hiermit auch den Schutz der Firma – weiterhin als immaterialgüterrechtlich zu qualifizieren und somit den Anknüpfungsregeln des Art. 8 des Entwurfs der Rom II–Verordnung zu unterstellen. Dies empfiehlt sich schon aus dem Grund, da mit der Einordnung als immaterialgüterrechtlich über gewisse Fragenkreise noch weniger gesagt ist, als gemeinhin angenommen. Für die Frage der Unternehmenskennzeichenverunglimpfung kann es bei der allgemein deliktischen Anknüpfung des Art. 3 der Rom II–Verordnung bleiben. Ebenfalls ist, wenn man betreffend des Schutzes von Unternehmenskennzeichen an Art. 8 der Rom II–Verordnung anknüpft noch nichts darüber gesagt, inwieweit Auslandssachverhalte berücksichtigt werden können.

---

GRUR Int. 1979, 307 ff., insbesondere S. 312 – Cartier; zum englischen Recht vergl. unten § 10 C. II.

## § 10 Der Schutzbeginn von Unternehmenskennzeichen ausländischer Provenienz und die Berücksichtigung von Auslandssachverhalten

### A. Der Beginn des Schutzes für ausländische Unternehmenskennzeichen nach der Rechtsprechung

Die Frage, ob für die Firma und sonstige Unternehmenskennzeichen das Universalitätsprinzip, das Territorialitätsprinzip oder zumindest eine weitgehende Territorialisierung der Anknüpfung zu erfolgen hat, war lange umstritten. Die Schwierigkeit zu einer nationalen Begrenzung des Rechts an der Firma zu kommen, beruht auf dessen Herleitung aus dem Namensrecht. Insofern ist zwar auch eine parallele Entwicklung im Warenzeichenrecht zu konstatieren, jedoch war die Herleitung aus dem Namensrecht für Unternehmenskennzeichen wesentlich nachhaltiger, zumal das wohl wichtigste Unternehmenskennzeichen, die Firma, nach § 18 Abs. 1 HGB a. F. auch oft mit dem bürgerlichen Namen übereinstimmte[979]. Lange Zeit war deshalb die Ansicht vorherrschend, dass der Handelsname ein universal geltendes Recht sei[980].

#### I. Die Rechtsprechung des Reichsgericht

Wie sehr das Reichsgericht noch zu Beginn des letzten Jahrhunderts in den Denkkategorien universal geltender Schutzrechte verhaftet war, zeigt sich in der Entscheidung „American Optical Company" aus dem Jahre 1911, wo das Reichsgericht im Inland einen (ausschließlich) im Ausland erworbenen Zeitrang zugrunde legte[981].

Die enge Verzahnung von dem Recht des bürgerlich Namens und der Firma wird in der Gervais-Entscheidung des Reichsgerichts aus dem Jahre 1920 deutlich, auf welche später die mit dem Internationalen Handelsnamensrecht befasste Reichsgerichtsentscheidung „Eskimo-Pie" (vom 3. Juni 1927) Bezug nimmt[982].

In der „Gervais" vom 29. Oktober 1920 verklagten eine französische Aktiengesellschaft und ein Prokurist dieser Gesellschaft mehrere Unternehmen auf Unterlassung der Verwendung des Namens Gervais[983]. Hierbei berief sich die Aktiengesellschaft auf ihre eingetragenen Warenzeichen, wohingegen der Proku-

979 Vgl. auch Näke, Der Schutz des ausländischen Handelsnamens, S. 67.
980 Wirner, Wettbewerbsrecht und internationales Privatrecht, S. 65.
981 RG 31.1.1911, JW 1911, 378, Nr. 46.
982 RGZ 117, 215, 218 – Eskimo Pie.
983 RGZ 100, 182, 186 ff. Gervais.

rist ebendieser Aktiengesellschaft sein Namensrecht geltend machte[984]. Das Reichsgericht fasst die Argumentationslinie des Berufungsgerichts wie folgt zusammen:
*„Es ist der Ansicht, dass der dem Kläger zukommende Namensschutz, weil es sich um ein Persönlichkeitsrecht handle, nach dem Personalstatut, also nach französischem Recht zu beurteilen sei, mit der Einschränkung, dass der Kläger als Ausländer im Inlande keinen weiteren Schutz genießen könne, als § 12 BGB es zulasse. Hierbei sei (...) davon auszugehen, dass dieses Recht dem Kläger den gleichen Schutz gewähre wie das deutsche. Überdies schütze aber das französische Recht den Namen gegen missbräuchliche Verwendung und zwar noch stärker als das deutsche. Der Kläger genieße also bei einer Verletzung seines Namensrechts innerhalb der Grenzen des § 12 in Deutschland Rechtsschutz“*[985].
Das Reichsgericht nun lässt die Frage des anwendbaren Rechts offen, schließt sich dem Ergebnis des Berufungsgerichts jedoch mit dem kryptischen Satz an:
*„Denn auch im Falle der Anwendbarkeit des an sich nicht revisiblen französischen Rechtes kommt es darauf an, ob die von dem Berufungsgericht als schließlich ausschlaggebend angesehene Vorschrift des § 12 BGB nicht verletzt ist“*[986].

Eine erste vorsichtige Abkehr von dem reinen Universalitätsprinzip erfolgte dann in der Eskimo-Pie-Entscheidung des Reichsgerichts vom 3. Juni 1927[987]. Hier begehrte eine amerikanische Gesellschaft mit satzungsmäßigem Sitz in Delaware, deutschen Unternehmen die Verwendung des Wortes Eskimo als Warenzeichen zu untersagen. Das amerikanische Unternehmen hatte in Deutschland im Jahre 1925 ein Warenzeichen mit den Worten „Eskimo Pie“ angemeldet. Zu diesem Zeitpunkt war die amerikanische Gesellschaft in Deutschland noch nicht geschäftlich aktiv geworden. Sie vertreibt ihre Produkte mittels umfangreicher Werbung in Nordamerika. Als sie ihr Warenzeichen jedoch im besagten Jahr in Deutschland anmeldete, hatten die Beklagten bereits ein identisches bzw. verwechslungsfähiges Zeichen eintragen lassen und auch z. T. den Vertrieb ihrer Waren unter diesen Warenzeichen schon aufgenommen. Konzise formuliert ergab sich folgender tatsächlicher Befund. Die amerikanische Klägerin besaß für ihre Firma gegenüber den Beklagten im neuen Kontinent älteren Zeitrang und auf dem alten Kontinent (soweit es Deutschland betraf) jüngeren Zeitrang.
In konsequenter Anwendung der bisherigen Grundsätze hätte das Reichsgericht hier der amerikanischen Firma aufgrund ihrer Geltung in den Vereinigten Staa-

[984] Vgl. RGZ 100, 182, 186 – leider ist aus der Entscheidung nicht zu ersehen, ob der Name Gervais auch Handelsname der Aktiengesellschaft ist.
[985] RGZ 100, 182, 185, 186.
[986] RGZ 100, 182, 187.
[987] RGZ 117, 215 ff. – Eskimo Pie.

ten Zeitvorrang auch für Deutschland zukommen lassen müssen. Indessen führt es zunächst aus, dass die Annahme einer Verwechslungsgefahr zur Voraussetzung hat, dass sie einem nicht ganz unerheblichen Teil des in Frage kommenden deutschen Publikums überhaupt bekannt ist[988]. Nach den tatsächlichen und bindenden Feststellungen des Berufungsgerichts war die amerikanische Gesellschaft in Deutschland jedoch praktisch vollkommen unbekannt. Nunmehr machte das Reichsgericht einen - konkret auch zu § 16 UWG a. F., entwickelten - Gedanken fruchtbar, wonach die Ausdehnungstendenzen eines Unternehmens zu berücksichtigen seien[989]. Hiervon ausgehend entschied das Reichsgericht, dass das amerikanische Unternehmen durch die Anmeldung eines Warenzeichens in Deutschland seine Ausdehnungstendenz hinreichend deutlich zum Ausdruck gebracht habe und legte im Folgenden seine in den Vereinigten Staaten erworbene Priorität zugrunde und gab somit im Ergebnis dem Klägerantrag statt.

Die häufige Zitierung der Eskimo-Pie-Entscheidung vor allem in der handels- und gesellschaftsrechtlichen Literatur überrascht, bedenkt man, dass das Reichsgericht schon vier Jahre später in der Manon-Entscheidung seine in der Eskimo Pie Entscheidung vertretene Auffassung revidierte[990]. Schutzvoraussetzung und damit auch erhebliches Moment für die Frage der zeitlichen Priorität sei vielmehr das Vorhandensein eines starken sich ständig steigernden Umfangs der Geschäftstätigkeit[991]. Es führt aus: „*Diese Tätigkeit muß die ausländische Firma in Deutschland in weiten beteiligten Verkehrskreisen bekannt gemacht und dem betreffenden Firmenbestandteil in diesen Kreisen schon eine gewisse Anerkennung als Hinweis auf die ausländische Firma verschafft haben*“[992].

Die Grundzüge der Manon-Entscheidung wurden dann in der Elida-Entscheidung noch einmal bestätigt[993]. Das Reichsgericht führte unter anderem aus, dass die Angehörigen der Verbandsstaaten der PVÜ nur den gleichen und keinen stärkeren Schutz gegen Verletzungen ihres Firmenrechts wie Staatsangehörige des Schutzlandes genössen[994]. Demnach sei als Schutzvoraussetzung die Verkehrsgeltung entscheidend[995].

---

988 RGZ 117, 220.
989 Vgl. hierzu RGZ 108, 272, 274, 275.
990 Urt. vom 30. April. 1931 RGZ 132, 374, 380 – Manon.
991 RGZ 132, 374, 380.
992 RGZ 132, 374, 380.
993 RG GRUR 1931, 870 ff..
994 RG GRUR 1931, 873 ff..
995 RG GRUR 1931, 870.

In der Kronprinz-Entscheidung[996] hatte das Reichsgericht nochmals Gelegenheit, seine bisherige Rechtsprechung zum Schutz ausländischer Handelsnamen weiter zu konkretisieren. Es führte aus: „entscheidend ist hier die Priorität und zwar allein die im Verkehr erworbene“[997].

Diese Linie wurde dann in der Entscheidung „de vergulde Hand“ noch einmal präzisiert: „*Soweit Art. 8 PVÜ (...) dem Handelsnamen in allen Verbandsländern Schutz gewährt (...), hat dies auf jeden Fall zur Voraussetzung, daß der Name durch geschäftliche Betätigung seines Inhabers so weit in den inländischen Verkehr eingedrungen ist, daß er schon eine gewisse Anerkennung als Hinweis auf die ausländische Firma gefunden hat, mag sich diese auch noch nicht zu einer völlig abgeschlossenen Verkehrsgeltung entwickelt haben. Eine Benutzung oder Durchsetzung des Namens nur im Ausland genügt nicht, um eine Schutzwirkung im Inland auszulösen*“[998].
Die letzten Entscheidungen des Reichsgericht „Kronprinz“ und „de vergulde Hand“ fallen freilich in einen politisch belasteten Zeitraum, so dass der Bundesgerichtshof gut daran tat, nicht nahtlos an die Rechtsprechung des Reichsgerichts anzuknüpfen.

## II. Die Rechtsprechung des BGH in den 50er und 60er Jahren

Eine der ersten Entscheidungen, in denen sich der BGH mit dem Schutz ausländischer Handelsnamen zu befassen hatte, war das „ESDE“- Urteil aus dem Jahre 1960[999]. In der Sache ging es um einen gesondert gelagert Fall, da ein ostdeutscher Handelsname in Rede stand. Der BGH entschied nun, dass der Schutz mit der Ingebrauchnahme im Inland beginnt[1000].
Wegweisend war dann die White Horse-Entscheidung des BGH[1001]. Der Bundesgerichtshof stellte fest, dass ausländische Unternehmenskennzeichen mit Ingebrauchnahme im Inland geschützt seien. Bezeichnend ist, dass der BGH den Fall zum Ausgangspunkt nahm, um sich ausdrücklich von der Rechtsprechung des Reichsgerichts loszusagen. Er entschied, dass über die Ingebrauchnahme hinaus keine Voraussetzungen, wie etwa Verkehrsdurchsetzung, vorliegen müssten. Der Schutz ist in solchen Fällen nur von der Ingebrauchnahme der Bezeichnung im Gebiet der Bundesrepublik abhängig. Dieser Zeitpunkt sei ferner

---

[996] RG 11. 3. 1936, GRUR 1937, 148 ff..
[997] RG GRUR 1937, 148, 149.
[998] RG 28. 1. 1943, GRUR 1943, 178, 180.
[999] BGH 19.12.1960, GRUR 1961, 294.
[1000] BGH 19.12.1960, GRUR 1961, 294, 298 - ESDE.
[1001] BGH 7.7.1965, GRUR 1966, 267 ff..

auch für den Zeitrang von Geschäftsbezeichnungen ausländischer Unternehmen maßgebend[1002].

Diese Auffassung, wonach es bei von sich aus unterscheidungskräftigen Bezeichnungen für die Schutzrechtsentstehung auf die Ingebrauchnahme im Inland ankommt, wurde dann noch einmal in der „Napoléon II."- Entscheidung bestätigt[1003]. Einschränkend führte das Gericht allerdings aus, dass die Ingebrauchnahme in einer Art und Weise erfolgen müsse, die auf eine dauernde wirtschaftliche Bestätigung schließen lasse[1004], wenngleich es jedoch hervorhob, dass es nicht erforderlich sei, „daß der ausländische Name so weit in den inländischen Verkehr eingedrungen ist, daß er in den beteiligten Verkehrskreisen schon eine gewisse Anerkennung als Hinweis auf das ausländische Unternehmen gefunden hat". Der Zeitpunkt der inländischen Ingebrauchnahme bestimmt auch den Zeitrang des Namensrechts des ausländischen Unternehmens"[1005].

Diese Rechtsprechung wurde in der Sihl-Enscheidung noch weiter konkretisiert. Hier ging es darum, ob das Firmenschlagwort eines schweizerischen Unternehmens, welches in der Schweiz eine starke Verkehrsgeltung erlangt hatte, in Deutschland geschützt war. Aufgrund der Ingebrauchnahme im Inland wurde dies vom BGH bejaht. Von Interesse sind für uns an dieser Stelle die Ausführungen, die der BGH zur uns interessierenden Frage der Berücksichtigung von Auslandssachverhalten im Rahmen der inländischen Rechtsfindung tätigt. Problematisch ist mitunter, wie der Schutzumfang einer Kennzeichnung zu bemessen ist. Hier kommt es u. a. auf den Grad der Bekanntheit eines Kennzeichens an[1006]. In der Sihl-Entscheidung spielte es nun eine Rolle, ob das ausländische Firmenkennzeichen bekannt war[1007]. Deshalb warf der BGH die Frage auf, ob eine Anrechnung der ausländischen Verkehrsgeltung der Firma oder des Handelsnamens in Betracht käme und beantwortete sie negativ[1008]. Im Anschluss ging das Gericht darauf ein, ob Kennzeichenschutz im Anwendungsbereich des Art. 8 PVÜ schon durch die inländische Bekanntheit eines ausländischen Handelsnamens erreicht werden kann (und nicht erst durch Ingebrauchnahme). Wohlgemerkt ist die Erörterung dieser Frage kein Widerspruch zu den Feststel-

---

1002 BGH aaO, S. 269.

1003 BGH 4.11.1966, GRUR 1967, 199.

1004 BGH 4.11.1966, GRUR 1967, 199.

1005 BGH 4. 11.1966, GRUR 1967, 199, 202.

1006 Die Bekanntheit eines Kennzeichens spielt etwa für die Kennzeichnungskraft eine Rolle (Ingerl/Rohnke, Markengesetz, § 14, Rn. 320 u. § 15, Rn. 51; Fezer, Markenrecht, § 14, Rn. 27 u. § 15 Rn. 72, 134).

1007 BGH GRUR 1969, 357, 359 zu 2 – Sihl; der Grund warum es auf die Bekanntheit ankam, ergibt sich aus spezifisch zeichenrechtlichen Gründen und dem gesondert gelagerten tatsächlichen Umständen der Entscheidung, weshalb von einer Darlegung hier abgesehen werde soll.

1008 BGH GRUR 1969, 357, 359.

lungen des BGH, wonach eine ausländische Verkehrsgeltung im Inland nicht angerechnet werden kann. Zunächst sagt der BGH im Wesentlichen, dass eine ausländische Bekanntheit eine inländische nicht ersetzen kann. Nunmehr stellt der erkennende Senat hingegen die Frage, ob nicht erst die Ingebrauchnahme, sondern schon die bloße inländische Bekanntheit eines ausländischen Handelsnamens schutzrechtsbegründend ist. Als Argument dagegen führt er dann das klassische Topos des inländischen Verkehrsschutzes an, welcher grundsätzlich gegen einen Schutz ohne Ingebrauchnahme spreche. Hierbei belässt der BGH es jedoch nicht. Vielmehr erachtet er diesen tragenden Grund – den Verkehrsschutz - als entkräftet, wenn eine entsprechende Bekanntheit bei den einschlägigen Verkehrskreisen im Inland vorliegt. Der BGH fährt dann fort, dass in diesen Fällen die Versagung des Schutzes dem Zweck des Kennzeichenrechts, Verwechslungen des Verkehrs zu vermeiden, zuwiderlaufe, wenn ein prioritätsjüngeres Unternehmen sich mit dem im Inland in den einschlägigen Fachkreisen bekannten ausländischen Namen schmückt[1009]. Die Verlautbarungen des Gerichtshofs erschöpfen sich allerdings in dem Ausdruck von Zustimmung zu jener progressiven Ansicht, welche die inländische Bekanntheit als begründend für den Schutz ansieht; im Ergebnis lässt er die Frage dahingestellt. Indem der BGH erwägt, ausländischen Unternehmen schon bei Bekanntheit im Inland Schutz zukommen zu lassen, entspricht er einer zum damaligen Zeitpunkt im Vordringen befindlichen Literaturauffassung[1010].

## III. Die Rechtsprechung des BGH in den 70er und 80er Jahren

Auch in dem darauf folgenden, mit ausländischen Kennzeichen befassten Urteil Napoléon III musste sich der BGH wiederum nicht festlegen, ob er die Ingebrauchnahme als zwingendes Kriterium für einen inländischen Schutz ansieht. Er konstatierte allerdings, dass „regelmäßig" erst mit Ingebrauchnahme Schutz erlangt wird[1011]. Augenscheinlich will der Bundesgerichtshof damit zum Ausdruck bringen, dass er Fälle für vorstellbar hält, bei denen ausnahmsweise ein Schutz auch dann schon zu bejahen ist, wenn noch keine Ingebrauchnahme im Inland vorliegt[1012].

Für die Rechtsentwicklung zum Schutz ausländischer Handelsnamen war dann die nur kurze Zeit später 1971 ergangene „SWOPS"-Entscheidung von Bedeu-

---

[1009] BGH GRUR 1969, 357, 360.

[1010] Ebenso, Deutsche Landesgruppe der internationalen Vereinigung für gewerblichen Rechtsschutz und Urheberrecht, Jahrbuch der AIPPI, S. 233 = GRUR Int. 1969, 103; Graf, WRP 1969, 209, 212; Krieger, Anmerk. zum besprochenen Urteil, GRUR 1969, S. 362.

[1011] BGH GRUR 1970, 315, 316.

[1012] Krieger, Anmerk. zum besprochenen Urteil, GRUR 1970, 319.

tung[1013]. In der Sache ging es um eine Klägerin mit Sitz in Hongkong, welche in ihrer Firma den Bestandteil SWOPS führte. Die „SWOPS" - Entscheidung stellt eines der wenigen Urteile dar, in denen ein deutsches Gericht mit einem Kennzeichen aus einem ausländischen Staat befasst ist, welches nicht Verbandsmitglied der PVÜ ist[1014]. Wegweisend ist diese Entscheidung vor allem deshalb, weil in ihr die Kriterien, die für eine „Ingebrauchnahme" vorliegen müssen, in einer sehr weitgehenden Form konkretisiert werden. Eine weitere Lockerung der Schutzrechtsvoraussetzungen für ausländische Handelsnamen (die den inländischen Verkehrskreisen hinlänglich bekannt sind), die in den Entscheidungen „Sihl" und „Napoléon" angedeutet wurden, nahm der BGH indessen nicht vor. Er bekräftigte vielmehr die Erforderlichkeit einer Ingebrauchnahme im Inland als notwendiges Schutzkriterium. Was die Gründe für diese Statuierung angeht, legt sich der BGH freilich nicht fest: „Es kann dabei dahingestellt bleiben, ob bei ausländischen Firmen die inländische Benutzungsaufnahme bereits deshalb als Voraussetzung des inländischen Firmenschutzes erforderlich ist, weil auch die Inlandsfirma frühestens mit ihrer Benutzungsaufnahme geschützt wird, oder ob eine solche inländische Benutzungsaufnahme allein deshalb notwendig ist, weil andernfalls durch eine inländische Namens- oder Firmenverletzung regelmäßig keine schutzwürdigen Interessen der Auslandsfirma berührt werden können"[1015]. Hier wird deutlich, wie sehr der Schutzbeginn eines Handelsnamens und seine Verletzung miteinander in Zusammenhang stehen. Die Frage nach dem Schutzbeginn wird sich gewöhnlich erst im Rahmen der Frage stellen, ob ein Recht an der Kennzeichnung verletzt wurde.

Zunächst freilich mag man jedenfalls konstatieren, dass es streng genommen Fälle geben kann, in denen die inländische Firmenverletzung eines ausländischen Handelsnamens ausnahmsweise schutzwürdige Interessen dieses verletzt. Eine derartige Interpretation des Urteils des BGH nähert sich jedoch sehr dem Bereich der Wortklauberei. Liest man die zitierte Passage in dem Gesamtzusammenhang des Urteils, so scheint es eher so zu sein, dass der BGH die Kriterien, die für die Schutzbegründung im Inland vorliegen müssen, enger ziehen möchte als es die Ausführungen obiter dicta in der Sihl-Entscheidung noch suggerierten (wobei es sich dort um Mitgliedsstaaten der Verbandsübereinkunft handelte). Der entscheidende Gesichtspunkt von dem sich der BGH leiten lässt, scheint jedoch derjenige zu sein, die ausländische Firma hinsichtlich ihrer Schutzvoraussetzungen der inländischen gleichzustellen. Dies wird deutlich, wenn der BGH ausführt, dass das unterscheidungskräftige Unternehmenskennzeichen keiner Verkehrsgeltung im Inland bedarf. Der Inhaber eines ausländi-

---

1013 BGH NJW 1971, 1522 – SWOPS.

1014 Seit dem 1. Juli 1997 gilt die PVÜ allerdings auch für die besondere Verwaltungszone (SAR) Hongkong (http://www.admin.ch/ch/d/sr/0_232_04/).

1015 BGH NJW 1971, 1522, 1524.

schen Unternehmenskennzeichens soll also nicht schlechter gestellt werden. Dies war im vom BGH entschiedenen Fall im Übrigen auch nicht selbstverständlich, da Hongkong zu jenem Zeitpunkt kein Verbandsmitglied der PVÜ war.
Zu dem Begriff der Ingebrauchnahme führt der BGH aus: „*In gleicher Weise wie für den Inländer das Firmenrecht selbst dann mit der Aufnahme und Benutzung der Firmenbezeichnung entsteht, wenn die Betriebseröffnung erst zeitlich nachfolgt und daher die Benutzungshandlungen in einem geschäftlichen Vorbereitungsstadium und noch nicht gegenüber den künftigen Geschäftskunden erfolgt sind (...) genügt für die inländische Ingebrauchnahme der Firma eines bereits bestehenden Auslandsunternehmens jede Benutzungsform, die den nahe stehenden Beginn einer Ausdehnung der im Ausland bereits bestehenden wirtschaftlichen Tätigkeit auf das Inland zum Ausdruck bringt*“[1016]. Im konkreten Fall erachtete der BGH die Einfuhr mit dem Firmenkennzeichen versehener Ware und eine entsprechende Geschäftskorrespondenz als in diesem Sinne ausreichende Benutzungsform.

Die Entscheidung enthält, auch im Hinblick auf die theoretischen Grundlagen bedenkenswerte Passagen. Einer unterschiedlichen Sichtweise zugänglich ist, ob das Unternehmenskennzeichenrecht wettbewerbsrechtlich oder immaterialgüterrechtlich zu qualifizieren ist. Wenn der BGH ausführt: „*Es kann dabei dahingestellt bleiben, ob bei ausländischen Firmen die inländische Benutzungsaufnahme bereits deshalb als Voraussetzung des inländischen Firmenschutzes erforderlich ist, weil auch die Inlandsfirma frühestens mit ihrer Benutzungsaufnahme geschützt wird, oder ob eine solche inländische Benutzungsaufnahme allein deshalb notwendig ist, weil andernfalls durch eine inländische Namens- oder Firmenverletzung regelmäßig keine schutzwürdigen Interessen der Auslandsfirma berührt werden können*“, so hat es den Anschein, als wolle der BGH sich in diesem Punkt noch nicht abschließend entscheiden. Der erste Halbsatz spricht aufgrund der Gleichstellung mit der inländischen Firma eher für eine immaterialgüterrechtliche Qualifikation mit der Konsequenz, dass das Unternehmenskennzeichen erst dann geschützt ist, wenn die inländischen Schutzvoraussetzungen gegeben sind. Der zweite Halbsatz scheint hingegen eher Ausdruck einer wettbewerbsrechtlichen Qualifikation zu sein, so dass das Territorialitätsprinzip nicht greift. Nur in diesem Fall könnte man dann davon ausgehen, dass zwar ein prinzipieller Schutz ausländischer Handelsnamen in Deutschland besteht, aber noch kein schutzwürdiges Interesse verletzt ist, welches dann anspruchsbegründend ist (wobei der BGH wohlgemerkt § 12 BGB als Anspruchsgrundlage heranzieht).

---

[1016] BGH NJW 1971, 1522, 1524.

Eine weitere Konkretisierung des Begriffs der „Ingebraunahme" vollzog der BGH in der sog. Metrix-Entscheidung[1017]. Hier erklärte er, dass auch eine Benutzung durch einen Repräsentanten eines ausländischen Unternehmens ausreichend ist. Die Benutzungshandlung müsse nicht notwendigerweise durch den Unternehmensinhaber erfolgen; es genüge auch eine Benutzung für den Unternehmensinhaber[1018].

Mit dieser Entscheidung des BGH war in dem lange schwellenden Streit um die Frage der Schutzvoraussetzungen ausländischer Kennzeichnungen im Inland eine weitgehende Klärung eingetreten. Auch der in der Sihl-Entscheidung vom BGH offen gelassene Punkt, ob ein Schutz ausländischer Kennzeichnungen schon durch die inländische Bekanntheit für die einschlägigen Fachkreise oder gar Konsumenten in Betracht kommt, hatte durch die Entscheidungen Metrix und SWOPS weitgehend an Brisanz verloren. Genügt zur Erfüllung des Tatbestandsmerkmales der Benutzungsaufnahme im Inland bereits, wie in der Entscheidung SWOPS, der Import der mit dem Kennzeichen versehenen Ware und Geschäftskorrespondenz oder wie in der Metrix-Entscheidung die Verwendung durch Repräsentanten für das ausländische Unternehmen, so ist damit die Schwelle zur Schutzrechtserlangung derart herab gesetzt, dass kaum Fälle denkbar sind, in denen eine Bekanntheit im Inland, aber keine Benutzungsaufnahme vorliegt[1019]. Dass an die Benutzungsaufnahme im Inland nur geringe Anforderungen zu stellen sind, wurde dann noch einmal im Concordia-Urteil bestätigt[1020]. Hier qualifizierte der BGH Wareneinkäufe unter der Firma eines ausländischen Unternehmens als eine Benutzungshandlung, die auf den Willen einer auf Dauer angelegten Geschäftstätigkeit im Inland schließen lässt[1021].

Von der schon oben erörterten Frage, ob der Schutz der Unternehmenskennzeichen ausländischer Unternehmen ein akzessorischer ist einmal abgesehen (diese Frage war bisher noch nicht entscheidungserheblich geworden), war mit dem Concordia-Urteil eine weitgehende Konsolidierung der Rechtsprechung zum Schutz ausländischer Kennzeichen im Inland eingetreten. Spätestens seit diesem Urteil war die Linie der Rechtsprechung in diesem Bereich auch hinreichend präzisiert, um die auftretenden Fälle adäquat zu lösen. Dies illustriert auch eine Reihe von oberlandes- und bundesgerichtlichen Entscheidungen, welche in den folgenden Jahren ergingen[1022].

---

[1017] BGH NJW 1973, 2152 – Metrix.

[1018] BGH NJW 1973, 2152, 2153.

[1019] Freilich wird allerdings zu überlegen sein, ob bedingt durch den Siegeszug moderner Medien, wie das Internet, nicht eine Neubewertung vorgenommen werden muss.

[1020] BGH GRUR 1980, 114 – Concordia = NJW 1980, 522.

[1021] BGH GRUR 1980, 114. 116.

[1022] Vgl. OLG München, GRUR 1980, S. 1003 – Arena; BGH GRUR 1987, S. 292, 294 – Klint; OLG Düsseldorf, IPRspr. 1989, Nr. 166, S. 364; OLG Karlsruhe, GRUR 1992, S. 460

In der Entscheidung „Rothschild“ vom 10. 5. 1984 hatte das OLG Frankfurt zum Schutz einer besonderen Geschäftsbezeichnung eines ausländischen Unternehmens Stellung zu nehmen und ging auch für diese davon aus, dass sie mit Ingebrauchnahme Namensschutz erlange, sofern sie individualisierende Kennzeichnungskraft besitzt[1023]. Die inländische Ingebrauchnahme bestimme zudem den Zeitrang der Kennzeichnung[1024]. Weiterhin hatte das Oberlandesgericht zu der Frage Stellung zu nehmen, ob Art. 8 PVÜ den inländischen Schutz eines ausländischen Kennzeichens davon abhängig macht, ob das Kennzeichen auch im Heimatstaat geschützt ist[1025]. Das OLG Frankfurt lehnte es ab, eine solche Voraussetzung dem Art. 8 PVÜ zu entnehmen. Es argumentierte, dass der Grundsatz der Inländerbehandlung (Art. 2 PVÜ) einem solchen zusätzlichen Erfordernis entgegenstünde[1026].

## IV. Die jüngere Rechtsprechung des BGH

Im Jahr 1995 hatte der BGH wieder einmal über den Schutz ausländischer Kennzeichen im Inland zu entscheiden. Der wegweisenden Entscheidung Torres vom 12. 7. 1995[1027] lag folgender Sachverhalt zugrunde: Ein spanisches Weinbau- und Handelsunternehmen exportierte Weine und Brandy nach Deutschland. Auf den Hauptetiketten der Weinflaschen befindet sich am oberen Rand der Name „Torres“. Torres ist in Spanien ein weit verbreiteter Familienname. Die Beklagte ist eine deutsche Handelsgesellschaft, die u. a. Weine aus Spanien vertreibt. Die Beklagte handelt seit 1990 auch mit Weinen einer in Valencia ansässigen Firma mit dem Kennzeichen „Torres de Quart“. Diese Bezeichnung ist der Name des historischen Stadttors Valencias, welches auch auf den Flaschenetiketten abgebildet ist. Die besagte Firma ist das größte spanische Exportunternehmen, welches auch die Bezeichnung „Torres de Serrano“ verwendet.
Die Besonderheit des Falles liegt nun darin, dass die Zeichen des valenzianischen Unternehmens mit der Firma und den Marken der Klägerin koexistierten. Diese hat nach spanischem Recht nicht die Möglichkeit, die Verwendung der Bezeichnungen „Torres de Quart“ und „Torres de Serrano“ zu untersagen. Die

---

– McChinese; BGH GRUR 1994, 652, 654 – Virion; OLG Hamm GRUR 1994, S: 742 – Planex; BGH GRUR 1997, 903, 905 – Garonor.

1023 OLG Frankfurt, GRUR 1984, 891, 894 - Rothschild.

1024 A. a. O..

1025 In den vorangegangenen Entscheidungen des BGH, die mit dem Schutz ausländischer Kennzeichen im Inland befasst waren, war das Vorliegen der Schutzvoraussetzungen nach dem Heimatrecht unproblematisch gewesen, weshalb der BGH zu dieser Frage bis dahin nicht Stellung nehmen brauchte.

1026 OLG Frankfurt, GRUR 1984, 891, 894 – Rothschild.

1027 BGH NJW 1995, S. 2985 – Torres.

Klägerin nimmt nun die Beklagte auf Unterlassung der Verwendung des Zeichens „Torres de Quart“ in Anspruch und verlangt ferner Schadensersatz.

Es stellte sich dem BGH nun zum ersten Mal die Frage, ob der Schutz von Handelsnamen ausländischer Unternehmen akzessorisch ist, d. h. vom Schutz im Heimatstaat abhängt.

Auch in dieser Entscheidung blieb der BGH seiner bisherigen Linie treu. Für den Schutz knüpfte er an die Ingebrauchnahme im Inland an, wobei er einerseits bekräftigte, dass die Anforderungen an eine Ingebrauchnahme niedrig anzusetzen sind, andererseits aber darauf hinwies, dass eine namensmäßige Verwendung gegeben sein müsse und eine bloß markenmäßige nicht als ausreichend zu erachten sei[1028].

Des Weiteren nahm der BGH zu der Frage Stellung, ob der Schutz ausländischer Handelsnamen in Deutschland nach Art. 8 PVÜ erfordert, dass auch ein Schutz nach dem Heimatrecht gegeben ist. In Einklang mit der herrschenden Literaturmeinung[1029] verneint der BGH eine Akzessorietät des Inlandsschutzes, wobei er – wie schon das OLG Frankfurt[1030] - vor allem auf das verbandsrechtliche Gebot der Inländer-gleichbehandlung abstellt[1031].

Neuen Diskussionsstoff hat den hier untersuchten Fragen, die Entwicklung des Internets gebracht. Einen weiteren Wendepunkt in der Entwicklung des Rechtsschutzes ausländischer Unternehmenskennzeichen im Inland stellt unter diesem Gesichtspunkt möglicherweise die Intel-Entscheidung aus dem Jahre 2002 dar. Auch hier ging das OLG Karlsruhe von der bekannten Formel aus, dass Schutz im Inland für ausländische Kennzeichnungen dann besteht, wenn eine Ingebrauchnahme im Inland vorliegt, die auf den Beginn einer dauernden wirtschaftlichen Betätigung im Inland schließen lässt[1032]. Darüber hinaus führt das OLG Karlsruhe aus: „Schutz im Inland besteht für den ausländischen Rechtsinhaber aber nur unter den gleichen Voraussetzungen wie für inländische Inhaber, also – abgesehen von dem Fall der notorischen Bekanntheit (...) – durch Aufnahme der Benutzung eines unterscheidungskräftigen Geschäftszeichens im Inland (...)“. Das OLG Karlsruhe folgt damit ausdrücklich einer in der Literatur mit in Kraft treten des MarkenG vertretenen Auffassung, wonach der inländische Schutz eines ausländischen Unternehmenskennzeichens schon vor Ingebrauch-

[1028] A. a. O., S. 2985, 2986.
[1029] Großkommentar UWG/Teplitzky, § 16 Rn. 85; Beier/Kunz-Hallstein, GRUR Int. 1982, 362, 364 ff..
[1030] OLG Frankfurt, 1984, 891 – Rothschild.
[1031] BGH NJW 1995. S. 2985, 2986 f..
[1032] CR 2003, 375, 376 – Intel.

nahme im Inland geschützt ist, wenn dessen notorische Bekanntheit im Inland gegeben ist[1033].

## B. Stellungnahmen in der deutschen Literatur

Überwiegend wird in der Literatur der Rechtsprechung gefolgt. Frühere Auffassungen, die den Schutz akzessorisch zum Heimatrecht gestalten wollten, können mittlerweile als überholt angesehen werden. Es gibt allerdings auch abweichende Stimmen, die schon bei inländischer Bekanntheit einen Schutz annehmen wollen[1034]. Eine Sonderstellung nimmt hier der Ansatz von Korschan ein, auf den bereits eingegangen wurde[1035].
Die Stellungnahmen der Literatur, welche eine Bekanntheit als Schutzrechtsvoraussetzung als ausreichend betrachten, können sich auf Andeutungen des BGH berufen, die Bekanntheit eines ausländischen Unternehmenskennzeichens in Fachkreisen für den Schutzbeginn ausreichen zu lassen[1036]. Von namhaften Stimmen wird gefordert, die inländische Bekanntheit für den Schutzbeginn ausreichen zu lassen, wenn eindeutige Anzeichen dafür bestehen, dass die Geschäftstätigkeit in das Inland ausgedehnt wird[1037]. Sehr weit geht der Vorschlag die internationale Bekanntheit genügen zu lassen[1038]. Für den Spezialfall, dass im Ausland die Bildung einer bestimmten Firma vorgeschrieben ist, wird die Anwendung des Rechts der Gleichnamigen vorgeschlagen[1039]. Zum Teil wird ferner entsprechend Art. 6$^{bis}$ PVÜ, respektive § 4 Nr. 3 MarkenG die notorische inländische Bekanntheit als ausreichend für den Schutzbeginn angesehen[1040]. Zur Bestimmung des Begriffs der notorischen Bekanntheit kann auf § 4 Nr. 3 MarkenG zurückgegriffen werden. Hier ist die Literatur allerdings uneinheitlich. Zum Teil wird ein Bekanntheitsgrad von ca. 70 %[1041]; zum Teil wird auch ein Wert um die 50 % vertreten[1042].

---

1033 S. unten bei Fn. 1040.

1034 Näke, Der Schutz des Handelsnamens, S. 131, 139; Beier-Krieger GRUR Int. 1969, 103; Graf WRP 1969, 209, 212.

1035 Siehe oben § 9 D. V.

1036 BGH GRUR 1969, 357, 359; 1970, 528, 530.

1037 Int. Vereinigung für gewerblichen Rechtsschutz GRUR Int. 1971, 55; Näke, Der Schutz des Handelsnamens, S. 131, 139; Beier-Krieger GRUR Int. 1969, 103; Graf WRP 1969, 209, 212; Ulmer GRUR Int. 1962, 273, 279.

1038 Int. Vereinigung für gewerblichen Rechtsschutz, GRUR Int. 1971, 55, 57.

1039 Näke, Der Schutz des Handelsnamens, S. 111; J. Bauer, AcP (167) 1967, S. 556, 557 – der hierfür sogar eine Ausnahme von dem von ihm vertretenen Territorialitätsprinzip zulassen möchte.

1040 MüKo/Kreuzer, Nach Art. 38 Anh. II Rn. 46; andeutet ist dies ferner in der Entscheidung Intel des OLG Karlsruhe (CR 2003, 375, 376).

1041 Ingerl/Rohnke, Markengesetz, § 4, Rn. 29.

1042 Althammer/Klaka/Ströbele, MarkenG., § 4, Rn. 50.

## C. Der Schutz ausländischer Handelsnamen in anderen europäischen Staaten

Insbesondere für den Schutz von Handelsnamen gilt, dass die nationalen Schutzsysteme sehr unterschiedlich ausgestaltet sind.

### I. Die Situation in der Schweiz

Nach schweizerischem Recht wird beispielsweise streng zwischen dem eingetragenen Handelsnamen und den nicht eingetragenen Handelsnamen unterschieden. Erstere unterliegen speziellen firmenrechtlichen Vorschriften, letztere dem Namens- bzw. dem Persönlichkeits- und Wettbewerbsrecht[1043]. Im Jahre 2001 hatte das schweizerische Bundesgericht über den Schutz eines ausländischen Handelsnamens in der Schweiz zu entscheiden[1044]. In der Sache ging es darum, dass die Audi AG die schweizerische Bank „Banque Audi (Suisse) S. A." auf Unterlassung der Verwendung ihrer Firma und Löschung entsprechender Marken verklagte. Die Audi AG hatte ihre Firma in der Schweiz nicht eintragen lassen und ihre IR-Marken sahen sich prioritätsälteren Eintragungen von Firma und Marken der Beklagten gegenüber. Das Bundesgericht führte nun aus, dass nach schweizerischem Recht eine nicht in das schweizerische Handelsregister eingetragene Firma nur im Falle der Verletzung des Namensrechts oder bei Vorliegen einer unlauteren Wettbewerbshandlung geschützt sei[1045]. Das Bundesgericht stellte auf Art. 29 Abs. 2 ZGB ab, der mit dem Namensschutz befasst ist. Es prüfte eine Namensanmaßung und stellte in diesem Rahmen auf den (wettbewerbsrechtlich konturierten) Begriff der Verwechslungsgefahr ab. Im Ergebnis konnte das Gericht keine Verwechslungsgefahr feststellen und wies die Berufung der Klägerin ab.
Bemerkenswert ist auch die Entscheidung „Computerland" des schweizerischen Bundesgerichts[1046]. Das Gericht stellte hier fest, dass vom Ausland ins Inland hineinwirkende Werbung – im Verbund mit der für Fachkreise erkennbaren Absicht eines zukünftigen Markteintritts ins Inland – genüge[1047]. Diese Entscheidung findet auch in der Literatur Zustimmung[1048]. Instruktiv ist ebenfalls die

---

[1043] Vgl. Hilti, Firmenrecht, S. 316 f.; ders. Der Schutz nicht registrierter Kennzeichen, S. 457 ff., 499 f.; sogar gegen ein wettbewerbsrechtlichen Schutz David, in: Kommentar zum Schweizerischen Privatrecht, MarkenSchuG, Vorbemerkung zum 1. Titel, N 3.
[1044] Abgedruckt in: GRUR Int. 2002, S. 948 ff..
[1045] Schweizerisches Bundesgericht, GRUR Int. 2002, S. 950.
[1046] BGer. 15.11.1983, BGE 109 II 483 ff. – „Computerland".
[1047] BGer. 15.11.1983, BGE 109 II 483 ff. – „Computerland".
[1048] Celli, Internationales Kennzeichenrecht, S. 319, 320; der auch auf grenzüberschreitende Kommunikationskanäle hinweist.

„Kommerzbank"-Entscheidung des schweizerischen Bundesgerichts[1049]. Ihr lag folgender Sachverhalt zugrunde:
Die Klägerin ist die Commerzbank Aktiengesellschaft, die diesen Namen seit 1958 führt. Sie ist eine Grossbank in Deutschland, die allerdings in der Schweiz nicht präsent ist. Die Beklagte ist die im Handelsregister von Luzern eingetragene „Standard Commerz Bank". Das Obergericht des Kantons Luzern verbot auf Antrag der Klägerin der Beklagten die Verwendung des Zeichens „Commerz" i. V. m. dem Wort „Bank". Die hiergegen erhobene Berufung wird von dem schweizerischen Bundesgericht abgewiesen.

Auch in diesem Fall unterscheidet das erkennende Gericht streng zwischen dem eingetragenen und dem nicht eingetragenen Handelsnamen. Das Gericht führt konkret aus: *„Auch Art. 956 OR stellt die ausländische Eintragung einer Eintragung in der Schweiz nicht gleich. Da die Klägerin hier nicht im Handelsregister eingetragen ist – sie unterhält keine schweizerische Zweigniederlassung -, steht ihr daher das in dieser Bestimmung vorgesehene Recht zum ausschliesslichen Gebrauch der Firma nicht zu (BGE 90 II 199, 318). Sie kann sich in der Schweiz der Nachmachung oder Nachahmung ihrer Firma nur widersetzen, wenn und soweit die Beklagte die Voraussetzungen des unlauteren Wettbwerbs erfüllt oder die Klägerin in den persönlichen Verhältnissen verletzt hat (BGE 23 S. 1757, 52 II 398, 79 II 309, 314 f., 90 II 199, 318, 91 II 123)"*[1050].
Im Folgenden prüft das Gericht einen Anspruch auf Unterlassung aus Art. 1 UWG (Schweiz). Voraussetzung für einen Anspruch aus Art. 1 UWG ist, dass zwischen den Parteien ein Wettbewerbsverhältnis besteht. Interessanterweise kommt nun das Bundesgericht zu der Annahme eines solchen Verhältnisses. Die Argumentation sei hier nachskizziert: Ein Wettbewerbsverhältnis bestehe dann, wenn zwei Unternehmen für ihre gleichartigen Leistungen wenigstens teilweise im gleichen geographischen Gebiet Kunden suchen oder die Gefahr besteht, dass jemand sich - trotz der getrennten Werbegebiete - statt vom dem einen von dem anderen Unternehmen bedienen lässt[1051]. Das Gericht grenzt nun den hier in der „Commerzbank"- Entscheidung zugrunde liegenden Sachverhalt von einem ähnlich gelagerten Sachverhalt ab. In diesem ging es darum, dass zwei Lichtspieltheater in Brüssel und Lausanne ähnliche Namen haben und das Publikum hieraus schlussfolgert, dass beide zu ein und demselben Unternehmer gehören oder, dass zwischen ihnen eine Verbindung bestehe. Das entscheidende Gericht hatte zu diesem Fall ausgeführt, dass die beiden Theater nicht miteinander im Wettbewerb stünden, da sie nicht im gleichen geographischen Gebiet

[1049] BGer. 1.2.1972, BGE 98 II 57 - „Commerzbank".
[1050] BGer. 1.2.1972, BGE 98 II 57, 59, 60 - „Commerzbank".
[1051] BGer. 1.2.1972, BGE 98 II 57, 60 - „Commerzbank".

werben und zudem nicht die Gefahr besteht, dass das Publikum vom einen Unternehmen zum anderen wechselt[1052].
Nunmehr stellt das Gericht fest, dass sich dies im hier vorliegenden Sachverhalt anders darstelle. Es bestünde die konkrete Gefahr, dass Kunden statt sich an die Commerzbank in Deutschland zu wenden, zur „Standard Commerz Bank" in der Schweiz gehen, in der Annahme, es mit ein und derselben Bank zu tun zu haben, oder aber, dass letztere von der deutschen Commerzbank beherrscht werde. Dies verhalte sich anders zum Beispiel der Lichtspieltheater, deren Kunden aus einem geographisch kleinen Gebiet kommen und nicht wegen einer Verwechslung das im Ausland liegende Theater eines anderen Unternehmers besuchen[1053]. Im Folgenden stellt das Gericht klar, dass die Klägerin nicht in der Schweiz geschäftlich tätig ist, ein Wettbewerbsverhältnis aber dennoch anzunehmen sei. Schließlich bejaht das Bundesgericht eine Verwechslungsgefahr und gibt dem Begehren der Klägerin statt[1054].

## II. Die Situation in Common-Law Staaten

Der Schutz von Handelsnamen erfolgt in England über das Deliktsrecht (law of tort), das Verbot des Passing-off[1055]. Dieses Verbot erfasst Handlungen, welche im Wirtschaftswettbewerb zu Täuschungen des Publikums über die Identität eines Unternehmens oder über die Herkunft von Waren und Dienstleistungen aus einem individuellen Unternehmen zu führen geeignet sind[1056]. Schutz vor Irreführung der Verbraucher durch den Firmennamen selbst gewährleistet der Business Names Act von 1985. Hiernach ist es etwa untersagt, einen Namen zu führen, welcher den Eindruck erweckt, dass eine Verbindung mit der Regierung besteht. Vergleichbare Restriktionen für Gesellschaftsnamen enthält auch der Companies Act ebenfalls von 1985.
Sachrechtlich verfolgt das englische Recht einen sich vom deutschen Recht grundlegend unterscheidenden Ansatz. Zentraler Begriff ist nicht das Kennzeichen oder das Ausschließlichkeitsrecht an dem Kennzeichen, sondern vielmehr der in der Verkehrsbekanntheit des Kennzeichens verkörperte Goodwill[1057]. Der Begriff des Goodwill lässt sich beschreiben als ein unternehmensabhängiger

[1052] BGE 76 II 77 ff..
[1053] BGer. 1.2.1972, BGE 98 II 57, 61 - „Commerzbank".
[1054] BGer. 1.2.1972, BGE 98 II 57, 66, 67 - „Commerzbank".
[1055] Ulmer/ v. Westerhold, Unlauterer Wettbewerb, Bd. IV, Vereinigtes Königreich, Rn. 128 ff..
[1056] Ulmer/ v. Westerhold, Unlauterer Wettbewerb, Bd. IV, Vereinigtes Königreich, Rn. 129.
[1057] Burberrys v. Cording (1900) 26 R. P. C. 693, 701; Spalding & Bros. V. Gamage (1915) 32 R. P. C. 273, 284; Alain Bernardin et Cie. v. Pavilion Properties Ltd. (1967) R. P. C. 581; Star Industrial Co. Ltd. v. Yap Kwee Kor (1976) 2 F. S. R. 256 (P. C.).

Wert, der sich aus einer Vielzahl von Positionen (Reputation, Kundenbeziehungen) zusammensetzt[1058].
Es ist allerdings zu beachten, dass die Klage des Passing-off nicht auf einen umfassenden Schutz des Goodwill abzielt, sondern nur einen Teilaspekt, nämlich die Identitäts- oder Herkunftsvorstellung, die sich im Verkehr von einem Unternehmen gebildet hat[1059]. Schutzvoraussetzung für den Goodwill ist die Unterscheidungskraft und die Bekanntheit[1060]. Die Verkehrsbekanntheit muss in England vorliegen[1061]. Auch in England gibt es eine umfangreiche Judikatur zum Schutz ausländischer Handelsnamen. Die Rechtsprechung und mit ihr die Literatur gehen davon aus, dass der Goodwill dem Unternehmen anhaftet und somit territorial beschränkt ist[1062]. Die Entwicklung der englischen Judikatur kann hier nicht vollumfänglich nachgezeichnet werden. Die Leitlinien der Entscheidungen sollen an dieser Stelle jedoch Erwähnung finden. Für das englische Common Law kann unterschieden werden zwischen den „hard line cases“, die einen Gebrauch in Verbindung mit einem Geschäftsbetrieb im Inland verlangen und den „soft line cases“, die es ausreichen lassen, dass den inländischen Vekehrsteilnehmern das Zeichen auf ihrem Markt bekannt wurde oder werden könnte[1063]. Als der letzte „hard line case“ wird die „Budweiser“ – Entscheidung angesehen[1064]. Mittlerweile gilt jedoch als geklärt, dass das Erfordernis eines Geschäftsbetriebs im Inland nicht mehr besteht[1065].
Unklar ist indessen, ob Passing off – Schutz dann gewährt werden kann, wenn ausländische Waren oder Dienstleistungen nicht im Inland vermarktet werden, der Name des Unternehmens aber gleichwohl bekannt ist. In der Sheraton-Entscheidung wurde ein Schutz bejaht[1066], in einer anderen Entscheidung hin-

[1058] Boudon, Internationaler Schutz des Handelsnamens, S. 18, 19.
[1059] Boudon, Internationaler Schutz des Handelsnamens, S. 19; Ulmer/ v. Westerhold, Bd. IV, Vereinigtes Königreich, Rn. 136.
[1060] Boudon, Internationaler Schutz des Handelsnamens, S. 22.
[1061] Revlon Inc. v. Cripps & Lee Ltd. (1980) F. S. R. 85, (C. A., „Revlon“) = GRUR Int. 1980, 234, 237.
[1062] Rey v. Lecouturier (1910) 27 R. P. C . 268, 275 ff. – Charteuse ; Star Industrial Co. Ltd. v. Yap Kwee Kor (1976) 2 F. S. R. 256 (P. C.); Fawcett und Torremans, Intellectual Property and Private Internationale Law, S. 526.
[1063] Sheraton Corp. of America v. Sheraton Motels Ltd. [1964] R.P.C. 202, 204; Boudon, Der internationale Schutz des Handelsnamens, S. 70; Celli, Internationales Kennzeichenrecht, S. 323.
[1064] Anheuser-Busch Inc. v. Budejovicky Budvar NP [1984] F.S.R. 413, 467.
[1065] Poiret v Jules Poiret Ltd (1920) 37 RPC 177.
[1066] Sheraton Corp. of America v. Sheraton Motels Ltd. [1964] R.P.C. 202, 204.

gegen verneint[1067]. Obgleich diese Entscheidung als falsch kritisiert wurde[1068], hatte sie vor dem Court of Appeal Bestand[1069].

Dieser strikten Linie sind andere Common-Law Staaten nicht gefolgt. Auch Australien folgte lange dem sog. „hard line approach“ der Crazy-Horse- Entscheidung[1070]. In der Entscheidung „McCain`s Healthy Choice“ hingegen bejaht das Gericht einen Schutz, obgleich das Unternehmen keine geschäftlichen Aktivitäten in Australien begründet hatte, noch die Präsenz inländischer Kunden gegeben war, mit denen der Ausländer im Inland Geschäftsbeziehungen pflegt. Stattdessen stellte das Gericht darauf ab, ob den inländischen Verkehrskreisen das ausländische Produkt bekannt war[1071]. Somit knüpft die australische Rechtsprechung zur Schutzrechtsbegründung an potentielle Kunden. Für den Schutz reicht somit aus, dass im Inland für ein ausländisches Unternehmen geworben wird[1072]. Des Weiteren kann es genügen, wenn australische Verbraucher im Ausland mit dem Produkt in Berührung gekommen sind[1073]. Auch die Rechtsprechung in Hong Kong verfolgt einen großzügigeren Ansatz, in dem sie auf eine höhere Anzahl von Reisenden und Touristen abstellt[1074].

Andere Common Law-Gerichte gehen sogar soweit, für die Frage, ob ein ausländischer Name im Inland „reputation“ erlangt hat, das Territorium eines Nachbarstaates aufgrund der engen volkswirtschaftlichen Verflechtung als „inländisches“ Gebiet zu fingieren[1075].
Die restriktive Haltung der englischen Common Law Gerichte gegenüber ausländischen Handelsnamen dürfte damit zusammenhängen, dass der Goodwill als Vermögensrecht verstanden wird. Bekanntlich besteht bei den Common-Law-Gerichten eine nicht unerhebliche Scheu gegenüber der „Anerkennung“ fremder Immaterialgüterrechte, welche sogar schon soweit ging, dass sich englische Ge-

[1067] Alain Bernadin & Cie v Pavilion Properties Ltd [1967] RPC 581, 584.
[1068] Maxim's Ltd. v. Dye [1978] 2 ALL ER 55 [1977] 1 WLR 1155 [1977] FSR 364, 367; vgl. auch C.&A. Modes v. C.&A. [Waterford] Ltd. [1978] F.S.R. 126 IR CA.
[1069] Anheuser-Busch Inc. v. Budejovicky Budvar NP [1984] F.S.R. 413, 467.
[1070] Taco Company of Australia Inc. v. Taco Bell Pty Ltd. (1981) 40 A. L. R: 153; zitiert nach Celli, Internationales Kennzeichenrecht, S. 325.
[1071] Conagra Inc. v. McCain Foods (Aust) Pty (1991) 101 A.L.R. 461 und 23 I.P.R: 193, 265; zitiert nach Celli, Internationales Kennzeichenrecht, S. 325.
[1072] Celli, Internationales Kennzeichenrecht, S. 325, m. w. Nachweisen.
[1073] Conagra Inc. v. McCain Foods (Aust) Pty 23 I.P.R. 193, 234; Celli, Internationales Kennzeichenrecht, S. 325.
[1074] Tan-Ichi Co v Jancar Ltd. [1990] FSR 151, Hong Kong SC.
[1075] So wohl die Gerichte Neuseelands für Australien (Crusader Oil N.L. v. Crusader Mineral N.A. Limited [1984] 3. I.P.R. 181); die Gerichte Irlands für Großbritanien (C.&A. Modes v. C.&A. [Waterford] Ltd. [1978] F.S.R. 126) und der Court of Appeal von Ontario für das Gebiet Kanada/ USA (Orkin Exterminating Co. Inc. v. Pestco C. of Canada Ltd. [1985] 19 D.L.R. [4th] 90); Urteile zitiert nach Celli, Internationales Kennzeichenrecht, S. 326.

richte außer Stande sahen, über die Verletzung ausländischer Immaterialgüterrechte im Ausland zu entscheiden. Die Frage, die sich stellen muss, lautet jedoch, inwieweit nicht der Goodwill als etwas Faktisches betrachtet werden muss; so führt Lord Mackay of Clashfern aus: „The extent to which a reputation acquired by trading abroad may be protected in the United Kingdom may depend to some extent upon whether a trader is to be treated as a matter of law as having a separate goodwill in each country in which he trades or whether the confining of goodwill to a particular country or area is a question of fact depending on the trading patterns and circumstances involved“[1076].

## III. Vergleich der ausländischen Rechtslagen mit der deutschen

Vergleicht man die einschlägigen in- und ausländischen Entscheidungen, dann fällt auf, dass die deutschen und ausländischen Gerichte sich den Konflikten auf sehr unterschiedlicher dogmatischer Basis nähern. Das englische Recht fundiert seine Entscheidung mit den Konzepten „Goodwill“ und „Reputation“ auf wettbewerbsrechtlichem Gedankengut. Gleiches gilt für die Schweiz, wenn das Bundesgericht in der „Commerzbank“ – Entscheidung ein Wettbewerbsverhältnis bejaht.

Das deutsche Handelsnamensrecht ist hingegen mehr von der Dogmatik des Namensrechts geprägt. Gleichwohl ist zu konstatieren, dass die Unterschiede eher gering ausfallen. Vor allem im Vergleich zu der Rechtsprechung der englischen Gerichte geht die deutsche Rechtslage zugunsten von Handelsnamen ausländischer Provenienz jedoch weiter. Indem auf die Ingebrauchnahme mit der zu erwartenden Ausweitung der geschäftlichen Tätigkeit im gesamten Inland abgestellt wird, kann die deutsche Rechtsprechung Fälle erfassen, in denen nach englischem Recht mangels Verkehrsbekanntheit der Schutz zu versagen wäre.

Der vom Schweizerischen Bundesgericht entschiedene „Commerzbank“ – Fall illustriert jedoch, dass Fallkonstellationen auftauchen können, die der deutschen Rechtsprechung Schwierigkeiten bereiten. Dies wäre der Fall wenn einerseits reale Verwechslungen eines ausländischen Unternehmens mit einer inländischen Einrichtung zu befürchten sind, andererseits aufgrund der Natur der Unternehmung eine Ausdehnung ins Inland jedoch nicht zu erwarten ist (etwa bei Banken oder auch medizinischen Institutionen).

Derartige Fallkonstellationen sind indessen bisher - soweit ersichtlich – noch nicht aufgetaucht. Dies dürfte auch darin begründet sein, dass in den meisten Fällen eben doch eine irgendwie geartete Ingebrauchnahme im Inland vorliegt, die auf eine entsprechende Ausdehnungstendenz schließen lässt.

Auffallend ist jedoch, dass die „Common-Law“- Staaten mit dem Kriterium der Bekanntheit die Schwelle für den Erwerb eines Ausschließlichkeitsrechtes erheblich höher ansetzen. Hiermit wird eine höhere Transparenz gewährleistet

---

[1076] Halsbury`s Laws of England, Lord Mackay of Clashfern, Rn. 333.

und im Ergebnis auch die für einen Zeicheninteressenten wichtige Namensrecherche erleichtert; zudem findet somit ein größerer Wettbewerb um den Erwerb eines Ausschließlichkeitsrechtes statt.
Das deutsche Recht bietet demgegenüber den Vorteil, dass es (vor allem) ausländischen Unternehmen den Markteintritt erleichtert. Welche Herangehensweise die bessere ist, lässt sich schwerlich eruieren, da diese Frage auch von den ökonomischen Rahmendaten abhängt. Aus einer Rechtsvergleichung kann daher nur ein bedingter Erkenntnisgewinn gezogen werden. Dies gilt insbesondere auch deshalb, weil durch das Zusammenwachsen des Marktes und neue Medien wie das Internet das Kennzeichenrecht vor neue Herausforderungen gestellt wird. Auf diese soll im Folgenden ein besonderes Augenmerk gerichtet werden.

## D. Das Kennzeichenrecht vor den Herausforderungen des Zusammenwachsens des europäischen Marktes und der neuen Medien

Das Zusammenwachsen des europäischen Marktes stellt viele Bereiche des nationalen Rechts vor neue Herausforderungen. Zu dem Verhältnis der marktabschottenden Wirkung des Kennzeichenrechts und den Grundfreiheiten der EG ist schon viel geschrieben und das meiste bereits gesagt worden. Auch liegen zahlreiche Stellungnahmen über die Herausforderungen des Kennzeichenrechts durch das Internet vor, so dass die Notwendigkeit einer weiteren monographischen Abhandlung eigentlich bezweifelt werden muss.
Beide Themen wurden jedoch bisher (soweit ersichtlich) nur jeweils separat behandelt. Eine Verbindung dieser beiden Themenkreise erscheint indes dringend geboten, da beide Bereiche durchaus interdependente Fragen aufwerfen. Durch das Internet vollzieht sich neben dem Zusammenwachsen des Absatzmarktes nunmehr auch ein Zusammenwachsen des Werbemarktes (Art. 154 EGV). Potenziert wird das soziale Konfliktpotential dieser Entwicklung durch die baldige Schaffung einer .eu – TLD. Bei .com - Adressen liegt die Bejahung eines Inlandsbezugs als Voraussetzung für die Anwendung inländischen Rechts[1077] eher fern als nah. Bei einer .eu – Adresse dürfte ein Inlandsbezug hingegen kaum zu verneinen sein. Kennzeichenkollisionen im Cyberspace werden deshalb vermehrt auftreten und schwieriger zu lösen sein. Im Folgenden soll der Versuch unternommen werden, auf die daraus resultierenden Fragen eine Antwort zu geben.

[1077] Siehe unten § 11 D. VII. 1.

## I. Schlüssigkeit oder Unzulänglichkeit des Gesamtkonzepts?

Die Entwicklung des Unternehmenskennzeichenrechts gibt m. E. in einigen Punkten Anlass zur Kritik. Der erste Kritikpunkt betrifft primär das Sachrecht für Inlandssachverhalte. Bedenklich ist, wie schon gezeigt[1078], die Annahme der Rechtsprechung und Literatur, dass Unternehmenskennzeichen grundsätzlich bundesweit geschützt sind. Hiergegen spricht schon die extrem hohe Anzahl von Handelsnamen im Inland[1079]. Gerade im Hinblick hierauf scheint es fraglich, den ausschließlichkeitsrechtlichen Aspekt dieser Kennzeichnungen durch eine bundesweite Geltung zu betonen. Zum einen ist zu bedenken, dass im Zuge der Schaffung eines einheitlichen Binnenmarktes Wettbewerber aus dem Ausland zunehmend im Inland auftreten werden[1080]. Vergegenwärtigt man sich hier die Rechtsprechung des BGH, so erlangt ein ausländischer Handelsname oft schon mit der Benutzungsaufnahme in Deutschland einen national-weit geltenden Schutz.

Dies wird noch verschärft durch die Entwicklung des Internets. Hierdurch ist es einem ausländischen Unternehmen möglich - ohne größere logistische Bemühungen anzustrengen - im Inland aufzutreten. Andererseits kann ein eigentlich nur regional agierender Unternehmer hiermit viel schneller bundesweit Kunden akquirieren als dies in Zeiten vor Schaffung des Internets möglich war. Ein anschauliches Beispiel hierfür bildet die Entscheidung „T-Box“ des OLG Düsseldorf[1081]. In der Sache ging es um ein Unternehmen, welches Tee verkauft und über das Internet den Vertrieb seiner Waren in ganz Deutschland anstrebt. Das Gericht führt hier aus: *„Auf diese Weise hat gerade das Internet vielen nur regional tätigen Unternehmen die Möglichkeit eröffnet, nunmehr mit einer Internet-Seite auch in das überregionale Geschäft einzusteigen“*. Im Ergebnis bejaht das OLG eine bundesweite Ausdehnungstendenz und damit auch einen bundesweiten Schutzraum für ein Unternehmen, das vor dem Einstieg in das „E-Business“ nur regionale Bedeutung hatte. In diesem Kontext sei daran erinnert, dass schon die Frage aufgeworfen wurde, ob die Benutzung eines Domain-Namens ein Kennzeichenrecht zur Entstehung bringt.

---

1078 Siehe oben § 2 G. IV.

1079 Eine Feststellung wie viele Unternehmenskennzeichen in Deutschland gegenwärtig verwandt werden, dürfte kaum möglich sein. Eine Ahnung erhält man, wenn man sich eine Schätzung des statistischen Bundesamtes vom 27. Mai 1970 (!) vor Augen führt, welche auf eine Anzahl von knapp 2 Millionen in Deutschland benutzten Handelsnamen kommt; Nachweis bei Kunze, GRUR 1981, S. 634, 635 dort Fn. 5.

1080 Dies ergibt sich etwa auch daraus, dass die Sitzverlegung von Gesellschaften innerhalb der Länder der EU durch die Rechtsprechung des EuGH erheblich begünstigt wurde, eine Rolle mögen ferner weitere Entwicklungen spielen, wie etwa auch der Umstand, dass Großprojekte europaweit ausgeschrieben werden müssen.

1081 OLG Düsseldorf, GRUR RR 2002, S. 20 ff..

Das Handelsnamensrecht wurde von Tilmann einmal als die Schweiz des gewerblichen Rechtsschutzes mit unzugänglichen Bergen und Klüften beschrieben[1082]. Betrachtet man den Gegenstand, fällt schnell auf, dass sich noch einige Unausgewogenheiten ergeben. Auf der einen Seite wird bei Kennzeichen ohne Kennzeichnungskraft der räumliche Schutzraum eng an die jeweiligen Ausläufer der Verkehrsgeltung gebunden[1083] andererseits entsteht bei genuiner Kennzeichnungskraft mit Benutzungsaufnahme und entsprechenden Ausdehnungstendenzen ein bundesweiter Schutzraum. Dass dies vor allem bei ausländischen Unternehmenskennzeichen von der Rechtsprechung so gesehen wird, könnte auch damit zusammenhängen, dass gerade wenn eine Benutzung eines Unternehmenskennzeichens eines ausländischen Unternehmens im Inland vorliegt, ein besonderer geographischer Raum der Kennzeichenbenutzung schwer auszumachen ist. Anders verhält es sich möglicherweise bei inländischen Unternehmen, welche erst allmählich zu überregionalen Unternehmen heranwachsen. Zu berücksichtigen ist ferner stets, dass der markenrechtliche Schutz eines Zeichens an einem bestehenden Unternehmenskennzeichen scheitern kann. Tendenzen, den Schutz der Unternehmenskennzeichen über die Verwechslungsgefahr hinaus zu verabsolutieren, sind folglich insoweit gefährlich, als die Gefahr besteht, dass die „Verstopfung des Markenregisters" noch um eine beträchtliche Dimension erhöht wird und zudem Markeninteressenten nicht unerhebliche Rechtsrisiken bereitet werden.

Eine weitere Schwachstelle liegt in der Frage, wann eine Benutzungsaufnahme angenommen werden kann. Nach der Rechtsprechung muss ein Unternehmenskennzeichen nämlich namensmäßig verwandt worden sein, damit eine Benutzungsaufnahme angenommen werden kann. D.h. eine nur markenmäßige Benutzung des Unternehmenskennzeichens ist nicht ausreichend[1084]. Im Fall Torres war (soweit ersichtlich) nur erwiesen, dass die Klägerin mit ihrem Firmenbestandteil versehene Ware jahrelang nach Deutschland ausgeführt hat, womit noch keine namensmäßige Benutzung einhergeht[1085]. Hieraus schlussfolgerte nun der BGH, dass in diesem Fall auch eine entsprechende Korrespondenz geführt worden sei, welche dann eine namensmäßige Verwendung darstelle und somit die Schutzrechtsbegründungskriterien erfülle.
Eine dem Verkehr transparente Benutzung (markenmäßige Verwendung) wird also im Einzelfall möglicherweise keinen Schutz begründen; eine zumindest

[1082] Tilmann, Grundlagen und Reichweite des Handelsnamensrechts, GRUR 1981, S. 621.
[1083] Vgl. BGH GRUR 1979, 470, 471 f. – RBB/ RBT.
[1084] BGH GRUR 1995, 825, 826 – Torres.
[1085] Nach Ingerl/Rohnke fasst der BGH die Schutzvoraussetzungen hier zu eng, da dem Verkehr vielfach Kennzeichnungen bekannt seien, die sowohl als Marke, als auch als Unternehmenskennzeichen verwandt würden. Der BGH hätte also eine nur marken- und nicht auch namensmäßige Benutzung nicht ohne weiteres annehmen dürfen (Ingerl/Rohnke, Markengesetz, § 5, Rn. 20).

weiten Teilen des Verkehrs verborgene – z. B. geschäftliche Korrespondenz – vermag hingegen ein Ausschließlichkeitsrecht zu bewirken. Dies bereitet keine Probleme, wenn – wie im Falle Torres – sowohl eine markenmäßige, als auch eine namensmäßige (zumindest nach der Vermutung des BGH) Benutzung gegeben ist. Bedenklich wird es jedoch, wenn sich markenmäßige Benutzung einerseits und namensmäßige Benutzung andererseits gegenüber stehen. Insgesamt wäre somit im Interesse des gesamten Verkehrs für die Frage der Schutzrechtsentstehung mehr Transparenz zu wünschen.

Fraglich ist weiterhin, ob der Prioritätsgrundsatz als zentraler Schutzrechtsbegründungs- aber auch Ausschlussmechanismus allen Konfliktfällen Herr werden kann. Dass dies nicht der Fall ist, kann durch einen Verweis auf die Rechtsgrundsätze der Gleichnamigen dargelegt werden. Im Gegensatz zum Markenrecht kommt dem Prioritätsgrundsatz im Rahmen von beidseitigen Handelsnamenskollisionen zudem eine besondere Schärfe zu. Gegenüber dem Markenrecht als Registerrecht bestehen nur defizitäre Recherchemöglichkeiten. Ferner ist die mögliche Sanktion einer Untersagung der Nutzungsbefugnis des Handelsnamens unter Umständen intensiver, da der mühsam erarbeitete Goodwill eines Unternehmens in erster Linie an seinem Namen hängt[1086].

Insgesamt scheint es geboten die wettbewerbsrechtliche Herkunft des Unternehmenskennzeichenrechts wieder stärker zu betonen. Die unterschwellige Entwicklung, den Unternehmenskennzeichen eine abstrakte Schutzwirkung zukommen zu lassen, ist entgegenzutreten. Die im Zuge einer wachsenden nationalen, internationalen und europäischen Vernetzung heranziehenden Kennzeichenkonflikte sollte man mit einem wettbewerbsrechtlich fundierten und damit flexibleren, beweglichen System zu lösen versuchen. An dieser Stelle sei ausdrücklich der Feststellung des OLG Düsseldorf widersprochen, wonach sich im Kennzeichenrecht der Wettbewerbsgedanke nur durch das Prinzip des „Wer zuerst kommt, mahlt zuerst“ ausdrücke[1087].

Es gilt zu bedenken, dass die geringen Anforderungen, die der BGH an eine Benutzungsaufnahme im Inland stellt, sich für Fälle, in denen neue Medien involviert sind, als problemträchtig erweisen könnten. Kann unter Umständen schon der Bezug von Waren über das Internet im Inland für ein ausländisches Kennzeichen schutzrechtsbegründend sein[1088]?

Die Frage ist weiterhin, ob die international-privatrechtlichen Konzeptionen zum Unternehmenskennzeichenrecht die ökonomischen Funktionen hinreichend

[1086] Vgl. Tilman, GRUR 1981, S. 621, 629.
[1087] Vgl. OLG Düsseldorf, GRUR 2002, S. 20 – T-Box.
[1088] Vgl. dazu die Entscheidung BGH GRUR 1980, 114 – Concordia = NJW 1980, 522.

abbilden. Soweit es um den Handelsnamen als Unterscheidungszeichen geht, ist der Grundsatz der nationalen Priorität[1089] als Ordnungsprinzip durchaus überzeugend. Zweifelhaft ist jedoch, wie es sich in den Fällen verhält, in denen es um ein Kennzeichen als Kristallisationspunkt für den Goodwill (über die Herkunftsfunktion hinaus verstanden als Reputation) geht und mit einem Unternehmenskennzeichen ein besonderer Ruf verbunden ist. Gerade in solchen Fällen scheint eine Herangehensweise, welche Auslandsvorgänge in einem starken Maße ausblendet nicht angemessen. Stattdessen kommt es in Betracht, den Umstand, dass im Ausland ein Kennzeichenrecht besteht, als ausländischen Besitzstand bei der Schutzrechtsbegründung zu berücksichtigen. Die Unabhängigkeit des Schutzrechtserwerbs in den einzelnen Staaten voneinander, welche typisch für das Territorialitätsprinzip ist, wäre damit durchbrochen. Als Anschauungsbeispiel sei hier auf die englische Entscheidung „Crazy horse" hingewiesen[1090]. In der Sache ging es darum, dass der Inhaber des berühmten Pariser Vergnügungslokals „Crazy Horse" gegenüber einer Londoner Nachtbar Passing off-Schutz begehrt, die den gleichen Namen angenommen hatte. Der Richter Pennycuick stellte fest, dass ein Unternehmen keinen inländischen goodwill erwerben könne, ohne das Zeichen im Inland für Waren oder einen Geschäftsbetrieb selbst benutzt zu haben. Der Richter hob hervor, dass zwar eine schwache Benutzungsintensität ausreichen könne, die Versendung von Werbematerial ins Inland hierfür jedoch nicht genüge. Im Ergebnis sah sich Pennycuick gezwungen, die Klage abzuweisen, was er jedoch ausdrücklich bedauerte, da völlig klar gewesen sei, dass der Beklagte den Namen nur gewählt habe, um so von dem Ruf des Klägers zu profitieren[1091].

Nach deutschem Recht hätte dem Kläger wahrscheinlich geholfen werden können, wenn man die Versendung von Werbematerial erfolgreich unter die für den Schutz konstitutive Ingebrauchnahme, die den Willen zu einer dauernden Betätigung im Inland zum Ausdruck bringt, subsumiert[1092]. Soweit ersichtlich wurden von der höchstrichterlichen Rechtsprechung in Deutschland selten Fälle entschieden, in denen es darum ging, dass die Reputation eines ausländischen Kennzeichens durch einen Inländer bewusst vereinnahmt wurde. Besteht eine Bekanntheit eines ausländischen Unternehmens in Deutschland, wird allerdings häufig auch ein Schutz aufgrund von Ingebrauchnahme anzunehmen sein. Es ist somit zu konstatieren, dass die gegenwärtige Rechtslage in Deutschland durchaus überwiegend zu überzeugenden Ergebnissen gelangt.

---

[1089] Dies läuft dann im Endeffekt auf die Annahme eines Territorialitätsprinzips hinaus.
[1090] Alain Bernadin et Cie. V. Pavilion Properties Ltd. (1967) R. P. C. 581.
[1091] A. a. O. S. 588.
[1092] So BGH GRUR 1971, 517, 518; ebenso Näke, Der Schutz des ausländischen Handelsnamens, S. 132.

Gleichwohl mag es Fälle geben, in denen es eine hohe inländische Reputation, jedoch keine Ingebrauchnahme gibt. Dies ist etwa dann der Fall, wenn ein ausländisches Hotel oder eine Hotelkette einen hervorragenden Ruf genießt. Erfolgt hier Werbung im Inland, existiert damit zwar auch eine Ingebrauchnahme im Inland, jedoch fehlt es an dem erforderlichen Ausdruck des Willens, die Geschäftstätigkeit auch ins Inland auszudehnen. Das Territorialitätsprinzip der gewerblichen Schutzrechte wurde mit dem Bestreben erklärt, den inländischen Verkehr zu schützen. In Fällen wie dem vorliegenden erscheint die Notwendigkeit des Schutzes des inländischen „Schmarotzers" jedoch äußerst fragwürdig. Gleiches gilt für den spezifischen Gegenstand des Unternehmenskennzeichenrechts - die Verwechslungsgefahr. Es wäre hier eher so, dass der Schutz des Inländers die Verwechslungsgefahr nicht vermindern, sondern vielmehr verfestigen würde, wenn jener es gerade darauf anlegt, dass Kunden Zimmer in der Erwartung buchen, in ein Hotel zu gelangen, welches von denselben Betreibern der ausländischen Hotelkette geführt wird. Bedenklich ist es insbesondere, wenn auch der Rechtsformzusatz kopiert wird. Dies kommt in Betracht, wenn der inländische Unternehmer eine englische Gesellschaftsform wählt und so sein Hotel etwa „Sheraton Motels Ltd." nennen kann. Mit einem Schutz seiner Position wird somit – gerade in Zeiten, in denen eine zunehmende Wahrnehmung ausländischer Vorgänge im Inland besteht - das Publikum vielfach irregeführt.

Weitere Beispiele lassen sich leicht finden: Wie steht es etwa mit dem Namen einer medizinischen Unternehmung, die über die Landesgrenzen hinweg einen besonderen Ruf erworben hat oder bei künstlerischen Branchen, wo ausgefallene Namen (Künstlernamen) gewählt werden und ein Ausweichen auf andere Bezeichnungen ebenfalls besonders unannehmbar ist.

An dieser Stelle wollen wir aber erst einmal zum Ausgangspunkt unserer Betrachtung zurückgelangen. In den soeben angesprochenen Fällen ist das Unternehmenskennzeichen nicht bloß ein Unterscheidungskennzeichen, welches der Güterdistribution zuträglich ist. Es stellt vielmehr selber einen quantifizierbaren Vermögenswert dar. Freilich kann einem Kennzeichen mit Renommee nicht im Sinne eines Automatismus transnationale Wirkung zukommen. In der Funktionenlehre des Kennzeichenrechts zeichnen sich ebenfalls Disharmonien zur geltenden Rechtslage ab. Die Marke, gleiches gilt für Unternehmenskennzeichen, wurde als „Signalcode" verstanden, welche einen Kommunikationskanal zu den Konsumenten öffnet[1093]. Es darf die Frage aufgeworfen werden, ob in einer Zeit der zunehmenden grenzüberschreitenden Verfügbarkeit von Informationen, dies nicht auch auf den räumlichen Geltungsbereich eines Kennzeichenrechts Auswirkungen haben muss. Insofern ist nach der hier vertretenen Auffassung ein

[1093] Siehe oben § 3 C.

unausgewogenes Verhältnis zwischen der ökonomischen Funktion des Unternehmenskennzeichens und dem internationalen Schutzsystem gegeben.
Möglicherweise trägt der Ansatz des englischen Richters Pennycuick[1094] - einerseits dem Kläger den Schutz vor Rufausbeutung zu versagen, andererseits dies ausdrücklich zu bedauern – gleichwohl salomonische Züge in sich. In der Tat muss man in diesem sensiblen Bereich der Marktverfassung (insbesondere wegen der Interdependenz zum Markenrecht) aufpassen, dass man nicht das Kind mit dem Bade ausschüttet. Mit einer unkontrollierten Auflösung des Ordnungsprinzips der nationalen Priorität wäre niemandem gedient.

Es muss sich jedoch die Frage stellen, ob man durch den Grundsatz der nationalen Priorität entstehende Unbilligkeiten nicht angemessen zu korrigieren vermag. Als Lösung böte sich an, bei der Frage des Beginns und des Umfangs der Schutzrechtsentstehung erworbene wettbewerbliche Besitzstände stärker zu berücksichtigen. Dies ist nicht eindimensional zu verstehen. Zum einen kann es in Betracht kommen, ausländischen Kennzeichen, die im Inland einen beachtlichen Bekanntheitsgrad erworben haben, die Schutzrechtsentstehung zu erleichtern. Zum anderen sollten regionale Unternehmen, welche – wenn auch nur in der Region – einen besonderen Ruf erworben haben, diesen gegenüber ausländischen in den Markt drängenden Unternehmenskennzeichen verstärkt geltend machen können. Dies kann etwa für Fälle Bedeutung erlangen, wo ein bisher nur regional tätiges Unternehmen über das Internet seinen Geschäftsbereich auf das Bundesgebiet erstrecken möchte.

## II. Konkretisierung der Kritikpunkte anhand ausgewählter Bereiche

Im Folgenden sollen die vorgestellten Kritikpunkte anhand konkreter Themenbereiche näher dargelegt werden.

### 1. Ausländische Handelsnamen und regional-bedeutsame inländische Unternehmen

Als Beispielsfall des oben Ausgeführten seien hier die Concordia-Entscheidung und die T-Box-Entscheidung einmal zusammengedacht. Im Concordia-Urteil qualifizierte der BGH Wareneinkäufe unter der Firma eines ausländischen Unternehmens als eine Benutzungshandlung, die auf den Willen einer auf Dauer angelegten Geschäftstätigkeit im Inland schließen lässt[1095]. In dem vom OLG Düsseldorf entschiedenen Fall „T-Box“ ging es um ein Unternehmen, welches

[1094] Siehe oben § 10 D. I.
[1095] BGH GRUR 1980, 114 – Concordia = NJW 1980, 522.

Tee verkauft und nunmehr auch im Internet auftritt. Das Gericht führte – wie schon erwähnt – aus, dass das Internet vielen nur regional tätigen Unternehmen die Möglichkeit eröffnet habe, nunmehr mit einer Internetseite auch in das überregionale Geschäft einzusteigen. Im Ergebnis bejaht das OLG eine bundesweite Ausdehnungstendenz und damit auch einen bundesweiten Schutzraum für ein Unternehmen, das vor dem Einstieg in das E-Business nur regionale Bedeutung hatte[1096].

Gesetzt den Fall die beiden Kennzeichen seien verwechslungsfähig und die Internetnutzung des eigentlich nur regionaltätigen Unternehmens würde erst zeitlich nach den Wareneinkäufen stattfinden, käme man zu dem Befund, dass das Kennzeichen ausländischer Provenienz, welches für den bundesweiten Raum den besseren Zeitrang hätte, dem inländischen Kennzeichen die Ausdehnung seines Geschäftsbereichs durch das Internet untersagen könnte. Dies erscheint unbillig, da das ausländische Unternehmen im Inland noch überhaupt nicht bekannt ist und auch noch keinen Goodwill erlangt hat. Auf der anderen Seite steht jedoch ein möglicherweise über Jahrzehnte aufgebauter Goodwill, wenngleich auch nur von regionaler Bedeutung.

M. E. kann sich die Konfliktlösung hier nicht im Prioritätsprinzip erschöpfen, stattdessen muss auf eine flexiblere Interessenlösung zurückgegriffen werden. Bei inländischer Bekanntheit eines ausländischen Unternehmens käme es in Betracht - entgegen dem Grundsatz der nationalen Priorität bisherigen Rechts - das Gleichnamigkeitsrecht zur Anwendung zur bringen, wenn zwar ein gleichlautendes inländisches Unternehmen besteht, dieses noch keinen nennenswerten wettbewerblichen Besitzstand erworben hat (geringe Prioritätsdifferenz), dem jedoch ein beachtlicher ausländischer Besitzstand gegenüber steht.

Umgekehrt aber kann es dann in Betracht kommen, einem Kennzeichen, welches einen bedeutsamen, wenn auch nur regional begrenzten, Besitzstand aufgebaut hat, eine Vorzugstellung zuzubilligen.

Gleiches gilt für den Fall der ausländischen Koexistenz. Gesetzt den Fall, dass ein Unternehmen in Deutschland bekannt ist, eine anderes durch Wareneinkäufe (wenngleich größeren Stils) im Inland die Voraussetzungen für eine Ingebrauchnahme, die den Beginn einer dauernden Tätigkeit zum Ausdruck bringt, bereits vollzogen hat. Auch hier kann es geboten sein, die ausländischen Besitzstände mit einzubeziehen und auf diese Weise zu dem Schluss zu gelangen, die Regelungen des Gleichnamigkeitsrechts anzuwenden, wenn der im Inland bekannte ausländische Konkurrent nunmehr auch auf dem deutschen Markt auftritt.

Der Zustand des Handelsnamensrechts gibt somit im Ergebnis – was den Schutzbeginn anbelangt - Anlass zur Kritik. Durch die Anknüpfung an die Benutzungsaufnahme mit einer entsprechenden voluntativen Komponente wird gewissermaßen jeder Zipfel gegriffen, der sich bietet. Dies wird in der Concor-

---

[1096] OLG Düsseldorf, GRUR RR 2002, S. 20 ff..

dia-Entscheidung deutlich, wo Wareneinkäufe, die den späteren Abnehmern gar nicht zur Kenntnis gereichten, als ausreichend bewertet werden. Hier tut sich ein wertungsmäßiger Widerspruch zu der Versagung des Schutzes bei (bloßer!) Bekanntheit im Inland auf. Die bloße Bekanntheit zur Schutzrechtsbegründung ausreichen zu lassen, mag in der Tat bezweifelt werden. Dennoch sollte es möglich sein, diesen als wettbewerblichen Besitzstand anzusehen und über diesen nach den Gegebenheiten des konkreten Falles (hier spielt etwa die zeitliche Prioritätsdifferenz eine Rolle) zu einer flexibleren Lösung zu gelangen. Konkret sind hier vor allem Fälle denkbar, bei denen nur eine geringe zeitliche Prioritätsdifferenz besteht.

### 2. Bemerkungen zur Schutzrechtsbegründung durch inländische Bekanntheit

Der Handelsname ist zwar mit der Marke wesensmäßig verwandt, jedoch im Schutzzweck von ihr verschieden. Das Unternehmenskennzeichen ist im Vergleich zur Marke der konstantere Zustand; zum Aufbau einer grenzüberschreitenden corporate identity wird einem Unternehmen daran gelegen sein, seinen Namen ohne Einschränkungen auch im Ausland zu führen. Auch bei Marken wird dieses Bedürfnis bestehen; die Führung verschiedener Marken in verschiedenen Ländern ist jedoch nicht ungewöhnlich. Für ein Unternehmen freilich wäre es problematisch, in verschiedenen Ländern verschiedene Handelsnamen zu führen. Der Rechtsverkehr wird dies weniger erwarten als bei einer Marke, was bei zunehmendem grenzüberschreitenden Verkehr auch Zuordnungsverwirrungen hervorrufen wird[1097].

Um einen internationalen Schutz einer Marke zu erreichen, stellen die einschlägigen Staatsverträge und mittlerweile auch die Gemeinschaftsmarkenverordnung ein effizientes und grundsätzlich ausreichendes Instrumentarium zur Verfügung. Dies verhält sich indessen, wie aus den obigen Ausführungen klar geworden sein dürfte, anders für Handelsnamen.

Kehrt man zurück zum Ausgangspunkt der Betrachtung und vergegenwärtigt sich den sozialen Konflikt, so kann eine angemessene Lösung nur in einer flexiblen Entscheidung des einzelnen Falles gesehen werden. Zu fragen ist, wie man einen besseren internationalen Schutz von Handelsnamen zu erreichen vermag. Es ist durchaus denkbar, die Bekanntheit eines ausländischen Unternehmens für inländische Fachkreise als Faktum anzusehen, welches die rechtliche Unlauterkeit seiner Annahme im Inland durch einen Dritten bewirkt. Dies

[1097] Dies gilt im besonderem Maße für Branchen, die typischerweise grenzüberschreitend tätig sind.

bewegt sich auch im Einklang mit den Entscheidungen Modess, Siroset und Recrin[1098].

Bedenkt man, dass eine Benutzungsaufnahme schon dann schutzrechtsbegründend sein kann, wenn sie sich der Kenntnisnahme durch die ganz überwiegende Mehrzahl der Verkehrskreise entzieht, so erscheint es ungereimt, die Bekanntheit im Inland als nicht ausreichend zu bewerten. Kerngedanke des Immaterialgüterrechts ist der Schutz menschlicher Leistungen[1099]. Bei renommierten Kennzeichen bereitet die Herleitung keine Schwierigkeiten: Über die Herkunftsfunktion des Kennzeichens wird der (durch Leistung erworbene) Goodwill (Bekanntheit) des Unternehmens geschützt. Das eigentlich paradoxe an der immaterialgüterrechtlichen Einordnung der Kennzeichenrechte ist somit, dass der Schutz schon im Vorgriff auf die eigentliche Leistung erfolgt (sich als Kaufmann eine Firma zuzulegen, dürfe kaum eine in diesem Sinne schutzwürdige Leistung sein). Der hinter der Zubilligung eines Ausschließlichkeitsrechts an einem Handelsnamen liegende Gedanke ist derjenige, dass die Schaffung eines Goodwill, für den ein gewisses Maß an Bekanntheit logische Voraussetzung ist, ermöglicht wird. Besteht dieser Goodwill jedoch schon durch die Kenntnisnahme von ausländischen Vorgängen (etwa durch grenzüberschreitende Medien), wäre es eigentlich nur konsequent auch einen entsprechenden Schutz zu gewähren. Der Gedanke der menschlichen Leistung als Geltungsgrund für Immaterialgüterrechte entbehrt allerdings einer positivrechtlichen Verankerung, weshalb sich eine Ableitung konkreter Ergebnisse verbietet.

In einem anderen Bereich des Namensrechts hat ein Rückzug von der Ingebrauchnahme als Schutzvoraussetzung auf das Vorliegen eines gewissen Bekanntheitsgrades stattgefunden. In einer neuen Entscheidung hat der BGH entschieden, dass namensrechtlicher Schutz von Pseudonymen nur dann in Betracht kommt, wenn der Verwender unter diesen im Verkehr bekannt ist, bzw. Verkehrsgeltung besitzen[1100]. Er folgt damit der herrschenden Auffassung in der Literatur[1101]. Gleiches gilt im Übrigen auch für den Künstlernamen[1102]. Die Entscheidung wird damit begründet, dass ansonsten die Namensrechte am bürgerlichen Namen zu sehr beeinträchtigt würden, wenn jeder Inhaber eines Aliasnamens sich dann auf die Grundsätze des Rechts der Gleichnamigen berufen könnte[1103]. Bekanntheit und Verkehrsgeltung sind Namens – bzw. Kennzei-

---

[1098] BGH GRUR 1967, 298, 301 – Modess; BGH GRUR 1969, 304 ff. – Siroset; BGH GRUR 1969, S. 607 ff. – Recrin.

[1099] Vgl. Flechner, Geistiges Eigentum und Verfassung, S. 130 ff..

[1100] BGH vom 26. Juni 2003 – Maxem.

[1101] Staudinger/Weick/Habermann, § 12 Rn. 22; MüKo/Schwerdtner, § 12 Rn. 47; Palandt/Heinrichs, § 12 Rn. 28; a. A. RGRK, Krüger-Nieland, BGB, § 12 Rn. 47; wohl auch Bamberg/Roth, BGB, § 12 Rn. 21.

[1102] RGZ 101, 226, 228 f. – 4 Uessems; BGHZ 30, 7, 8 f. – Caterina Valente; a. A. aber Meyers, Der Künstlername, S. 58 ff..

[1103] BGH vom 26. Juni 2003 – Maxem.

chenschutz legitimierende Tatbestände. Hier offenbart sich eine mögliche Alternative zum gegenwärtigen System des materiellen Schutzes von Handelsnamen.
Ist ein ausländischer Handelsname im Inland bekannt, es sei an dieser Stelle dahin gestellt, ob eine „einfache" oder eine notorische Bekanntheit vorliegt, so muss es in Betracht kommen, diesen wettbewerblichen Besitzstand bei der Frage der Schutzrechtsentstehung mit einzubeziehen. Hiermit ist noch nicht gesagt, dass jedwede Form der Bekanntheit ausreichend ist, um einen Schutz im Inland annehmen zu können. Einen Schutz nur auf die Bekanntheit zu stützen, wird grundsätzlich nur dann in Betracht kommen, wenn eine notorische Bekanntheit vorliegt. Beim Vorliegen einer jedenfalls nicht als notorisch zu qualifizierende Bekanntheit ist es zumindest in Betracht zu ziehen, diesen Umstand bei der Frage der Schutzrechtsentstehung und des Umfangs des Schutzes zusammen mit dem Tatbestand der Existenz eines ausländischen Schutzrechtes zu berücksichtigen. Im Ergebnis könnte dies dann möglicherweise dazu führen, dass man beispielsweise die Koexistenz von eigentlich verwechslungsfähigen Bezeichnungen zulässt. Es soll an dieser Stelle jedenfalls festgehalten werden, dass die Bekanntheit ein wesentlicher wettbewerblicher Besitzstand ist, der bei dem Versuch das Schutzsystem zu verbessern in Stellung gebracht werden kann.

### 3. Kennzeichenverwendung im Internet und Schutzrechtsbegründung

Ungeklärte Aspekte ergeben sich für den Themenkreis, ob Benutzungshandlungen im Internet Schutzräume erweitern oder gar Schutzrechte begründen können. Fraglich ist ferner, ob Handlungen im Internet Schutzrechte erhalten können. Nicht jedwede Ingebrauchnahme eines Zeichens ist ausreichend, um eine Schutzrechtsbegründung durch Benutzungsaufnahme annehmen zu können. Erforderlich um eine geschäftsmäßige Verwendung zu bejahen ist zunächst, dass Waren oder Dienstleistungen beworben werden[1104]. Eine Benutzungsaufnahme ist dann gegeben, wenn Waren und Dienstleistungen auf einer Homepage angeboten werden[1105]. Fraglich ist, wann eine Benutzungsaufnahme im Inland gegeben ist. In der Literatur wird deshalb gefordert, dass ein hinreichender Inlandsbezug gegeben sein muss[1106]. Bei einer .de-Domain (country code Top-Level-Domain) ist ein solcher Bezug eher zu bejahen als bei einer generic Top-Level-Domain (gTLD). Ansonsten muss dann allerdings darauf abgestellt werden, auf welchen Markt das Angebot zugeschnitten ist[1107].

1104 Ingerl/Rohnke, Markengesetz, Nach § 15, Rn. 122.
1105 LG Frankfurt aM CR 1999, 190 – warez.de; LG München GRUR 2000, 800 – fnet.de.
1106 Ingerl/Rohnke, Markengesetz, Nach § 15, Rn. 122.
1107 LG Hamburg, CR 1999, 785, 786 – animalplanet.com.

Eine Abweichung der Rechtsgestaltung „offline" und „online" sollte soweit wie möglich vermieden werden. M. E. kann es grundsätzlich bei der Formel der Rechtsprechung bleiben, wonach inländischer Kennzeichenschutz durch Benutzungsaufnahme im Inland, die auf eine dauerhafte wirtschaftliche Betätigung schließen lässt, entsteht (es sei denn, es ist aufgrund mangelnder Unterscheidungskraft Verkehrsgeltung erforderlich).
Die Formel des BGH zur Schutzrechtsbegründung von Unternehmenskennzeichen ausländischer Unternehmen in Deutschland bietet im Bereich des Internets einige Fallstricke für den inländischen Zeicheninteressenten. Zwar eröffnet das Internet auch vergleichsweise preiswerte Recherchemöglichkeiten, doch ist durch das recht konturlose Erfordernis eines Inlandsbezugs andererseits eine recht hohe Rechtsunsicherheit gegeben, ab wann eine Benutzung im Inland angenommen werden kann. Gleichwohl wird hierdurch einem Firmeninhaber die Möglichkeit in die Hand gegeben, die Geltung seiner Firma über einen begrenzten territorialen Bereich hinaus auch auf andere Staaten zu erweitern.
Dennoch sollte die Hürde eher hoch angelegt sein. Die Problematik an der Sache dürfte vor allem darin liegen, dass die Benutzung auf den Willen einer dauernden geschäftlichen Tätigkeit schließen lassen muss.
In Part II Sec. 2 des Regelungsentwurfs des Standing Committee der WIPO heißt es: "*Use of a sign on the Internet which has a commercial effect in a Member State as defined in Section 3, shall constitute use of the sign in that Member State for the purposes of determining (a) whether an industrial property rigth in a mark or other sign has been established, maintained or infringed in that Member State (...)*"[1108]. Für die Begründung eines Schutzrechts postuliert das Standing Committee also das Erfordernis eines „commercial effects".

Es lässt sich konstatieren, dass für den Schutzrechtserwerb durch die Kennzeichenverwendung im Internet einschränkende Kriterien herangezogen werden müssen.
Ähnlich verhält es sich mit der Frage, inwieweit durch Verwendung von Zeichen im Internet eine Rechtserhaltung stattzufinden vermag. Vergegenwärtigt man sich, dass kennzeichenrechtliche Ansprüche oftmals daran scheitern, dass ein Geschäftsbetrieb im Inland für einige Jahre eingestellt wurde und somit das Unternehmenskennzeichenrecht untergegangen ist[1109], so könnte die gerichtliche Praxis in Zukunft häufig mit Fällen zu tun haben, in denen der Geschäftsbetrieb im Inland „eigentlich" eingestellt wurde, jedoch das Kennzeichen im Inland weiterhin über das Internet präsent war. Unter welchen Voraussetzungen kann man dann davon ausgehen, dass noch eine Benutzung des Kennzeichens

[1108] http://www.wipo.int/sct/en/documents/session_5/pdf/sct5_2.pdf; S. 9, s. ferner auch S. 17.
[1109] Vgl. BGH GRUR Int. 2003, 71, 73, 74 – Frommia; OlG Düsseldorf, GRUR-RR 2003, S. 8 ff. – Start.

im Inland vorliegt? Jedenfalls werden hier ähnlich einschränkende Kriterien wie oben vorgestellt statuiert werden müssen.

### 4. Kennzeichenverwendung im Internet und die Einführung der „.eu - TLD“

Für eine Schutzbegründung durch das Angebot einer Ware oder Dienstleistung im Internet wird als einschränkende Voraussetzung vor allem das Erfordernis eines Inlandsbezug anerkannt. Spätestens mit Einführung der .eu TLD wird dieser jedoch regelmäßig gegeben sein.
Auch ein „commercial effect“ dürfte in der allermeisten Fällen zu bejahen sein. Hiermit entfallen in praxi wichtige Kriterien, die bisher herangezogen werden konnten, um einen Kennzeichenkonflikt im Internet zu entschärfen.
Der Vorteil des Prioritätsprinzips, dass hiermit ein hohes Maß an Rechtssicherheit erreicht wird, dürfte für Internetfälle oftmals entfallen. Der Beweis, ab welchem Zeitpunkt ein Unternehmen firmenmäßig im Internet aufgetreten ist und Waren oder Dienstleistungen in Deutschland in einer Art und Weise vertrieben wurden, dass die Schutzrechtsvoraussetzungen erfüllt werden, dürfte nur schwer zu führen sein. Überhaupt stellt sich die Frage, ob eine strenge Aufrechterhaltung des Prioritätsprinzips für solche Fälle überhaupt wünschenswert ist.
Eine Lösung von solchen Konflikten wird nur möglich sein, wenn man auch für die Frage der Schutzrechtsentstehung Besitzstände – wie Bekanntheit – stärker als bisher berücksichtigt. Eine strikte Aufrechterhaltung des Prioritätsprinzips ist nicht gerechtfertigt. Im Einzelfall können sich die wettbewerbsrechtlichen Interessen derart verdichten, dass eine abweichende Bewertung geboten ist. In einer Phase, in der ein Handelsname noch keinen nennenswerten inländischen Besitzstand begründet hat (also vor allem bei geringer zeitlicher Priorität), kann es im Rahmen einer Interessenabwägung, wobei Bekanntheit eines ausländischen Unternehmens im Inland, dessen Priorität und besonderer Ruf zu berücksichtigen sind, zu einer Abweichung vom Prioritätsprinzip kommen. Je nach Sachlage kann dies im Einzelfall dazu führen, dass einem ausländischen Unternehmen, dessen Markteintritt eigentlich zeitlich später erfolgt ist, trotzdem gegenüber einem nur im Internet und in geringem Umfang in Erscheinung getretenen Unternehmen ein Ausschließlichkeitsrecht gewährt wird. Gegebenenfalls ist aber auch an Koexistenzlösungen oder aber an die Gewährung eines nur regional beschränkten Schutzbereichs zu denken. Ansonsten bestünde die Gefahr, dass über das Internet der deutsche Markt mit ausländischen (aber auch inländischen Regionalunternehmen, die sich nun über das Internet bundesweit erweitern wollen) „überschwemmt“ wird und die Frage, wem das prioritätsältere Schutzrecht zukommt, letztendlich durch den Umstand, dass Ingebrauchnahme

mit einer entsprechenden Ausdehnungstendenz schwer zu beweisen ist, allzu sehr durch verfahrensrechtliche Unabwägbarkeiten bedingt ist.
Insbesondere soweit es um den firmenmäßigen Gebrauch geht, sind Koexistenzlösungen mit dem Hinweis auf die geographische Herkunft dringend geboten. Es kann schwerlich angehen, einem hier bekannten Unternehmen die Verwendung seines Namens zu untersagen, nur weil jemand unter verwechslungsfähigem Namen nur zeitlich knapp vorher im Internet aufgetreten ist. Insofern sollte auch für den Schutzrechtserwerb am Ausschließlichkeitsrecht am Namen ein Mehr an Wettbewerb stattfinden, anstatt schlicht dem ersteren ein Monopol zukommen zu lassen.

## III. Ansatzpunkte zur Verbesserung des Schutzes von Handelsnamen bei Sachverhalten mit Auslandsberührung

### 1. Verbesserung des Schutzsystems durch punktuelle Berücksichtigung von Auslandssachverhalten

Durch das Zusammenwachsen des europäischen Marktes und die Entwicklung neuer Medien muss sich das Unternehmenskennzeichenrecht vor neue Herausforderungen gestellt sehen. Ob sich die gegenwärtige Gestaltung, insbesondere des Schutzbeginns von Unternehmenskennzeichenrechten, auch für zukünftig zu erwartende Fälle als tragfähig erweist, muss sich erst noch erweisen. Die Rechsprechung hat die von der Literatur geforderte Gleichstellung von in- und ausländischen Handelsnamen in ihren Schutzvoraussetzungen übernommen. Obgleich für die Firma das Erfordernis der Eintragung besteht, genügt für die Schutzrechtserlangung die Benutzungsaufnahme. Dieser Befund muss eigentlich überraschen. Wie gezeigt besteht in Deutschland gerade nicht wie in der Schweiz ein zweispuriges System von durch Eintragung erlangten Firmen einerseits und nur wettbewerbsrechtlich geschützten Handelsnamen andererseits. Auch wenn sich die Anknüpfung an die Benutzungsaufnahme im Inland, verbunden mit einer entsprechenden Ausdehnungstendenz, bewährt hat, so stellt sich doch die Frage, ob durch zunehmende Kennzeichenkollisionen hier nicht ein anderer Weg beschritten werden sollte. De lege ferenda könnte man die Frage aufwerfen, ob man für den Erhalt eines Monopolrechts an einem Handelsnamen nicht mehr Wettbewerb fordern sollte und – auch für ausschließliche Inlandsfälle – einen gewissen Grad an Bekanntheit eines Namens als Voraussetzung für den Schutzrechtserwerb statuieren sollte.

Bedenklich – auch unter europarechtlichen Gesichtspunkten - wird es jedenfalls, wenn ausländischen Unternehmen der Marktzutritt verwehrt wird. Als Alternative muss hier in Erwähnung gezogen werden, die Existenz eines ausländischen Kennzeichenrechts zu berücksichtigen. In einer Phase, in der sich verschiedene Kennzeichen gegenüber stehen, sollte es möglich sein, ausländische und inländische Besitzstände in einer Gesamtschau zu berücksichtigen und zu Koexistenzlösungen zu gelangen.

## 2. Internationalprivatrechtliche Einordnung

Die Rechtsprechung hat den Satz geprägt, dass für die Schutzrechtsentstehung eines ausländischen Unternehmens-kennzeichens im Inland inländisches Recht anzuwenden ist[1110]. Zunächst stellt sich die Frage, ob ein Sachverhalt mit Auslandsberührung vorliegt, der dann die Weichen für eine Vorschaltung der internationalprivatrechtlichen Kollisionsnormen stellt. Da bei reinen Binnensachverhalten nicht ein irgendwie geartetes Wissen um den Willen, eine Firma zu führen den Beginn des namens- und kennzeichenrechtlichen Schutzes markiert, sondern nur die Aufnahme der Benutzung, liegt folglich eine Auslandsberührung vor, die zur Prüfung veranlasst, ob deutsches Recht überhaupt zur Entscheidung berufen ist.
Folgt man der soweit ersichtlich ganz herrschenden Meinung, dass das Unternehmenskennzeichenrecht nicht dem Personal- oder Gesellschaftsstatut zu unterstellen ist, sondern dass Internationale Wettbewerbs- oder Immaterialgüterrecht zu bemühen ist, so kommt man in jedem Fall zur Anwendung deutschen Rechts. Sei es, dass man das deutsche Recht als lex loci protectionis auffasst. Sei es, dass man den Ort der Interessenkollision in Deutschland verortet.

Nun ergibt sich ein Problem. Wie wir schon gesagt hatten gewährt das deutsche Recht den namens- und kennzeichenrechtlichen Schutz mit Benutzungsaufnahme. Die Anknüpfung an die Bekanntheit im Inland stellt somit ein Novum dar. Insofern fühlt man sich an den Ansatz Steindorffs, Sachnormen für wettbewerbsrechtliche Sachverhalte mit Auslandsberührung zu bilden, erinnert. Bejaht man die inländische Bekanntheit – sei es in irgendeiner, sei es in einer qualifizierten Form, wie der Notorietät – bildet man im Endeffekt Sachnormen für Sachverhalte mit Auslandsberührung. Die Benutzungsaufnahme im Inland wird durch die inländische Bekanntheit und die Existenz im Ausland ersetzt. Gegen eine solche Verfahrensweise sprechen unter internationalprivatrechtlichen Gesichtspunkten keine Bedenken, da ja das System internationalprivatrechtlicher Kollisionsnormen nicht durch Sachnormen für Auslandssachverhalte ersetzt (sondern nur um diese ergänzt) wird. Bemerkenswert ist, dass die Bekanntheit als Voraussetzung für den Schutz ausländischer Kennzeichen

[1110] So schon RGZ 100, 182, 187 – Gervais; vgl. im Übrigen oben § 10 A.

früh angedacht wurde[1111], bisher vom BGH jedoch noch nicht vollzogen wurde[1112]. Auf sachrechtlicher Ebene könnte man zum Ergebnis der notorischen Bekanntheit durch eine analoge Anwendung des § 4 Nr. 3 MarkenG gelangen.

Bedenken gegen die Bildung von Sachnormen für Auslandssachverhalte in diesem Bereich rühren allerdings weniger vom autonomen Internationalen Privatrecht als vielmehr von dem System der staatsvertraglichen Regelungen her. Gegen die Berücksichtigung von Auslandssachverhalten könnten möglicherweise die Artt. 2 und Art. 8 PVÜ angeführt werden. Die Artt. 2 und 8 PVÜ sollten vor allem als fremdenrechtliche Regelung verstanden werden. Bei Auftreten von Unternehmenskennzeichen ausländischer Provenienz im Inland besteht die Gefahr, dass durch die Gleichstellung mit inländischen Unternehmenskennzeichen Aspekte ausgeblendet werden, die eigentlich erheblich wären, bei reinen Inlandssachverhalten jedoch kraft Natur der Sache gar nicht auftreten können. So liegt es beispielsweise mit der Bekanntheit eines ausländischen Kennzeichens im Inland, obgleich noch keine Benutzungsaufnahme stattgefunden hat. Ein solches Faktum kann bei reinen Inlandssachverhalten hingegen kaum vorkommen, da hier eine Bekanntheit ohne Benutzungsaufnahme nicht vorstellbar ist. In der Sache geht es hier also nicht um eine Besser- oder Schlechterstellung des ausländischen Handelsnamens. Die Bildung von Sachnormen für Sachverhalte mit Auslandsbeziehung steht somit nicht im Widerspruch zu Art. 2 PVÜ.

### 3. Abweichungen vom Prioritäts- und Ausschließlichkeitsprinzip zugunsten von Koexistenzlösungen

In einem zusammenwachsenden Markt muss man überlegen, ob Kennzeichenkonflikten mit einem strengen System, geprägt von Prioritäts- und Ausschließlichkeitsprinzip zu begegnen ist. Alternativ bietet es sich an, zunehmend auch Koexistenzlösungen mit klärenden Zusätzen, vor allem für Handelsnamen zuzulassen. Dass dies für Namen (im Gegensatz zu Marken) durchaus verkehrsüblich und unproblematisch ist, kann man am Beispiel gleich lautender Städtenamen (Frankfurt a. M. und Frankfurt O.) sehen. Es kommt folglich in Betracht, zwischen der marken- und der firmenmäßigen Benutzung zu differenzieren. Zumindest, wenn in einem Kennzeichenkonflikt nur die firmenmäßige Benutzung in Rede steht, sollte es Erwägung gezogen werden, – in Abweichung von der bisherigen Rechtslage – interessengerechte Ergebnisse über Koexistenzlösungen mit über das Herkunftsland aufklärenden Zusätzen zu erreichen[1113]. Zu

[1111] Nämlich in der Sihl-Entscheidung, BGH GRUR 1969, 357.
[1112] Vgl. aber die Entscheidung des OLG Karlsruhe CR 2003, 375, 376 – Intel.
[1113] Vgl. BGH NJW 1986, S. 432 – Shamrock.

berücksichtigen ist ferner, dass das zunehmende Auftreten ausländischer Firmen in Deutschland in einem zusammenwachsenden Europa auch mit einem Mehr an Sensibilität des Verkehrs für Zusätze der Landesherkunft einhergehen dürfte. Im Übrigen ist zu erwägen, die für Gleichnamige entwickelten Rechtsgrundsätze analog anzuwenden, wenn in Ansehung der in- und ausländischen wettbewerblichen Besitzstände und einer nur geringen zeitlichen Priorität der Unternehmenskennzeichen die Gewährung eines Ausschließlichkeitsrechts gegenüber dem anderen Unternehmer als unbillig erscheint.

### 4. Alternativen zur grundsätzlich bundesweiten Geltung

An der grundsätzlichen Annahme bundesweiter Geltung von Handelsnamen ist schon Kritik geübt worden. Nunmehr soll auch eine konkrete Alternative angedacht werden. Zum einen kommt es in Betracht, auch für Handelsnamen Register einzuführen, so dass auf diese Weise mehr Transparenz erreicht wird und eine bundesweite Geltung dementsprechend eine größere Legitimation erfährt. Hiergegen sprechen jedoch Bedenken grundsätzlicher Art. Das geltende Recht kennt durchaus den Unterschied zwischen Unternehmenskennzeichen mit nur regionaler Bedeutung (z. B. Gaststätten) und Handelsnamen mit bundesweiter Geltung. Die Einführung eines Registers kann also zur entscheidenden Frage, ob ein Unternehmenskennzeichen bundesweit oder nur regional gilt, wenig beitragen.
Stattdessen könnte man überlegen, ob man tatsächlich eine Ausdehnungstendenz als ein für den bundesweiten Schutz ausreichendes Faktum anerkennen sollte, respektive, ob man die Voraussetzungen für die Annahme einer solchen Tendenz nicht enger fassen sollte. Eine Richtschnur könnten hier wiederum wettbewerbsrechtliche Besitzstände wie die Bekanntheit sein. Auf diese Weise würde man auch ein Mehr an Wettbewerb bei der Schutzrechtserlangung zulassen. Die Frage nach einem Ausschlussrecht zu stellen, heißt gewöhnlich, sie zu bejahen. Treffen zwei expandierende Unternehmen zusammen (etwa ein bisher nur regionales und ein ausländisches), die beide bundesweit tätig werden wollen, so stellt sich die Frage, ob man wirklich stets einem von beiden ein bundesweites Ausschlussrecht zubilligen sollte. Liegt kein Tatbestand der Rufausbeutung vor, so sollte es vielmehr in Betracht kommen, beiden ein solches Recht zu verwehren, bis ein Unternehmen für seinen Namen ein gewisses Maß an Bekanntheit erlangt hat. Diesen Überlegungen soll allerdings an dieser Stelle jedoch nicht weiter nachgegangen werden. Zu Gebote steht es vielmehr zu eruieren, ob man das Schutzsystem den veränderten Bedürfnissen anzupassen vermag, ohne seine wesentlichen Grundlegungen anzutasten. An dieser Stelle spielt auch wieder der Umstand mit herein, dass Unternehmen zunehmend auch im Internet auftreten und dort ihre Produkte oder Dienstleistungen anpreisen.

Im Folgenden soll vor allem zwei Fragen nachgegangen werden. Ist die Anerkennung ausländischer Sachverhalte (Existenz eines Kennzeichens im Ausland) im Rahmen deutschen Kennzeichenrechts möglich und können sich spezifische wettbewerbliche und kennzeichenbezogene Interessen (auch unter dem Gesichtspunkt der Besonderheiten des Gemeinsamen Marktes) derart verdichten, dass eine Abweichung vom Prioritätsprinzip und von der bisherigen Handhabung des Begriffs der Verwechslungsgefahr (d.h. also die Zulassung von Koexistenzen) möglich ist.

Zu überlegen wäre – gerade auch im Hinblick auf die Problematik des Internets – ob man unter Einbeziehungen einer nicht auf inländische Besitzstände beschränkten Interessenabwägung unterschiedliche Grade der Wirkung der Ausschließlichkeitswirkung statuieren sollte. Denkbar wäre es etwa einer ausländischen und inländischen Firma, welche primär in unterschiedlichen Bereichen Deutschlands tätig sind, jeweils dort ein Ausschließlichkeitsrecht zu gewähren, ihnen aber aufzugeben, sich im übrigen Bundesgebiet durch klarstellende Zusätze voneinander abzugrenzen und einander zu tolerieren.
Eine größere Zurückhaltung der Rechtsprechung bei der Gewährung eines bundesweiten Ausschließlichkeitsrecht hätte zudem den positiven Effekt, dass die Parteien durch Abgrenzungsvereinbarungen selbst ihre Interessen auszuhandeln vermögen und so zu ökonomisch sinnvolleren Resultaten gelangen können als eine Entweder – Oder – Entscheidung eines Gerichts dies vermag.
Ein solches Verfahren eignet sich insbesondere dann, wenn beide Parteien ähnliche Besitzstände aufweisen und nur eine geringe zeitliche Priorität einer Partei besteht.

## IV. Versuch einer Ableitung der angestrebten Lösungen aus dem geltenden Recht

### 1.Die Möglichkeit der Berücksichtigung von Auslandssachverhalten

Eine Berücksichtigung von Auslandssachverhalten kann sich zum einen anspruchsversagend, zum anderem anspruchsbegründend auswirken. Ein Beispiel für ersteres ist die Erschöpfung (auch) im Inland durch Inverkehrbringung von Waren im Ausland. Schwieriger gestaltet sich die Frage, inwieweit Auslandssachverhalte zur Begründung von kennzeichenrechtlichen Ansprüchen herangezogen werden können. Methodisch geht es also auch darum, ob man unter inländische kennzeichenrechtliche Normen Auslandsvorgänge subsumieren kann. Dieser Fragenkreis soll im Folgenden näher beleuchtet werden.

### a. Neuere Tendenzen in der Literatur für das Internationale Privatrecht für Marken

In der jüngeren Literatur zum Markenrecht wird diskutiert, ob man auch ausschließlich im Ausland vorgenommene Handlungen als Verletzung eines inländischen Kennzeichens werten kann und so zur Anwendung inländischen Rechts gelangen würde. Zum Teil wird dies für Marken für möglich gehalten, indem man das Auswirkungsprinzip in das Schutzlandprinzip integriert, wobei insbesondere für Marken mit Weltgeltung eine anspruchsbegründende Berücksichtigung von Auslandssachverhalten vorgeschlagen wurde[1114]. Ausgangspunkt für eine Bevorzugung von Marken mit Weltgeltung dürfte vor allem das Wissen um ihre besondere Verletzbarkeit sein, was auch dem besonderen Schutz von bekannten Marken im MarkenG zugrunde liegt.
Eine besondere Verletzbarkeit ist ähnlich bei Handelsnamen gegeben, da sie das Unternehmen im Wirtschaftsverkehr individualisieren. Zum anderen ist auch eine Untersagung ihrer Verwendung besonders gravierend. Dem Bestreben zu einer exterritorialen Anwendung des inländischen Kennzeichenrechts zu gelangen, steht jedoch das Ordnungsprinzip der Priorität entgegen. Darüber hinaus besteht insofern ein Unterschied, als innerhalb Europas das Markenrecht mittlerweile harmonisiert ist. Für Unternehmenskennzeichen bestehen hingegen nach wie vor erhebliche Rechtsunterschiede. Einer exterritorialen Anwendung des inländischen Unternehmenskennzeichenrechts ist deshalb mit Skepsis zu begegnen.
Erwägt man jedoch eine exterritoriale Anwendung des inländischen Markenrechts auf Auslandssachverhalte um den veränderten, d. h. den internationalisierten wirtschaftlichen Rahmendaten gerecht zu werden, so muss es auch in Betracht kommen, die Existenz eines Schutzrechtes im Ausland (insbesondere im europäischen) stärker als bisher auch im Inland zu berücksichtigen.

### b. Auslandssachverhalte für lauterkeitsrechtliche Entscheidungen im Inland

In der Entscheidung „Ein Champagner unter den Mineralwässern" führt der Bundesgerichtshof angesichts des sachlichen Schutzumfangs der geographischen Herkunftsangabe „Champagner" im Rahmen von § 1 UWG a. F. aus: *„Genießt diese Angabe aber, wie die Bekl. für den Streitfall behauptet hat, nicht einmal im Heimatstaat Schutz gegen eine derartige werbliche Verwendung durch Dritte, so kann es nach dem zu billigenden Rechtsempfinden der maßgeblichen inländischen Verkehrskreise nicht als sittenwidrig angesehen werden,*

[1114] So Fezer, s. oben § 7 B. II.

*wenn ein inländisches Vertriebsunternehmen desjenigen, der im Herkunftsland so werben darf, im Inland in gleicher Weise verfährt.“* [1115].

Der Vorwurf der Sittenwidrigkeit der Ausnutzung des Rufs ist somit nach Ansicht des BGH nicht unabhängig von der Situation im Herkunftsland. Vielmehr kann nach Ansicht des BGH der Sittenwidrigkeitsvorwurf entfallen, wenn im Herkunftsland der geographischen Angaben ein Schutz gegen eine solche Werbung nicht besteht.

Gegen den Weiterbestand der Gültigkeit dieser Rechtsprechung könnte sprechen, dass der ursprünglich im UWG (§ 1 UWG a. F.) angesiedelte „Bekanntheitsschutz“ nunmehr Eingang in das MarkenG gefunden hat. Es ist aber davon auszugehen, dass der Bekanntheitsschutz nach wie vor – seiner Plazierung im MarkenG zum Trotz – wettbewerbsrechtlicher Natur ist. Dies folgt schon aus dem Wortlaut der einschlägigen Normen[1116]. Demzufolge könnte sich also der Schutzumfang ausländischer geographischer Herkunftsangaben akzessorisch zu dem Schutzniveau im Herkunftsland gestalten.

Fraglich ist freilich, ob die Ansicht der Rechtsprechung in der Sache zutreffend ist. Die Reduktion des Schutzes bekannter Kennzeichen unter dem Gesichtspunkt der Situation des Herkunftslandes muss Bedenken wecken. Es verletzt den für die Beurteilung von wettbewerbsrechtlichen Sachverhalten maßgeblichen Grundsatz der par-condicio-concurrentium. Der Vertreiber des Produktes mit der renommierten ausländischen geographischen Herkunftsangabe wird gegenüber dem Vertreiber eines inländischen Konkurrenzproduktes, welches mit einer geographischen Herkunftsangabe versehen ist, benachteiligt. Hypothetisch könnte es der Vertreiber des inländischen Konkurrenzproduktes darauf anlegen, zum eigenen Vorteil die Position seines Wettbewerbers durch Rufausbeutung bewusst zu schädigen. Im Ergebnis führt diese Rechtsprechung zu einer Schlechterstellung der ausländischen geographischen Herkunftsangabe, da diese nur dann einen Schutz erfährt, wenn sowohl die Schutzvoraussetzungen im Inland, als auch im Herkunftsland gegeben sind. Hierin kann durchaus ein Verstoß gegen Art. 2 PVÜ gesehen werden[1117]. Ist das Urteil in der Sache auch verfehlt, so muss dies nicht für die Basis des Urteils gelten, dass im Rahmen von lauterkeitsrechtlichen Rechtsfragen Auslandssachverhalte zu berücksichtigen sind.

Aber auch die Frage, ob ein Unternehmenskennzeichen im Inland überhaupt Schutz genießt, stellt eine solche Situation dar, in der ein starker Bezug auch zum Ausland besteht. Die Verhinderung eines Handelsnamens im Inland, kann beispielsweise das ausländische Unternehmen empfindlich dabei stören, eine einheitliche corporate identity aufzubauen. Auslandssachverhalte spielen ferner

---

[1115] BGH GRUR 1988, 453 ff. = NJW 1988, S. 644 ff..

[1116] §§ 14 Abs. II Nr. 3 u. 15 Abs. III MarkenG : „in unlauterer Weise“; ebenso § 127 Abs. III MarkenG für geographische Herkunftsangaben mit einem besonderem Ruf.

[1117] Ebenso Streber, Die internationalen Abkommen, S. 216 f..

gerade im Grenzbereich zwischen Kennzeichen- und Wettbewerbsrecht eine Rolle. Eine Einbeziehung von Auslandstatsachen könnte sich zum Beispiel dann anbieten, wenn durch eine inländische Markenanmeldung der Markteintritt eines ausländischen Unternehmens verhindert werden soll.

### c. Ausländische Kennzeichen als wettbewerbliche Besitzstände im inländischen Lauterkeitsrecht

Das Thema dieser Arbeit zentriert um die Territorialität und Exterritorialität des Kennzeichenrechts. Im Folgenden soll in Anknüpfung an das vorstehend Ausgeführte noch darauf hingewiesen werden, dass ein ausländisches Kennzeichen schon nach bisheriger Rechtsprechung einen schutzwürdigen wettbewerblichen Besitzstand darzustellen vermag.
Diese Entwicklung hatte ihren Ausgangspunkt in einer Entscheidung des BGH vom 23. März 1966 genommen. In der Sache ging es darum, dass der Beklagte sich im Inland ein Zeichen hat eingetragen lassen, welches verwechslungsfähig mit einer ausländischen Marke mit Weltgeltung war (allerdings ohne eine entsprechende Bekanntheit im Inland). Hierzu führt der BGH aus: *„Die Behinderung einer Marke, die in weiten Teilen der Welt Bedeutung erlangt hat, kann zumal in einer Zeit steigenden Weltverkehrs und zunehmender weltwirtschaftlicher Verflechtung nicht nach den gleichen wettbewerbsrechtlichen Grundsätzen beurteilt werden, wie sie bei einem erstmalig im Verkehr erscheinenden und noch nirgendwo durchgesetzten Zeichen anzuwenden wäre. Die Weltgeltung begründet vielmehr für die Marke einen wettbewerblichen Besitzstand, der nicht mehr an die Grenzen eines bestimmten Staates gebunden und daher auch in einem Wirtschaftsgebiet schutzwürdig ist, in dem die mit der Marke versehenen Erzeugnisse zwar noch nicht vertrieben worden sind, nach der erkennbaren Absicht des Zeicheninhabers aber in absehbarer Zeit gleichfalls auf den Markt gebracht werden sollen. Dem Zeicheninhaber muß in diesem Fall ein wettbewerblich schutzwürdiges Interesse daran zuerkannt werden, auch dort die sonst überall in der Welt verbreitete Kennzeichnung gebrauchen und den darin verkörperten Werbewert ausnutzen zu können (...).“*[1118]. Im Ergebnis bejahte daher der BGH einen nach § 1 UWG a. F. unzulässigen sittenwidrigen Behinderungswettbewerb.
Dieses Novum in der bisherigen Rechtsprechung zum Schutz ausländischer Warenzeichen wurde dann in den Entscheidungen „Siroset“ und „Recrin“[1119] und zwischenzeitlich auch von Gesetzgeber (vgl. § 50 Abs. 1 Nr. 4 MarkenG) noch einmal bestätigt.
Relevant für die hier bearbeiteten Fragen ist vor allem die Argumentation des BGH. Sie lässt sich ohne weiteres auf die Thematik des Schutzes ausländischer

[1118] BGH GRUR 1967, 298, 301 – Modess.
[1119] BGH GRUR 1969, 304 ff. – Siroset; BGH GRUR 1969, S. 607 ff. – Recrin.

Handelsnamen im Inland übertragen. Das Handelsnamensrecht könnte also im Sinne der Entscheidungen „Modess, Siroset und Recrin" dahin gehend weiterentwickelt werden, dass auch ausländischen Handelsnamen, die bisher in Deutschland noch nicht tätig geworden sind, schützenswerte wettbewerbliche Interessen zuerkannt werden. In den genannten Entscheidungen ging es allerdings um Eintragungen von Marken, die tatsächlich nicht benutzt wurden. In der Praxis könnte es durchaus vorkommen, dass jemand eine Marke einträgt, um einem ausländischen Handelsnamen den Marktzutritt zu blockieren. Gewöhnlich werden die Fälle jedoch anders gelagert sein, nämlich derart, dass jemand im Inland unter einem Namen eine Firma gründet, die einem bekannten ausländischen Handelsnamen entspricht. Hier geht es dann nicht mehr primär um die Verhinderung des Markteintritts, sondern vielmehr um eine Rufausbeutung. Wendet man die von der Rechtsprechung ausgebildete Formel zur Schutzrechtsentstehung an, so ergibt sich – mangels Benutzungsaufnahme - für das ausländische Unternehmen eine vergleichsweise schlechte Position. Abhilfe könnte dadurch erlangt werden, dass man für die Frage der Entstehung eines Schutzrechtes ausländische wettbewerbliche Besitzstände (dies ist die ratio decidendi der drei soeben zitierten Entscheidungen) stärker als bisher auch im Inland berücksichtigt.

### 2. Der Geltungsgrad des Prioritätsprinzips und der Verwechslungsgefahr im geltenden Recht

Die an dem Prioritätsprinzip und der Verwechslungsgefahr ausgerichtete Architektur des Unternehmenskennzeichenrechts ist durch Fälle in denen sich identische oder fast identische Namen unterschiedlicher nationaler Provenienz im Internet begegnen in Bedrängnis geraten. Hier wird (in der Sache ging es allerdings um Verletzungsprozesse) zunehmend Spielraum für allgemeine Interessenabwägungen und auch Koexistenzlösungen gesehen[1120]. Dort, wo das Erfordernis einer flexibleren Betrachtungsweise aufgrund des Zusammenlaufens von In- und Auslandssachverhalten anerkannt ist (etwa bei Internetfällen), ist man augenscheinlich auch bereit, von den herkömmlichen Grundsätzen des Kennzeichenrechts abzuweichen. Den Ausführungen zu diesem speziellen Themenkreis soll an dieser Stelle jedoch nicht vorgegriffen werden[1121].

---

[1120] S. dazu unten § 11 D. VII. 8.

[1121] Siehe dazu unten § 11 D. VII. 8. b.

### 3. Verbraucherleitbild des EuGH und Unannehmbarkeit der Verwechslungsgefahr

Gelangt man im Rahmen einer Interessenabwägung in Ansehung von Auslandstatsachen und den unterschiedlichen wettbewerblichen Besitzständen zu dem Ergebnis einer Koexistenz zweier Handelsnamen auch im Inland, so wird sich selbst durch klarstellende Zusätze ein Rest an Verwechslungsgefahr unter Umständen nicht vermeiden lassen. Zwischen der Verwechslungsgefahr und dem Verbraucherschutz besteht ein bereits beschriebener Zusammenhang[1122]. Der EuGH hat bekanntlich das Bild vom verständigen Verbraucher geprägt. Die Schlussfolgerungen, die aus diesem Paradigmenwechsel für das inländische Zeichenrecht zu ziehen sind, sind freilich noch nicht ganz abzusehen. Allerdings scheint nach richtiger Auffassung kein allzu großer Anpassungsbedarf zu bestehen, da der BGH für das Zeichenrecht das im sonstigen Wettbewerbsrecht ausschlaggebende Leitbild vom flüchtigen Verbraucher nicht übernommen hatte, da dieses auf eine unbillige Erweiterung des Registerschutzes hinaus gelaufen wäre.

Fruchtbar wäre für die hier vertretene Position aber die Erwägung des EuGH, Einbußen des nationalen – durch das Unlauterkeitsrecht gewährleisteten – Verbraucherschutzes zugunsten der Freiheiten des Art. 28 EG hinzunehmen. Übertragen heißt dies, dass es in Betracht kommen muss, das Maß der hinnehmbaren Verwechslungsgefahr an europarechtlichen Maßstäben zu orientieren.

Nach geltender Rechtslage werden zudem Verwechslungsgefahren zugunsten von Besitzständen unter Umständen hingenommen. Dies gilt etwa für Fälle der Verwirkung gem. § 21 MarkenG. Nach § 21 Abs. 2 MarkenG hat der Inhaber einer geschäftlichen Bezeichnung nicht das Recht die Benutzung einer geschäftliche Bezeichnung zu untersagen, soweit er die Benutzung dieses Rechts während eines Zeitraumes von fünf aufeinanderfolgenden Jahren in Kenntnis dieser Benutzung geduldet hat, es sei denn, dass der prioritätsjüngere Inhaber zum Zeitpunkt des Rechtserwerbs bösgläubig war. Vor Einführung des Markenrechts war anerkannt, dass der prioritätsjüngere Inhaber eines Zeichens an diesem gar kein Schutzrecht erworben haben musste, um die Verwirkung gegenüber dem Rechtsinhaber geltend zu machen[1123]. Im Kontext dieses Kapitels interessant ist weiterhin, dass für die Frage der Verwirkung ein Besitzstand im Aus-

---

[1122] Siehe oben § 3 D.

[1123] Fezer, Markenrecht, § 21, Rn. 25 ff..; insbesondere Rn. 27; vgl. auch BGHZ 21, 66, 79 f. – Hausbücherei; BGH GRUR 1958, 143 – Schwardmann; 1958, 606 – Kronenmarke; BGH GRUR 1998, 1034, 1037 – Makalu.

land einen allein möglicherweise nicht ausreichenden Besitzstand ergänzen kann[1124].
Als Fazit kann festgehalten werden, dass die Verwechslungsgefahr - als zentraler Begriff des Unternehmenskennzeichenrechts - durch die Rechtsprechung des EuGH zum Verbraucherleitbild grundsätzlich nicht tangiert wird. Bei Hinzukommen gewichtiger Gründe kann jedoch ein gewisses Maß an Verwechslungsgefahr hingenommen werden. Dies gilt insbesondere dann, wenn man die Gefahr von Verwechslungen mit der Gefahr der Aushebelung der Grundfreiheiten der EG durch eben jene in Bezug setzt.

### 4. Durchbrechung des domainrechtlichen Prioritätsgrundsatzes durch die Rechtsprechung zu online-Kollisionsfällen bei bekannten Kennzeichen

Zu einer Durchbrechung des Prioritätsprinzips, wenngleich in einem lediglich das Inland betreffenden Fall, gelangt der Bundesgerichtshof in der Shell-Entscheidung.
In der Sache ging es darum, dass von einer Privatperson mit Namen Shell die Domain „Shell.de" registriert wurde. Hiergegen wehrte sich die Shell-AG. Es handelte sich also um einen Anwendungsfall des Rechts der Gleichnamigen.
Für online-Kollisionen hat die Rechtsprechung zu den Grundsätzen des Rechts der Gleichnamigen eine eigenständige Ausprägung erfahren. Dies beginnt schon damit, dass die Benutzung einer Domain im Internet eine Kennzeichenbenutzung darstellt[1125]. Die Gleichnamigkeit berechtigt nach ständiger Rechtsprechung des BGH nicht zur Eintragung und Verwendung des Namens als Marke[1126], da für die Verwendung und Eintragung ein geringeres Bedürfnis besteht. Anders verhält sich dies bei Domainnamen. Dem Gleichnamigen, aber Prioritätsjüngeren wird die Verwendung seines Namens als Domain jedoch nicht schlicht untersagt. Der Grund hierfür liegt darin, dass dem Gleichnamigen die Möglichkeiten, im Internet kontaktiert zu werden nicht genommen werden darf. Um Verwechslungen zu vermeiden, muss daran gedacht werden, den Domain-Namen mit Zusätzen zu versehen. Andererseits besteht wiederum ein Interesse daran, Annäherungen an einen Domain-Namen zu verhindern. Gelöst wird der Konflikt zwischen diesem Bedürfnis und dem Interesse des Prioritätsälteren, Annäherungen an seinen Namen nicht grenzenlos dulden zu müssen, über das

1124 Ingerl/Rohnke, Markengesetz, § 21 Rn. 48; BGH GRUR 1966, 427, 431 – Prince Albert; OLG Köln NJWE-WettbR 1999, 60, 63 - Opelblitz.
1125 Ingerl/Rohnke, Markengesetz, Nach Art. 15 Rn. 37 ff..
1126 BGH GRUR 1995, 825, 828 – Torres; BGH GRUR 1991, 475, 478 – Caren Pfleger; BGH GRUR 1966, 499, 501 – Merck.

Gebot der Rücksichtnahme[1127]. So hält der BGH es etwa für möglich, dass erst auf der Homepage auf den Gleichnamigen hingewiesen wird[1128].
Die Rechtsprechung geht davon aus, dass bei mehreren berechtigen Namensträgern hinsichtlich ihrer Registrierung als Domain ein Prioritätsprinzip gilt[1129].

In der Entscheidung „Shell" führt das Gericht nun aber aus: „Ihm (dem Prioritätsprinzip – Anmerk. des Verf.) muss sich grundsätzlich auch der Inhaber eines relativ stärkeren Rechts unterwerfen, der feststellt, dass sein Name oder sonstiges Kennzeichen bereits von einem Gleichnamigen als Domain-Name registriert worden ist (...). Im Streitfall sind die Interessen der Parteien allerdings von derart unterschiedlichem Gewicht, das es nicht bei der Anwendung der Prioritätsregel bleiben kann. Vielmehr gebietet es die zwischen Gleichnamigen geschuldete Rücksichtnahme, dass der Beklagte für seinen Domain-Namen einen Zusatz wählt, um zu vermeiden, dass eine Vielzahl von Kunden, die sich für das Angebot der Kläger interessieren, seine Homepage aufruft. Auf Seiten der Kläger ist zu berücksichtigen, dass sie mit ihrem Kennzeichen „Shell" eine überragende Bekanntheit genießt."[1130].
Der Bundesgerichtshof kommt also aufgrund der überragenden Bekanntheit des Prioritätsjüngeren und der Abwesenheit von schutzwürdigen Interessen auf Seiten des Prioritätsälteren zu einer Durchbrechung des domainrechtlichen Prioritätsprinzips.
Gegen eine Übertragung der Entscheidung auf die hier zur Erörterung gestellten Fälle spricht, dass die „domain-Priorität" nicht mit einer kennzeichenrechtlichen Priorität gleichgesetzt werden kann. Beachtlich ist jedoch, dass der BGH es für möglich hält, einen wettbewerblichen Besitzstand als so gewichtig anzusehen, dass er das Ordnungsprinzip der (domainrechtlichen) Priorität nicht anwendet.
Der Grund dafür, dass die Rechtsprechung dazu neigt sich an dem Prioritätsprinzip zu orientieren und die Ergebnisse nicht von sonstigen wettbewerblichen Besitzständen abhängig macht, dürfte vor allem der Rechtssicherheit geschuldet sein; wie der BGH auch selber formuliert: „Denn im Hinblick auf die Fülle von möglichen Konfliktsfällen muss es im Allgemeinen mit einer einfach zu handhabenden Grundregel, der Priorität der Registrierung, sein Bewenden haben."[1131].
Wenn aber der tragende Grund für die strikte Aufrechterhaltung des (domainrechtlichen) Prioritätsprinzips die Rechtssicherheit ist, so fragt sich, ob der Grund auch in den Fällen mit einem europäischen Bezug greift. Es muss sich

[1127] BGH GRUR 2002, 706, 708 – vossius.de = NJW 2002, 2096, 2097.
[1128] BGH NJW 2002, 2096, 2097 – vossius.de.
[1129] BGH NJW 2002, 2031, 2034 – Shell; BGHZ 148, 1, 10 = NJW 2001, 3262 – Mietwohnzentrale.
[1130] BGH NJW 2002, 2031, 2034 – Shell.
[1131] A. a. O..

die Frage stellen, ob dies noch mit dem spezifischen Gegenstand des Unternehmenskennzeichenrechts, dem Schutz vor Verwechslungen, in Einklang steht. Operativ verfährt der BGH in der Entscheidung Shell so, dass er die unterschiedlichen Besitzstände ermittelt und Interessen abwägt. Auf Seiten des Konzerns Shell schlägt so ein wettbewerblicher Besitzstand zu Buche, welcher bei der Privatperson Shell komplett ausfällt.

Es soll an dieser Stelle in Erwägung gezogen werden, die in der Entscheidung „Shell" entwickelten Rechtsgrundsätze zu verallgemeinern. So ist es denkbar, dass ein prioritätsjüngerer Handelsname ausländischer Provenienz gegenüber einem (vergleichsweise geringfügig) prioritätsälterem Handelsnamen derart gewichtige Besitzstände anführen kann (Präsenz in verschiedenen anderen europäischen Staaten, zu erwartende europaweite Ausdehnung des Geschäftsbetriebs, Bekanntheit im Inland), dass eine für diese Umstände blinde, strikte Ausrichtung an dem Prioritätsprinzip nicht mehr als interessensgerecht empfunden werden kann. In solch einem Fall, und je nach der An- oder Abwesenheit von Umständen, die für die Unlauterkeit der Namensannahme durch den Prioritätsälteren sprechen, kann es geboten sein, im extremen Fall dem prioritätsjüngeren Handelsnamen auch gegenüber dem Prioritätsälteren ein Ausschließlichkeitsrecht zuzubilligen. Nahe liegender aber erscheint es, hier analog die Grundsätze des Rechts der Gleichnamigen[1132] zur Anwendung zu bringen und ebenfalls ein Gebot der Rücksichtnahme zu statuieren. Konkret könnte die Lösung dann so aussehen, dass man auf dem Boden einer Koexistenz der beiden Zeichen im Inland dem Prioritätsälteren auferlegt, durch klarstellende Zusätze für eine Abgrenzung zu sorgen.

### 5. Konfliktlösung durch Recht der Gleichnamigen und klarstellende Zusätze als Alternative zum Prioritätsprinzip

Das Prioritätsprinzip bringt als Ordnungsprinzip Härten mit sich, die im Einzelfall oft als unbillig empfunden werden. Dies gilt insbesondere dann, wenn durch ein Zeichen mit einem besseren Zeitrang jemand eigentlich gehindert wäre, seinen bürgerlichen Namen als Firma zu führen. Die Verwendung des eigenen Namens im Wirtschaftsleben ist jedoch Ausdruck der allgemeinen Handlungsfreiheit[1133]. Eine völlige Versagung dieses schutzwürdigen Interesses kann in dem Prioritätsprinzip allein keine hinreichende Rechtfertigung finden. Deshalb wurden von der Rechtsprechung - unter dem Stichwort des Rechts der Gleich-

[1132] S. dazu das folgende Kapitel.

[1133] Diese Erkenntnis musste sich allerdings den Weg mühsamer bahnen, als man es heute vermuten würde, vgl. dazu Goldmann, Der Schutz des Unternehmenskennzeichens, § 17 Rn. 4, 5; eine Anerkennung erfolgt wohl erst mit der Entscheidung RGZ 170, 265, 270 – Orange.

namigen - Grundsätze herausgearbeitet, nach denen solche Konflikte zu lösen sind.

## a. Grundsätze des Rechts der Gleichnamigen

Die Grundregel des Rechts der Gleichnamigen kann dahingehend zusammengefasst werden, dass dem Kennzeichen mit dem älteren Zeitrang die Duldung des Gebrauchs eines prioritätsjüngeren bürgerlichen Namens zuzumuten ist, wenn dieser ein schutzwürdiges Interesse vorweisen kann und sich seines Namens auf lautere Weise bedient. Des Weiteren muss die Verwendung des prioritätsjüngeren Kennzeichens so erfolgen, dass Verwechslungen mit dem prioritätsälteren Zeichen nach Möglichkeit vermieden werden[1134].
Probleme bereitet eine Feststellung, wo im geltenden Recht die Grundsätze des Rechts der Gleichnamigen zu verorten sind. Teilweise wird auf das Tatbestandsmerkmal „unbefugt" in § 5 Abs. 2 MarkenG[1135]; teilweise auf § 23 Nr. 1 MarkenG verwiesen[1136]. Diese Frage kann hier letztlich dahinstehen. Nach den allgemeinen Grundsätzen ist bei Kennzeichenkollisionen der Prioritätsjüngere gehalten, alles Erforderliche und Zumutbare zu tun, um einer Verwechslungsgefahr zu begegnen. Was im konkreten Fall erforderlich und zumutbar ist, um Verwechslungen zwischen Gleichnamigen zu vermeiden, ist aufgrund einer umfassen Interessenabwägung zu bestimmen. Hierbei muss der Prioritätsältere u. U. einen gewissen Rest an Verwechslungsgefahr in Kauf nehmen[1137]. Dies gilt nach heute herrschender Auffassung selbst dann, wenn dem älteren Zeichen ein außerordentlich hoher Bekanntheitsgrad zukommt[1138].

Im Grundsatz gilt, dass es dem Prioritätsjüngeren obliegt, soweit wie möglich, eine Abgrenzung durch klarstellende Zusätze vorzunehmen. Gleichwohl ist anerkannt, dass ggf. die Pflicht auch den Prioritätsälteren treffen kann[1139]. Die Grundregel, dass der Prioritätsjüngere sich um die Vermeidung von Verwechslungen durch klarstellende Zusätze zu kümmern habe, wird zumeist damit be-

---

1134 Goldmann, Der Schutz des Unternehmenskennzeichens, § 17 Rn. 2, S. 284; Ingerl/Rohnke, Markengesetz, § 23 Rn. 18; Knaak, Das Recht der Gleichnamigen, S. 1; BGH GRUR 1993, 579, 580 f. – Römer GmbH; BGH GRUR 1991, 393 – Ott International; BGH GRUR 1990, 364, 366 – Baelz; BGH GRUR 1987, 182, 183 – Stoll.
1135 Scholz, GRUR 1996, S. 679, 680.
1136 Goldmann, Der Schutz des Unternehmenskennzeichens, § 17 Rn. 10, 11, S. 287.
1137 BGH GRUR 1993, 579, 580 – Römer GmbH; BGH 1991, 393 – Ott International; BGH 1990, 364, 366 – Baelz.
1138 Goldmann, Der Schutz des Unternehmenskennzeichens, § 17 Rn. 27, S. 292; Scholz, GRUR 1996, 679; Großkommentar zum UWG/Teplitzky § 16 UWG Rn. 402, 407.
1139 BGH GRUR 1990, 364, 366 – Baelz; Großkommentar zum UWG/Teplitzky, § 16 UWG Rn. 412.

gründet, dass das Prioritätsprinzip auch noch zwischen Gleichnamigen gilt[1140]. Andere wiederum gehen davon aus, dass zwischen Gleichnamigen jenes Prinzip nicht mehr gilt, stattdessen eine Interessenabwägung vorzunehmen ist, wobei es dann darauf ankommt, wessen Interessen schutzwürdiger sind[1141]. Es sei eine Abwägung vorzunehmen, bei der Benutzungsdauer, Bekanntheitsgrad, Kennzeichnungskraft und der Ruf zu berücksichtigen und daraus der jeweilige Besitzstand zu ermitteln seien. Dieses Verfahren wird gewöhnlich den Prioritätsälteren günstiger stellen[1142].

Dieser Ansatz überzeugt. Das Prioritätsprinzip als Ordnungsgrundsatz legitimiert sich durch seine Effizienz und Rechtssicherheit. Durch ihn wird die Koexistenz von verwechslungsfähigen Bezeichnungen großzügig ausgeschlossen. Ist jedoch erst einmal eine Koexistenz zweier verwechslungsfähiger Bezeichnungen gegeben, so besteht kein Grund, an der Priorität als maßgebliches Prinzip der Interessensabwägung festzuhalten.

Haben sich zwei namensgleiche Unternehmen zu dulden, so entsteht eine sog. besondere Wettbewerbs- oder Gleichgewichtslage[1143]. Diese ist nicht nur zu tolerieren, sondern auch aufrecht zu erhalten. Dies bedeutet, dass das Tätigkeitsfeld nicht in räumlicher oder sachlicher Hinsicht verändert werden darf, wenn dadurch der latent fortbestehende Namenskonflikt verschärft wird[1144]. Hier ist wieder eine Interessenabwägung vorzunehmen, die in der Regel dazu führen wird, dass demjenigen, der die Veränderung vorgenommen hat, die Verwendung klarstellender Zusätze auferlegt wird[1145]. Umstritten ist hier vor allem, ob im Rahmen einer Gleichgewichtslage dem Prioritätsjüngeren die markenmäßige Verwendung seines Namens zu gestatten ist[1146]. Anerkannt ist jedoch, dass, wenn der Namensträger unter seinem Namen eine besonders schöpferische Leistung erbringt und der Verkehr diese mit dem Namen identifiziert (z. B. bei Modeschöpfern), es geboten sein kann: „den für das Recht der Gleichnamigen charakteristischen Gedanken der Interessenabwägung auch im Falle einer Kollision mit einem aus dem Eigennamen gebildeten Warenzeichen“ anzuwenden[1147]. Die Grundsätze der besonderen Wettbewerbs- oder Gleichgewichtslage

---

[1140] Vgl. von Gamm, Wettbewerbsrecht, Kap. 54 Rn. 12.

[1141] Goldmann, Der Schulz des Unternehmenskennzeichens, § 17 Rn. 35 ff.; Scholz, GRUR 1996, 679, 680 f..

[1142] Goldmann, Der Schutz des Unternehmenskennzeichens, § 17 Rn. 35, 36.

[1143] Scholz, GRUR 1996, S, 679, 680.

[1144] Goldmann, § 17 Rn. 39.

[1145] Ingerl/Rohnke, Markengesetz, § 23 Rn. 32; Goldmann, § 17 Rn. 39; Scholz, GRUR 1996, 679, 680.

[1146] Bejahend und zum Meinungsstand, s. Scholz, GRUR 1996, 679, 686 ff..

[1147] BGH GRUR 1991, 478 – Caren Pfleger.

finden auch auf andere Koexistenzlagen (etwa Verwirkung) analoge Anwendung[1148].

### b. Das Konfliktlösungspotential des Gleichnamigenrechts bei zusammenwachsenden Märkten

Das Gleichnamigkeitsrecht stellt im Bereich des Kennzeichenrechts eine Anomalie dar, da es den strengen Prioritätsgrundsatz durch eine Interessenabwägung ersetzt. Dies macht seine entsprechende Anwendung überall dort reizvoll, wo das Prioritätsprinzip zu Härten führt, die sich nur schwer legitimieren lassen. Es ist daher gewissermaßen folgerichtig, wenn etwa Korschan die Härten, die sich durch die von ihm vertretene EWG-weite Priorität für das prioritätsjüngere Unternehmen ergeben[1149], dann durch die Anwendung der Grundsätze des Gleichnamigenrechts (auch analog auf Phantasienamen) wieder zu kompensieren versucht[1150].

Entsprechend werden auch durch die Wiedervereinigung der beiden deutschen Staaten entstehende Konflikte zwischen verwechslungsfähigen Bezeichnungen, die jeweils „Teilpriorität" genossen nach den Grundsätzen des Rechts der Gleichnamigen gelöst[1151]. Auch das ErstrG, welches die Erstreckung der Schutzwirkung von Marken auf den jeweiligen anderen Teil Deutschlands anordnet, enthält in der mit dadurch entstehenden Kollisionen befassten Vorschrift (§ 30 ErstrG) einen Verweis auf eine allgemeine Interessenabwägung (§ 30 Abs. 2 Nr. 3 ErstrG)[1152]. Diese ist zwar nicht mit dem Recht der Gleichnamigen gleichzusetzen, demonstriert jedoch, dass es in den Fällen des Zusammenwachsens von Märkten das Bedürfnis gibt zu flexibleren Lösungen zu gelangen, als es der Prioritätsgrundsatz ermöglicht.

Fraglich ist, ob die Grundsätze des Rechts der Gleichnamigen angewendet werden können, wenn (insbesondere im Rahmen der EG) die Härten des Prioritätsprinzips als unbillig empfunden werden. Gerade die Existenz des Rechts der besonderen Wettbewerbs- oder Gleichgewichtslage offenbart, dass Lösungen aufgrund einer Interessenabwägung als Option in Betracht zu ziehen sind.

---

1148 Ingerl/Rohnke, Markengesetz, § 23 Rn. 35; Goldmann, § 17 Rn. 50 ff..

1149 In der Konsequenz wäre er gezwungen entweder seinen Namen auch im Heimatstaat zu ändern oder aber Zweigniederlassungen zu gründen, was rechtlich und wirtschaftlich auf Grenzen stößt (Korschan, Der Schutz des Handelsnamens, S. 92; Riehle, Markenrecht, S. 75).

1150 Korschan, Der Schutz des Handelsnamens, S. 90 ff..

1151 BGH GRUR 1995, 754 – Altenburger Spielkartenfabrik; vgl. auch BGH GRUR 1997, 661, 662 – B. Z. /Berliner Zeitung; Ingerl/Rohnke, Markengesetz, Einl. Rn. 65.

1152 Vgl. dazu OLG München Mitt. 1998, 104, 105 – Trolli/ Drolli.

### c. Die Grenzen der Konfliktlösung durch klarstellende Zusätze

Der Bundesgerichtshof hat in zwei Entscheidungen obiter dicta die Aussage getroffen, dass Konflikte zwischen Kennzeichen innerhalb der EG durch auf die nationale Herkunft bezogene klarstellende Zusätze gelöst werden können. In der Entscheidung „Terranova/ Terrapin“ (in der Sache ging es um die Kollision zwischen zwei Marken) führt der BGH aus, dass der Verkehr aufgrund des ihm bekannten Zusammenwachsens des Gemeinsamen Marktes und in dessen Folge eines umfangreicheren Warenangebots Kennzeichen, die durch einen deutlichen Hinweis auf die Warenherkunft aus einem anderen Mitgliedsstaat ergänzt werden, nicht ohne weiteres einem inländischen Unternehmen zuordnen würde[1153]. Voraussetzung für das Ausreichen eines solchen klarstellenden Zusatzes sei allerdings, dass das Kennzeichen im Ursprungsland berechtigterweise geführt werde[1154].
Diese Auffassung hat der BGH in der Entscheidung „Shamrock I“[1155] und auch in der Entscheidung „Torres“ noch einmal bekräftigt[1156]. Die Möglichkeit, Verwechslungsgefahren durch solche (auf die nationale Herkunft hinweisende) Zusätze auszuräumen, ist von der Literatur jedoch weitgehend in Abrede gestellt worden[1157]. Ob dies für Marken der richtige Ansatz ist, mag in der Tat bezweifelt werden. Anders muss dies jedoch m. E. für Handelsnamen bewertet werden. Hinweise auf die geographische Herkunft sind im Namensrecht – etwa bei Namen von Gebietskörperschaften – wesentlich verkehrsüblicher. Gerade bei Handelsnamen scheint der Hinweis, dass die Angabe der geographischen Herkunft Verwechslungsgefahren nicht vermeiden könne, zweifelhaft. Zu bedenken ist hier auch, dass die Verkehrserwartungen durchaus sensibilisierungsfähig sein dürften oder gegebenenfalls ein gewisser Rest an Verwechslungsgefahr durch die Besonderheiten des Gemeinsamen Marktes hinzunehmen ist.

## V. Schlussfolgerungen für das Unternehmenskennzeichenrecht

Handelsnamen sind Marken mit Weltgeltung in der Hinsicht ähnlich, dass sie für ihren Inhaber sehr sensible Werte darstellen. Hinzukommt, dass der Inhaber eines Handelsnamens schlecht auf eine andere Bezeichnung ausweichen kann. Gerade Rufschädigungen stellen daher eine ernste Bedrohung für den Namensinhaber dar. Aus diesem Grund stellt es einen Makel dar, dass das internationale

[1153] BGH GRUR Int. 1977, 329, 334 – Terranova/ Terrapin.
[1154] BGH GRUR Int. 1977, 329, 334 – Terranova/ Terrapin.
[1155] BGH NJW 1986, 432, 433 f. – Shamrock I.
[1156] BGH NJW 1995, 2985, 2987 - Torres.
[1157] Ingerl/Rohnke, Markengesetz, § 14 Rn. 520; Fezer FS Gaedertz 1992, 171/ 172.

Schutzsystem für Unternehmenskennzeichen noch nicht so weit entwickelt ist, wie für Marken.
Die Anerkennung und Berücksichtigung wettbewerbsrechtlicher Besitzstände im Ausland für die Anwendung inländischen Lauterkeitsrechts, kann für die Fragen des Unternehmenskennzeichenrechts fruchtbar gemacht werden. Es sollte prinzipiell möglich sein, ausländische wettbewerbliche Besitzstände derart im Inland als Faktum anzuerkennen, dass hieraus ein Gebot der Rücksichtnahme resultiert. Dies gilt insbesondere für im Ausland gegebene Koexistenzlagen. Geht man ferner – wie hier vertreten – davon aus, dass das Handelsnamensrecht als ein wettbewerbsrechtliches Rechtsgebiet aufgefasst werden muss, dann erscheint eine Anwendung des Grundsatzes der Entscheidung „Ein Champagner unter den Mineralwassern" möglich. Auch das Territorialitätsprinzip braucht für Handelsnamen nicht mit derselben Strenge wie im MarkenG aufrechterhalten werden. Eine Territorialisierung der Kennzeichenrechte macht im MarkenG mehr Sinn, weil dort durch internationale Übereinkommen und nunmehr auch durch die Gemeinschaftsmarke ausreichende Mechanismen zur Schutzrechtserlangung zu Verfügung stehen. Diese fehlen jedoch für Unternehmenskennzeichen. Durchbrechungen der Territorialität sind daher hier eher denkbar[1158].

Eine Verschärfung von Namenskollisionen im europäischen Binnenbereich ist durch die Entwicklung des Internets zu erwarten. Wie die einschlägigen Entscheidungen zeigen, besteht die Gefahr, dass in- und ausländische Handelsnamen, sowie Kennzeichen mit einem besonderen Ruf und solche von bisher nur regionaler Bedeutung im Internet aufeinander stoßen[1159]. Hier – auch schon für die Frage der Schutzrechtsentstehung – bietet es sich an, die konkreten Besitzstände mit einzubeziehen und so zu flexibleren Lösungen im Einzelfall für die Frage des Schutzbeginns zu gelangen.

### 1. Notorische inländische Bekanntheit

Aus dem oben Gesagten ergibt sich, dass der Schutz ausländischer Handelsnamen bei notorischer Bekanntheit im Inland durchaus in Betracht zu ziehen ist. Dass solche Fälle im Inland relevant werden könnten, kann anhand der schweizerischen Entscheidung „Commerzbank" belegt werden. In der Sache werden hier genau genommen „Sachnormen" für Auslandssachverhalte herausgebildet.

---

[1158] So geht auch Bauer von unterschiedlichen Territorialisierungsgraden aus (AcP 1967, S. 535, 551 und 552; im Übrigen hält er Durchbrechungen des von ihm vertretenen Territorialitätsprinzips auch für Handelsnamen für den Fall, dass das Heimatrecht die Führung einer bestimmten Firma fordert für möglich (ebenda, S. 556, 557).
[1159] Vgl. etwa die Entscheidung GRUR-RR 2003, S. 8 ff. - Start.

Allerdings kann die Bekanntheit im Inland nicht in jedem Fall ausreichen. Problematisch ist es, wenn zwar eine notorische inländische Bekanntheit besteht, jedoch gar keine geschäftliche Betätigung im Inland vorliegt. Hier wird man im Einzelfall zu bestimmen haben, ob dem ausländischen – im Inland notorisch bekannten – Unternehmen ein Ausschließlichkeitsrecht gegeben werden sollte, oder ob man hier zu einer Koexistenzlösung gelangt. Die Zubilligung eines Ausschließlichkeitsrechts empfiehlt sich dann, wenn der Sachverhalt ähnlich wie der „Commerzbank"-Fall gelagert ist und durch die Übernahme der ausländischen Bezeichnungen Kundenströme umgelenkt werden. Die hieraus resultierende Verwechslungsgefahr kann nicht hingenommen werden. Anders liegt der Fall, wenn der Name eines berühmten ausländischen Hotels oder Lichtspielhauses – vgl. hierzu aus schweizerischer Sicht die „Lichtspielhaus" – Entscheidung - übernommen wird, konkret hierdurch aber die wirtschaftliche Betätigung nicht beeinträchtigt wird[1160]. Zwar besteht hier die Gefahr, dass manche eine irgendwie geartete Verbindung annehmen werden. Dies kann jedoch hingenommen werden.

Insgesamt ist zu konstatieren, dass sich hier schematische Lösungen verbieten. Im Zuge zunehmender internationaler wirtschaftlicher Verflechtung wird man flexiblere Lösungen im Sinne einer allgemeiner gefassten Interessenabwägung suchen müssen. Diese ist dahin gehend zu schematisieren, dass die Schutzrechtsentstehung und die Art und der Grad der Verwechslungsgefahr zu berücksichtigen sind. Notorische Bekanntheit im Inland sollte jedenfalls dann schutzrechtsbegründend sein, wenn hierdurch konkrete Verwechslungen zu befürchten sind in dem Sinne, dass Kunden, die eigentlich ein ausländisches Unternehmen in Anspruch nehmen würden, sich nunmehr an ein inländisches wenden und es etwa zu postalischen Fehlzustellungen kommt. Besteht hingegen eine notorische Bekanntheit im Inland, aber nur eine abstrakte Verwechslungsgefahr im weiteren Sinne (d. h. werden Teile des Publikums irgendeine Verbindung annehmen), dann muss dies für eine Schutzrechtsgewährung nicht ausreichen, wenn die Wahl des Namens durch den inländischen Unternehmer nicht auch gleichzeitig das Ziel verfolgt, den „Konkurrenten" den Markteintritt zu erschweren. Im letzteren Fall käme es je nach Interessenlage allerdings in Betracht zu einer Koexistenzlösung mit klärenden Zusätzen zu gelangen.

---

[1160] Übernimmt also jemand den Namen Palestine Hotel, des bekannt gewordenen Hotels in Baghdad, so wird hierdurch das gleichnamige Hotel im Iraq nicht beeinträchtigt.

## 2. Korrektur des Prioritätsprinzips durch Besitzstandsberücksichtigung hin zu Koexistenzlösungen mit klärenden Zusätzen

Insgesamt zeichnet sich ab, dass man den neuen Rahmenbedingungen in einem (auch medial) zusammenwachsenden Europa, durch eine Fortschreibung des Unternehmenskennzeichenrechts Rechnung tragen sollte.
Zum einen sollten ausländische wettbewerbliche Besitzstände bei der Frage der Schutzrechtsentstehung berücksichtigt werden können. Gerade im Bereich des Internets werden Koexistenzlösungen (mit klärenden Zusätzen) unumgänglich werden. Eine gewisse Gewöhnung des Verkehrs an ähnliche Handelsnamen ist zu erwarten und darf dem Verkehr auch abverlangt werden; ansonsten ist ein gewisses Maß an Verwechslungsgefahr hinzunehmen.

Für die hier interessierende Frage des Schutzbeginns könnte eine Weiterentwicklung regelungstechnisch so aussehen, dass man es grundsätzlich bei dem herkömmlichen Grundsatz belässt, dass der Schutz eines Unternehmenskennzeichens, soweit es unterscheidungskräftig ist, eine Benutzungsaufnahme mit einer entsprechenden Ausdehnungstendenz erfordert. In einem weiteren Schritt sollte dann allerdings eine Korrektur des Ergebnisses anhand der vorstehenden Kriterien ermöglicht werden. Um es noch einmal zu betonen: wichtigster wettbewerblicher Besitzstand ist hier die Bekanntheit. Diese kann dazu führen einen Handelsnamen ausländischer Provenienz günstiger zu stellen, oder aber auch mehreren ausländischen Handelsnamen Schutz zukommen zu lassen und sie untereinander auf das Recht der Gleichnamigen zu verweisen.

## 3. Folgerungen für die Schutzrechtsbegründung durch Internethandlungen

Für die Frage unter welchen Bedingungen ein Unternehmenskennzeichen im Inland Schutz zu erlangen vermag, sind wiederum einschränkende Kriterien zu verlangen. Zu fordern ist hier etwa ein Inlandsbezug oder entsprechend den Vorschlägen des Standing Committee der WIPO ein „commercial effect“. Über den Inlandsbezug hinaus, ist sicherlich zu fordern, dass der deutsche Markt bestimmungsgemäß beworben wird.
Ein Ausweg bietet auch der, oben vorgestellte, Lösungsansatz einer ergänzenden Interessenabwägung unter Einbeziehung der wettbewerblichen Besitzstände und im Endergebnis dann eine großzügigere Anwendung des Rechts der Gleichnamigen.

De lege ferenda wäre es weiterhin zu überlegen, ob man, um zur Annahme eines bundesweiten Ausschließlichkeitsrechts (auch bei reinen Inlandssachverhalten) zu gelangen nicht über eine Ausdehnungstendenz einen gewissen Grad an Bekanntheit verlangen sollte. Dies würde vor allem bei Internetfällen zu sachge-

rechteren Lösungen führen, wenn eine Vielzahl von gleichlautenden oder zumindest ähnlichen Handelsnamen über das Internet im Inland auftreten. Zu bedenken ist im Übrigen, dass durch den Aufbau transeuropäischer Netzwerke – auch Verkehrswege – der Versandhandel über die Grenzen hinweg zunehmend an Bedeutung gewinnen wird. Das Szenario des Auftretens ausländischer Handelsnamen in Deutschland über das Internet ist keine Frage rein akademischer Natur, sondern sie wird zunehmend real erfahrbar sein.
De lege lata sollte der Weg über eine Interessenabwägung unter Berücksichtigung der wettbewerblichen Besitzstände, sowie der Differenzierung zwischen den Bekanntheitsgraden beschritten werden.

### 4. Internationalprivatrechtliche Einordnung der gewonnen Ansätze

Voraussetzung für den Lösungsweg über Zusätze, die auf die nationale oder ggf. geographische Herkunft hinweisen ist, dass die Zeichen im Ursprungsland Schutz genießen. Dies wirft die Frage nach einer international-privatrechtlichen Einordnung auf. Das Heimatrecht soll also darüber Auskunft geben, ob ein Recht an einem Handelsnamen im Ausland besteht und dies dann im Rahmen des Sachrechts Berücksichtigung findet. Im Endeffekt geht es somit darum, dass man für Fälle mit Auslandsberührung spezielle Sachnormen schafft. Dieser Ansatz stimmt freilich nicht mit demjenigen von Steindorff[1161] überein. Im Gegensatz zu der Auffassung von Steindorff substituieren hier Sachnormen für Fälle mit Auslandsberührung keine internationalprivatrechtliche Kollisionsregel. Kollisionsrechtlich bleibt es bei der Anknüpfung an das Schutzland (oder an den Ort der wettbewerblichen Interessenkollision).

### 5. Zusammenfassung

Die bisherige Auffassung der Rechtsprechung, welche für den Schutzbeginn ausländischer Handelsnamen in Deutschland die Ingebrauchnahme mit einer entsprechenden Ausdehnungstendenz verlangt, hat sich im Großen und Ganzen bewährt.

Es ist jedoch zweifelhaft, ob in Zeiten des Internets und des Zusammenwachsen des europäischen Marktes, die einen Zuwachs an Kennzeichenkollisionen befürchten lassen, die bisherige Auffassung der Rechtsprechung stets zu interessengerechten Ergebnissen führen wird.

---

[1161] Siehe oben § 6 C. I.

Sinnvollerweise sollte man sich auf die wettbewerbsrechtliche Natur von Unternehmenskennzeichen und Firma zurückbesinnen. Hiermit würde der Weg frei, auch wettbewerbliche Besitzstände bei der Frage der Schutzrechtsentstehung mit einzubeziehen.
Eine notorische Bekanntheit eines ausländischen Handelsnamens im Inland kann als schutzrechtsbegründend gewertet werden. Des Weiteren ist es in Betracht zu ziehen, einen gewissen Grad an Bekanntheit zu fordern, um einen bundesweiten Schutz anzunehmen.

Kommt von zwei konkurrierenden, gleichnamigen Unternehmen dem einen nur eine geringe zeitliche Priorität zu, ist im Rahmen einer allgemeinen Interessenabwägung zu prüfen, ob eine solche Verdichtung wettbewerblicher Interessen - gegebenenfalls unter Berücksichtigung von Auslandssachverhalten - vorliegt, die eine Abweichung vom in § 6 Abs. 3 MarkenG normierten Prioritätsprinzips zulässt. Als Lösung jenseits der bisherigen Rechtslage bietet es sich dann an, das Recht der Gleichnamigen zum Zuge kommen zu lassen.

## § 11 Die Kennzeichenrechtsverletzung durch das Internet und andere grenzüberschreitende Medien

### A. Problemaufriss

Das Internet und die durch dieses Medium entstandenen sozialen Konflikte und ihre juristischen Lösungen haben mittlerweile eine Fülle von Rechsprechung und hiermit befasster Literatur zu Tage gefördert.

Ins Internet eingespeiste Daten sind ohne große technische Schwierigkeiten weltweit abrufbar. Beim Internet handelt es sich um ein globales Medium. Dies bringt Schwierigkeiten mit der territorialen Rechtsnatur der Kennzeichenrechte[1162].

### B. Kennzeichenverletzende Handlungen im Internet

Beginnend soll das Spektrum der möglichen kennzeichenrechtsverletzenden Handlungen im Internet aufgezeigt werden.

#### I. Kennzeichenverwendung als Domain und Domaingrabbing

Bei dem sog. Domaingrabbing geht es um die böswillige Reservierung einer Second-Level-Domain mit dem Ziel dem namensgleichen Unternehmen die Domain zu „verkaufen" oder zumindest andere von der Benutzung auszuschließen[1163]. Ist ein Domain-Namen, welcher dem Namen oder der Kennzeichnung eines Unternehmens entspricht, an einen Dritten vergeben, wird das Unternehmen gehindert unter seinem Namen im Internet aufzutreten. Diese Blockade kann für den Betreffenden empfindliche Einbußen bedeuten[1164]. Dem Domainnamen kommt eine Namensfunktion zu, d. h. die Benutzung einer Domain kann im Falle der Identität oder der Verwechslungsgefahr ein prioritätsälteres Kennzeichen verletzen[1165]. Fraglich ist, ob schon die bloße Registrierung einer Domain eine Kennzeichenrechtsverletzung darstellen kann. In der landgerichtlichen Judikatur finden sich entsprechende Stellungnahmen[1166]. Dies kann mittlerweile jedoch als überholt angesehen werden[1167]. Das Domaingrabbing gehört

[1162] Vgl. etwa Omsels, GRUR 1997, 328, 336; Geller, GRUR Int. 2000, S. 659 f..
[1163] Vgl. Mankowski, GRUR Int. 1999, 995, 996.
[1164] Ingerl/Rohnke, Markengesetz, Nach § 15 Rn. 35.
[1165] Ingerl/Rohnke, Markengesetz, Nach § 15 Rn. 38.
[1166] LG Düsseldorf, GRUR 1998, 159, 161 – epson; LG Köln, MMR 2000, 625, 626 – wdr.org.
[1167] Vgl. Ingerl/Rohnke, Markengesetz, Nach § 15 Rn. 80.

in den Bereich des Behinderungswettbewerbs[1168] und soll deshalb an dieser Stelle ausgeklammert werden.

## II. Bewerbung von Kennzeichen auf Internetseiten

Wird auf einer Internetseite für Produkte oder Dienstleistungen mit einem Kennzeichen geworben, kann dies natürlich eine Kennzeichenrechtsverletzung darstellen. Ebenfalls kommen Verstöße gegen das Lauterkeitsrecht in Betracht. Gerade hier stellt sich die Frage, ob man aufgrund seiner Globalität, für auf das Internet bezogene Fälle zu Abweichungen gegenüber den Fällen „offline" kommen muss[1169].

## III. Meta-tagging

Bei dem sog. Meta-tagging geht es darum, einen Browser zu einer bestimmten Homepage zu geleiten. Meta-tags sind auf der Website selbst nicht wahrnehmbare Begriffe, die von Suchmaschinen abgefragt werden[1170]. Durch die Eingabe von Wörtern, die mit dem betriebenen Unternehmen in Zusammenhang stehen, kann gewährleistet werden, dass Interessenten und potentielle Kunden auf die Website stoßen, wenn sie eines jener Wörter in eine Suchmaschine eingeben. Eine kennzeichenrechtliche Dimension wird dann aufgeworfen, wenn als meta-tag ein fremder Name oder Kennzeichen eingegeben wird. Ob in der Verwendung einer Marke oder eines Unternehmenskennzeichens allerdings eine kennzeichenmäßige Verwendung zu sehen ist, ist fraglich[1171].

## IV. Framing und Links

Unter einem Link versteht man ein Verfahren, mittels dessen eine Weiterleitung von einer Homepage auf eine andere erfolgt. Dies geschieht üblicherweise dadurch, dass auf einer Homepage ein Feld erscheint, welches aktiviert werden kann. Es ist allerdings auch möglich, dass automatische Links installiert werden. In diesem Fall wird dann derjenige, der eine Homepage erreicht, automa-

---

1168 Ingerl/Rohnke, Markengesetz, Nach § 15 Rn. 135; Mankowski, GRUR Int. 1999, 995, 998.

1169 Vgl. Bettinger/Thum, GRUR Int. 1999, 659, 672 ff..

1170 Vgl. den Sachverhalt der Entscheidung OLG Mü, CR 2000, 461.

1171 Bejahend, LG Hamburg, CR 2002, S. 136, Pellens, CR 2002, S. 136 f., Ekey/ Klippel, MarkenR., § 14 Rn. 160; ablehnend OLG Düsseldorf, GRUR-RR 2002, S. 340.

tisch auf eine andere weitergeleitet[1172]. Vordergründig könnte man daran denken diesen Fall der Registrierung einer Domain gleichzustellen, wo, wenn diese abgerufen wird, nur das Symbol „Baustelle“ erscheint und somit eine kennzeichenmäßige Nutzung zu verneinen ist. Dies ist jedoch bei einer Homepage, die einen automatischen Link enthält, nicht der Fall. Hier findet eine Nutzung statt, weshalb auch eine Kennzeichenverletzung möglich ist[1173].
Typische wettbewerbsrechtliche Delikte im Internet sind das Framing und das Deep linking. Beim Framing wird ein Angebot in den graphischen Rahmen einer anderen Homepage transportiert[1174]. Der ursprüngliche Rahmen des Angebots wird hingegen ausgeschaltet. Da dieser Rahmen etwa für die Werbung bedeutend ist, kann auch Framing die Betreffenden erheblich schädigen.
Bei dem Deep linking wird ein Link derart verwendet, dass er an den Hauptseiten der anderen Homepage vorbei, direkt zu „tiefer liegenden“ Seiten führt. Auch hier geht es darum, dass die Werbung vor allem auf den Hauptseiten einer Homepage betrieben wird. Die Werbegebühren bemessen sich gewöhnlich danach wie oft eine Website von Internetnutzern aktiviert wird. Werden nun die Kundenströme an den mit Werbung versehenen Hauptseiten vorbeigeführt, entgehen dem Betreiber der Homepage mitunter erhebliche Gewinne. Man wird allerdings davon ausgehen müssen, dass das Framing, wie auch das Deep linking, in der Regel zwar eine lauterkeitsrechtliche, jedoch keine kennzeichenrechtliche Problematik aufwirft.

### V. Firmennamens- und Kennzeichenkonfrontationen im Internet

Der klassische Kennzeichenkonflikt im Internet ist derjenige, dass zwei Unternehmen mit verwechslungsfähiger Firmierung in jeweils verschiedenen Staaten koexistierten und nunmehr im Internet auf einander treffen. Derartige Konstellationen lagen den viel beachteten Entscheidungen „Intel“ und „Hotel Maritime“ zugrunde[1175].

Bei der Entscheidung „Intel“ ging es in der Sache um eine amerikanische Herstellerin von Mikroprozessoren für Computer, die sich in Deutschland die Bezeichnung „Intel“ durch Eintragung mehrerer Marken hat schützen lassen. Ihre wirtschaftlichen Belange werden durch die Intel GmbH mit Sitz in Mün-

---

[1172] Vgl. den Sachverhalt der Entscheidung des OLG München MMR 1999, 547 – buecher.de/ amazon.de – die allgemeine Angabe „Buecher“ wird als Domain verwendet, um auf diesem Wege Kontakt zu einem Bücherverkäufer herzustellen.
[1173] Ingerl/Rohnke, Markengesetz, Nach § 15 Rn. 82.
[1174] Mankowski, GRUR Int. 1999, 995, 999.
[1175] OLG Karlsruhe, MMR 2002, S. 814 ff. – Intel; OLG Hamburg, MMR 2002, 822 ff. – hotel-maritime.dk; hierzu Mankowski, MMR 2002, 816, 819 und die Folgeentscheidung BGH, GRUR 2005, S. 431 - Hotel Maritime; hierzu. Junker, CR 2005, S. 361.

chen wahrgenommen. Die Beklagte ist eine Gesellschaft mit beschränkter Haftung des italienischen Rechts mit Sitz in Mailand. Diese veranstaltete im Turnus von zwei Jahren die in Mailand stattfindende internationale Messe „Intel“. Die Beklagte firmiert mittlerweile unter dem Namen „INTEL S. r. l.“. Die Beklagte ist auch im Internet präsent. Unter Domainnamen, die den Bestandteil INTEL enthalten, wirbt das Unternehmen für ihre Messeveranstaltung in Mailand. Hieran nimmt die Klägerin Anstoß und rügt eine Verletzung ihrer inländischen Kennzeichenrechte.

Der Entscheidung „Hotel Maritime“ lag folgender Sachverhalt zugrunde: Die Klägerin verwendet seit Anfang der 70er-Jahre die Angabe „Maritim“ zur Bezeichnung ihres Geschäftsbetriebs und ist seit 1991 bzw. 1992 Inhaberin eingetragener Marken für das Zeichen Maritim. Die Beklagte führt seit 1994 in Kopenhagen ein Hotel mit der Bezeichnung „HOTEL MARITIME“. Seit 1996 unterhält sie die Domain „www.hotel-maritime.dk“. Auf ihrer Homepage stellt sie in dänischer, englischer und deutscher Sprache ihr Hotel dar und bietet die Möglichkeit zu Online-Hotelreservierungen und –buchungen in deutscher Sprache. Gegenüber Adressaten in der Bundesrepublik Deutschland wirbt sie mit einem mehrsprachigen Hotelprospekt, der auch in deutscher Sprache zu erhalten ist. Die Beklagte ist Inhaberin einer eingetragenen dänischen Marke für die Bezeichnung „HOTEL MARITIME“.

## C. Die Tatortanknüpfung im Internet

Bevor auf die kollisionsrechtliche Anknüpfung bei kennzeichenrechtsverletzenden Handlungen eingegangen wird, soll zunächst die allgemeine deliktische Anknüpfung im Internet bestimmt werden. Die Ermittlung der lex loci commissi im Internet bereitet allgerdings Schwierigkeiten. Zunächst stellt sich die Frage, wie der Begehungsort im Internet zu bestimmen ist. Hierbei bieten sich eine Vielzahl von Möglichkeiten an. Da zwischen Handlungs- und Erfolgsort zu unterscheiden ist, soll zunächst ermittelt werden, was als Handlungsort in Betracht kommt.
Der Grund für die Schwierigkeiten der Bestimmung des deliktischen Begehungsortes liegt in der Technizität der Abläufe, welche mit dem Begriff der „Handlung“ nur schwer in Einklang zu bringen sind. Nach überwiegender Auffassung ist zwischen der Haftung des Netzbetreibers und der Autorenhaftung zu unterscheiden. Handlungsort für den Netzbetreiber ist der Standort des Servers[1176].
Die Frage, wo der Handlungsort für den Autor deliktsrechtlich relevanter Internetseiten zu lokalisieren ist, ist im Streit befangen. Denkbar wäre etwa eine An-

[1176] Palandt/Heldrich, Art. 40 EG, Rn. 12; Bamberger/ Roth, BGB, Art. 40, Rn. 48; ähnlich Staudinger/von Hoffmann, Art. 40 EG, Rn. 58 – Handlungsort ist der Sitz.

knüpfung an den Serverstandort, ferner an den Ort der Durchleitung[1177], den Einspeisungsort, aber auch den Ort der Abrufbarkeit.
Ein nicht unerheblicher Teil der Literatur möchte an den Serverstandort anknüpfen[1178]. Die Funktion des Servers besteht jedoch darin, das Angebot zum Abruf aufzuladen. Aus diesem Grund ist der Standort des Servers völlig ungeeignet, eine Aussage über den Handlungsort zu treffen; vielmehr ist im Einklang mit der herrschenden Lehre vom Einspeisungsort als Handlungsort auszugehen[1179]. Hiermit ist noch nicht gesagt, dass nicht auch noch andere Orte als Handlungsorte in Frage kämen.
Die Bestimmung des Erfolgsortes bereitet hingegen deutlich weniger Schwierigkeiten. Ziemlich einhellig wird davon ausgegangen, dass der Ort der Abrufbarkeit der Erfolgsort ist. Folglich ist bei einer ins Netz gespeisten Information potentiell jeder Ort Erfolgsort. Dies entspricht im Wesentlichen der sog. Bogsch-Theorie für Direktsatelliten und Kabelnetze. Hiernach sind alle mit dem Sendevorgang betroffenen tangierten Rechte betroffen und damit als Schutzlandrecht anwendbar[1180].

Für Kennzeichenrechtsverletzungen bedeutet dies grundsätzlich, dass überall dort, wo eine Internetseite abgerufen werden kann, auch ein Schutzrecht verletzt werden kann. Der Ort der Abrufbarkeit ist somit der potentielle Begehungsort für Kennzeichenverletzungen. Durch das Einspeisen von Daten in das Netz ist somit also eine weltweite Verletzung von Schutzrechten möglich.

## D. Die Problematik der weltweiten Abrufbarkeit

Durch die Einspeisung einer Information ins Internet einen weltweiten Erfolgsort zu kreieren, könnte die Entwicklung des Internets in inakzeptabler Art und Weise hemmen. Durch die globale Abrufbarkeit der Inhalte des Internets steht zu befürchten, dass dann potentiell auch alle Rechtsordnungen Anwendungen finden. Die Folge wäre, dass derjenige, der Daten ins Netz einspeist, theoretisch sämtliche Rechtsordnungen der Welt beachten müsste. Bei der Klärung dieser Frage sind jedoch die Interessen der Allgemeinheit an der Funktionstüchtigkeit des Internets zu berücksichtigen. Es kann nicht angehen, die Entwicklung des Internets durch insoweit unflexible Regelungen zu torpedieren. Vielmehr sind

---

1177 S. hierzu aber, Mankowski, RabelZ 1999, S. 203 ff..
1178 Staudinger/Fezer, Internationales Wirtschaftsrecht, Rn. 690.
1179 Mankowski, RabelZ 1999, S. 203, 257; Bamberger/ Roth, BGB, Art. 40, Rn. 48; Staudinger/von Hoffmann, Art. 40 EG, Rn. 58; Kropholler, IPR, § 53 V 4., v. Hinden, Persönlichkeitsverletzung im Internet, S. 61 ff; 200 ff.
1180 Regelin, Das Kollisionsrecht der Immaterialgüterrechte, S. 288.

die berechtigen Belange der Internutzer schon bei der Rechtsanwendung zu berücksichtigen. Hierzu wurden eine Reihe von Lösungsmöglichkeiten entwickelt.

## I. Lösung über das Internationale Zivilverfahrensrecht

Zunächst kommt es in Betracht schon die internationale Zuständigkeit für Kennzeichenverletzungen im Internet zu beschränken. Konkret könnten Anleihen aus dem Wettbewerbsrecht für grenzüberschreitende Druckmedien genommen werden. So wurde in der Entscheidung „Tampax" darauf abgestellt, ob Exemplare einer Zeitung, welche nach deutschem Lauterkeitsrecht unzulässige Werbung enthielt, im Inland bestimmungsgemäß verbreitet werden[1181].
Die Diskussion um das Internationale Zivilverfahrensrecht und Kennzeichenrechtsverletzungen im Internet soll und kann hier nicht vollumfänglich dargelegt werden. Bei den Lösungen über das Zivilverfahrensrecht geht es vor allem darum, dass ausländischen Unternehmern oder Privatpersonen ein Auftreten im Inland erspart werden soll. Aus diesem Grund besteht auch die unabweisbare Notwendigkeit hier zu internetkompatiblen Ansätzen zu gelangen. Zur Lösung des eigentlichen Problems, wann eine Kennzeichenverletzung im Internet anzunehmen ist, kann sie allerdings wenig beisteuern.

## II. Die Reduzierung der Abrufmöglichkeit durch technische Maßnahmen

Der Suche nach Einschränkungen der Weite der Bogsch-Formel vorgelagert ist die Frage, ob nicht durch technische Möglichkeiten eine Einschränkung vorgenommen werden kann. Möglich wäre es beispielsweise, durch eine Passwortabfrage zu gewährleisten, dass eine Seite nicht von amerikanischen Konsumenten eingesehen werden kann. Die Bogsch-Formel ließe sich in ihrer Härte abschwächen, wenn es dem Anbieter von Internetinhalten möglich wäre, die Abrufbarkeit über die IP-Adressen der Nutzer zu steuern. Diesen Lösungsweg zu beschreiten ist nach den derzeitigen technischen Gegebenheiten nicht möglich[1182].
Er ist darüber hinaus auch nicht wünschenswert. Wie bereits oben gezeigt wurde, wird in der Literatur sogar vertreten, dass die kommunikative Funktion des Internets verfassungsrechtlichen Schutz genieße und damit bei der Auslegung der Verletzungen definierenden und sanktionierenden Normen zu berücksichtigen sei[1183]. Auch aus diesem Grund erscheint es nicht wünschenswert, derartige technische Lösungen zu suchen. Die technische Lösung allein, beschränkt ins-

---

[1181] BGH GRUR 1971, S. 153 – Tampax.

[1182] Regelin, Die Immaterialgüterrechte, S. 291.

[1183] Fezer, Markenrecht, § 3, Rn. 325, 326; ob die „kommunikative Funktion" des Internets als solche ein Gut von Verfassungsrang ist, erscheint fraglich. Grundrechtsschutz steht natürlich den Nutzern des Internets zu. Der Funktionsfähigkeit des Internets als solcher Verfassungsrang zuzubilligen, ist wohl allenfalls de lege ferenda diskutabel. Zudem würden die sachrechtlichen Probleme nur eine Verlagerung erfahren.

besondere die Informationsmöglichkeiten der Angehörigen des ausgeschlossenen Staates. Dies erscheint nicht verhältnismäßig und droht darüber hinaus auch das große Chancenpotential des Internets – nämlich seine globale Ausrichtung - über Bord zu werfen.

### III. Die Einrichtung gemeinsamer Homepages

Als praktischen Lösungsansatz könnte man weiter erwägen, gemeinsame Homepages für gleichnamige Kennzeichen einzuführen und unter dieser Domain eine gemeinsame Werbeplattform zu bilden, von der man dann durch „Links" zu den gewünschten Websites der aufgeführten Unternehmen gelangen kann. Dieses „Domain-Sharing" kann sich durchaus als eine geeignete „weiche" Lösung von Domainnamenskonflikten etablieren[1184].

Dennoch ergeben sich hier noch offene Fragen. Wer soll z. B. für die Kosten der gemeinsamen Homepage aufkommen. Diese praktische Lösung auch als Option des Rechts zu nutzen, erscheint insbesondere nach der Entscheidung „Shell"[1185] überholt. Insbesondere bekannte Unternehmen werden kaum ein Interesse daran haben, eine gemeinsame Homepage mit diversen anderen Privatpersonen oder nur regionalen Firmen zu unterhalten. Darüber hinaus wird die Internet-Adresse oft auch als Werbemittel eingesetzt, weshalb das Bedürfnis besteht, möglichst auch den Firmennamen als Domainnamen zu führen. Ungeklärt ist auch, ob ausländischen „Newcomern" ebenfalls die Möglichkeit gegeben werden soll, auf der gemeinsamen Seite aufgeführt zu werden.
Abschließend kann festgehalten werden, dass die Einrichtung gemeinsamer Websites zwar im Einzelfall zu praktikablen Ergebnissen für die Beteiligten führen kann, jedoch keine Regelung der Rechtsfragen ersetzen kann.

### IV. Internationalprivatrechtliche Lösungsansätze

Aufgrund der Territorialität der Kennzeichenrechte kommt es in Betracht, die Lösung in der Nichtanwendung des Rechtes des Staates, welches das verletzte Kennzeichenrecht gewährt, zu suchen. Um zu dieser Lösung zu gelangen bieten sich zwei Wege an. Zunächst könnte man für das Internet eine kollisionsrechtliche Anknüpfung an das Herkunftslandprinzip wählen, wie dies im Wettbewerbsrecht geschehen ist. Hiergegen sprechen jedoch die gleichen durchgreifenden Bedenken, die schon gegen die Einführung des Herkunftslandprinzips im Wettbewerbsrecht geltend gemacht wurden. Ein „race to the botton" ist in

[1184] Als jüngeres Beispiel vgl. KG GRUR-RR 2004, S. 18 ff. – bandit.de.
[1185] BGH NJW 2002, S. 2031 – shell.de.

einem zunehmend wichtiger werdenden Medium wie das Internet nicht hinzunehmen[1186].
Hiermit verbleibt dann noch die Möglichkeit über die bloße Abrufbarkeit einer Website hinaus im Inland für die Anwendbarkeit des inländischen Rechts besondere Anforderungen zu stellen. Zum einen bietet es sich an, die Anwendung inländischen Rechts von objektiven Kriterien abhängig zu machen und entsprechend dem sog. „Auswirkungsprinzip“ eine gewisse Spürbarkeit zu verlangen. Weiterhin besteht die Möglichkeit subjektive Momente zu fordern und zu fragen, ob der deutsche Markt durch eine Website bestimmungsgemäß erreicht werden soll.

### 1. Objektive Kriterien als Rechtsanwendungsvoraussetzungen

Auch bei Satellitensendungen und bei Verstößen gegen das Deliktsrecht oder das Wettbewerbsrecht durch Presseprodukte stellt sich das Problem des sog. Overspills. Hierbei geht es darum, dass nur regional verbreitete Medien mitunter eine mehr und minder zufällige Verbreitung im Ausland erfahren. Ein Beispiel wäre eine österreichische Satellitensendung, welche auch im deutsch-österreichischen Grenzbereich empfangen werden kann.
Für den Fall der grenzüberschreitenden Werbung durch Printmedien hat der BGH entschieden, dass, wenn bei einer nur regional bedeutsamen ausländischen Zeitung vereinzelt Exemplare ins Inland gelangen, keine spürbare Beeinflussung des Marktes vorliegt und folglich deutsches Recht nicht anwendbar ist[1187].
Die Spürbarkeit hängt auch von der zahlenmäßigen Verbreitung ab. Das vom BGH aufgestellte Spürbarkeitskriterium, wonach aus der Sicht des Medienbetreibers ausländisches Wettbewerbsrecht nur dann anwendbar ist, wenn eine spürbare Beeinflussung des Wettbewerbs vorliegt, hat in der Literatur großen Zuspruch erfahren[1188], so dass die Anwendung dieses Kriteriums auch für Kennzeichenverletzungen im Internet diskutiert wird[1189].
Die Brauchbarkeit dieses Ansatzes für das Internet wird zum Teil angezweifelt. So schreibt etwa Regelin, dass das Internet auf der ganzen Welt „spürbar“ sei[1190]. Dies überzeugt freilich nicht so ganz. Zu bemerken ist insbesondere, dass sich der Begriff der Spürbarkeit entsprechend den Erfordernissen des In-

[1186] Vgl. aber § 20a UrhebG.
[1187] BGH GRUR 1971, 153 – „Tampax“.
[1188] Schon vor der BGH Entscheidung, Deutsch, Wettbewerbstatbestände, S. 54, 55; Hoth, GRUR Int. 1972, 449 ff., 453; Schricker, GRUR Int 1982, 720 ff., 724; Wilde, in: Handbuch des Wettbewerbsrechts, S. 51 f., Rn. 31 f.; zweifelnd, Jacobs, in: Handbuch des Wettbewerbsrechts, S. 226 Rn. 47, S. 227 Rn. 17.
[1189] Bornkamm, in: Bartsch/Lutterbeck, Neues Recht für neue Medien, S. 99 ff., S. 155 ff.; Bettinger, GRUR Int. 1997, 402 ff., 417; Wegner, CR, 1998, 676 f..
[1190] Regelin, Die Immaterialgüterrechte, S. 290.

ternets präzisieren lässt. Die Spürbarkeit soll hier vor allem als quantitatives Kriterium verstanden werden[1191]. Denkbar wäre es beispielsweise, eine Inlandsanknüpfung nur dann anzunehmen, wenn eine Mindestzahl von Aufrufen der Internetseite erfolgt ist. Wie oft eine Website frequentiert wird, sagt indessen wenig darüber aus, inwieweit tatsächlich eine Auswirkung auf den heimischen Markt stattgefunden hat. Dem gelegentlich geäußerten Hinweis, dass der Bezug zum Markt bei Kennzeichenverletzungen systemfremd ist[1192], ist allerdings entgegenzutreten. Dieser systematische Bruch ließe sich durchaus tolerieren, wenn das Auswirkungsprinzip ein taugliches Verfahren zur Eingrenzung der Anwendung inländischen Rechts darstellen würde. Zweifelhaft ist allerdings, ob die „Anzahl" der Besucher einer Website aussagekräftig für die Frage der tatsächlichen Auswirkungen ist. Deshalb wird man versuchen müssen über das Kriterium der Spürbarkeit hinaus, in Ansehung der Website selbst, zu bestimmen, ob die Anwendung inländischen Rechts gerechtfertigt ist.

### 2. Das Auswirkungsprinzip zur Bestimmung der Anwendungsreichweite des Schutzlandstatuts

Der Ansatz von Fezer, die Reichweite des Schutzlandstatuts durch das Auswirkungsprinzip festzulegen, in dem das Schutzland bestimmt, wann es einen hinreichenden Bezug zu sich anerkennt, um in einem konkreten Fall Anwendung zu finden[1193], wurde schon oben vorgestellt [1194]. Geht man – wie hier – davon aus, dass der Ort der Abrufbarkeit einer Information auf einer Website einen deliktischen Begehungsort vermittelt, so ist der Ansatz von Fezer im Grunde genommen bereits entbehrlich. Möglicherweise kann jedoch das (kollisionsrechtliche) Konzept der Auswirkung herangezogen werden, um zu einer Eingrenzung der Anwendung inländischen Rechts zu gelangen. Dies erscheint möglich, allerdings muss auch die Feststellung des vorangegangenen Abschnitts Gültigkeit haben, wonach die Spürbarkeit – verstanden als objektives Kriterium - grundsätzlich kein ausreichendes Kriterium ist, um zu einer angemessen weit reichenden Einschränkung zu gelangen.

---

[1191] Vgl. BGHZ 74, 322, 327 – Organische Pigmente; KG WuW/ E OLG 2419, 2420 – Synthetischer Kautschuk II.

[1192] Hoeren, EWiR, 1999, § 12 BGB 2/99, S. 983, 984.

[1193] Fezer, Einl. Markenrecht, Rn. 187; vom Ansatz insoweit ähnlich Vischer, GRUR Int. 1987, 670, 678.

[1194] Siehe oben § 7 B. II und zur Kritik daran § 7 B. III.

### 3. Einschränkung durch das Kriterium der Bestimmungsgemäßheit

Diskutiert wird ebenfalls, über das Kriterium der Bestimmungsgemäßheit zu einer Einschränkung zu gelangen[1195]. Hierfür kann etwa eine Rolle spielen: Die Sprache des Angebots, die Art der angebotenen Ware oder Dienstleistung, Zahlungsmodalitäten und Zuschnitt des Angebots[1196]. Besonders bedeutsam ist hier etwa auch die Frage, ob ein Disclaimer installiert wurde. Die Verwendung von Disclaimern auf Websites um dem Vorwurf der Intendierung einer Zeichenverletzung zu entgehen, ist mittlerweile eine übliche Vorgehensweise[1197]. Die optische Gestaltung sieht gewöhnlich so aus, dass an den Rand (zumeist eher unscheinbar) ein Link gesetzt wird, der auf eine andere Seite führt und auf der dann erklärt wird, dass Verletzungen von Kennzeichen- oder Urheberrechten nicht beabsichtigt sind und sich das Angebot beispielsweise nur an Deutschland richtet. Vorformulierte Disclaimer werden im Internet angeboten und können von dort auf die eigene Website geladen werden. Die Aussagekraft eines Disclaimers ist als gering zu veranschlagen und kann in erster Linie vor allem ein gewisses Problembewusstsein des Betreibers der Website dokumentieren. Relevanz kann dem Disclaimer daher nur dann zukommen, wenn die hier gegebenen Absichtserklärungen – etwa nur den deutschen Markt beliefern zu wollen – auch tatsächlich eingehalten werden.

### 4. Zwischenergebnis

Durch die weltweite Abrufbarkeit einer Homepage besteht das Bedürfnis, die zum Zuge kommenden Rechtsordnungen einzuschränken. Über die Kriterien der Spürbarkeit und Bestimmungsgemäßheit kann eine gewisse Einschränkung vorgenommen werden. Das Kernproblem liegt jedoch nicht darin, welche Rechtsordnung anwendbar ist, sondern vielmehr darin, wann ein (inländisches) Kennzeichenrecht durch eine Handlung im Internet verletzt ist[1198].

Der Ausweg aus dem Dilemma kann somit in letzter Konsequenz nur über eine sachrechtliche Lösung gesucht werden[1199]. Gleichwohl sind Einschränkungen des rechtlichen Heimatstrebens der Gerichte unverzichtbar. Die Kriterien der Spürbarkeit und der Bestimmungsgemäßheit erfüllen eine nützliche Filterfunktion, um ganz unbedeutenden Konflikten zu begegnen.

---

[1195] Vgl. Sack, WRP 2000, S. 269, 278; so auch Köhler/Arndt, Recht des Internet, S. 20; Ubber, WRP 1997, S. 497, 503; Omsels, GRUR 1997, S. 328, 336 f..
[1196] Vgl. Von Bar/Mankowski, IPR Bd. I, § 7 Rn. 62; siehe auch unten § 11 D. VII 1.
[1197] Dieselhorst, ZUM 1998, 293, 295.
[1198] So auch Bettinger/Thum, GRUR Int. 1999, S. 659, 670.
[1199] Bettinger, WRP 2001, S. 789, 790.

## VII. Sachrechtliche Lösung internationaler Kennzeichenkonflikte

Auf die Probleme, welche die weltweite Abrufbarkeit einer Homepage bereitet, wurde bereits eingegangen. Ganz praktisch ist es einem Unternehmen nicht zumutbar, eine weltweite Kennzeichenrecherche durchzuführen.

Das Internet hat Konflikte zwischen in verschiedenen Staaten (somit ko-) existierenden Kennzeichen nicht geschaffen, sondern sie lediglich potenziert. Eine entsprechende Interessenlage ergibt sich bei grenzüberschreitenden Druckmedien. Beispielhaft sei hier die Entscheidung „Tannenzeichen" des LG Frankfurts erwähnt[1200].

In der Sache ging es um einen Kennzeichenstreit zwischen einer in Südwestdeutschland beheimateten Klägerin und einer amerikanischen Beklagten. Diese hatte in zwei amerikanischen Zeitungen Anzeigen geschaltet, die ein in den Vereinigten Staaten für die Beklagte eingetragenes Zeichen enthielten. Beide Zeitschriften wurden hauptsächlich in den USA verbreitet. Beide Zeitschriften erschienen jedoch auch – wenngleich nur mit einem geringfügigen Teil der Gesamtauflage – in Deutschland. Hier liegen sie vor allem in sog. Amerikahäusern aus. In Deutschland werden ihre Waren unter diesem Zeichen allerdings weder vertrieben, noch ist ein Vertrieb beabsichtigt. Die Klägerin fühlt sich durch die Verwendung des Zeichens in den Zeitschriften in ihren Warenzeichenrechten verletzt und erhebt Klage[1201]. Das LG konstatiert zunächst, dass die internationalen Zeitschriften keine regionalen Ausgaben haben; der Beklagte somit nur die Wahl habe, durch die Zeitschriften im In- und Ausland oder aber überhaupt nicht zu werben. Nunmehr konstatiert es, dass somit ein „untrennbar gemischter Auslands-Inlands-Sachverhalt" vorliegt, wobei sich ein eindeutiges Übergewicht zugunsten der „ausländischen Kennzeichnungsfreiheit" über das deutsche Zeichenrecht ergebe. Eine Unterlassung der Werbung in bedeutenden Zeitschriften sei dem Beklagten nicht zuzumuten[1202]. Das LG Frankfurt hat sich hier zu einem kühnen Schritt entschlossen, welcher eigentlich außerhalb der Tradition des Zeichenrechts steht. Er hat jedoch einen Weg vorgezeichnet, der auch für die Lösung von Kennzeichenkollisionen durch das Internet beschritten werden könnte.

Es liegt auch bei Internetfällen die vom LG beschriebene Situation eines „untrennbar gemischten Auslands-Inlands-Sachverhalts" vor. Der Werbende kann nicht verhindern, dass seine Angebote im Internet weltweit abgerufen werden. Gleichwohl besteht eine Verletzung eines inländischen Kennzeichens. Grenz-

[1200] LG Frankfurt, GRUR Int. 1968, 236 – „Tannenzeichen".
[1201] LG Frankfurt, GRUR Int. 1968, 236 – „Tannenzeichen".
[1202] LG Frankfurt, GRUR Int. 1968, 236, 237 – „Tannenzeichen".

überschreitend betrachtet nimmt sich das Interesse des inländischen Kennzeicheninhabers an einer Untersagung der Verwendung des Zeichens im Internet durch einen Dritten jedoch gering aus, wenn dieser seine Waren oder Dienstleistungen im Inland gar nicht vertreibt. Untersagt man die Verwendung des Zeichens im Inland, so untersagt man bei Internetfällen damit auch die Verwendung des Zeichens im Ausland. Hiermit würde massiv in die Betätigungsfreiheit des Dritten im Ausland eingegriffen, dem nunmehr die Werbung im Internet untersagt ist. Im Ergebnis führt dies dazu, dass im Rahmen einer allgemeinen Interessenabwägung darauf abzustellen ist, ob dem Beklagten eine entsprechende Untersagung der grenzüberschreitenden Werbung „zumutbar" ist.

Die Zumutbarkeit kann übersetzt werden mit Verhältnismäßigkeit, wobei wir dann bei einer auch in der aktuellen Diskussion geforderten Einschränkung der Annahme einer inländischen Kennzeichen-verletzung angelangt wären.

### 1. Hinreichender Inlandsbezug

Um die Annahme von Kennzeichenverletzungen im Internet auszuschließen, wird mitunter vorgeschlagen einen Inlandsbezug zu fordern[1203]. Für die Feststellung des erforderlichen Inlandsbezugs bietet sich eine breite Palette an: Sprache der Website, Art der Produkte, welche ccTLD (country code Top Level Domain) gewählt wurde, Aufmachung der Website[1204]. Als positivrechtlicher Anknüpfungspunkt kann das Merkmal der Benutzung „im geschäftlichen Verkehr" angeführt werden, welches nur bei einem gewissen Inlandsbezug zu bejahen ist[1205]. Unbestreitbar ist das postulierte Erfordernis eines Inlandsbezugs ein geeigneter Filter. Es muss jedoch bezweifelt werden, ob er sich schon als engmaschig genug erweisen wird. Einem im Internet beworbenen Produkt aus einem anderen Kontinent den nötigen Bezug zum Inland abzusprechen, dürfte relativ leicht fallen[1206]. Schwierig wird es, wenn ein in Europa ansässiger Konkurrent in englischer Sprache und unter Verwendung einer .com – Adresse für Produkte wirbt. Auch wenn der deutsche Markt nicht primär beworben werden soll, könnte es für das Unternehmen dennoch günstig sein, durch seine Internetwerbung eine breite Streuwirkung zu erzielen und so einen Markteintritt vorzubereiten. Zudem ist auch ein Bezug von Waren oder Dienstleistungen aus Nach-

[1203] Kur, in: Loewenheim/Koch, Praxis des Online-Rechts, S. 325, 377; Omsels, GRUR 1997, 328, 337; Völkert/Weidert, WRP 1997, 652, 662 (vgl. auch schon oben § 11 D. IV.).

[1204] Vgl. Studie des Standing Committee on the Law of Trademarks, Industrial Designs and Geographical Indications, Second Session, SCT / 2/9 Prov. vom 8. April 1999; berichtet von Bettinger, WRP 2001, S. 883 ff.

[1205] So Kur, in: Loewenheim/Koch, Praxis des Online-Rechts, S. 328, 377.

[1206] Vgl. aber die Entscheidung des LG Mannheim, GRUR Int. 1968, 236, 237 – „Tannenzeichen" zu einem deutsch-amerikanischen Fall.

barländern – wie etwa Österreich – keine rein theoretische Option. Mit einem Inlandsbezug allein wird man den sich abzeichnenden Konflikten kaum begegnen können, insbesondere wenn man berücksichtigt, dass das Zusammenwachsen der europäischen Staaten zu einem Gemeinsamen Markt und die Entwicklung des Geschäftsverkehrs im Internet sich in einem gegenseitig verstärkenden Verhältnis zueinander befinden. Für mittelständische europäische Unternehmen, die ins europäische Ausland expandieren wollen, dürfte sich gerade das Internet als mögliche Vertriebsform anbieten. Insofern ist die geplante Schaffung einer .eu - ccTLD, d.h. auch eine Zusammenlegung des europäischen virtuellen Marktes, eine fast zwingende Folge. Es bedarf keiner prophetischen Gabe um vorauszusehen, dass Unternehmen geneigt sein werden, Englisch als Sprache ihrer Homepage zu wählen oder aber ihre Seiten mehrsprachig gestalten werden (z. B. Amtssprachen der EU) und auf diese Art und Weise einen europäischen Bezug ihrer Websites kreieren werden. Spätestens also mit Schaffung einer .eu - ccTLD wird der Inlandsbezug als Abgrenzungskriterium seine Tauglichkeit als Filter – gerade in den Fällen, in denen eine Klage wahrscheinlich ist - weitgehend eingebüsst haben. Aus diesem Grund ist es geboten, nach weitergehenden Vorschlägen Ausschau zu halten. Hinzu kommt im Übrigen, dass ein inländisches Urteil im Geltungsbereich der EGVVO wesentlich leichter zu vollstrecken ist.

Insofern ist zu erwarten, dass sich zur Schaffung eines gemeinsamen europäischen Marktes eine virtuelle Parallele abzeichnen wird. D. h. der Europäisierung des nationalen Absatzmarktes wird die Europäisierung des Werbemarktes folgen. Unternehmen werden zudem bemüht sein, eine europaweite corporate identity aufzubauen[1207]. Dass eine Europäisierung des Werbemarktes bisher ausgeblieben ist, ist vor allem den Sprachbarrieren geschuldet. Diese werden im Bereich der Printmedien und wahrscheinlich auch bei Satellitensendungen weiterhin von Bedeutung sein. Beim Internet hingegen kommen mehrere Aspekte zusammen, die die Sprachbarrieren als zunehmend vernachlässigbar erscheinen lassen. Hier ist etwa die weite Verbreitung der englischen Sprache zu nennen. Zudem ist es nicht mehr unüblich, dass Internetseiten auch eine englische Version ihrer Darbietungen zur Verfügung stellen. Die sprachliche Gestaltung von Internetseiten ist oft nicht sehr anspruchsvoll, so dass geringe Kenntnisse der fremden Sprachen zum Verständnis ausreichen könnten (dies ist ein wesentlicher Unterschied zu Zeitungen und Fernsehsendungen, die eine größere fremdsprachliche Versiertheit voraussetzen). Schließlich gibt es mittlerweile zahlreiche kostenlose Übersetzungsdienstleistungen im Internet, die die Kenntnisnahme einfacher fremdsprachlicher Werbebotschaften massiv vereinfachen. Ferner sind auch die Migrationsbewegungen zu bedenken, so dass man einer türkisch-

[1207] Vgl. den Sachverhalt in der Entscheidung EuGH, C-255/97, Pfeiffer Großhandels GmbH ./. Löwa Warenhandel GmbH, Slg. 1999, I – 2837, I - 2853.

sprachigen Internetseite wegen der Sprache allein, kaum einen Bezug zum Inland wird absprechen können.

Dies alles wird die schon bestehenden Konflikte noch verschärfen und ihnen möglicherweise sogar eine neue Dimension geben. Das Konfliktslösungspotential eines Inlandsbezugs (welches vor allem in der Sprache und der ccTDL liegt) dürfte somit für die aufziehenden Kennzeichenkollisionen – gerade im Rahmen der EU – nicht mehr ausreichen.

### 2. Die verfassungsrechtliche Verbürgung der Kommunikationsfreiheit als Auslegungsmaxime

Zum Teil wird vorgeschlagen, den verfassungsrechtlichen Kommunikationsschutz als Auslegungsdirektive zu berücksichtigen[1208]. Dieses Grundrecht (Art. 5 GG) ist für ausländische juristische Personen allerdings gar nicht anwendbar. Auch der Verweis auf das Benetton-Urteil des BVerfG[1209] überzeugt nicht, da es hier um eine Meinungsäußerung ging, die bei Kennzeichenkollisionen nicht zur Debatte steht. Möglich wäre es, die Grundrechtsordnung als Werteordnung verstanden, die Informationsfreiheit (der Allgemeinheit) als Maßstab der Auslegung einfließen zu lassen. Doch auch für jene gilt die Schranke der allgemeinen Gesetze. In der Sache geht es eher um die Freiheit der gewerblichen Tätigkeit. Grundrechte sind in erster Linie Abwehrrechte gegen den Staat. Diese in einem Kennzeichenkonflikt zwischen zwei (privatwirtschaftlichen) Unternehmen in einer Art und Weise in Position zu bringen, dass die juristische Sachentscheidung günstig befruchtet wird, dürfte kaum möglich sein.

Der Gedanke der Verbindung des Internets mit der Informationsfreiheit soll allerdings noch nicht ganz beiseite gelegt werden. Zumeist findet man die Feststellung, dass es derzeit technisch nicht möglich ist, Nutzer aus einem bestimmten Staat am Einsehen einer Homepage zu hindern. Es sollte auch die Frage aufgeworfen werden, ob dies denn überhaupt wünschenswert ist, denn schließlich birgt die Möglichkeit, sich über das Internet über ausländische Vorgänge zu informieren, ja gerade gleichermaßen die Attraktivität und Chancenpotential des Internets.

Bedenklich wird dies insbesondere für die .eu – Domain. Die Favorisierung technischer Lösungen dahingehend, den Zugang zu einer Homepage von Ange-

[1208] Fezer, Markenrecht, § 3 Rn. 326.
[1209] GRUR 2001, 170 – Benetton.

hörigen eines bestimmten Staates der EU zu verhindern, dürfte mit dem Sinn und Zweck der Artt. 154, 155 EGV nicht zu vereinbaren sein[1210].

### 3. Konsumentenpsychologische Aspekte des Internets

Mit der Informationsfreiheit in einem Zusammenhang steht ein weiterer Aspekt, der die Übernahme hergebrachter Lösungsschemata für Internetfälle fraglich erscheinen lässt. Die Konsumentenforschung hat zu Tage gefördert, dass der Einfluss von Werbung auf das (Kauf-) Entscheidungsverhalten des Verbrauchers in einem hohen Maße von seinem „Involvement" geprägt ist, worunter man dessen Aktivität, Interessen und Motivation versteht, objektbezogene Informationen zu suchen, aufzunehmen, zu verarbeiten und zu speichern[1211]. Während das Fernsehen als „low involvement - Medium" gilt, wird das Internet eher als „high involvement Medium" angesehen[1212]. Bei dieser Einteilung ist allerdings Vorsicht geboten. Spätestens mit Einzug der - auch akustisch untermalten - (Un-)Sitte der „Banner-" Werbung im Internet und der Bestrebungen, die unterschiedlichen Medien miteinander zu vernetzen (so kann man beispielsweise im Internet Radioprogramme abrufen), dürften solche Unterscheidungen an Aussagekraft verlieren. Dennoch kann vermutet werden, dass Internetnutzer sich der Globalität des Internets bewusst sind[1213]. Dies bedeutet konkret, dass, wenn im Internet zwei gleichnamige Unternehmen auftauchen, die Gefahr konkreter Verwechslungen geringer ausfallen wird.

### 4. Analoge Anwendung der Grundsätze der Entscheidung „Ein Champagner unter den Mineralwässern"

Gesetzt den Fall, dass etwa wie im erwähnten Torres-Fall zwei Kennzeichen im Ausland (also etwa Spanien) koexistieren und dass nur einem von ihnen in Deutschland ein Ausschließlichkeitsrecht an der Bezeichnung gewährt wurde, so wäre es paradox, wenn man nunmehr dem nur in Spanien auftretenden Unternehmen eine Werbung mit seinem Namen im Internet (oder einer grenzüberschreitend erhältlichen Zeitung) untersagt, mit der Begründung, dass es das Kennzeichen seines Konkurrenten in Deutschland verletzt. In der Entscheidung „Ein Champagner unter den Mineralwässern" hatte der BGH die Aussage ge-

1210 Jürgen Erdmenger, in: Von der Groeben; Schwarze, Vertrag über die Europäische Union und Vertrag zur Gründung der Europäischen Gemeinschaft, Art. 154, Rn. 20.
1211 Kroeber-Riel/Weinberg, Konsumentenverhalten, S. 360 ff..
1212 Beater, Unlauterer Wettbewerb, § 2 Rn. 82, S. 61.
1213 Vgl. auch Bettinger/Thum, GRUR Int. 1999, S. 657, 677.

troffen, dass ein Unternehmen nicht gegen Werbung einschreiten kann, wenn es für ihren Heimatstaat hinsichtlich der betreffenden geographischen Herkunftsangabe keinen Schutz gegen eine solche Werbung genießt. In solchen Fällen drängt sich eine Anwendung der Grundsätze der Entscheidung „Ein Champagner unter den Mineralwässern" auf. Wenn zwischen zwei Konkurrenten im Heimatland eine Koexistenzlage besteht, so ist kaum zu ergründen, warum einem dieser Unternehmen die Werbung in grenzüberschreitenden Medien untersagt werden soll. Bedenklich ist dies vor allem deshalb, weil das nur in einem Staat ansässige Unternehmen zusehen müsste, wie sein Konkurrent in grenzüberschreitenden Medien wirbt, es selbst jedoch hierauf aufgrund der Auswirkungen in Deutschland verzichten muss.

Deshalb sollte es bei internationalen Kennzeichenkonflikten im Internet auch eine Rolle spielen, ob das beworbene Kennzeichen im Ursprungsland geschützt ist und ob in der geschehenen Art und Weise auch im Ursprungsland geworben werden darf.

**5. Lösung über eine Interessenabwägung**

Die Interessenabwägung als Mittel der Handhabung von Kennzeichenkollisionen vor allem im Bereich des Gleichnamigenrechts wurde bereits vorgestellt. Diese Alternative zum Prioritätsprinzip (bzw. genauer zum auf der Priorität beruhenden Ausschließlichkeitsrecht) wird auch für Kennzeichenkollisionen im Internet herangezogen[1214]. Zum Teil wird die Interessenabwägung zur Feststellung des erforderlichen Inlandsbezugs[1215], zum Teil wird sie als eigenständiges, ungeschriebenes Tatbestandsmerkmal herangezogen[1216].

Den Praxistest hat dieses Verfahren mit dem vom OLG Karlsruhe entschiedenem Fall INTEL bereits bestanden[1217].

Das OLG geht (explizit) von der Verwirklichung eines kennzeichnungsrechtlichen Verletzungstatbestandes aus (!); trotzdem versagt es der Klägerin einen Anspruch auf Unterlassung. Unter Berufung auf die Entscheidungen „Rial-

[1214] So schon für den Fall einer Kennzeichenkollision in einer grenzüberschreitend vertriebenen Zeitung LG Mannheim GRUR Int. 1968, 236 – Tannenzeichen, vgl. Bettinger/Thum, GRUR Int. 1999, S. 673, 674; OLG Karlsruhe, MMR 2002, S. 814 ff. – INTEL , OLG Hamburg, MMR 2002, 822 ff. – hotel-maritime.dk; zustimmend auch Mankowski, MMR 2002, 816, 819.

[1215] So das OLG Karlsruhe, MMR 2002, S. 814 ff - INTEL.

[1216] Bettinger/Thum, GRUR Int. 1999, S. 673, 674.

[1217] Zum Sachverhalt vgl. oben § 10 B. V.

to“[1218] und „Tannenzeichen“[1219] nimmt das OLG eine allgemeine Interessenabwägung vor, die dann zu einer Ausnahme vom Ausschließlichkeitsrecht führt.

Im Rahmen der allgemeinen Interessenabwägung führt das Gericht zugunsten der Beklagten an, dass sie unter der Bezeichnung INTEL schon seit 25 Jahren aufgetreten ist und die Klägerin nur eine geringfügige Priorität von einem Jahr genießt. Ferner bringt es für die Beklagte die Unterschiedlichkeit der gekennzeichneten Gegenstände und den Umstand, dass der Schwerpunkt der Benutzungshandlung nicht im Inland liegt und die beworbenen Dienstleistungen auch nicht im Inland vorgenommen werden ins Spiel.

Eine ähnliche Konstellation wie in der Entscheidung hat der Entscheidung des Hanseatischen Oberlandesgerichts „hotel-maritime.dk“ zugrunde gelegen[1220]. Das OLG Hamburg hatte hier die Anwendung deutschen Sachrechts bejaht und dann im Rahmen einer Interessensabwägung auf der Ebene des Sachrechts einen hinreichenden Inlandsbezug verneint. Der Bundesgerichtshof hat die Entscheidung des OLG Hamburg sowohl im Ergebnis als auch in der Begründung bestätigt[1221]. In der Sache präzisiert er vor allem die in der Entscheidung des Oberlandesgerichts noch vage gebliebenen Ausführungen zur Interessenabwägung. Maßgeblich führte das Oberlandesgericht gegen einen hinreichenden Inlandsbezug an, dass die Beklagte ihre Dienstleistung zwar auch in Deutschland bewarb, aber nur in Kopenhagen anbot. Angesichts der Lage des Hotels seien daher die wirtschaftlichen Auswirkungen nur marginal. Interessanterweise stellte das Oberlandesgericht dies nicht nur hinsichtlich der Homepage der Beklagten, sondern ausdrücklich auch für die Prospekte, die gelegentlich auch nach Deutschland verschickt wurden, klar. Das Oberlandesgericht knüpft insoweit wenig überraschend an die Entscheidung Tannenzeichen des LG Mannheim an[1222]. Bemerkenswert ist, dass das Oberlandesgericht sowohl auf den Fall der „Onlinekollision“ als auch auf den der „nichtvirtuellen“ Kollision dieselben Argumente anwendet. [1223].
Der Bundesgerichtshof führt nun aus, dass nicht jede Kennzeichenbenutzung im Internet dem Schutz von Kennzeichen gegen Verwechslungen nach der nationalen Rechtsordnung unterworfen sei. Ansonsten würde eine uferlose Ausdehnung des Schutzes nationaler Kennzeichenrechte eintreten, die im Widerspruch

[1218] BGH GRUR 1991, 155 – Rialto.
[1219] LG Mannheim GRUR 1968, 236 – Tannenzeichen.
[1220] MMR 2002, 822 ff. – hotel-maritime.dk; hierzu Mankowski, MMR 2002, 816, 819 zum Sachverhalt vgl. oben § 11 B. V.
[1221] BGH GRUR 2005, S. 431 ff. – HOTEL MARITIME.
[1222] LG Mannheim, GRUR Int. 1968, S. 237 – Tannenzeichen.
[1223] Dies bestätigt noch einmal das eingangs aufgestellte Postulat, dass für moderne Medien keine neuen Rechtsregeln aufgestellt werden müssen, sondern man weitestgehend mit hergebrachten Grundsätzen zu arbeiten vermag, vgl. oben § 2 H. I.

zur Dienstleistungsfreiheit nach Art. 49 EG stünde und zu einer unangemessenen Selbstdarstellung ausländischer Unternehmen führen könne. Erforderlich sei vielmehr ein hinreichender wirtschaftlicher Inlandsbezug, wobei sich der BGH ausdrücklich auf den von der WIPO herausgearbeiteten Begriff der „commercial effects“ bezieht[1224].
Bemerkenswert ist nun, dass der Bundesgerichtshof zwar davon ausgeht, dass das Angebot der Beklagten auch die inländischen Verkehrskreise anspreche, gleichwohl feststellt, dass die Interessen der Klägerin hinter denjenigen der Beklagte zurückzutreten habe. Zur Begründung dieses Ergebnisses wird maßgeblich darauf abstellt, dass die wirtschaftlichen Auswirkungen des Inlandsbezugs nur gering seien. Im Rahmen einer Gesamtabwägung sei daher den Interessen der Beklagten der Vorrang einzuräumen.
Das Ergebnis des Hanseatischen Oberlandesgerichts wird darüber hinaus auch im Hinblick auf die Prospekte, die gelegentlich nach Deutschland gelangen, durch den Bundesgerichtshof bestätigt. Der Bundesgerichtshof meint hierzu nur lapidar: „Insoweit gelten die vorstehenden Erwägungen entsprechend.“

Über eine allgemeine Interessenabwägung können folglich Kennzeichenkollisionen im grenzüberschreitenden Kontext – und wie die Entscheidung des BGH „HOTEL MARITIME“ noch einmal zeigt nicht nur im Bereich des Internets - gelöst werden. Allgemeine Interessenabwägungen stehen jedoch immer in einem Spannungsverhältnis zur Rechtssicherheit. Es besteht daher das Bedürfnis, allgemeinen Interessensabwägungen Kontur zu verschaffen, indem man Kriterien und Leitlinien des Abwägungsprozesses herausarbeitet und ihr Gewicht bestimmt. Untersucht werden soll weiterhin, ob es möglich ist, die hinter der Interessenabwägung stehenden Gesichtspunkte transparenter zu machen. Ob hiermit dann die allgemeine Interessenabwägung objektiviert oder letztendlich doch die Legislative auf den Plan gerufen werden muss, kann an dieser Stelle noch dahinstehen.

### 6. Die Vorschläge des Standing Committee der Weltorganisation für geistiges Eigentum (WIPO)

Der ständige Ausschuss für Markenrecht, Geschmacksmuster und geographische Angaben (Standing Committee on the Law of Trademarks, Industrial Designs and Geographical Indications, SCT) hat dem Internationalen Büro im März 2000 einen Regelungsentwurf vorgeschlagen, den das Standing Committee on the Law of Trademarks, Industrial Designs and Geographical Indications

[1224] Vgl. hierzu Kapitel § 10 B. VII. 6.

im September 2000 übernommen hat[1225]. Hierbei handelt es sich (nur) um Empfehlungen an die Mitgliedsstaaten; nicht um einen bindenden Vertrag. Intendiert ist vor allem eine gewisse Signalwirkung an die nationalen Gerichte, bei kennzeichenrechtlichen Streitigkeiten die internetspezifischen Besonderheiten in Rechnung zu stellen[1226]. Der Regelungsvorschlag klammert Regelungen des Internationalen Zuständigkeits- und Kollisionsrechts aus und sucht vernünftigerweise eine Lösung primär über das Sachrecht.

In der Präambel wird betont, dass nicht auf die Errichtung eines eigenen Internetstatuts abgezielt wird: „Recognizing that Member States will apply, wherever possible, existing laws relating to marks and other industrial property rights in signs, and existing laws relating to unfair competition, to the use of signs on the internet, directly or by analogy". Es geht also um gebotene normative Einschränkung des geltenden Rechts.

Kernaussage des Entwurfs ist, dass eine Verwendung eines Zeichens im Internet nur dann als Benutzung in einem Mitgliedsstaat („use in a Member State") anzusehen ist, wenn durch die Verwendung in diesem Staat eine wirtschaftliche Wirkung („commercial effect") erzielt wird (sec. 2)[1227]. In sec. 3 wird das Merkmal „commercial effect" dann durch einen nicht abschließenden Kriterienkatalog präzisiert. Bedeutsam für das Vorliegen einer wirtschaftlichen Wirkung ist etwa, ob bereits eine tatsächliche geschäftliche Tätigkeit im Schutzterritorium aufgenommen wurde, ob wenigstens Vorbereitungshandlungen hierfür getroffen wurden, sowie das Ausmaß und die Art und Weise der geschäftlichen Tätigkeit und Bezugnahme einer Website auf Tätigkeiten wie Gewährleistung und Kundendienst und sonstige geschäftliche Aktivitäten des Verwenders im Mitgliedsstaat[1228].

Gegen die Annahme eines wirtschaftlichen Effekts spricht es, wenn auf der Website ein Disclaimer angebracht wurde, der darauf hinweist, dass der Verwender des Zeichens nicht beabsichtigt Waren oder Dienstleistungen in bestimmten Mitgliedsstaaten anzubieten. Indizwirkung kann auch der Verbindung von angebotenen Waren und Dienstleistungen und den Mitgliedsstaaten zukommen. Hier spielt eine Rolle, ob die Waren und Dienstleistungen in den Mitgliedsstaat geliefert werden können, ebenso wie die zur Zahlung angegebene Werbung.

---

[1225] S. http:///eforum.wipo.int/sct/eng/docs/sct52e.pdf; http://www.wipo.int/sct/en/documents/session_5/pdf/sct5_2.pdf.

[1226] Vgl. Bettinger, WRP 2001, S. 789, 792.

[1227] S. http://www.wipo.int/sct/en/documents/session_5/pdf/sct5_2.pdf.

[1228] http://www.wipo.int/sct/en/documents/session_5/pdf/sct5_2.pdf; vgl. auch Bettinger, WRP 2001, S. 789, 793.

Für die Annahme einer wirtschaftlichen Wirkung soll ferner sprechen, dass eine interaktive Kommunikation mit den Nutzern des Mitgliedsstaates möglich ist, Kontaktadressen angegeben sind und die Website unter einer Country Code Domain des Mitgliedsstaates abgerufen werden kann. Zudem ist entscheidend, ob die Seite von Nutzern des Mitgliedsstaates bereits besucht worden ist.

In sec. 3 (1) e wird darauf abgestellt, ob die Verwendung eines Zeichens im Internet auf ein Recht an diesem in einem Mitgliedsstaat gestützt werden kann oder ob die Verwendung durch die Existenz eines solchen Rechts, welches einem anderen zusteht, motiviert worden ist. Hier wird also die Unlauterkeit der Zeichenverwendung in die Frage, ob ein „commercial effect" besteht, miteinbezogen (vgl. auch sec. 11).

Weiterhin sieht der Entwurf schließlich eine „notice and avoid conflict procedure" vor[1229], indem zwischen der Haftung vor Kenntnis der Kennzeichenverletzung und der Haftung nach Kenntnis der Kennzeichenverletzung unterschieden wird (sec. 9). Unter diesen drei notwendigerweise kumulativ vorliegenden Voraussetzungen haftet der Verwender auch dann nicht nach der Mitteilung der Kennzeichenverwendung, wenn er selber Inhaber eines Schutzrechtes ist oder dieses in Übereinstimmung mit dem Recht eines Verbandsstaates, zu dem der Zeichenbenutzer eine enge Verbindung hat, rechtmäßig benutzt (sec. 10 i), er dem Zeicheninhaber relevante Angaben zum Schutzrecht mitteilt und er unverzüglich die erforderlichen Maßnahmen trifft, um die wirtschaftliche Wirkung der Zeichenverwendung im Schutzland oder eine Verwechslungsgefahr mit dem Zeicheninhaber zum vermeiden (sec. 10 iiii).

Für die Rechtsmittel sieht sec 12 des Entwurfs vor, dass diese im Hinblick auf die wirtschaftliche Wirkung verhältnismäßig sein müssen:

(1) The remedies provided for the infringement of industrial property rights in marks or other signs in a Member State, through use of a sign on the Internet in that Member State, shall be proportionate to the commercial effect of the use in that Member State.
(2) If possible under the applicable law, the competent authority shall balance the interests, rights und circumstances involved. It shall take into account, inter alia, the number of Member States in which the conflicting right is also protected, the number of Member States in which the infringing signs is protected by an industrial property right, and the relative extent of use on the Internet.
(3) The Defendant shall be given the opportunity to propose an equally effectice alternative remedy.

[1229] Der Entwurf folgt hier offensichtlich dem Regelungsmodell des US-amerikanischen Digital Millennium Copyright Act; siehe hierzu Bettinger, WRP 2001, S. 789, 794.

### 7. Regeln der WIPO zur Streitbeilegung bei Domainnamenskonflikten

Für uns von Interesse sind auch die Regeln der WIPO zur Streitbeilegung bei Domainnamenskonflikten im Rahmen der Schiedsgerichtsverfahren (UDRP - Uniform Domain-Name Dispute-Resolution Policy). Die Registrierung einer Domain wird gem. sec. 13 der Policy on Dispute Resolution for Abusive Domain Name Registrations als missbräuchlich betrachtet, wenn alle der folgenden Voraussetzungen vorliegen:

(i) the domain name is identical or misleadingly similar to a trade or service mark in which the complainant has rights; and

(ii) the holder of the domain name has no rights or legitimate interests in respect of the domain name; and

(iii) the domain name has been registered and is used in bad faith[1230].

### 8. Koexistenz versus Ausschließlichkeit

Die Lösung durch die Zubilligung eines prioritätsabhängigen Ausschließlichkeitsrechts hat den großen Vorzug, dass sie klare Verhältnisse im Sinne eines „Alles oder Nichts“ - Prinzips schafft (eine Ausnahme bildet hier nur das Recht der Gleichnamigen). Unbilligkeiten werden dadurch vermieden, dass Besitzstände durch entsprechendes frühes Einschreiten des Kennzeicheninhabers (z. B. durch Abmahnung) meist gar nicht aufgebaut werden. Ist dies doch erfolgt, erfährt dieser über das Institut der Verwirkung der kennzeichenrechtlichen Ansprüche einen – allerdings sehr begrenzten - Schutz. Muss dennoch ein (an sich schutzwürdiger) Besitzstand aufgelöst werden, kann dies auch damit gerechtfertigt werden, dass bei sorgfältigerer Recherche eine Kennzeichenkollision hätte vermieden werden können.
Bei internationalen Sachverhalten versagen beide Rechtfertigungsansätze. Zum einen wird durch die Versagung der Verwendung von Kennzeichen im Internet in schutzwürdige Besitzstände eingegriffen. Zum anderen besteht kaum die Möglichkeit Konflikten durch Recherchen aus dem Weg zu gehen. Betrachtet man die Vorschläge des Standing Committee der WIPO, so wird schnell klar, dass man – in Abweichung zu den sonstigen nichtvirtuellen Fällen – für Kollisionen im Internet Koexistenzen zulassen muss. Unklar ist vor allem die Frage nach der Grenzziehung. Setzt die Koexistenz von Kennzeichen zusätzliche Vor-

---

[1230] S. http://www.icann.org/wipo/annex04.html; ebenfalls von Interesse ist hier für uns ist auch Art. 15 in dem es heißt: „To the extent that the Panel makes reference to any applicable law to reach a determination, it shall apply the law or rules of law that it determines to be appropriate in light of all the relevant circumstances.”

aussetzungen - wie etwa klarstellende Zusätze - voraus? Wann kann man keine Koexistenz zulassen und muss wieder auf den Grundsatz der Ausschließlichkeit zurückkehren?

### a. Koexistenzlösung mit klarstellenden Zusätzen

Als Alternative kann die Zulassung von Koexistenzen ins Spiel gebracht werden. Hier wäre zunächst an ein Koexistenzmodell mit klärenden Zusätzen zu denken. Als Zusätze kämen vor allem Herkunftshinweise in Betracht[1231]. Bisweilen wird allerdings die Praxistauglichkeit solcher Zusätze in Abrede gestellt. Es wird geltend gemacht, dass eine Koexistenz – vor allem auch, wenn diese in mehreren Staaten besteht - zu der Notwendigkeit von vielen Zusätzen führen kann, was zum einen deren Funktion, zum anderen die praktische Durchführung insgesamt schmälern würde[1232].
Ein anderes Dilemma besteht darin, dass diese entweder in eine Ecke der Homepage verbannt werden können, oder aber wie das Kennzeichen blickfangmäßig herausgestellt werden müssten und so die Gestaltungsfreiheit gerade für den Bereich der Werbung beeinträchtigen würden. Schließlich steht zu befürchten, dass mit einer solchen Option, insbesondere im Falle ihrer Kodifizierung, die Erfolgsaussichten eines Gangs zum Gericht erhöht und so die Klageschwelle herabgesetzt wird[1233].

### b. Koexistenzlösung auf der Basis von Disclaimern und klarstellender Zusätze

Der Vorschlag, Koexistenzlösungen durch auf die Herkunft bezogene Hinweise den Weg zu ebnen, soll noch nicht ganz ad acta gelegt werde. Wie oben gezeigt, wird das Internet gewöhnlich als sog. „high involvement“ Medium angesehen[1234]. Möglicherweise kann man das Wissen des Publikums um den globalen Charakter des Internets hier wirksam in Stellung bringen.

Vergegenwärtigen wir uns noch einmal die typische Kennzeichenkollision im Internet, wie sie der Entscheidung „Intel“ zugrunde gelegen hat[1235] - in der Sache ging es um einen amerikanischen Hersteller von Computerchips und eine

---

[1231] Vgl. auch BGH GRUR Int. 1977, 329, 334 – Terranova/Terrapin; BGH NJW 1986, 432, 433 f. – Shamrock; BGH NJW 1995, 2985, 2987.
[1232] Bettinger/Thum, GRUR Int. 1999, 659, 675.
[1233] Hierauf weisen auch Bettinger und Thum hin, GRUR Int. 1999, 659, 675.
[1234] Siehe oben § 11 D. VII. 3.
[1235] Siehe oben § 11 D. VII. 5.

italienische Firma. Ähnlich ist ferner der Fall „maritime“ gelagert, in dem es um ein dänisches Hotel (maritime) und das bekannte (weltweit agierende) Hotelunternehmen Maritim ging[1236].

Beide Fälle weisen eine Reihe von strukturellen Ähnlichkeiten auf. Auf der einen Seite steht ein international bekanntes Unternehmen, auf der anderen Seite ein nur regional oder national bedeutsames Unternehmen. Beide führen ein identisches oder fast identisches Unternehmenskennzeichen. In der nichtvirtuellen Welt bestehen aufgrund der unterschiedlichen Verbreitung (im Fall maritime war die Hotelkette Maritim in Dänemark nicht präsent) keine Kollisionen; die Kennzeichenkollisionen beschränken sich also auf die „virtuelle“ Welt. In der „realen“ Welt besteht zwischen den Unternehmen kein Wettbewerbsverhältnis[1237]. Im Übrigen sind die Unternehmen jeweils in ähnlichen oder zumindest relativ ähnlichen Branchen tätig und treten auch unter unterschiedlichem „corporate design“ auf. Ferner sind beide Bezeichnungen in den jeweiligen Ländern rechtlich geschützt, zudem haben die Unternehmen jeweils ein legitimes Interesse daran, unter ihrer Bezeichnung im Internet aufzutreten. Hinzu kommt, dass es sich insofern um spezifische Internetkonflikte handelt, als es jeweils darum geht, dass sich ein Unternehmen auf einer Homepage präsentiert (hiervon zu unterscheiden ist etwa die sog. „Banner“-Werbung auf anderen Websites[1238]).

Einer der wichtigsten Punkte dürfte sein, dass die Unternehmenskennzeichen ausschließlich im Internet kollidieren. Das Internet bietet nun eine Plattform, ausführlichere Informationen zu liefern als dies etwa bei Zeitungsanzeigen der Fall ist.
Man könnte deshalb Kennzeichenkonflikte dadurch entschärfen, dass man den Parteien aufgibt, auf ihren jeweiligen Websites ausführliche Hinweise über ihr Betätigungsfeld in sachlicher und vor allem auch geographischer Hinsicht zu geben. Bestehen international bekannte, gleich lautende Marken oder Unternehmenskennzeichen, so bietet es sich an, dass man dem Verwender eines gleich lautenden oder verwechslungsfähigen Zeichens auferlegt, auf die Abwesenheit von Verbindungen zu dem anderen Unternehmen hinzuweisen. Darüber hinaus bestünde dann etwa die Möglichkeit auf die Existenz von ähnlich lautenden Unternehmungen hinzuweisen und durch Links die Kontaktaufnahme zu

---

1236 OLG Hamburg, MMR 2002, 822 ff. – hotel-maritime.dk; BGH, GRUR 2005, S. 431 ff. – HOTEL MARITIME.

1237 Was für die Kennzeichenrechtslage allerdings nach deutschem Recht auch bedeutungslos ist.

1238 Unter „Banner“ - Werbung versteht man Werbung im Internet, die sich optisch vor eine angewählte Homepage schiebt und den Zugang auf diese solange blockiert, bis man das Werbefeld – was gewöhnlich leicht möglich ist - ausgeschaltet hat.

ermöglichen. Dieses Verfahren dürfte sich insbesondere auch im Rahmen der .eu – domains anbieten. Es geht also im Endeffekt darum, einen speziellen und auf Kennzeichenfragen konkretisierten Disclaimer zu installieren. Solch ein Kennzeichen- oder Namensdisclaimer bietet sich an, um Konflikte der vorgestellten Art, dass sich Unternehmen auf Websites präsentieren, zu entschärfen[1239]. Der „Namensdisclaimer" müsste nahe liegender Weise als Link ausgestaltet sein.

Der beschriebene Ansatz wäre darüber hinaus m. E. ökonomisch effizient. Statt staatliche Gerichte zu bemühen, wären die Parteien zumeist in der Lage untereinander auszuhandeln, wie die Hinweise im Rahmen der „Namensdisclaimer" beschaffen sein sollen. Hier könnte beispielsweise eine Rolle spielen, ob eine Website „tiefere" Seiten hat, auf die durch Dritte mittels „Deep-Linking" verwiesen wird. Eine Verhandlungslösung könnte dann so aussehen, dass auch die „tieferen" Seiten einer Homepage mit einem solchen spezifischen Disclaimer versehen werden. Im Übrigen wird hier die Möglichkeit bestehen, zumindest vor Gericht zu Vergleichslösungen zu gelangen. Bedenkt man zudem, dass sich im Falle der Gleichnamigkeit postalische Fehlzustellungen nie ganz vermeiden lassen, so könnten derartige Hinweise möglicherweise sogar Transaktionskosten in der „realen Welt" senken.

Zweifel an der Praktikabilität dieses Ansatzes könnten dadurch hervorgerufen werden, dass man in Abrede stellt, dass entsprechende „Namensdisclaimer" von dem Publikum auch wahrgenommen werden. Dem ist jedoch entgegen zu halten, dass das Publikumsverhalten entwicklungsfähig ist[1240]. Mit zunehmender Verbreitung solcher speziellen Disclaimer, steigt auch ihre Wahrnehmbarkeit. Ferner besteht die Möglichkeit – etwa seitens der Anbieter von Internetadressen – Empfehlungen über den Gebrauch auszusprechen und sich auf eine gewisse Gestaltung und Lokalisierung des Disclaimers auf den Websites zu verständigen.

Schließlich ist allerdings darauf hinzuweisen, dass der hier unterbreitete Vorschlag außerhalb der Tradition des Zeichenrechts steht. Es kommt hiernach grundsätzlich nicht auf die Art des Mediums an, noch darauf, ob es tatsächlich zu Verwechslungen kommt. M. E. muss hier jedoch der (an sich vollkommen legitime) kennzeichenrechtliche „Schutzschirm" auf die berechtigten Belange der Parteien zurückgeführt werden.

---

[1239] Wenig hilfreich wäre er dagegen, wenn es darum geht mit einem Kennzeichen im Internet (etwa im Rahmen von sog. „Banner" – Werbung) blickfangmäßig zur Geltung zu bringen.
[1240] Ähnlich Bettinger/Thum, GRUR Int. 1999, S. 659, 677.

Zweifelhaft ist, ob die Einführung eines „Namensdisclaimers" als Verpflichtung ausgestaltet werden sollte. Dies ist abzulehnen; bei der Gestaltung von Websites muss grundsätzlich Freiheit bestehen. Zudem sollte niemand gezwungen werden, für andere Werbung zu betreiben. Nahe liegender ist es, wenn man von einer Obliegenheit ausgeht, die dann im Rahmen einer Interessenabwägung eine Rolle spielen kann. Dies würde zudem die Möglichkeit eröffnen, dass man Fallgestaltungen, bei denen diese Lösung nicht passt, ausscheidet. Im Rahmen einer Interessenabwägung wäre dann ferner zu erwägen, besonders bekannte Unternehmen zu privilegieren. Der Grund hierfür liegt darin, dass es bekannten Unternehmen nicht zuzumuten ist, auf ausländische „Rufausbeuter" hinzuweisen.

Von solchen Fällen aber einmal abgesehen, kann der Einsatz von speziellen Disclaimern, die etwa auf die Existenz von gleichnamigen ausländischen Unternehmen hinweisen insbesondere im europäischen Raum und unter der neuen .eu – domain zu angemessenen Ergebnissen führen.

**c. Beschränkung des Ausschließlichkeitsrechts nach Billigkeitserwägungen**

Insbesondere für die Fallgestaltungen, bei denen mit der unter § 9 D VII 8 b vorgestellten Lösung keine Abhilfe geschaffen werden kann, sind weitergehende Lösungsmöglichkeiten zu erwägen.

Angedacht werden kann etwa, dass man zwar grundsätzlich vom Ausschlussrecht des Inhabers ausgeht, jedoch für den Einzelfall unter Abwägung der bestehenden Interessen bestimmt, ob sich die Ausübung des Rechtes nicht als unbillig erweist[1241].
Ein Ausweichen auf Koexistenzlösungen unter Einbeziehung von Billigkeitslösungen ist gerade im Falle des Zusammenwachsens von Märkten in Betracht zu ziehen[1242] und beispielsweise für das Verhältnis von Warenzeichen der BRD und der ehemaligen DDR kodifiziert. So heißt es in § 30 II ErstrG:

*(2) Das Zeichen darf auch ohne Zustimmung des Inhabers des anderen Zeichens in dem Gebiet, auf das es erstreckt wird, benutzt werden*

*1. zur Werbung in öffentlichen Bekanntmachungen oder in Mitteilungen, die für einen größeren Kreis von Personen bestimmt sind, wenn die Verbreitung dieser*

---

[1241] Bettinger/Thum, GRUR Int. 1999, 659, 674.
[1242] Für den Fall der Assoziierung neuer Mitgliedsstaaten an die europäische Gemeinschaft, vgl. Bettinger/Thum, GRUR Int. 1999, 659, 676; für den weiteren Fall der Kollision von nur regional bedeutenden Unternehmen in Massenmedien, vgl. Kur, Der Schutz der nicht eingetragenen Marken, in: Schricker (Hrsg.), Die Neuordnung des Markenrechts in Europa, 135, 143.

*öffentlichen Bekanntmachungen oder Mitteilungen nicht in zumutbarer Weise auf das Gebiet beschränkt werden kann, in dem das Zeichen bisher schon galt,*
*2. (...)*
*3. soweit sich der Ausschluß von der Benutzung des Zeichens in diesem Gebiet unter Berücksichtigung aller Umstände des Falles und bei Abwägung der berechtigten Interessen der Beteiligten und der Allgemeinheit als unbillig erweist.*

Das ErstrG exemplifiziert hier also die vorangegangenen Erwägungen, eine Lösung durch eine Interessenabwägung (vor allem auch des Kriteriums der Zumutbarkeit) und der Berücksichtigung von Billigkeitserwägungen herbeizuführen. Der Schwachpunkt dieser Auffassung liegt auf der Hand. Sie hängt an der Elastizität des Begriffs der Billigkeit. Auch wenn jener Ansatz die Interessenlage im Grunde genommen zutreffend abbildet, ist doch seine praktische Tauglichkeit im Erkenntnisverfahren zu bezweifeln.

### d. Koexistenzlösung und Lauterkeitsvorbehalt

Im Internet laufen vielfältige Interessen zusammen. Da ist zum einen das beschriebene legitime Interesse an der Nutzung des Internets zur Vermarktung von Dienstleistungen und Produkten. Auf der anderen Seite ist es aber auch möglich, bekannte Kennzeichen bewusst und zielgerichtet aufzugreifen, um so vom fremden Ruf zu profitieren. Für solche Fälle muss die breite Palette der von der nationalen Rechtsordnung zur Verfügung gestellten juristischen Instrumentarien auch aktiviert werden können. Somit kommt es in Betracht, die Restriktion der Ausübung des Ausschlussrechts dann außer Kraft zu setzen, wenn die Verwendung eines Kennzeichens unlauter ist[1243]. Der Zeicheninhaber wäre also gehalten, die Zeichenverwendung durch einen Dritten zu dulden, wenn nicht besondere Umstände hinzutreten, die die Verwendung unlauter erscheinen lassen; für die Unlauterkeit wäre jener dann auch beweispflichtig[1244]. Der Unlauterkeitsvorbehalt kann nicht mit der wettbewerbsrechtlichen Generalklausel gleichgesetzt werden. Zu denken ist hier eher an die Bedeutung des Merkmals der Unlauterkeit in den Bekanntheitsschutztatbeständen des MarkenG. Bettinger und Thum schlagen vor, das Kriterium der Unlauterkeit nach den konkreten Umständen des Einzelfalls und einer Interessenabwägung zu bestimmen[1245]. Hier sei ein „bewegliches System" zu fordern; als Bewertungskriterien führen sie an: Verwechslungsabsicht, Planmäßigkeit der Anlehnung an ein ausländisches Zeichen, Ähnlichkeit der Zeichen, der Grad der Bekanntheit der Marke bei den inländischen Verkehrskreisen und Umfang des geographischen Schutzbereichs des Zeichens außerhalb des inländischen Schutzrechtster-

[1243] Bettinger/Thum, GRUR Int. 1999, 659, 675 f..
[1244] Bettinger/Thum, GRUR Int. 1999, 659, 675.
[1245] Bettinger/Thum, GRUR Int. 1999, 659, 677.

ritoriums[1246]. Als Hauptanwendungsfall einer tatsächlichen Untersagung sehen Bettinger und Thum dann vor allem auch die Tatbestände des Bekanntheitsschutzes[1247].

**e. Stellungnahme - Präzisierung der Unlauterkeitserwägungen**

Mit dem Postulat einer allgemeinen Interessenabwägung ist man in gewisser Weise wieder zum Ausgangspunkt zurückgekehrt. Schon einleitend wurde eine Interessenabwägung gefordert[1248]. Ebenfalls dort wurde schon das Bedürfnis formuliert, die allgemeine Interessenabwägung zu einem für den Rechtsanwender praktisch handhabbareren Verfahren zu schematisieren[1249]. Aufgrund der Ausführungen der letzten Kapitel können wir in diesem Punkt Fortschritte verzeichnen. Die Leitplanken der Interessenabwägung bilden der Grundsatz der Koexistenz zum einen und das Kriterium der Unlauterkeit der Verwendung zum anderen. Die Koexistenz kann noch dahingehend präzisiert werden, dass es um das Nebeneinanderbestehen von Kennzeichen unterschiedlicher nationaler Provenienz geht. Zur Präzisierung der allgemeinen Unlauterkeitserwägungen bietet es sich beispielsweise an zu fragen, ob an dem verwendeten Zeichen im Ausland ein Schutzrecht besteht. Die Nichtexistenz eines Schutzrechts darf jedoch nicht zwingend zum Verdikt der Unlauterkeit führen. Besteht an dem Zeichen nämlich im ausländischen Staat ein Freihaltebedürfnis, so ist eine Untersagung der Kennzeichenverwendung im Internet mit den damit einhergehenden Implikationen genau so wenig geboten, wie wenn ein Schutzrecht im Ausland besteht.

Wie in dieser Arbeit aufzuzeigen versucht wurde, bieten die gestalterischen Möglichkeiten einer Website auch Möglichkeiten, Kennzeichenkonflikte zu entschärfen. M. E. bietet sich hier die Möglichkeit das Merkmal der Unlauterkeit der Zeichenverwendung an der Gestaltung der Websites zu orientieren. Hier muss eine Rolle spielen, ob der Verwender eines Zeichens versucht, sich an das „corporate design“ eines anderen Zeicheninhabers anzulehnen. Tut er dies, ist er zweifelsohne weniger schutzwürdig.
Die Bejahung des Merkmales der Unlauterkeit setzt m. E. voraus, dass der Verwender keine Bemühungen erkennen lässt, Kennzeichenkonflikte zu entschärfen und Verwechslungsgefahren abzuschirmen. Als Möglichkeit ein entsprechendes Problembewusstsein zu dokumentieren und tatsächliche, negative Auswirkungen auf Inhaber identischer oder verwechslungsfähiger Kennzeichen zu vermeiden, bietet es sich an, nach Art eines Disclaimers ausdrücklich auf

[1246] Bettinger/Thum, GRUR Int. 1999, 659, 678.
[1247] Bettinger/Thum, GRUR Int. 1999, 659, 678.
[1248] Siehe oben § 11 D. VII. 5.
[1249] Siehe oben § 11 D. VII. 5.

gleichnamige Unternehmen hinzuweisen. Dies lässt sich auch in Einklang mit den Forderungen der WIPO bringen, zwischen der Haftung vor Kenntniserlangung von anderen Kennzeichen und nach Kenntnisnahme zu unterscheiden[1250]. Weiterhin kann hier zwischen dem Schutz bekannter und nicht bekannter Kennzeichnungen unterschieden werden. In solchen Fällen sind die klarstellenden Hinweise dem nicht bekannten gleichnamigen Unternehmen zuzumuten.

Das eigentliche Dilemma bei dem Versuch Kennzeichenkonflikte im Internet nach den hergebrachten Rechtsgrundsätzen zu lösen, besteht darin, dass für die Frage, ob eine Kennzeichenverletzung vorliegt, Begleitumstände weitestgehend ausgeblendet werden. So spielt es eben, da es nur auf eine abstrakte Verwechslungsgefahr ankommt, keine Rolle, ob es tatsächlich zu Verwechslungen kommt. Bringt man nun für Kennzeichenkonflikte im Internet das Merkmal der Lauterkeit ins Spiel, so ist man in der Lage, sich von diesem Dilemma zu befreien. Hierdurch wird der Weg für eine weitere Sichtweise eröffnet. So könnte man beispielsweise fragen, ob der Verwender eines mit einem inländischen Zeichen A verwechslungsfähigen Zeichen B durch den Gebrauch des Zeichens A als „meta-tag“, es bewusst auf Verwechslungen und Rufausbeutung ankommen lässt.

Zweifellos stellt der hier vorgetragene Lösungsversuch von grenzüberschreitenden Kennzeichenkonflikten im Internet einen gewissen Abbau des Kennzeichenschutzes dar. Dies begründet sich daraus, dass zeichenrechtlich eben nicht das Bestehen einer konkreten, sondern schon die Existenz einer abstrakten Verwechslungsgefahr entscheidend ist. Abstrakte Verwechslungsgefahren kann auch der hier vorgeschlagene Ansatz nicht ausräumen. Es bleibt somit zu fragen, wie die Aufgabe des Zeichenschutzes legitimiert werden kann.

Als Rechtfertigung dafür kann hier zum einen die Informationsfreiheit und die Funktionsfähigkeit des Internets angeführt werden. Es kommt noch ein weiterer Aspekt hinzu. Im Gegensatz zu anderen Medien weist das Internet eine Besonderheit auf. Dem Benutzer wird in Anbetracht einer gigantischen Informationsflut bei der Auskunftssuche ein großes Maß an selektivem Vorgehen ermöglicht; d. h. der Internetnutzer wird Informationen gewöhnlich aktiv suchen. Berücksichtigt man weiterhin, dass das Internet im Regelfall im Bewusstsein seiner globalen Ausrichtung genutzt wird, so liegt ein konsumentenpsychologischer Tatbestand vor, der im Grunde nicht mehr in das Muster des herkömmlichen nationalen Kennzeichenschutzes passt.

Zudem muss man sich vergegenwärtigen, dass durch die Untersagung der Verwendung einer Bezeichnung im Internet dem Unternehmen eine empfindliche

[1250] Siehe oben § 11 D. VII. 6.

Sanktion auferlegt wird. Auch wird man sich im europäischen Raum nicht darauf zurückziehen können, dass Untersagungen der nationalen Gerichte wahrscheinlich nicht im Ausland vollstreckt werden können.

Dies alles kann die Einbeziehung der Lauterkeit der Benutzung des Kennzeichens als Tatbestandsmerkmal rechtfertigen. Zu fragen wird sein, ob sich dies noch auf dem Boden des geltenden Rechts vollzieht. Ein Blick in die Gesetzesmaterialien zum MarkenG offenbart schnell, dass zur Zeit seines Erlasses Kennzeichenverletzungen im Internet und deren internationale Dimension noch nicht ins Bewusstsein des Gesetzgebers gedrungen waren. Die Annahme einer Regelungslücke und Raum für eine richterrechtliche Lösung scheint infolgedessen nicht unplausibel. Im Zweifel soll der hier gewonnene Ansatz indessen als Postulat de lege ferenda verstanden werden

**Literaturverzeichnis**

Ahrens, Hans-Jürgen, Anmerk, zu BGH, Urteil v. 9.10.1986 – I ZR 138/84 (OLG Karlsruhe) – Unternehmens-beratungsgesellschaft I und BGH, Urteil v. 9. 10. 1986 – I ZR 16/85 (OLG Karlsruhe) – Unternehmensberatungsgesellschaft II -, JZ 1987, 471, 473

Akerlof, George A., The market of „lemons“: Quality uncertainity and the market mechanism, in: QuartJEcon, JG. 84, H. 3, 1970, S. 488 ff.

Alexander-Katz, Richard, Die rechtliche Natur des Markenrechts sowie des Rechts an der Warenausstattung, GRUR 1901, 103

Althammer, Werner/ Ströbele, Paul/ Klaka, Rainer, Markengesetz, 6. Aufl., Köln, Berlin 2000

Armbrüster, Christian, Inkassotätigkeit vom Ausland aus gegenüber in Deutschland ansässigen Schuldner – zulässig? RIW 2000, 583 ff.

Ascensão, J. Oliveira, Die Anwendung von Art. 8 der Pariser Verbandsübereinkunft auf Länder, in denen der Handelsname eintragungspflichtig ist, GRUR Int. 1996, S. 413 ff.

Bachmann, Birgit, Der Gerichtsstand der unerlaubten Handlung, IPRax 1998, S. 179 ff.

Baeumer, Ludwig, Anmerkung zum Territorialitätsprinzip im internationalen Patent- und Markenrecht, S. 803 ff., in: Festschrift für Wolfgang Fikentscher zum 70. Geburtstag, Hrsg.: Bernhard Großfeld, Tübingen 1988

Bamberger, Heinz Georg/ Roth, Herbert, Kommentar zum Bürgerlichen Gesetzbuch, Bd. 3, § 1297 – 2385 EGBGB CISG, München 2003

Von Bar, Christian, Territorialität des Warenzeichens und Erschöpfung des Verbreitungsrechts im Gemeinsamen Markt, Frankfurt am Main, 1977

Von Bar, Christian, Internationales Wettbewerbsbeschränkungsrecht zwischen Sach- und Kollisionsrecht, S. 13, in: Festschrift für Ferid zum 80. Geburtstag am 11. April 1988, Hrsg.: Andreas Heldrich, Hans-Jürgen Sonnenberger, Frankfurt am Main 1988

Von Bar, Christian, Kollisionsrecht, Fremdenrecht und Sachrecht für internationale Sachverhalte im Internationalen Urheberrecht, Ufita 1988, S. 27 ff.

Von Bar, Christian, Internationales Privatrecht Bd. II, München 1991

Von Bar, Christian/ Mankowski, Peter, Internationales Privatrecht Bd. I, 2. Aufl., München 2003

Basedow, Jürgen, Entwicklungslinien des internationalen Kartellrechts, NJW 1989, 627 ff.

Baudenbacher, Carl/ Simon, Jürg, Neueste Entwicklungen im europäischen und internationalen Immaterialgüterrecht/ Fünftes St. Galler Internationales Immaterialgüterrechtsforum 2001, Basel 2002; zitiert: „Neueste Entwicklungen“
Bauer, Jürgen F., Zum Namensschutz im deutschen internationalen Privatrecht unter besonderer Berücksichtigung des Handelsnamens, AcP 167 (1967), 535
Baumbach, Adolf/ Hefermehl, Wolfgang, Wettbewerbsrecht, 17. Aufl., München 1993
Baumbach, Adolf/ Hefermehl, Wolfgang, Wettbewerbsrecht, 22. Aufl., München 2001
Baumbach, Adolf/ Hefermehl, Wolfgang, Wettbewerbsrecht, 23. Aufl., München 2004
Baumbach, Adolf/ Hopt, Klaus J., Handelsgesetzbuch 31. Aufl., München 2003
Beckmann, Christoph, Werbung mit Auslandsberührung, WRP 1993, 651 ff.
Beier, Friedrich-Karl, Geographischer Herkunftsangaben und Ursprungsbezeich-nungen, GRUR Int. 1968, S. 69 ff.
Beier, Friedrich-Karl, Internationaler Schutz von Ursprungsbezeichnungen, GRUR Int. 1974, S. 134 ff.
Beier/ Kunz-Hallstein, Zu den Voraussetzungen des Schutzes ausländischer Handelsnamen nach Art. 2 und 8 der Pariser Verbandsübereinkunft, GRUR Int 1982, S. 362 ff.
Beier, Friedrich Karl/ Krieger Ulrich, Der Schutz des Handelsnamens, GRUR Int 1969, S. 103 ff.
Georg Benkard, Patentgesetz, 9. Aufl., München 1993,
Bettinger, Torsten, Kennzeichenrecht im Cyberspace: Der Kampf um die Domain-Namen, GRUR Int.1997, S. 402 ff.
Bettinger, Torsten, Die WiPO- Vorschläge zum Schutz von Marken und anderen Zeichenrechten im Internet, WRP 2001, S. 789 ff.
Bettinger, Torsten/ Thum, Dorothee, Territoriales Markenrecht im Global Village, GRUR Int. 1999, 659 ff.
Biermann, Claudia, Kennzeichenrechtliche Probleme des Internets: Das Domain-Name-System, WRP 1999, 997
Birk, Rolf, Die Grenzen des Territorialitätsprinzips, NJW 1964, 1596 ff.
Bodenhausen, G. H. C., Pariser Verbandsübereinkunft zum Schutz des gewerblichen Eigentums, Genf 1968
Bornkamm, Joachim, Gerichtsstand und anwendbares Recht bei Kennzeichen- und Wettbewerbsverstößen im Internet, in Neues Recht für neue Medien, Hrsg. Michael Bartsch, Bernd Lutterbeck, Köln 1998, S. 99 ff.
Boudon, Beate, Internationaler Schutz des Handelsnamens im englischen und deutschen Recht, Diss. Bonn 1982

Briem, Stephan, Internationales und Europäisches Wettbewerbsrecht und Kennzeichenschutz, Wien, 1995
Buck, Petra, Geistiges Eigentum und Völkerrecht, Berlin 1994
Bußmann, Kurt, Name, Firma, Marke, Berlin 1937
Bussmann, Kurt/ Pietzcker, Rolf/ Kleine, Heinz, Gewerblicher Rechtsschutz und Urheberrecht, 3. Aufl., Berlin 1962
Bülow, Arthur/ Böckstiegel, Karl-Heinz/ Geimer, Reinhold/ Schütz, Rolf A., Der Internationale Rechtsverkehr Bd. II, München 2001
Bokelmann, Gunther, Das Recht der Firmen- und Geschäftsbezeichnungen, 5. Aufl., Freiburg, Berlin 2000
Von Büren, Roland/ David, Lucas, Schweizerisches Immaterialgüter- und Wettbe-werbsrecht Bd. 3 Kennzeichenrecht, 1. Aufl., Basel, Frankfurt 1996
Bydlinski, Franz, System und Prinzipien des Privatrechts, Wien, New York 1996

Celli, Alessandro L., Internationales Kennzeichenrecht, Basel, Genf, München 2000
Cigoj, Stojan, Internationalprivatrechtliche Aspekte der Urheberrechte, in: Festschrift für Karl Firsching zum 70. Geburtstag, München 1985, S. 53 ff.
Coester, Michael, Fortschritt oder fortgeschrittene Aufklärung im Recht des Personennamens, StAZ 1984, S. 298 ff.
Conte, La Propriété Industrielle, 1931, S. 200 ff.

David, Lucas, Kommentar zum Schweizerischen Privatrecht, Markenschutzgesetz Muster- und Modellgesetz, 2. Aufl., Basel, Genf, München 1999
David, Heinrich, Der schweizerisch-deutsche Staatsvertrag von 1892 betreffend den gegenseitigen Patent-, Muster- und Markenschutz, GRUR Int. 1972, S. 269 ff.
Decker, Günter, Urheberrecht und Naturrecht – Grundfragen zum UrhG 1965 - , in: Urheberrechtliche Probleme der Gegenwart, Festschrift für Ernst Reichardt zum 70. Geburtstag, Baden-Baden- 1990
Dehtloff, Nina, Marketing im Internet und internationales Wettbewerbsrecht, NJW 1998, S. 1598 ff.
Deutsch, Erwin, Wettbewerbstatbestände mit Auslandsbeziehung, 1962
Deutsch , Erwin, Rezension von Wirner, Helmut, Wettbewerbsrecht und Internationales Privatrecht, München 1960; RabelsZ 27 (1962/ 63), S. 180 ff.
Deutsche Landesgruppe der Int. Vereinigung für gewerblichen Rechtsschutz, Schutz des Handelsnamens, berichtet von F. K. Beier/ Ulrich Krieger, GRUR Int. 1970, 228 ff.

Dieselhorst, Jochen, Anwendbares Recht bei Internationalen Online-Diensten, ZUM 1998, 293
Drobnig, Ulrich, Originäre Erwerb und Übertragung von Immaterialgüterrechten im Kollisionsrecht, RabelZ 40 (1976), S. 195 ff.
Ebenroth, Carsten Thomas, Neuere Entwicklungen im deutschen internationalen Gesellschaftsrecht – Teil 1, JZ 1988, 18
Ebner, Martin, Markenschutz im internationalen Privat- und Zivilprozessrecht, Köln, Berlin, München 2004
Eckey, Friedrich L./ Klippel, Diethelm, Heidelberger Kommentar zum Markenrecht, Heidelberg, 2003
Edlbacher, Oskar, Der Name im internationalen Privatrecht – Die Arbeiten der CIEC an einem Übereinkommen, StAZ 1979, S. 3 ff.
Eisenmann, Hartmut, Grundriss gewerblicher Rechtsschutz und Urheberrecht, 3. Aufl., Heidelberg 1995
Epping, Volker, Die Novellierung im Bereich des Rüstungsexportrechts, RIW 1991, 461 ff.
Ensthaler, Jürgen, Gemeinschaftskommentar zum Handelsgesetzbuch, 6. Aufl., Neu-wied, Kriftel, 1999

Fawcett, James J./ Torremans, Paul, Intellectual Property and Private International Law, Oxford 1998
Fechter, Frank, Geistiges Eigentum und Verfassung, Habil., Tübingen 1999
Fernández-Nóvoa, Carlos, Der internationale Schutz des Handelsnamens in Spanien, GRUR Int. 1976, 275 ff.
Fernández-Nóvoa, Carlos, La Proteccion International de las Denominationes Geograficas de los Productos, Madrid 1970
Fezer, Karl-Heinz, Anmerk. zu BGH, Urteil vom 28. 11. 1985 – I ZR 152/ 83 (Hamburg), GRUR 1986, 540 ff.
Fezer, Karl-Heinz, Das Markenrecht im Aufwind des Europäischen Binnen-marktes, in: FS Alfred-Carl, Gaedertz München 1992, 171, Hrsg. Gisela Weil, Ine-Marie Schulte-Franzheim, Monika Lorenz-Wolf, S. 153 ff.
Fezer, Karl Heinz, Liberalisierung und Europäisierung des Firmenrechts, ZHR 1997, S. 52 ff.
Fezer, Karl Heinz, Markenrecht, 3. Aufl., München 2001

Fezer, Karl Heinz, Gutachten des Bundesministerium der Justiz, Modernisierung des deutschen Rechts gegen den unlauteren Wettbewerb auf der Grundlage einer Europäisierung des Wettbewerbsrechts, Konstanz, 15. Juni 2001, S. 19 ff.
Ficker, Hans G., Anmerk. zu BGH, Urteil vom 15.1.1953 – IV ZR 76/52; JZ 1953, S. 730

Ficker, Hans G., Grundfragen des Deutschen Interlokalen Rechts, Berlin, Tübingen 1952
Finger, Geh., Erschöpfung von gewerblichen Schutzrechten und Urheberrechten, GRUR 1941, 402 ff.
Flencher, Frank, Geistiges Eigentum und Verfassung. Tübingen 1999
Florstedt, Jens, www.Kennzeichenidentitaet.de, Frankfurt 2001
Frankenstein, Ernst, Internationales Pivatrecht (Fremdenrecht), Bd. 1, 1926
Franzosi, Mario, Worldwide Patent Litigation and the Italian Torpedo, E.I.P.R. 1997, S. 382 ff.

Frhr. von Gamm, Otto-Friedrich, Warenzeichengesetz, München 1965
Frhr. von Gamm, Otto-Friedrich, Rechtswahl für internationale Wettbewerbsbeschränkungen und zwingendes Recht, NJW 1977, 1553 ff.
Frhr. von Gamm, Otto-Friedrich, Die Unterlassungsklage gegen Firmenmissbrauch nach § 37 II HGB, S. 1007 ff. in: Festschrift für Walter Stimpel zum 68. Geburtstag am 29. November 1985, Hrsg. Marcus Lutter, Berlin, New York 1985
Frhr. von Gamm, Otto-Friedrich, Wettbewerbs- und Warenzeichenrecht, 5. Aufl., Köln 1987
Geller, Paul Edward, Internationales Immaterialgüterrecht, Kollisionsrecht und gerichtliche Sanktionen im Internet, GRUR Int. 2000, S. 659
Gierke, Otto, Das deutsche Privatrecht, 1. Bd., Allgemeiner Teil und Personenrecht, in: Systematisches Handbuch der Deutschen Rechtswissenschaft, Hrsg. Karl Binding, Leipzig 1895
Gloy, Wolfgang, Handbuch des Wettbewerbsrechts, 2. Aufl., München 1997
Godin, Hans Freiherr von, Zum Begriff des „Wettbewerbs“, GRUR 1965, 288
Goldmann, Michael, Der Schutz des Unternehmenskennzeichens, Diss. Mannheim, Köln 2000
Götting, Horst-Peter, Die Vererblichkeit der vermögenswerten Bestandteile des Persönlichkeitsrechts – ein Meilenstein in der Rechtsprechung des BGH NJW 2001, 585
Götting, Horst-Peter, Persönlichkeitsrechte als Vermögensrecht, Tübingen 1995
Graf, Arnd, Schutz ausländischer Kennzeichnungen im Inland, WRP 1969, S. 209 ff.
Griessbach, Lothar, Der „Cuban Liberty and Democratic (Libertad) Act“ von 1996, RiW 1997, 275
Von der Groeben, Hans/ Schwarze, Jürgen, Vertrag über die Europäische Union und Vertrag zur Gründung der Europäischen Gemeinschaft; Baden-Baden 2003
Großner, Ivo, Der Rechtsschutz bekannter Marken, Diss (jur) Konstanz, Konstanz 1998

Gutzwiller, Max, Der Geltungsbereich der Währungsvorschriften, Freiburg i. d. Schweiz 1940

Habscheid, Walther J., Rechtspflegeakte in der Freiwilligen Gerichtsbarkeit und im Insolvenzverfahren, Der Deutsche Rechtspfleger, 2001, S. 1 ff.

Hackbarth, Rolf, Anmerk. zu OLG Hamburg, Urteil vom 5. November 1998 – 3 U 130/98 (LG Hamburg), CR 1999, 184 f.

Hagens, Alfred, Warenzeichenrecht, Gewerbe- und Industriekommentar, Bd. III, Berlin, Leipzig 1927

Harlsbury`s Laws of England, Bd. 48 Trade Marks and Trade Names, Trust, Lord Mackay of Clashfern, 4. Aufl., London 2000

Helm, Horst, Das Verbraucherleitbild des Europäischen Gerichtshofs und der Bundesgerichtshof im Vergleich, S. 135 ff., in: Festschrift für Winfried Tilmann zum 65. Geburtstag, Hrsg.: Erhard Keller, Clemens Plassmann, Andreas von Falck, Köln 2003

Herdeggen, Matthias, Völkerrecht, 3. Aufl., München 2004

Hefermehl, Wolfgang, Der namensrechtliche Schutz geschäftlicher Kennzeichen, S. 519 ff., FS für A. Hueck, 1959

Henning-Bodewig, Frauke/ Kur, Annette, Marke und Verbraucher, Bd. 1, Weinheim, Basel (Schweiz), Cambridge, New York, 1988

Hamburg Group for Private International Law, Comments on the European Commission´s Draft Proposal for a Council Regulation on the Law Applicable to Non-Contractual Obligations, RabelsZ 2003, S. 1 ff.

Henning-Bodewig, Frauke/Kur, Annnette, Marke und Verbraucher, Bd. II, Weinheim, Basel (Schweiz), Cambridge, New York, 1989

Hepting, Reinhard, Das IPR des Kindesnamens nach der Kindschaftsreform, StAZ 1998, S. 133, 142 f.

Heymann, Ernst, Handelsgesetzbuch, Hrsg. Norbert Horn, 2. Aufl., Berlin, New York 1995

Hilti, Christian, Firmenrecht, in: Schweizerisches Immaterialgüter- und Wettbewerbsrecht (Hrsg. Roland von Büren, Lucas David), Bd. III, Kennzeichenrecht, S. 231 ff., Basel, Frankfurt am Main 1996

Hilti, Christian, Der Schutz nicht registrierter Kennzeichen, in: Schweizerisches Immaterialgüter- und Wettbewerbsrecht (Hrsg. Roland von Büren, Lucas David), Bd. III, Kennzeichenrecht, S. 455 ff., Basel, Frankfurt am Main 1996

v. Hinden, Michael, Persönlichkeitsverletzungen im Internet, Tübingen 1999

Hoeren, Thomas, Rechtsfragen des Internets, Köln 1998

Hoeren, Thomas, Anmerkung zu OLG Karlsruhe Urt. vom 9.6.1999 – 6 U 62/99, EWiR 1999, 984 f.

Holthausen, Dieter, Die Strafbarkeit von Auslandstaten Deutscher und das völkerrechtliche Interventionsverbot, NJW 1992, 214 ff.

Hoth, Jürgen, Territoriale Grenzen des Schutzbereichs von Warenbezeichnungen, GRUR 1968, 64 ff.
Hoth, Jürgen, Ausländische Werbung mit Inlandswertbung, GRUR Int. 1972, 449 ff.
Huber, Peter/ Bach, Ivo, Die Rom II-VO, IPRax 2005, S. 73 ff.
Hubmann, Heinrich, Gewerblicher Rechtsschutz, 7. Aufl., München 2002
Hubmann, Heinrich, Die Zwangsvollstreckung im Persönlichkeits- und Immaterialgüterrecht, in: FS Heinrich Lehmann, Das Deutsche Privatrecht in der Mitte des 20. Jahrhunderts, Berlin 1956, Bd. 2, S. 182
Hubmann, Heinrich, Das Persönlichkeitsrecht, 2. Aufl., Köln 1967
Hubmann, Heinrich, Grundsätze der Interessenabwägung, AcP 155 (156), S. 86 ff.

Immenga Ulrich/ Mestmäcker Ernst-Joachim GWB, Kommentar zum Kartellgesetz, 3. Aufl., 2001 München
Ingerl, Reinhard/ Rohnke, Christian, Markengesetz, 2. Aufl., München 2003
Int.Vereinigung für gewerbl. Rechtsschutz, Bericht zur Tagung des Geschäftsführenden Ausschusses in Madrid, GRUR Int. 1971, 55, 57
Ipsen, Knut, Völkerrecht, 4. Aufl., München 1999
Isay, Hermann, Die Selbständigkeit des Rechts an der Marke, GRUR 1929, S. 23 ff.

Joerges, Christian, Die klassische Konzeption des internationalen Privatrechts und das Recht des unlauteren Wettbewerbs, RabelsZ 36 (72), 421 ff.
Jung, Alfred, Der Schutz von geographischen Herkunftsangaben im multi- und bilateralen europäischen Vertragsrecht sowie im EG-Recht, Bern 1988; zitiert: Der Schutz geographischer Herkunftsangaben
Junker, Abbo, Internationales Privatrecht, München 1998
Junker, Markus, Anmerk. zu BGH, Urt. vom 13.10.2004 – I ZR 163/02, CR 2005, S. 361 ff.

Kahler, Jörg, Die geographische Herkunftsangaben an der Schnittstelle zwischen Markenrecht und Wettbewerbsrecht: eine Untersuchung zum Rechtsschutz der §§ 126 ff. MarkenG im Verhältnis zu den §§ 1, 3 UWG unter besonderer Berücksichtigung des Gemeinschaftsrechts, Frankfurt am Main 2002
Katzenberger, Paul, Urheberrechtsverträge im Internationalen Privatrecht und Konventionsrecht, in: Festgabe für Gerhard Schricker zum 60. Geburtstag, Hrsg. Friedrich-Karl, Beier; Horst-Peter Götting, Michael Lehmann, Rainer Moufang, München 1995, S. 225 ff.
Katzenberger, Paul, Deutsches Folgerecht und ausländische Kunstauktionen, GRUR Int. 1992, 567, 570

Katzenberger, Paul, TRIPS und das Urheberrecht, GRUR Int. 1995, 477 ff.
Kegel, Gerhard, Internationales Privatrecht, 2. Aufl. München, 1964
Kegel, Gerhard/ Schurig, Klaus, Internationales Privatrecht, 8. Aufl., München 2000
Kieninger, Eva-Maria, Internationale Zuständigkeit bei der Verletzung ausländischer Immaterialgüterrechte: Common Law auf dem Prüfstand des EuGVÜ, GRUR Int. 1998, 280 ff.
Kilian, Matthias, Die Adresse im Internet – Domains und ihr rechtlicher Schutz, DZW 1997, 381
Klingstein, Doreen, Schutz geographischer Herkunftsangaben und Ursprungsbe-zeichnungen in Europa, Diss., Göttingen 2001
Klippel, Diethelm, Der zivilrechtliche Schutz des Namens, Paderborn, München, Wien, Zürich 1985
Knaak, Roland, Firma und Firmenschutz, Köln 1986
Knaak, Roland, Der Schutz geographischer Angaben nach dem TRIPS-Abkommen, GRUR Int. 1995, S. 642 ff.
Knopp, Werner, Anmerk. zu BGH vom 2. April 1969, Aktz.: I ZR 47/67 (OLG München) - Recrin, GRUR 1969, 610
Kohler, Josef, Das Recht des Markenschutzes, Würzburg 1884
Kohler, Josef, Akzessorische Natur der Auslandsmarke, GRUR 1907, S. 221 ff.
Kohler, Josef, Warenzeichenrecht, 2. Aufl., Mannheim, Leipzig 1910
Kohler, Josef, Das Recht des Markenschutzes, Würzburg 1910
Köhler, Helmut/ Piper, Henning, Gesetz gegen den unlauteren Wettbewerb, 3. Aufl., München 2002; zitiert: UWG
Köhler, Markus/ Arndt, Hans-Wolfgang, Recht des Internets, 4. Aufl., Heidelberg 2003
Koller, Ingo/ Roth, Wulf-Henning/ Morck, Winfried, Handelsgesetzbuch, 4. Aufl., München 2003
Korschan, Peter, Der Schutz des Handelsnamens in der Europäischen Wirtschaftsgemeinschaft, Diss. München, 1971 München
Kress, Claus/ Herbst, Jochen, Der Helms-Burton-Act aus völkerrechtlicher Sicht, RiW 1997, 630
Krieger, Albrecht, Unlauterer Wettbewerb und Herkunftsangaben, GRUR Int. 1959, 90-99
Krieger, Albrecht, Möglichkeiten für eine Verstärkung des Schutzes deutscher Herkunftsangaben im Ausland, GRUR Int. 1960, 400 ff.
Krieger, Albrecht, Erwägungen über eine Revision des Lissaboner Abkommens über den Schutz von Ursprungsbezeichnungen, GRUR 1972, 304 ff.
Krieger, Ulrich, Anmerk. zu BGH vom 5. Februar 1969,Aktz.: I ZR 134/66, GRUR 1969, 361
Krieger, Ulrich, Anmerk. zu BGH vom 21. November 1969, Aktz.:I ZR 135/ 67, GRUR 1970, S. 319

Krieger, Ulrich, Anmerk. zu BGH vom 26. April 974, Akz.: I ZR 19/73 (OLG Hamburg), GRUR 1974, 666

Krieger, Ulrich, Das Recht zur Benutzung der Marke, in: FS für Heinz Rowedder, Hrsg.: Gerd Pfeiffer, Günther Wiese, Klaus Zimmermann, München 1994, S. 229 ff.

Kroeber-Riel, Werner/ Weinberg, Peter, Konsumentenverhalten, 7. Aufl., München 1999

Kropholler, Jan, Europäisches Zivilprozeßrecht, Kommentar zum EuGVÜ, 7. Aufl., Heidelberg 2002

Kropholler, Jan, Internationales Privatrecht, 4. Aufl., Tübingen 2000

Kreuzer, Wettbewerbsverstöße und Beeinträchtigung gewerblicher Interessen, in: v. Caemmerer (Hrsg.), Vorschläge und Gutachten zur Reform des deutschen internationalen Privatrechts der außervertraglichen Schuldverhältnisse, 1983, S. 232 ff..

Krüger-Nieland, Gerda, Anwendungsbereich und Rechtsnatur des Namensrechts, in: Festschrift für Robert Fischer, Berlin/ New York 1979, 339 ff.

Krüger-Nieland, Gerda, Neue Beurteilungsmaßstäbe für die Verwechslungsgefahr im Warenzeichenrecht?, GRUR 1980, 425, 428

Kubis, Sebastian, Internationale Zuständigkeit bei Persönlichkeits- und Immaterial-güterrechtsverletzungen, Bielefeld, 1999

Kuchinke, Kurt, Die Firma in der Erbfolge, ZIP 1987, S. 681 ff.

Kunz-Hallstein, Hans Peter, La protezione del nome commerciale straniero in Germania, Rivista di diritto industriale 1976, I, S. 419

Kunze, Gerd F., Schutz des Handelsnamens und das künftige EG-Markenrecht, GRUR 1981, S. 634 ff.

Kur, Annette, Der Schutz der nicht eingetragenen Marken, in: Schricker (Hrsg.), Die Neuordnung des Markensrechts in Europa, 135, 143, Baden-Baden 1998

Kur, Annette, Use of Trademarks on the Internet, IIC 2002, S. 41 ff.

Larenz, Karl/ Wolf, Manfred, Allgemeiner Teil, 8. Aufl., München 1997

Legras, G, Schutz der Bezeichnung Mozarella, in: EuZW 1995, S. 368

Lehmann, Michael, Die wettbewerbswidrige Ausnutzung und Beeinträchtigung des guten Rufs bekannter Marken, Namen und Herkunftsangaben. Die Rechtslage in der Bundesrepublik Deutschland, GRUR Int. 1986, 6 ff.

Lehmann, Michael, Der Schutz der geschäftlichen Bezeichnungen im neuen Markengesetz, S. 279 ff., in: Aktuelle Herausforderungen des geistigen Eigentums, FS für Friedrich-Karl Beier zum 70. Geburstag, Hrsg. Joseph Straus,
Köln, Berlin, Bonn, München 1996

Lichtenstein, Erich, Der gewerbliche Rechtsschutz im internationalen Privatrecht, NJW 1964,1208 ff.

Lobe, Adolf, Die Bekämpfung des unlauteren Wettbewerbs, Bd. 1, Leipzig 1907

Loewenheim, Ulrich/ Koch, Frank A./ Hage, Markus, Praxis des Online-Rechts, Weinheim 1998

Lorenz-Wolf, Monika, Der Schutz des Handelsnamens und der freie Warenverkehr, GRUR 1981, S. 644 ff.

Loschelder, Michael, Die sogenannte einfache geografische Herkunftsangabe, S. 403 ff., in: Festschrift für Winfried Tilmann, Hersg. Erhard Keller, Clemens Plassmann, Andreas von Falck, Köln, 2003

Lüderitz, Alexander, Ehrenschutz im internationalen Privatrecht, NJW 1962, 2142 f.

Magnus, Julius, Warenzeichenrecht, Beitrag der Internationalen Vereinigung für gewerblichen Rechtsschutz Deutsche Gruppe, GRUR 1923, 162 ff.

Mankowski, Peter, Anmerk. zu OLG Hamburg, Urteil vom 6.5.1993 – 6 U3/93, RIW 1994, 688 ff.

Mankowski, Peter, Warenübertragung durch Dokumentenübertragung, in: Seehandels-recht und Seerecht, Festschrift für Rolf Herber (70), Hamburg 1999

Mankowski, Peter, Internet im Internationalen Vertrags- und Deliktsrecht, RabelsZ. 1999, S. 203 ff.

Mankowski, Peter, Besondere Formen von Wettbewerbsverstößen im Internet und Internationales Wettbewerbsrecht, GRUR Int. 1999, S. 995 ff.

Mankowski, Peter, Anmerk. zu OLG Düsseldorf, Urt. V. 4.5.1995 – 6 U 93/94, EWiR § 25 HGB 1/96, 29, 30

Mankowski, Peter, Anmerk. zu Bay ObLG, Beschl. v. 4. 4. 2001 – 32 BR 84/01 (LG München I v. 25. 1. 2001 – 17 HKT 24 115/00), MDR 2001, 1124 f.

Mankowski, Peter, Anmerk. zu OLG Hamburg vom 10. 7. 2002 -Intel, MMR 2002, S. 817 ff.

Mankowski, Peter, Entwicklungen im Internationalen Privat- und Prozessrecht 2003/2004 (Teil 1), RIW 2004, S. 481 ff.

Mankowski, Peter, Anmerk. zu BGH, Urt. v. 13.5.2004 – I ZR 264/00 (OLG Koblenz) – Rotpreis-Revolution, EWiR Art. 40 EGBGB 1/05, S. 351 f.

Markert, Kurt, Die Anwendung des GWB auf internationale Wettbewerbsbeschränkungen, S. 213 ff, in: Zehn Jahre Bundeskartellamt, Hrsg.: Karl Schiller, Köln 1968

Martiny, Dieter, Verletzung von Immaterialgüterrechten im Internationalen Privatrecht, RabelsZ, 40 (1976), S. 218 ff.

Meier, Gert, Anmerk. zu EuGH, Urt. v. 10.11.1992 –Rs C – 3/91, EuZW 1993, 66 ff.

Meng, Werner, Exterritorial Effects of Administrative Judical and legislative Acts, Encyclopedia of Public International Law, Max Planck Institut und Rudolf Bernhard, Bd. 2, Amsterdam, London, New York, Oxford, Paris, Shannon, Tokyo, 1995, S. 337 ff.

Meng, Werner, Recognition of foreign legislative admininstrative Acts, Encyclopedia of Public International Law, Max Planck Institut und Rudolf Bernhard, Bd. 4, Amsterdam, London, New York, Oxford, Paris, Shannon, Tokyo, 2000, S. 50 ff.

Meyers, Hans-Michael, Der Künstlername, Diss. Mainz, Mainz 1985

Mitglieder des Bundesgerichtshofs, Das Bürgerliche Gesetzbuch, Bd. 1, §§ 1 – 240, bearb. Von Kurt Herbert Johannsen, 12. Aufl., Berlin, New York 1982

Möhring, Philipp/ Nicolini, Käte, Urheberrechtsgesetz, Mitherausgeber: Hartwig Ahlberg, 2. Aufl. 2000, München

Müller-Graff, Peter-Christian, Fakultatives Kollisionsrecht im internationalen Wettbewerbsrecht, RabelsZ 48 [1984] 289 ff.

Nave, José Campos, Die Publizierung von Unternehmenskennzeichen als Entstehungsvoraussetzung für den Unternehmenskennzeichenschutz, WRP 2002, 1237 ff.

Näke, Ursula, Der Schutz des ausländischen Handelsnamens in Deutschland, München 1974

Neuhaus, Paul Heinrich, Grundbegriffe des internationalen Privatrechts, Berlin, Tü-bingen,1962

Neuhaus, Paul Heinrich, Freiheit und Gleichheit im Internationalen Immaterialgüterrecht, RabelsZ 40 (1976), S. 191 ff.

Nirk, Rudolf, Zum Begriff und Inlandsschutz des „Handelsnamens" (nom commercial) im deutschen und französischen Recht gem. Art. 8 PVÜ, in: Wirtschaftsfragen der Gegenwart, FS für Carl Hans Barz, Hrsg.: Robert Fischer, Philipp Möhring, Harry Westermann, Berlin, New York 1974, S. 509 ff.

Omsels, Hermann-Josef, Die Kennzeichenrechte im Internet, GRUR 1997, 328 ff.

Opet, Otto, Das Namensrecht des Bürgerlichen Gesetzbuchs, AcP 87 (1897), 313 ff.

Oppenhoff, Walter, Wandel der Markenrechtskonzeption? , GRUR Int. 1973, 433

Osterrieth, Albert, Lehrbuch des gewerblichen Rechtsschutzes, Leipzig, 1908

Osterrieht, Albert/ Axter, August, Die Internationale Übereinkunft zum Schutze des gewerblichen Eigentums vom 20. März 1883 (Pariser Konvention), Berlin 1903

Ostertag, La Propriété Industrielle, 1931, 169, 170

Palandt, Otto, Bürgerliches Gesetzbuch, 64. Aufl., München, 2005

Pellens, Hartmut, Anmerk. zu LG Hamburg Urteil vom 13. Juli 2001 – 416 O 63/01,CR 2002, 136 f.

Pepels, Werner, Produktmanagement, 4. Aufl., München, Wien, 2003

Pitz, Johann, Torpedos unter Beschuss, GRUR Int. 2001, S. 32 ff.

Pointet, Pierre Jean, Der internationale Schutz des berühmten Handelsnamens, GRUR Int 1961, 393 ff.

Priester, Hans-Joachim/ Mayer, Dieter, Münchener Kommentar zum Bürgerlichen Gesetzbuch, Bd. 3, Handbuch des Gesellschaftsrechts, Gesellschaft mit beschränkter Haftung,. 2. Aufl., München 2003

Rainer, Jacobs/ Lindacher, Walter F./Teplitzky, Otto, Großkommentar zum UWG, Einleitung, Berlin 1994

Rainer, Jacobs/ Lindacher, Walter F., UWG: Großkommentar, Bearb. Otto Teplitzky Einleitung, Berlin 2000

Rauscher, Thomas, Anmerk. zu EuGH Fiona Shevill; Ixora Trading Inc. gegen Presse Alliance SA, Rs. C- 68/ 93, ZZP Int. 1996, S. 151 ff.

Rauscher, Thomas, Internationales Privatrecht, 2. Aufl., Heidelberg 2002

Regelin, Frank Peter, Das Kollisionsrecht der Immaterialgüterrechte an der Schwelle zum 21. Jahrhundert, 2000, Frankfurt

Reimer, Dietrich, Das Recht des unlauteren Wettbewerbs in den Mitgliedsstaaten der Europäischen Wirtschaftsgemeinschaft (Hrsg. Eugen Ulmer), Bd. III, Deutschland, München, Köln 1968

Reuter, Alexander, Der Ausländer im deutschen Wettbewerbs- und Kennzeichenrecht, BB 1989, S. 2265 ff.

Riehle, Gerhard, Markenrecht und Parallelimport, Stuttgart 1968

Riezler, Erwin, Internationales Zivilprozeßrecht und prozessuales Fremdenrecht, Berlin 1949

Riezler, Erwin, Zur sachlichen internationalen Unzuständigkeit, in : Festgabe zum 70. Geburstag von Leo Rosenberg, München /Berlin 1949, S. 199 ff..

Ropohl, Fabian, Zur Anknüpfung formloser Markenrechte im Internationalen Privatrecht, 2003 Göttingen

Rowedder, Heinz/ Schmidt-Leithoff, Christian, Gesetz betreffend die Gesellschaften mit beschränkter Haftung (GmbHG), 4. Aufl., München 2002

Röhricht, Volker/ Ammon, Ludwig/ Graf von Westphalen, Handelsgesetzbuch, 2. Aufl., Köln 2001

Sack, Rolf, Das IPR der Produktenhaftung und die „par conditio concurrentium“, S. 495 ff. in: Mitarbeiterfestschrift für Eugen Ulmer, Köln 1973

Sack, Rolf, Die kollisions- und wettbewerbsrechtliche Beurteilung grenzüberschreiten-der Werbe- und Absatztätigkeit nach deutschem Recht, GRUR Int. 1988, 320 ff.
Sack, Rolf, Export und Transit im Markenrecht, RIW 1995, S. 177 ff.
Sack, Rolf, Das internationale Wettbewerbs- und Immaterialgüterrecht nach der EGBGB-Novelle, WRP 2000, S. 269 ff.
Säcker, Franz Jürgen/ Rixecker, Roland, Münchener Kommentar zum Bürgerlichen Gesetzbuch, Allgemeiner Teil, §§ 1-240, AGB-Gesetz, 4. Aufl., München 2001
Säcker, Franz Jürgen/ Rixecker, Roland/ Rebmann, Kurt, Münchener Kommentar zum Bürgerlichen Gesetzbuch, Bd. 10, Einführungsgesetz zum Bürgerlichen Gesetzbuch (Art. 1 - 38), internationales Privatrecht, 3. Auf., München 1998
Säcker/ Franz Jürgen/ Rebmann, Kurt, Münchener Kommentar zum Bürgerlichen Gesetzbuch, Bd. 7, Einführungsgesetz zum Bürgerlichen Gesetzbuch, Internationales Privatrecht, 2. Aufl., München 1990
Saint-Gal, Yves, Der internationale Schutz des Handelsnamens, GRUR Int 1964, 289
Sandrock, Otto, Das Kollisionsrecht des unlauteren Wettbewerbs zwischen den internationalen Immaterialgüterrecht und dem internationalen Kartellrecht, GRUR Int. 1985, 507 ff.
Savigny, Friedrich Carl von, Das System des heutigen römischen Rechts, Band VIII, 1849
Schack, Haimo, Die grenzüberschreitende Verletzung allgemeiner u.Urheberper-sönlichkeitsrechte, Ufita 108 (1988), S. 51 ff.
Schack, Haimo, Urheberrechtsverletzung im internationalen Privatrecht – Aus der Sicht des Kollisionsrechts, GRUR Int. 1985, 523, 525
Schack, Haimo, Internationales Zivilverfahrensrecht, 3. Aufl., München, 2002
Schack, Haimo, Internationale Urheber-, Marken- und Wettbewerbsrechtsverletzungen im Internet, MMR 2000, S. 135 ff.
Schack, Haimo, Urheber- und Urhebervertragsrecht, 2. Aufl., Tübingen 2001
Schack, Haimo, Zum auf grenzüberschreitende Sendevorgänge anwendbaren Urheberrecht, IPRax 2003, S. 141
Schack, Haimo, Entscheidungszuständigkeit in einem weltweiten Gerichtsstand- und Vollstreckungsübereinkommen, ZEuP 1998, 931, 950 ff.
Schäfer, Hans-Bernd/ Ott, Claus, Lehrbuch der ökonomischen Analyse des Zivilrechts, 3.Aufl., Berlin, Heidelberg, New York u. a. 2000
Schilling, Hans Peter, Das Markenrecht und die Einfuhr von Konzernware, Diss. Bern, Winterthur 1965
Schlieder, Willy, Die Auswirkungen des EWG-Vertrages auf die gewerblichen Schutzrechte, GRUR Int. 1973, S. 578 ff.
Schluep, Walter R., Das Markenrecht als subjektives Recht, Basel 1964

Schmidt, Karsten, Münchener Kommentar zum Bürgerlichen Gesetzbuch, Handels-gesetzbuch, §§ 1-104, München 1996
Scholten, Hans-Joseph, Das Erfordernis der Tatortstrafbarkeit in § 7 StGB, Diss. , Freiburg, 1995
Scholz, Franz, Kommentar zum GmbH-Gesetz, 9. Aufl., Köln 2000
Scholz, Ulrich, Die Änderung der Gleichgewichtslage zwischen namensgleichen Unternehmen und das Recht auf die Namensmarke, GRUR 1996, S. 679 ff.
Schreiner, Rupert, Die Dienstleistungsmarke – Typus, Rechtsschutz und Funktionen, Köln etc, 1983
Schricker, Gerhard, Territoriale Probleme und Klagerecht bei unlauterem Wettbewerb, GRUR Int. 1973, S. 453 ff.
Schricker, Gerhard, Der Schutz der Ursprungsbezeichnungen und Herkunftsangaben gegen anlehnende Bezugnahme, GRUR Int. 1982, 515 ff.
Schricker, Gerhard, Die Durchsetzbarkeit deutscher Werberegelungen bei grenzüberschreitender Rundfunkwerbung, GRUR Int 1982, 720
Schricker, Gerhard, Etikettierung beim Weinexport und internationales Wettbewerbs-recht, IPRax 1983, 103
Schricker, Gerhard, Hundert Jahre Gesetz gegen unlauteren Wettbewerb – „Licht und Schatten", GRUR 1996, S. 473
Schröder, Jochen, Internationale Zuständigkeit, Köln 1971
Schröter, Helmuth/ Jakob, Thinam/Mederer, Wolfgang, Kommentar zum Europäischen Wettbewerbsrecht, 1. Aufl., 2003 Baden-Baden
Von Schulz, Detled, Markenrecht, Hamburg 2002
Schumacher, Hermann, Das Territorialitätsprinzip im Warenzeichenrecht und der gemeinsame Markt, GRUR Int. 1966, S. 305 ff.
Schricker, Gerhard, Urheberrecht, 2. Aufl. 1999, München
Schwartz, Ivo, Deutsches internationales Kartellrecht, 2. Aufl., Köln, Berlin, Bonn, München 1968
Schwenzer, Ingeborg, Namensrecht im Überblick, FamRZ 1991, 390
Seelig, Geert Wolfgang, Warenzeichenrecht und Wettbewerbsrecht in ihrer Beziehung zum Ausland, Diss. Hamburg, 1959; zitier: „Warenzeichenrecht und Wettbewerbsrecht"
Seligsohn, Arnold, Gesetz zum Schutz der Warenbezeichnungen, 3. Aufl., 1925
Seligsohn, Martin, Die örtlichen Grenzen des Warenzeichenrechts, in: Abhandlungen zum Arbeitsgebiet des Reichspatentamts), Hrsg.: Hermann Isay, Berlin 1927
Siehr, Kurt, Ausländische Eingriffsnormen im inländischen Wirtschaftskollisionsrecht, RabelsZ 52 (1988) S. 71
Siehr, Kurt, Das Urheberrecht in neueren IPR- Kodifikationen, Ufita 108 (1988), S. 9 ff.

Siehr, Kurt, Joseph Beuys und das Internationale Folgerecht: Eine Zwischenbilanz, IPRax 1992, 219, 220
Soergel, Hans Theodor, Bürgerliches Gesetzbuch, Allgemeiner Teil 1, §§ 1-103, Hrsg.: W. Siebert, Jürgen F. Bauer, 13. Aufl., Stuttgart, Berlin, Köln 2000
Sorgel, Hans Theodor, Bürgerliches Gesetzbuch, Bd. 10, Einführungsgesetz, Hrsg.: W. Siebert, Jürgen F. Bauer, 12. Aufl., Stuttgart, Berlin, Köln 1996
Standing Committee on the Law of Trademarks; Industrial Designs and geographical Indicationes, Protection of Industrial Property Rights in relation of the use of signs on the Internet; Fifth Session, Geneva, September 11 to 15, 2000; http://www.wipo.int/sct/en/documents/session_5/pdf/sct5_2.pdf
Staub, Herman, Handelsgesetzbuch, Großkommentar; Hrsg. Claus-Wilhelm Canaris, Bd. 1 Einleitung, §§ 1-104, 4. Aufl., Berlin 1995
Staudinger, Julius von, Kommentar zum Bürgerlichen Gesetzbuch, §§ 1 – 12, 13. Aufl., Berlin 1995
Staudinger, Julius von, Einführungsgesetz zum Bürgerlichen Gesetzbuch, Einleitung zum IPR, Art. 3 – 6 EGBGB, bearb. von Dieter Blumenwitz, Rainer Hausmann, Fritz Sturm, Gudrun Sturm, Berlin 2003
Staudinger, Julius von, Einführungsgesetz zum Bürgerlichen Gesetzbuch, Internationales Wirtschaftsrecht, bearb. von Karl-Heinz Fezer, 13. Aufl., Berlin 2000
Staudinger, Julius von, Einführungsgesetz zum Bürgerlichen Gesetzbuche, IPR, Art. 38 - Art. 42, EGBGB, Hrsg. Günther Beitzke, bearb. von Bernd von Hoffmann, Berlin 2001
Staudinger, Julius von, Einführungsgesetz zum Bürgerlichen Gesetzbuch, IPR, Internationales Gesellschaftsrecht, Hrsg.: Günther Beitzke, bearb.: von Bernhard Großfeld, Berlin 1998
Steinberger, Helmut, Sovereignty, in: Encyclopedia of Public International Law, Band 4., Max Planck Institut u. Rudolf Bernhard, Amsterdam, London, New York, Oxford, Paris, Shannon, Tokyo, 2000, S. 500 ff.
Steindorff, Ernst, Sachnormen im internationalen Privatrecht, 1958, Fankfurt am Main
Streber, Albert Christian, Die internationalen Abkommen der Bundesrepublik Deutschland zum Schutz geographischer Herkunftsangaben, Diss. München, Köln, Berlin, Bonn, München 1994; zitiert: Die internationalen Abkommen
Streinz, Rudolf, EUV/ EGV, Kurz-Kommentar, 1. Aufl., München 2003
Ströbele, Paul/ Hacker, Franz, Markengesetz, 7. Aufl., Köln, Berlin, Bonn, München 2003

Tilmann, Winfried, Die geographische Herkunftsangabe, München 1976

Tilmann, Winfried, Die Rechtsprechung des Europäischen Gerichtshofs und ihre Auswirkungen auf das künftige EWG-Markenrecht, GRUR 1977, 446

Tilmann, Winfried, Grundlagen und Reichweite des Handelsnamensrechts, GRUR 1981, S. 621.

Tilmann, Winfried, Das Markenrecht und die Herkunftsfunktion, ZHR 158 (1994), S. 371 ff.

Traugott, Rainer, Zur Abgrenzung von Märkten, WuW 48 (1998), S. 929

Treis, Bartho/ Gripp, Hilke, Die Funktionen der Handelsmarke und ihr Schutz durch das Markenrecht, S. 165, in: Handelsmarken, Hrsg. Manfred, Bruhn, 3. Aufl., Stuttgart 2001

Troller Allois, Das Internationale Privat- und Zivilprozeßrecht im gewerblichen Rechtsschutz und Urheberrecht, Basel 1952

Troller, Allois, Der Schutz des ausländischen Handelsnamens nach schweizerischem Recht, GRUR Int. 1957, 336 ff..

Troller, Allois, Die mehrseitigen völkerrechtlichen Verträge im internationalen gewerblichen Rechtsschutz und Urheberrecht, Basel, 1965

Troller, Allois, Markenrecht und Landesgrenzen, GRUR Int. 1967, 261 ff.

Troller, Allois, Bemerkungen zur Auslegung des Art. 5 des deutsch-schweizerischen Übereinkommens von 1892 betreffend den gegenseitigen Patent-, Muster- und Markenschutz, GRUR Int. 1975, S. 409

Troller, Allois, Kurzlehrbuch des Immaterialgüterrechts, 3. Aufl., Basel/ Frankfurt 1989

Tyra, Frank, Die Unternehmenskennzeichenschutzanzeige – Besteht Bedarf für die Einführung des ungeschriebenen Tatbestandsmerkmals der Publizierung von Unternehmenskennzeichen als Entstehungsvoraussetzung für den Unternehmenskennzeichenschutz?, WRP 2003, S. 45 ff.

Ubber, Thomas, Rechtsschutz bei Missbrauch von Internet-Domains, WRP 1997, S. 497 ff.

Ulmer, Eugen, Anmerk. zu RG. Urteil v. 14 April 1931; 431/30 II – Düsseldorf, JW 1931, 1906 ff.

Ulmer, Eugen, Das Recht des unlauteren Wettbewerbs im Gemeinsamen Markt, GRUR Int. 1962, 273 ff.

Ulmer, Eugen/ Reimer, Dietrich, Das Recht des unlauteren Wettbewerbs in den Mitgliedsstaaten der Europ. Wirtschaftsgemeinschaft, Bd. III: Deutschland, 1968, S. 119

Ulmer, Eugen, Die Immaterialgüter im internationalen Privatrecht, Berlin, 1975

Ulmer, Eugen, Gewerbliche Schutzrechte und Urheberrechte im internationalen Privatrecht, RabelZ 41 (1977) 479 ff.

Ulmer, Eugen, Unlauterer Wettbewerb, Bd. IV, Vereinigtes Königreich, München 1981

Ulmer, Eugen, Urheber- und Verlagsrecht, 3. Aufl., Berlin, Heidelberg 1980

Vanzetti, Andriano, Funktion und Rechtsnatur der Marke, GRUR Int. 1965, 128 ff. u.

Vanzetti, Andriano, Die Funktion der Marke in einem System der freien Übertragbarkeit, GRUR Int. 1999, S. 205.

Verdross, Alfred, Völkerrecht, 5. Aufl., Wien 1964

Vischer, Frank, Das Internationale Privatrecht des Immaterialgüterrechts nach dem schweizerischen IPR – Gesetzentwurf, GRUR Int. 1987, 670

Völkert, Stefan/ Weidert, Stefan, Domain-Namen im Internet, WRP 1997, 652, 662 Deutsche Landesgruppe der internationalen Vereinigung für gewerblichen Rechtsschutz und Urheberrecht GRUR Int. 1969, 103

Wandtke, Artur-Axel/ Bullinger, Winfried, Praxiskommentar zum Urheberrecht, München 2002,

Weber, Tilmann, Die Behandlung von Patent-, Warenzeichen- und Urheberrechtsverletzungen im internationalen Privat- und Zivilprozeßrecht, Diss Uni München, 1968

Wegner, Rolf, Rechtlicher Schutz von Internetdomains, CR, 1998, 676 ff.

Weigel, Arnulf, Gerichtsbarkeit, internationale Zuständigkeit und Territorialitäts-Prinzip im deutschen gewerblichen Rechtsschutz ,Bielefeld , 1973

Wengler, Wilhelm, Die Gesetze über unlauteren Wettbewerb und das internationale Privatrecht, RabelsZ 19 (1954) 401

Weiss, Ulrich, Das Patentgesetz, 6. Aufl., 1973, Berlin

Wiebe, Andreas, Zur Kennzeichenfunktion von Domain Names, CR 1998, 157 ff.

Windisch, Ernst, Gewerblicher Rechtsschutz und Urheberrecht im zwischenstaatlichen Bereich, Berlin 1969

Windisch, Ernst, Persönlichkeitsbezogene Komponenten in Immaterialgüterrechten, GRUR 1993, S. 352 ff.

Wirner, Helmut, Wettbewerbsrecht und Internationales Privatrecht, München 1960

Wolf, Manfred, Sachenrecht, 20. Aufl., München 2004

Wolff, Martin, Das internationale Privatrecht Deutschlands, 3. Aufl., Berlin 1954

Wulf, Julia, "Made in Gemany", Frankfurt am Main, Berlin, New York, 1995

Würthwein, Susanne, Zur Problematik der örtlichen und internationalen Zuständigkeit aufgrund unerlaubter Handlung, ZZP 1993, S. 51 ff.

Zweigert, Konrad/ Puttfarken, Hans-Jürgen, Zum Kollisionsrecht der Leistungsschutzrechte, GRUR Int. 1973, 573, 577

Zweigert, Konrad, Internationales Privatrecht und öffentliches Recht, in: Fünfzig Jahre Institut für internationales Recht an der Universität Kiel, S. 127 ff.; Hamburg 1965